Analphabetismus und Lese-Rechtschreib-Schwächen

Waxmann Verlag GmbH
Steinfurter Straße 555, 48159 Münster
info@waxmann.com

Pädagogische Psychologie und Entwicklungspsychologie

herausgegeben von Detlef H. Rost

Editorial

Pädagogische Psychologie und Entwicklungspsychologie sind seit jeher zwei miteinander eng verzahnte Teildisziplinen der Psychologie. Beide haben einen festen Platz im Rahmen der Psychologenausbildung: Pädagogische Psychologie als wichtiges Anwendungsfach im zweiten Studienabschnitt, Entwicklungspsychologie als bedeutsames Grundlagenfach in der ersten und als Forschungsvertiefung in der zweiten Studienphase. Neue Zielsetzungen, neue thematische Schwerpunkte und Fragestellungen sowie umfassendere Forschungsansätze und ein erweitertes Methodenspektrum haben zu einer weiteren Annäherung beider Fächer geführt und sie nicht nur für Studierende, sondern auch für die wissenschaftliche Forschung zunehmend attraktiver werden lassen. „Pädagogische Psychologie und Entwicklungspsychologie" nimmt dies auf, fördert die Rezeption einschlägiger guter und interessanter Forschungsarbeiten, stimuliert die theoretische, empirische und methodische Entfaltung beider Fächer und gibt fruchtbare Impulse zu ihrer Weiterentwicklung einerseits und zu ihrer gegenseitigen Annäherung andererseits.

Der Beirat der Reihe „Pädagogische Psychologie und Entwicklungspsychologie" repräsentiert ein breites Spektrum entwicklungspsychologischen und pädagogisch-psychologischen Denkens und setzt Akzente, indem er auf Forschungsarbeiten aufmerksam macht, die den wissenschaftlichen Diskussionsprozess beleben können. Es ist selbstverständlich, dass zur Sicherung des Qualitätsstandards dieser Reihe jedes Manuskript – wie bei Begutachtungsverfahren in anerkannten wissenschaftlichen Zeitschriften – einem Auswahlverfahren unterzogen wird („peer review"). Nur qualitätsvolle Arbeiten werden der zunehmenden Bedeutung der Pädagogischen Psychologie und Entwicklungspsychologie für die Sozialisation und Lebensbewältigung von Individuen und Gruppen in einer immer komplexer werdenden Umwelt gerecht.

Michael Grosche

Analphabetismus und Lese-Rechtschreib-Schwächen

Beeinträchtigungen in der phonologischen
Informationsverarbeitung als Ursache
für funktionalen Analphabetismus im Erwachsenenalter

Waxmann 2012
Münster / New York / München / Berlin

Bibliografische Informationen der Deutschen Nationalbibliothek
Die Deutsche Nationalbibliothek verzeichnet diese Publikation in
der Deutschen Nationalbibliografie; detaillierte bibliografische
Daten sind im Internet über http://dnb.d-nb.de abrufbar.

Pädagogische Psychologie und Entwicklungspsychologie; Bd. 83
herausgegeben von Prof. Dr. Detlef H. Rost
Philipps-Universität Marburg
Fon: 0 64 21 / 2 82 17 27
Fax: 0 64 21 / 2 82 39 10
E-Mail: rost@mailer.uni-marburg.de

ISSN 1430-2977
ISBN 978-3-8309-2639-9

© Waxmann Verlag GmbH, 2012
Postfach 8603, D-48046 Münster

www.waxmann.com
info@waxmann.com

Umschlaggestaltung: Pleßmann Kommunikationsdesign, Ascheberg
Gedruckt auf alterungsbeständigem Papier, DIN 9706

Danke

Diese Arbeit hätte niemals entstehen können ohne die Hilfe und Unterstützung von Lisa Abels, Pia Bienstein, Kathleen Blessman, Johanna Brands, Karsten Cornelius, Astrid Dippel, Nikolas Dudek, Birte Egloff, Nadine Engel, Michael Fingerle, Michaela Greisbach, Matthias Grünke, Steffen Hankiewicz, Marcus Hasselhorn, Anna-Maria Hintz, Eva Hülsmans, Peter Hubertus, Anna Lena Küthe, Gerhard Lauth, Miriam Löpmeier, Janet Mester, Bastian Möhle, Sven Nickel, Susanne Nußbeck, Detlef Rost, Jascha Rüsseler, Katja Scheffler, Inga Schmid, Hans Werner Schmidt, Achim Scholz, Svenja Siebers, Wolfgang Sonntag, Katja Uhlenbruck, Harald Wagner, Kristina Weishaupt, Stefanie Wertmann, Jürgen Willbert, Julia Winkes, Jessica Zelas und meinen Eltern.

Inhalt

3 Die Interaktionstheorie des funktionalen Analphabetismus

4 Fragestellung, Forschungsdesign und Hypothesen

5 Methode

6 Ergebnisse

7 Diskussion

Vorwort

"I attended my first large meeting on adult literacy in Washington. My presentation was on the development of reading among adults [...]. I noted that we should be prepared, as we work with more adults who seek help with their reading, to find many who will, like children and adolescents, have learning disabilities. When I made this statement, I felt a sudden cooling in the audience. I sensed that they wished I had not said that. Were they disappointed that I pulled in a medical factor rather than focusing on social, economic, and cultural factors that seemed to be the conference's major concerns." (Chall, 1994, S. 29)

Vergleichbares erlebte ich auf der ersten deutschen Fachtagung zur Alphabetisierungsforschung in Bonn (11. bis 12.12.2008), als eine analoge These durch ein belächelndes, amüsiertes und negierendes Raunen im Plenum quittiert wurde. Bislang wird mehrheitlich von einer sozialen Verursachung von Analphabetismus in Deutschland ausgegangen. Dagegen nehme ich an, dass phonologische Lernstörungen des Lesens, die man als Lese-Rechtschreib-Störung, Legasthenie oder Dyslexie bezeichnen kann, ein weiteres Verursachungsmoment sind. Ich stieß mit dieser Vermutung bei vielen praktisch arbeitenden Pädagoginnen und Pädagogen sowie Alphabetisierungsforscherinnen und -forschern auf Interesse und Wohlwollen, bei einigen auch auf Widerstand und Dissonanz. Aus meinen bisherigen Erfahrungen schließe ich, dass die in dieser Arbeit zusammengetragenen Ideen bei denjenigen zu Unbehagen führen könnten, die mit den Paradigmen der (sonder)pädagogischen Psychologie und Entwicklungspsychologie nicht vertraut sind. Dennoch hoffe ich, dass die vorliegende Arbeit unser Denken und unsere Vorstellungen über funktionalen Analphabetismus in Deutschland verändern wird. Ich wünsche allen Leserinnen und Lesern, auch den kritischen, eine sachliche, aber dennoch spannende Lektüre.

Köln, September 2010   Michael Grosche

Diese Dissertation wurde von der Humanwissenschaftlichen Fakultät der Universität zu Köln im Januar 2011 angenommen. Teile des dem Bericht zugrunde liegenden Vorhabens wurden mit Mitteln des Bundesministeriums für Bildung und Forschung (BMBF) unter dem Förderkennzeichen 01AB073801 im Projekt „Alphabetisierung, Beratung, Chancen" (http://abc-projekt.de) gefördert.

1   Einleitung

1.1   Problemstellung

Die Fähigkeit Lesen und Schreiben zu können, ist für die gesellschaftliche Teilhabe in literalisierten Gesellschaften wie Deutschland essentiell. Erst durch solche kulturtechnischen Kompetenzen können Individuen geschriebene Informationen nutzen, um ihre eigenen Ziele zu verwirklichen und Aufgaben in der Gesellschaft zu übernehmen (OECD, 1995). Damit ermöglichen Lesen und Schreiben sowohl die individuelle als auch die gesamtgesellschaftliche Weiterentwicklung. Der Stellenwert, der diesen beiden Techniken zugemessen wird, ist deshalb wohl kaum zu unterschätzen.

Um jeden Menschen zur kulturellen und sozialen Teilhabe zu verhelfen, existiert in Deutschland die Schulpflicht. Durch sie sollen möglichst alle Kinder und Jugendliche viele Jahre unterrichtet werden, grundlegende Lese- und Schreibfertigkeiten erwerben, eine große Wissensbasis entwickeln und die Schule als gebildetes Mitglied unserer Gemeinschaft verlassen.

Doch Schätzungen zufolge leben in Deutschland etwa vier Millionen Erwachsene, die trotz formaler Erfüllung der Schulpflicht nicht richtig lesen und schreiben können (Döbert & Hubertus, 2000). Zwar verfügen sie über einige wenige Schriftsprachkenntnisse. Aber weil sie die Funktion von Schrift nicht für sich nutzen können, werden sie als funktionale Analphabeten[1] bezeichnet.

Dass es Analphabeten in Deutschland geben soll, mag aufgrund deren Absolvierung der Schulpflicht befremdlich erscheinen. Stattdessen sind eher arme und bildungsbenachteiligte Länder diejenigen geografischen Gebiete, in denen Analphabetismus zu erwarten ist. Es sind aber vor allem in Deutschland geborene Erwachsene, die trotz jahrelangem Schulbesuch wöchentliche Alphabetisierungskurse zum Lesen- und Schreibenlernen besuchen. Wie ist diese hohe Prävalenz von funktionalem Analphabetismus in Deutschland zu erklären?

Bislang wird zumeist davon ausgegangen, dass vor allem soziale Gründe zu den mangelnden Schriftsprachleistungen dieser Erwachsenen führen (Döbert &

---

1 Auf eine sprachliche Trennung der Geschlechter wurde aus Gründen der Lesbarkeit verzichtet. Hier wie im Folgenden sind mit dem generischen Maskulin stets beide Geschlechter gemeint.

Hubertus, 2000; Egloff, 2007; H. Wagner, 2008): Funktionale Analphabeten wurden früher in der Familie und Schule nur ungenügend gefördert und vielleicht sogar systematisch benachteiligt. Individuelle entwicklungspsychologische Merkmale der Lerner standen dagegen bisher nicht im Fokus der Alphabetisierungsforschung.

Das Lesenlernen ist eng an die Entwicklung der phonologischen Informationsverarbeitung gekoppelt. Wenn in diesem Bereich Entwicklungsstörungen auftreten, fällt das Lesenlernen sehr schwer. Solche Entwicklungsstörungen der phonologischen Informationsverarbeitung werden üblicherweise mit dem Begriff der Dyslexie bezeichnet. (Dyslexie ist der internationale Begriff für Legasthenie bzw. Lese- und Rechtschreibstörungen und wird im Folgenden synonym verwendet.) In der vorliegenden Arbeit wird nun erstmalig überprüft, ob neben sozialen Bildungsbenachteiligungen nicht auch Defizite in der phonologischen Informationsverarbeitung zur Erklärung der Leseprobleme von funktionalen Analphabeten in Deutschland beitragen können.

In der folgenden empirischen Untersuchung wird sich herausstellen, dass Analphabeten starke Defizite in ihrer phonologischen Informationsverarbeitung aufweisen, die sie am einfachen und effizienten Lesenlernen hindern. Das Ausbleiben von geeigneter Förderung sowie das Auftreten von psychosozialen Problemen verhindert die präventive Begegnung mit Dyslexie. Damit ist funktionaler Analphabetismus in Deutschland neben einer starken sozialen Bildungsbenachteiligung auch durch die phonologisch-bedingte Entwicklungsstörung Dyslexie verursacht. Das hat bedeutsame Implikationen für unser Verständnis und unser Denken über Analphabetismus sowie für das praktische Handeln im Grundbildungsunterricht mit Analphabeten.

1.2 Desiderata

Um funktionalen Analphabeten das Lesen und Schreiben beizubringen, müssen für sie geeignete Unterrichtsformen und Instruktionsmethoden entwickelt werden. Dies kann nur auf der Grundlage einer breiten Forschungsbasis geschehen, zu denen auch die Analyse der Ursachen zu zählen ist. Jedoch liegen nur wenige gelungene Studien mit Analphabeten vor, die zur Interventionsentwicklung verwendet werden könnten.

Pädagogisch-psychologischen Forschungsergebnissen zum Lernen im Erwachsenenalter stellen Schrader und Berzbach (2005) eine „Defizitdiagnose in quantitativer, theoretischer und methodischer Hinsicht" (S. 51) aus. Im Lehrbuch der „Pädagogischen Psychologie" von Krapp und Weidenmann (2006) finden sich auf insgesamt 846 Seiten im Artikel von Geißler (2006) gerade einmal acht Seiten über Erwachsenenbildung. Auch im „Handwörterbuch Pädagogische Psychologie" von Rost (2006) steht kein Eintrag über das Lernen und Unterrichten von Erwachsenen. Vor dem Hintergrund des lebenslangen Lernens und der beruflichen Aus- und Weiterbildung ist die Thematik erwachsener Lerner bislang in der pädagogischen und psychologischen Forschung als unzureichend zu beschreiben (Schrader & Berzbach, 2005).

Das Forschungsdesiderat gilt ganz besonders für die Population der funktionalen Analphabeten. Im Band „Psychologie der Erwachsenenbildung" der Enzyklopädie der Psychologie von Weinert und Mandl (1997) finden sich weder die Stichwörter Lesen oder Lesenlernen, noch Analphabetismus oder Alphabetisierung. Tröster (2005) beklagt deshalb, dass es zum Thema Alphabetisierung bislang „keine hochschul-basierte Forschung gibt" (S. 8). In einer von der OECD herausgegebenen Literaturübersicht über die deutschsprachige Forschung zu diesem Gebiet fanden Grotlüschen und Bonna (2008) keine empirischen Studien abseits von grauer Literatur und gängigen Praxisreflexionen. Als die bedeutendsten deutschsprachigen empirischen Studien zum Thema Analphabetismus nennen die Autoren zwei qualitative Interviewstudien: die Diplomarbeit von Egloff (1997) und die Doktorarbeit von Linde (2008). Ebenso kritisch ist der internationale Forschungsstand einzuschätzen: „The field of adult literacy suffers from a paucity of thorough and methodologically sound studies" (Greenberg, Ehri & Perin, 2002, S. 222). Die wissenschaftliche Rezeption von Analphabetismus steckt damit noch in den Kinderschuhen.

Es ist das Verdienst Kruideniers (2002), eine exhaustative Forschungsübersicht über Grundbildung bei Erwachsenen aus dem englischen Sprachraum angefertigt zu haben. Während jedoch in einer vergleichbaren Übersicht für den Leseunterricht von Kindern über 400 ausschließlich experimentelle Studien eingehen konnten (National Reading Panel, 2000a, 2000b), fand Kruidenier (2002) nur durch die Aufweichung der Inklusionskriterien (z.B. durch die Verwendung nichtexperimenteller Studien, rein deskriptiver Untersuchungen ohne geeignete Kontrollgruppen, graue Literatur und Einzelfallforschungen, Rekrutierung unterschiedlichster Stichproben wie z.B. erwachsene Dyslektiker, Analphabeten aus Entwicklungsländern sowie funktionale Analphabeten aus literalisierten Gesellschaften) 70 Studien zur Grundbildung mit Erwachsenen. Er kommt zu folgendem Schluss:

"Most of the principles derived from the ABE [adult basic education] reading instruction are 'emerging principles' because they are based on a relatively small
body of experimental research. [...] Some of the topic areas reviewed contain no
or very few research studies. [...] In general, the review of ABE reading instruction research found that much more research is needed in almost all of the topic
areas addressed" (Kruidenier, 2002, S. 2-4).

Das gilt besonders für die Gemeinsamkeiten und Unterschiede von Dyslexie und
Analphabetismus: „There is very little qualifying research and consequently
very few trends in the subtopics concern learner characteristics. Surprisingly,
[...] whether or not they have a learning disability, are not addressed much by
the research" (Kruidenier, 2002, S. 110). Aber erst wenn wir den Zusammenhang verstanden haben, können wir auf Lese- und Leselernprozesse bei Erwachsenen schließen und den Grundbildungsunterricht dahingehend adaptieren. Die
vorliegende Arbeit möchte zu diesem Aspekt etwas beitragen.

1.3   Gegenstandsbereich, Ziel und Struktur der Arbeit

Es lassen sich in der Pädagogik und Psychologie bewertende (normative), beschreibende (deskriptive) und vorschreibende (präskriptive) Theorien unterscheiden (vgl. Kanter, 2007). Aus Sicht der praktisch arbeitenden Pädagogik
sind vor allem präskriptive Handlungstheorien interessant, z.B. welche Unterrichtsmethoden wann und wie bei welchen Lernern einzusetzen sind und was die
Ergebnisse dieser Bemühungen sein werden. Stellt ein Leser eine solche Erwartung an den vorliegenden Text, so muss sie hier enttäuscht werden, denn Gegenstand der Arbeit ist keine präskriptive Unterrichtsmethodik.

Aus der Perspektive der normativen Pädagogik erscheint vor allem interessant, was Ziele von Alphabetisierung sein können oder wie bestimmte Konzepte
(z.B. Lesekompetenz oder Analphabetismus) zu definieren seien. Ein solches
Erkenntnisinteresse ist nicht durch Empirie zu stillen. Auch dieses Anliegen
muss deshalb enttäuscht werden, da sich die vorliegende Studie nicht mit normativen Vorstellungen beschäftigt.

Gegenstandsbereich der Untersuchung ist dagegen die Beschreibung der Er-
ziehungswirklichkeit im Sinne der deskriptiven Theoriebildung. Die Arbeit hat
zum Ziel, eine beschreibende Theorie des Analphabetismus an der Realität zu
testen. Im Ergebnis darf man dann genau das erwarten, aber eben auch nichts
anderes. Der Autor möchte sich explizit dagegen verwehren, dass die vorliegenden Ergebnisse anders als in diesem rein deskriptiv-beschreibenden Sinne verwendet werden. Aus diesem Grund sind alle Begriffe, Theorien und Konzepte,

die in der vorliegenden Studie verwendet werden, lediglich deskriptiv und niemals normativ oder präskriptiv zu verstehen. Gleichwohl ergeben sich aus der Theorie und den Ergebnissen der empirischen Untersuchung bedeutende Argumente für die beiden Bereiche der Normation und Präskription (siehe dazu die praktischen Implikationen in Kap. 7.5).

Diese Arbeit hat drei Ziele: (1) Das Vergleichen der zwei Phänomene funktionaler Analphabetismus und Dyslexie sowie (2) das Aufstellen einer deskriptiven Theorie und (3) deren empirische Überprüfung. Daraus ergibt sich folgende Struktur in Abbildung 1.

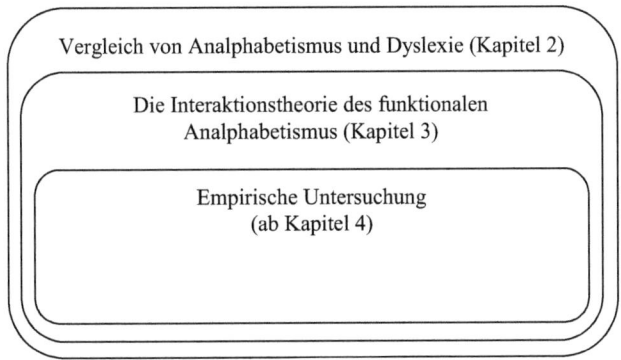

Vergleich von Analphabetismus und Dyslexie (Kapitel 2)

Die Interaktionstheorie des funktionalen Analphabetismus (Kapitel 3)

Empirische Untersuchung (ab Kapitel 4)

Abbildung 1: Struktur der vorliegenden Arbeit

Die Struktur lässt sich wie folgt erläutern:

- Ein systematischer Vergleich der Gemeinsamkeiten und Unterschiede von Dyslexie und funktionalem Analphabetismus liegt bislang noch nicht vor. Deshalb soll in Kapitel 2 ein breiter Forschungsüberblick über diese Zusammenhänge gegeben werden. Es wird sich zeigen, dass die Gemeinsamkeiten zwischen beiden Phänomenen weitaus größer sind als allgemein angenommen. Jedoch ergibt sich eine größere Diskrepanz bezüglich der Verursachung: Während funktionaler Analphabetismus eher durch soziale Problemlagen hervorgerufen wird, ist Dyslexie eine neurobiologisch bedingte Abweichung im Leselernprozess.

- Zur Klärung dieser Inkonsistenz wird in Kapitel 3 aus den Erkenntnissen des vorherigen Kapitels eine eigene Theorie zur Entstehung von Analphabetismus entwickelt. Die so gebildete Interaktionstheorie des funktionalen Analphabetismus (IT-FA) postuliert, dass dyslexie-typische Defizite in der phonologischen Informationsverarbeitung als Ursache für Analphabetismus zu bezeichnen sind. Durch soziale Bildungsbenachteiligungen können diese Defizite nicht adäquat behandelt werden. Der Vorteil dieser Theorie ist, dass sie als erste umfassende Theorie zum Phänomen des funktionalen Analphabetismus in Deutschland so starke Aussagen macht, dass sie durch ein quantitatives Forschungsparadigma überprüfbar sind.

- Teile der IT-FA werden dann ab Kapitel 4 einer empirischen Überprüfung unterzogen (Kapitel 4: Fragestellung, Kapitel 5: Methode, Kapitel 6: Ergebnisse, Kapitel 7: Diskussion). Dabei wird sich zeigen, dass Defizite in der phonologischen Informationsverarbeitung durchaus die Probleme im Leselernen bei Analphabeten erklären können. Das wiederum hat bedeutsame Auswirkungen auf unser Verstehen und unser Denken über Analphabetismus.

Um dem Anspruch einer aktuellen empirischen Arbeit gerecht zu werden, wurden einige Einschränkungen in der Literaturauswahl vorgenommen:

- Es wurde nur diejenige Alphabetisierungsliteratur verwendet, in der empirische Studien zur Theoriebildung herangezogen oder eine Durchführung einer eigenen systematischen empirischen Studie beschrieben wurde. Die zu verwendende Literatur musste zumindest in Zeitschriften- oder Buchform publiziert sein.

- Es sollte ein aktueller Forschungsüberblick gegeben werden. Darum wurde nur Literatur verwendet, die nach 1990 publiziert wurde. Ausnahmen stellen diejenigen Veröffentlichungen dar, die noch immer sehr häufig zitiert werden (z.B. das Modell der phonologischen Informationsverarbeitung von R. K. Wagner & Torgesen aus dem Jahre 1987).

- Es wurden nur Studien berücksichtigt, die an Muttersprachlern im jeweiligen Untersuchungsland durchgeführt wurden. Ergebnisse aus Stichproben von Migranten sowie zum Zweitschriftspracherwerb in einer anderen Sprache als der Muttersprache wurden explizit ausgeschlossen.

- Es wird sich in dieser Arbeit ausschließlich auf das Lesen und Lesenlernen beschränkt. Untersuchungen und Theorien zum Schreiben und Schreibenlernen wurden deshalb nicht berücksichtigt.

2 Vergleich von Analphabetismus und Dyslexie

2.1 Hinführung

In Kapitel 2 sollen die beiden Phänomene des funktionalen Analphabetismus und der Dyslexie verglichen sowie Gemeinsamkeiten und Unterschiede zwischen beiden Erscheinungen diskutiert werden. Dieses Vorgehen wird formal durch die Grundannahme gerechtfertigt, dass beide Phänomene auf Schwierigkeiten des Lesenlernens beruhen. Es stellt sich jedoch die Frage, welcher Art solche Probleme sein können. Deshalb soll zuerst referiert werden, warum Lesenlernen überhaupt so schwierig sein kann.

Das Erlernen des Verstehens und Sprechens der eigenen Muttersprache gelingt den meisten Menschen relativ leicht und findet ohne spezielle Förderung statt. Die Aneignung der Kompetenz des Lesens ist dagegen ausgesprochen schwer und erfordert in jedem Fall einen systematischen Unterricht. Was machen aber diese Unterschiede zwischen der Leichtigkeit des Sprechenlernens und der Schwierigkeit des Lesenlernens aus?

Gesprochene Sprache existiert in allen Kulturen seit vielen Hunderttausenden von Jahren. Fast jedes Kind lernt diese Sprache automatisch ohne systematische Unterweisung, da die Fähigkeit zum Spracherwerb zumindest zu einem großen Teil angeboren zu sein scheint (vgl. Chomsky, 1957, zitiert nach Berk, 2005) und implizit erworben wird (Oerter, 2000). Im Gegensatz dazu ist Schrift hochgradig künstlich und mit einigen Tausend Jahren entwicklungsgeschichtlich deutlich jünger. Aus diesem Grund ist die Fähigkeit zum Schriftspracherwerb nicht angeboren und muss gezielt erworben und systematisch vermittelt werden (Shaywitz & Shaywitz, 2008).

Die Unterschiede zwischen geschriebener Sprache und gesprochener Sprache liegen vor allem im Wortlesen, während die Verstehensprozesse (nach der Erkennung des geschriebenen Wortes) in Texten und Konversationen nahezu identisch sind (Schneider, 2006). Die Schwierigkeit des Leselernens erklärt sich deshalb fast ausschließlich durch das Erlernen des Wortlesens. Um ein geschriebenes Wort zu lesen, müssen Leser die visuellen Elemente (Buchstaben) erkennen und von der Schreibweise (Orthographie) in die Aussprache (Phonologie) übersetzen (Friederici & Lachmann, 2002). Während zwischen guten und schlechten

Lesern keine Unterschiede in der visuellen Wortanalyse gefunden werden konnten, sind Schwierigkeiten bezüglich der Phonologie die am besten replizierten Ursachen für Probleme beim Lesenlernen (Landerl & Wimmer, 2006).

Was aber sind nun genau die phonologischen Probleme, an denen Dyslektiker leiden? Und gibt es ähnliche Probleme bei Analphabeten? Die Hauptaufgabe im frühen Lesenlernen ist die Entwicklung eines Verständnisses, dass Buchstaben visuelle Abstraktionen phonologischer Informationen darstellen und dass sie zum Lesen in gesprochene Sprache übersetzt werden müssen. Die Phoneme in gesprochener Sprache werden allerdings koartikuliert und liegen deshalb nicht als abgeschlossene Elemente vor. In der Schrift stellen sie dagegen voneinander unabhängige Einheiten dar (Shaywitz & Shaywitz, 2008). So hören sich die Phoneme im Wort „Blume" anders an als die zugehörigen Phoneme der Grapheme /b/ /l/ /u/ /m/ /e/. Die einzeln vorliegenden Grapheme müssen also nun nicht nur in ihre Phoneme übersetzt, sondern zusätzlich auch koartikuliert (zusammengeschliffen) werden. Beide Prozesse sind für Dyslektiker sehr schwierig, für Menschen ohne Dyslexie jedoch sehr einfach (Frith, 1999). Wie dies für funktionale Analphabeten aussieht, ist bislang nicht geklärt.

Deshalb soll in diesem Kapitel 2 ein Vergleich von Theorien und Forschungsergebnissen der zwei unterschiedlichen Populationen der Dyslektiker und der Analphabeten gegeben werden. Nach einer allgemeinen Begriffsdefinition der Phänomene (Kap. 2.2) folgen Ausführungen zur Prävalenz (Kap. 2.3) und zu den allgemeinen Ursachen (Kap. 2.4). Ein für diese Arbeit zentraler Abschnitt stellt die Analyse von Defiziten in der phonologischen Informationsverarbeitung als spezifische Ursache für Analphabetismus und Dyslexie dar (Kap. 2.5). Abgeschlossen wird das Kapitel über Schwierigkeiten beim Lesen und Lesenlernen (Kap. 2.6) sowie über Unterricht und Interventionen (Kap. 2.7).

Jedes Unterkapitel beginnt in einem ersten Schritt mit einer allgemeinen theoretischen Einleitung in den jeweiligen Themenkomplex. Anschließend werden zweistufig die angeführten Theorien reflektiert und empirische Ergebnisse referiert, zuerst bei Kindern und Erwachsenen mit Dyslexie und dann bei funktionalen Analphabeten. Im letzten Schritt soll versucht werden, die Ergebnisse der vorgenannten Ausführungen zu vergleichen und Schlussfolgerungen hinsichtlich der Gemeinsamkeiten und der Unterschiede von Dyslexie und Analphabetismus zu ziehen.

Da wir bislang sehr viel über Dyslexie bei Kindern und Erwachsenen, aber nur sehr wenig über den Leselernprozess bei Analphabeten wissen, ist es unausweichlich, dass die folgenden Kapitel ein Ungleichgewicht aufweisen. Im Kapitel über Dyslexie konnten viele quantitative Forschungsergebnisse referiert

werden, während im Kapitel über Analphabetismus insgesamt deutlich weniger
Studien anzuführen sind.

2.2 Definition

2.2.1 Definition der Dyslexie

Die aktuelle inhaltliche Definition der Dyslexie

Trotz zahlreicher begrifflicher Kontroversen stößt die folgende Definition der
Dyslexie auf großen Konsens: „Dyslexia is a specific learning disability that is
neurobiological in origin. It is characterized by difficulties with accurate and/or
fluent word recognition and poor spelling and decoding abilities. These difficulties typically result from a deficit in the phonological component of language
that is often unexpected in relation to other cognitive abilities and the provision
of effective classroom instruction" (Lyon, Shaywitz & Shaywitz, 2003, S. 2).

Dyslexie lässt sich unter den Begriff der Lernstörung subsumieren. An allen
Lernstörungen macht sie einen Anteil von etwa 80 % aus (Shaywitz, Morris &
Shaywitz, 2008). Ihr Hauptmerkmal ist eine deutliche und umschriebene Beeinträchtigung der Entwicklung von allen Lesefertigkeiten. Als symptomatisch sind
Defizite in der Wort-Identifikation, der phonologischen Dekodierung geschriebener Worte, im Buchstabieren, der Phonem-Graphem-Korrespondenz, der Leseflüssigkeit und letztendlich des Leseverständnisses zu nennen. Nach dieser
Definition bezeichnet Dyslexie eine grundlegende und überdauernde pathologische, neurobiologische und phonologische Entwicklungsstörung, die Menschen
daran hindert, das Dekodieren von Schrift zu erlernen (Pinel, 2007; Shaywitz &
Shaywitz, 2005; Vellutino & Fletcher, 2005).

Dyslexie wächst sich in der Regel nicht aus, sondern bleibt ein Leben lang
bestehen. „Children with dyslexia neither spontaneously remit nor do they dem-
onstrate a lag mechanism for ‚catching up‘ in the development of reading skills"
(Shaywitz & Shaywitz, 2005, S. 1302). Dyslektiker können jedoch durch geeigneten Unterricht langfristig eine hohe Lesegenauigkeit ausbilden. Aber trotz intensiver Interventionen bleiben sie meist langsame und unflüssige Leser, so dass
die Unterschiede zwischen guten und schlechten Lesern sehr stabil sind. Abbildung 2 (nächste Seite) verdeutlicht die lebenslange Lücke (*gap*) der Leseleistungen zwischen beiden Lesergruppen, nach der es gerechtfertigt ist, Dyslexie als
Entwicklungsstörung und nicht etwa als bloße Entwicklungsverzögerung zu bezeichnen.

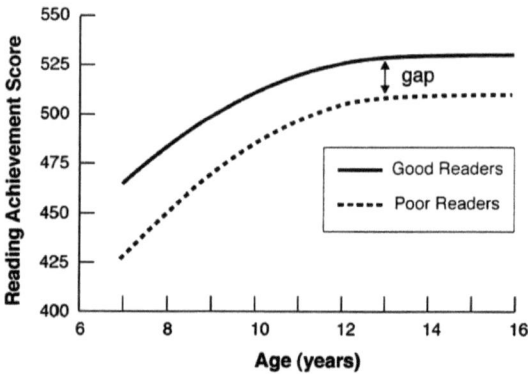

Abbildung 2: Entwicklungsverlauf guter und schlechter Leser. Obwohl beide Gruppen starke Lernzuwächse zeigen, bleibt eine Lücke (gap) zwischen ihnen bestehen; entnommen aus Shaywitz et al., 2008, S. 476

Die Irrelevanz der Diskrepanz zur Intelligenz in der Dyslexiedefinition

Im Gegensatz zu früheren Definitionen kommt die soeben beschriebene Definition ohne die häufig kritisierte Abhängigkeit von der allgemeinen Intelligenz aus. Ganz explizit wird hier also ein Begriff der Dyslexie verwendet, für den es unabhängig ist, ob ein schlechter Leser eine reduzierte, normale oder außergewöhnlich hohe Intelligenz besitzt (s. u.). Dennoch ist die weitere Auseinandersetzung mit Dyslexie auch immer von den Diagnosekriterien nach ICD-10 (Internationale statistische Klassifikation der Krankheiten der Weltgesundheitsorganisation) und DSM-IV (Diagnostisches und statistisches Manual psychischer Störungen der amerikanischen psychologischen Vereinigung) geprägt.

Das ICD-10 definiert eine Dyslexie anhand der Kennziffer F81.0: „Die Leseleistungen des Kindes müssen unter dem Niveau liegen, das aufgrund des Alters, der allgemeinen Intelligenz und der Beschulung zu erwarten ist" (Dilling, Mombour & Schmidt, 2008, S. 298). Im DSM-IV wird Dyslexie unter der Ziffer 315.0 verortet. Die Leseleistungen müssen für eine Diagnose wie im ICD-10 „deutlich unter dem Niveau liegen, das aufgrund des Alters, der allgemeinen Intelligenz und der Beschulung zu erwarten wären" (Saß, Wittchen, Zaudig & Houben, 2003, S. 57). Weil in beiden Klassifikationssystemen eine Diskrepanz der schlechten Leseleistungen zur ansonsten normalen Intelligenz notwendig ist, wird eine solche Diagnose auch Diskrepanzdefinition genannt.

Wie genau wird eine Diskrepanz der Leseleistungen zur Intelligenz gemessen? Die diagnostischen Kriterien für die Forschung lauten für eine Dyslexie nach ICD-10: „Ein Wert der Lesegenauigkeit und/oder im Leseverständnis, der mindestens zwei Standardabweichungen unterhalb des Niveaus liegt, das auf Grund des chronologischen Alters und der allgemeinen Intelligenz zu erwarten wäre" (Dilling, Mombour, Schmidt & Schulte-Markwort, 2006, S. 175). Die Operationalisierung nach DSM-IV schließt sich dem an (Saß et al., 2003). Eine Leseschwäche ohne Intelligenzdiskrepanzberücksichtigung wird dabei von einer Lesestörung mit einer solchen Diskrepanz unterschieden. Hasselhorn und Schuchardt (2006) empfehlen zur differentialpsychologischen Abgrenzung eine Leistung in einem normierten Lesetest, die unterhalb eines Prozentrangs (PR) von 20 liegt, und eine Diskrepanz zur besseren Intelligenz von wenigstens einer Standardabweichung. Dagegen erachten Klicpera, Schabmann und Gasteiger-Klicpera (2007) einen PR < 15 im Lesen ohne die Berücksichtigung der Diskrepanz zur Intelligenz ausreichend.

Die meisten Forscher widersprechen dieser Diskrepanzannahme. In einer Expertenbefragung von Speece und Shekitka (2002) wurden 113 bedeutende Forscher aus dem Bereich Dyslexie und Lernstörungen nach der Legitimation der Diskrepanzdefinition befragt. 70 % der namhaften Forscher sprachen der Diskrepanzdefinition ihre Sinnhaftigkeit ab. Stanovich (1998) schreibt dazu provokant: „The logic behind this assumption turns out to be nothing but muddled folk psychology that a scientific theory of reading disability is best to dispense with" (S. 18). Noch deutlicher meint Stanovich (2005) in seinem Artikel *The Future of a Mistake*: „Will discrepancy measurement continue to make the learning disabilities field a pseudoscience?" (S. 103) Um die Irrelevanz der Diskrepanzdefinition zu verdeutlichen, sollen im Folgenden vier Metaanalysen zur Problematik angeführt werden.

In einer ersten Metaanalyse (Hoskyn & Swanson, 2000) wurden 19 Studien mit insgesamt 274 Effektstärken untersucht, die Unterschiede zwischen schlechten Lesern mit und ohne Diskrepanz zur Intelligenz untersuchten. Selbstverständlich hatten diskrepante Leser einen höheren IQ ($d = 1.05$).[2] Aber es fanden sich keine oder nur sehr geringe Unterschiede zwischen beiden Gruppen hinsichtlich phonologischer Defizite, die ursächlich für Dyslexie sind. Die Effektstärke zur phonologischen Bewusstheit betrug $d = -0.27$, zum lexikalischen Ab-

---

2 Die verwendeten Effektstärken d sind standardisierte Mittelwertunterschiede zwischen zwei Gruppen und bezeichnen die Größe eines Mittelwertunterschiedes. Die hier und im Folgenden angegebenen Effektstärken wurden entweder aus der jeweiligen Literatur übernommen oder im häufigsten Fall nach Formel (2) auf S. 160 berechnet. Per Konvention sind Mittelwertunterschiede in der Terminologie von Cohen (1987) unter $d < 0.20$ als irrelevant, zwischen $d \geq 0.20$ und $d < 0.50$ als gering, zwischen $d \geq 0.50$ und $d < 0.80$ als mittelgroß und ab $d \geq 0.80$ als groß zu bezeichnen.

ruf phonologischer Informationen d = -0.05 und zum phonologischen Arbeitsgedächtnis d = -0.12. Das bedeutet, dass sich im Mittel die Gruppen nur trivial hinsichtlich der phonologischen Informationsverarbeitung unterscheiden und sie demnach zwischen den Gruppen vergleichbar schlecht ausgebildet ist. Die Unterschiede nivellierten sich gänzlich, wenn die Schüler älter wurden. Da das Ausmaß der Diskrepanz zwischen Intelligenz und Leseleistung kein signifikanter Prädiktor der Größe der Effektstärken war, liefert die Diskrepanzdefinition nach der Metaanalyse von Hoskyn und Swanson (2000) keinen Erklärungswert für die Dyslexie. Eine zweite Metaanalyse (Stuebing et al., 2002) untersuchte 46 Studien mit insgesamt 301 Effekten und fast 24.000 Studienteilnehmern. Sie fanden natürlich große Unterschiede im IQ (d = 1.01), aber keine Unterschiede hinsichtlich der phonologischen Bewusstheit (d = -0.13), der Abrufgeschwindigkeit für phonologische Informationen (d = -0.12) und dem phonologischen Arbeitsgedächtnis (d = -0.10). In einer weiteren Metaanalyse wurden speziell die Leseleistungen von schlechten Lesern mit und ohne Diskrepanzdefinition zur Intelligenz fokussiert (Fuchs, Fuchs, Mathes, Lipsey & Roberts, 2002). Die Lesekompetenz-Unterschiede zwischen beiden Gruppen (insgesamt d = 0.61) waren dann größer, wenn Speed- statt Power-Tests verwendet wurden (d = 0.34) und wenn die Leseleistungen anstatt durch Lesetests durch Lehrere inschätzungen erhoben wurden (d = 0.51). Allerdings fand Swanson (2009), dass Erwachsene mit diskrepanten Leseleistungen etwas stärkere phonologische Defizite zeigen als Erwachsene ohne Diskrepanzdiagnose. Bislang liegt jedoch keine einzige experimentelle Interventionsstudie vor, die zeigen könnte, dass beide Erwachsenengruppen wirklich distinkt sind (Swanson, 2009), so dass auch hier auf eine Irrelevanz der Diskrepanzdefinition geschlossen werden kann.

Aus den angeführten Metaanalysen geht relativ zweifelsfrei hervor, dass sich schlecht lesende Leser mit und ohne Diskrepanz zur Intelligenz innerhalb der phonologischen Informationsverarbeitung kaum voneinander unterscheiden. Die Ergebnisse der Metaanalysen sind mit dem *phonological core-variable difference* Modell von Stanovich und Siegel (1994) konsistent. Die Autoren nehmen an, dass sich diskrepante und nicht-diskrepante schlechte Leser umso mehr unterscheiden, je näher die betrachtete Variable der Intelligenz ist und je weniger sie der phonologischen Kompetenz entspricht. Beide Gruppen schlechter Leser haben demnach ein phonologisches Defizit, das sie am schnellen und einfachen Lesenlernen hindert; der IQ ist aber für die basalen Lesefähigkeiten kaum entscheidend. So findet sich bei Warnke, Hemminger, Roth und Schneck (2002, S. 25) ein eindrucksvolles Beispiel einer geistig behinderten Schülerin mit einem IQ von 54, die aufgrund massiven Trainings selbst schwierige Texte flüssig lesen und nach Diktat nahezu fehlerfrei schreiben kann, während sie des Verstehens des Inhalts nicht mächtig ist.

Dennoch wird im ICD-10 und DSM-IV an der Diskrepanzdefinition festgehalten. Aber bleibt ein Schüler in seinen Leseleistungen zurück, dann kann er (rechtlich gesehen) erst Hilfe bekommen, wenn seine Leseleistungen soweit zurückgefallen sind, bis eine Diskrepanz zur Intelligenz auftritt. Einem solchen Schüler wird also durch die Diskrepanzdefinition frühe Hilfe verweigert und seine Leseprobleme müssen erst viel größer werden, um für eine sonderpädagogische oder psychotherapeutische Intervention „förderungswürdig" sein. Deshalb wird eine solche Diagnose per Intelligenzdiskrepanz auch häufig „wait-to-fail model" (Shaywitz et al., 2008, S. 454, keine Hervorhebung im Original) genannt.

Gegen das Gesagte könnte eingewendet werden, dass die Diskrepanzdefinition – wenn schon nicht für englischsprachige Menschen mit Dyslexie – wenigstens für deutschsprachige Dyslektiker sinnvoll wäre. Um diese Frage zu beantworten, wurde in einer deutschen Studie die phonologische Informationsverarbeitung von 102 Kindern verglichen (Metz, Marx, Weber & Schneider, 2003). Wie erwartet zeigten Schüler mit schlechten Leseleistungen Einschränkungen in der phonologischen Bewusstheit, in der Abrufgeschwindigkeit für phonologische Informationen und im phonologischen Arbeitsgedächtnis. Dagegen spielte die Intelligenz für das Lesen und die phonologische Informationsverarbeitung keine Rolle. Demnach ist also die Diskrepanzdefinition auch für die deutschsprachige Ausprägung von Dyslexie zu negieren. Die hier verwendete Definition der Dyslexie kommt daher ohne Diskrepanz zur Intelligenz aus.

2.2.2 Definition des Analphabetismus

Bislang besteht kein Konsens darüber, wie Analphabetismus zu definieren sei, vor allen Dingen, weil es sich dabei um ein heterogenes und sich im gesellschaftlichen Wandel befindliches Konstrukt handelt (Linde, 2008; Nickel, 2004a). Um Klarheit über verschiedene Aspekte des Begriffs zu gewinnen, wird in der vorliegenden Arbeit die wichtige Unterscheidung zwischen primärem und funktionalem Analphabetismus getroffen.

Primärer Analphabetismus

Primärer Analphabetismus „liegt dann vor, wenn weder im Kindes- noch im Jugendalter die Gelegenheit bestand, das Lesen und Schreiben zu erlernen, was in der Regel dem Mangel an einem funktionierenden Schulsystem geschuldet ist" (Linde, 2007, S. 91). Diese Form des Analphabetismus tritt überwiegend in nicht-literalisierten Gesellschaften auf und es ist diese Form, die den meisten Menschen einfällt, wenn von Analphabetismus gesprochen wird. Doch Deutschland zählt aufgrund der Schulpflicht zu den literalisierten Gesellschaften. Primäre Analphabeten (im Sinne der obigen Definition) sollte es deshalb in Deutschland kaum geben, schließen sich doch Schulpflicht und Analphabetismus auf den ersten Blick gegenseitig aus. Diejenigen, die in Deutschland zu den primären Analphabeten zählen, müssten also letztendlich Migranten aus nicht-literalisierten Gesellschaften sein oder aber in Deutschland geborene, die niemals eine Schule besucht haben, z.B. weil sie zu nichtsesshaften segmentären Gesellschaften gehören oder massiven Schulabsentismus zeigen und wirklich niemals die Schule besuchen. Einschränkend muss gesagt werden, dass dies Spekulationen sind, da bislang keine einzige Studie vorliegt, die diesen Sachverhalt näher untersucht hat. Egloff (1997, 2007) und Linde (2008) konnten dagegen durch qualitative Interviews von zehn bzw. fünf deutschsprachigen Alphabetisierungskursteilnehmern zeigen, dass ihre Teilnehmer alle zumindest die Chance hatten, zur Schule zu gehen (wenn auch nicht während ihrer ganzen Schullaufbahn), aber dennoch nicht ausreichend lesen und schreiben konnten. Döbert und Hubertus (2000) reflektieren die Praxiserfahrungen in der Alphabetisierungsarbeit in deutschen Volkshochschulen ebenso.

Wenn nun diejenigen Analphabeten in literalisierten Gesellschaften nicht zu den primären Analphabeten zu zählen sind, wie kann man sie dann benennen? Die in der vorliegenden Arbeit gewählte Bezeichnung ist der Begriff des funktionalen Analphabetismus, der seit zirka 25 Jahren verwendet wird, obgleich er heftig umstritten ist (Nickel, 2004a).

Inhaltliche Definition des funktionalen Analphabetismus

„Der Begriff ‚Funktionaler Analphabetismus' beschreibt nicht An-Alphabetismus (= nicht des Alphabets mächtig sein) im wörtlichen Sinn, sondern vielmehr das Nicht-Verwenden-Können von Schrift: Wer die Funktion von Schrift nicht wahrnimmt, gilt als funktionaler Analphabet" (Nickel, 2004b, S. 87; im Original mit Hervorhebungen). Funktionale Analphabeten weisen also eine irgendwie geartete, aber geringe Lese- und Schreibkompetenz auf. Sie lassen sich deshalb nicht zu den primären Analphabeten zählen, die über gar keine Schriftsprache verfügen. Dennoch können die Betroffenen oftmals alltägliche Anforderungen nicht bewältigen (z.B. Behördengänge, Einkäufe, schriftsprachliche Arbeitsaufträge im Job etc.). Dieser Aspekt ist zur Unterscheidung von primärem und funktionalem Analphabetismus sehr wichtig: In der vorliegenden Arbeit sind mit dem Begriff Analphabetismus nicht primäre, sondern funktionale Analphabeten gemeint, die über partielle Lese- und Schreibkompetenz verfügen, aber die *Funktion* von Schrift im Alltag nicht für sich nutzen können. Es lässt sich nun in Anlehnung an gängige Definitionen des funktionalen Analphabetismus (siehe Döbert & Hubertus, 2000, für einen Überblick) folgende *inhaltliche Definition* aufstellen:

> In einer alphabetisierten Gesellschaft wird derjenige Erwachsene als funktionaler Analphabet bezeichnet, der vom Alter her die Schulpflicht formal erfüllt hat und dessen Lese- und/oder Schreibkompetenzen die Anforderungen unterschreitet, die von der Gesellschaft als selbstverständlich vorausgesetzt werden.

Diese Definition dürfte auf einigen Konsens stoßen, da sie im Wesentlichen mit den Ergebnissen einer Arbeitsgruppe zur Zielgruppenanalyse des funktionalen Analphabetismus übereinstimmt, an der auch der Autor der vorliegenden Arbeit mitarbeitet (Egloff, Grosche, Hubertus & Rüsseler, 2011). Dennoch sollen im Folgenden drei Punkte eines möglichen Dissenses herausgegriffen und diskutiert werden.

Ein erster strittiger Punkt ist, dass die Definition aus einer defizitären Beschreibung von fehlenden Kompetenzen besteht. Einer solchen Definition widerspricht Linde (2004), die einen Analphabetismus-Begriff lieber an positiven Beschreibungen von bislang erreichten Kompetenzen ausrichten möchte: „Mit großer Betroffenheit formulierte Defizite in der Schriftsprachkompetenz konstatieren Versagen und begünstigen Vereinzelung und Ausgrenzung der Betreffenden" (Linde, 2004, S. 28). Es muss jedoch entgegnet werden, dass niemals die Definition, sondern immer der Mensch diese Ausgrenzung vornimmt. Die hier vorgelegte Definition soll deshalb nicht bewerten, sondern lediglich beschreiben.

Ein weiteres kontroverses Thema ist die Grenze, wie schwach Lesekompetenzen ausgeprägt sein müssen, um die gesellschaftlich als selbstverständlich vorausgesetzten Anforderungen zu unterschreiten und von funktionalem Analphabetismus zu sprechen. Es gibt Versuche, den Bedarf an Lesen und Schreiben anhand der am Arbeitsplatz geforderten Literalität zu bestimmen (Brügelmann, 2004). Demnach kann z.B. ein Universitätsmitarbeiter, der die englischsprachigen und inferenzstatistischen Texte aus seinem Fach nicht versteht, als Analphabet gelten, obwohl er ansonsten keinerlei Probleme mit dem Lesen hat. Eine solche Definition führt jedoch den Begriff ad absurdum. Denn wenn z.B. verschiedene Ebenen für verschiedene Berufe postuliert werden, dann bedeutet dies, „dass einerseits auf wachsende und sich verändernde Anforderungen nicht flexibel reagiert werden kann und dass andererseits das Verbleiben der Menschen in den ‚unteren Niveaustufen' festgeschrieben wird" (Bulmahn, 2004,

S. 40). Eine empirische Vergleichbarkeit zwischen verschiedenen Gruppen ist damit zusätzlich nicht mehr gegeben. Eine weitere Dimension stellt die zuhause benötigte Literalität oder die persönlich gewünschte Literalität in den Vordergrund. Das gerade Gesagte gilt jedoch auch hier. Es ist nicht einleuchtend, warum jemand trotz geringerer Lesekompetenz als funktional alphabetisiert beschrieben werden sollte, denn seine gesellschaftliche Teilhabe ist eindeutig durch die geringen Leseleistungen beeinträchtigt, auch wenn er seine Defizite aufgrund genügender beruflicher, häuslicher oder persönlicher Kompetenzen nicht wahrnimmt oder nicht ändern möchte. Eine andere Beschreibung von Lesekompetenzen orientiert sich nach Brügelmann (2004) an normativ-gesetzten gesellschaftlichen Standards der Allgemeinbildung. Dazu zählen vor allem schulische Ziele, die im normativen Auftrag unserer Gesellschaft und Schule begründet sind, die jeden Menschen zu einem relativ großen Maß an Literalität heranführen will und muss. Sicherlich benötigen viele Menschen zuhause und bei der Arbeit wesentlich weniger Literalität als von der Schule angestrebt. Doch ein Ziel unserer Gesellschaft ist nicht die Vermittlung von für berufliche und persönliche Kompetenzen gerade noch ausreichenden Schriftkompetenzen, sondern die Maximierung der Lesefähigkeit jedes Menschen. Die hier verwendete Definition des funktionalen Analphabetismus soll deshalb die Bildungsziele der Schule als Maßstab der zu erreichenden Literalität beinhalten.

Diese Überlegung führt zu einem dritten strittigen Punkt: Ab wann kann von funktionalem Analphabetismus gesprochen werden? Der Begriff impliziert leider eine falsche statische Zweiteilung (Dichotomie) in alphabetisierte und nichtalphabetisierte Menschen. Da aber Leseleistungen kontinuierlich verteilt sind, kann eine solche scheinbare Dichotomie leicht zu Missverständnissen führen. Indes soll der Begriff nicht dichotom und statisch, sondern dimensional und wandelbar verstanden werden. Die Grenze zwischen Alphabetismus und Analphabetismus ist eine willkürliche Festlegung im Sinne eines Postulates. Sie ist weder richtig oder falsch noch eindeutig und klar, sondern lediglich eine Konvention. Es werden im Folgenden also irgendwelche künstlichen Grenzen zur Definition geschaffen, die prinzipiell verhandelbar und lediglich temporär gültig sind. Fest steht aber auch, dass durch die Industrialisierung Lese- und Schreibkompetenzen immer wichtiger geworden sind und dass Nischenarbeitsplätze für Analphabeten immer weiter verschwinden. Der Level der zur Klassifikation genutzten Lesekompetenz ist deshalb stets wandelbar-dynamisch und muss immer wieder dem sozialen, kulturellen und technischen Fortschritt angepasst werden. Letztendlich wird jedoch irgendeine Grenze in der Normalverteilungskurve der Lesekompetenz gezogen werden müssen (Abbildung 3).

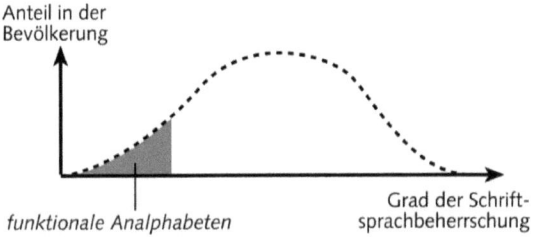

Abbildung 3: Schriftsprachbeherrschung – ein Kontinuum: Willkürliche Grenze zwischen Alphabetisierten und funktionalen Analphabeten; aus Döbert und Hubertus, 2000, S. 22

Operationale Definition des funktionalen Analphabetismus

In der empirischen Forschung müssen wir die inhaltliche Definition nun operationalisieren, um Studien mit Analphabeten durchführen zu können. Es könnte z.b. dann von funktionalem Analphabetismus gesprochen werden, wenn nicht mehr als die Ziele der vierten Klasse erfüllt sind. Dann könnte ein Erwachsener als funktionaler Analphabet bezeichnet werden, wenn er auf oder unter dem Niveau der vierten Klasse liest, wenn also seine Lesekompetenzen nicht über die durchschnittlichen Leistungen von Viertklässlern hinausgehen. Liest jemand besser, so gilt er als alphabetisiert. Damit ergibt sich die folgende eigene *operationale Definition*:

> Zu den funktionalen Analphabeten in Deutschland zählen Erwachsene, die in Deutschland geboren wurden und die zumindest teilweise die Chance hatten, das deutsche Schulsystem zu besuchen, aber deren Lesefertigkeiten nicht über die erforderlichen und als selbstverständlich vorausgesetzten Fertigkeiten der vierten Grundschulklasse hinauskommen. Als willkürliche Einschlusskriterien in dieser Studie werden dazu festgelegt: Das Geburtsland ist Deutschland, das Alter ist größer oder gleich 18 Jahre, in einem normierten Lesetest ist die Lesekompetenz unter oder gleich einem T-Wert von 60 im Vergleich zur vierten Klasse.

Durch diese Definition werden explizit Menschen mit Migrationshintergrund ausgeschlossen. Ebenso muss eine Chance bestanden haben, das deutsche Schulsystem zu besuchen. Darüber hinaus werden nicht-ausreichende Leseleistungen durch standardisierte Lesetests erhoben, indem dann jeweils angegeben wird, wie groß das Defizit im Lesen sein muss, um als leseschwacher Schüler zu gelten. Hierbei wird üblicherweise ein Unterschied von 1 bis 1,5 Standardabweichungen vom Mittelwert der Normierungsstichprobe angegeben. Für Erwachsene gibt es aber unglücklicherweise weder Lesetests noch Normierungsstichproben. Hier muss entweder in naher Zukunft ein normierter Lesetest für

Erwachsene entwickelt werden oder man überträgt die Normwerte der Testverfahren für Kinder auf Erwachsene.

Kritik könnte sich sicherlich an der Festlegung der als selbstverständlich vorausgesetzten Fertigkeiten äußern, weshalb die Wahl der vierten Klasse gesondert gerechtfertigt werden muss. Grundschulen sind „die zentrale Instanz der Alphabetisierung und der Vermittlung der gesellschaftlichen Minimalanforderungen hinsichtlich der Grundbildung" (H. Wagner, 2007, S. 98). Darüber hinaus herrscht in Deutschland der gemeinsame Unterricht in den ersten vier Grundschuljahren vor (sieht man einmal von den Förderschulen ab). Das bedeutet, dass alle Grundschüler zumindest recht ähnliche Lernangebote in der Grundschule erfahren haben, danach jedoch eine viel deutlichere Differenzierung auf den weiterführenden Schulen erlebten. Ein weiterer Grund für die Verwendung der vierten Klasse ist, dass danach kein ausgewiesener Lese- und Rechtschreibunterricht mehr stattfindet: Während in der Grundschule das Lesen gelernt wird, wird in weiterführenden Schulen meist gelesen, um zu lernen. Die Lehrpläne sehen vor, dass Lesekompetenzen bis spätestens zum Ende der Grundschulzeit beherrscht werden sollen (KMK, 2005a). Solche recht basalen Lesefertigkeiten werden in den Kernlehrplänen der Hauptschule schon gar nicht mehr erwähnt, sondern hier sollen primär Lesestrategien für höhere Verstehensprozesse vermittelt werden (KMK, 2005b). Die vierte Grundschulklasse lässt sich deshalb gut als *cut-off*-Kriterium rechtfertigen, um zwischen alphabetisierten und nichtalphabetisierten Erwachsenen zu differenzieren (Egloff et al., 2011).

Eine abschließende Bemerkung sei erlaubt: Dem Autor dieser Studie ist bewusst, dass er sich durch die Verwendung einer solchen vermeintlich reduktionistischen, defizitorientierten und operationalisierten Definition des funktionalen Analphabetismus für normative und ideologische Diskussionen über Alphabetisierung, Grundbildung und Literalität angreifbar macht. Es soll an dieser Stelle nochmals daran erinnert werden, dass das Ziel der vorliegenden Arbeit explizit nicht darin besteht, eine allgemeingültige Definition von funktionalem Analphabetismus zu zementieren. Die hier vorgeschlagene inhaltliche wie operationale Definition soll lediglich ein Vorschlag sein, das Phänomen Analphabetismus fernab von jeglicher Ideologie empirisch untersuchbar zu machen. Die gegebene Definition ist damit lediglich deskriptiv-beschreibend zu verstehen; sie soll Analphabetismus nicht normativ-bewerten oder präskriptiv-vorschreiben (Kanter, 2007).

2.2.3 Gemeinsamkeiten und Unterschiede

Die Dyslexie lässt sich als eine neurobiologisch-phonologisch bedingte Entwicklungsstörung des Lesenlernens definieren, die trotz geeigneter Förderung und adäquaten Alters auftritt. Dagegen beschreibt funktionaler Analphabetismus die Leseleistungen von Erwachsenen, die zwar zur Schule gegangen sind und die Schulpflicht formal erfüllt haben, deren Lesekompetenzen aber dennoch das gesellschaftlich erwartete Mindestniveau unterschreiten. Dieses Mindestniveau kann z.b. auf die im Vergleich zur vierten Klasse zu erwartenden Kompetenzen festgesetzt werden.

Im Vergleich der beiden Definitionen zeigen sich drei Gemeinsamkeiten. Erstens bezeichnen beide Begriffe schlechte Leseleistungen, die unerwartet auftreten. In der zweiten Gemeinsamkeit wird die Ewartungswidrigkeit spezifiziert, denn die schlechten Leseleistungen müssen trotz des Erreichens des Erwachsenenalters (Analphabetismus) bzw. trotz eines adäquaten Alters (Dyslexie) vorhanden sein. Die Spezifizierung wird im dritten Punkt fortgeführt, nach dem die Lesekompetenz trotz hinreichenden Unterrichts (Dyslexie) bzw. trotz formaler Erfüllung der Schulpflicht (Analphabetismus) mangelhaft ausgeprägt ist.

Bezüglich der Definitionen gibt es aber zwei feine Unterschiede. Zum einen wird der soziale Referenzrahmen in der Definition von Analphabetismus expliziert, nicht aber in der Definition der Dyslexie. Damit scheint Analphabetismus eher vom gesellschaftlichen Wandel betroffen zu sein als Dyslexie. Diese Ansicht muss aber nicht geteilt werden, denn die operationale Definition der Dyslexie enthält den sozialen Referenzrahmen zumindest implizit durch die Verwendung von Lesetests, die am gesellschaftlichen Stand normiert wurden. Ein weiterer Unterschied bezeichnet die häufig (und auch in dieser Arbeit) kritisierte Abhängigkeit der Dyslexie-Diagnose von einer normal ausgeprägten Intelligenz. (Dagegen macht die Definition von Analphabetismus dazu keine Aussage.) Wie jedoch zuvor gezeigt wurde, hat die Diskrepanzdefinition der Dyslexie durch zahlreiche theoretische und empirische Arbeiten ihre Berechtigung verloren. Die in dieser Arbeit verwendete Begrifflichkeit von Dyslexie kommt deshalb ohne Intelligenz aus, so dass auch dieser zweite Unterschied in den Wortbedeutungen nivelliert wird.

Damit sind die Gemeinsamkeiten der Begriffe Dyslexie und Analphabetismus deutlich größer als die Unterschiede. Sie bezeichnen also sehr ähnliche Konstrukte. Wenn die Definitionen aber so ähnlich sind, dann sollten sich auch ähnliche Prävalenzangaben von funktionalem Analphabetismus und Dyslexie finden lassen.

2.3   Prävalenz

2.3.1   Prävalenz der Dyslexie

Nach Durchsicht geeigneter Studien nehmen Hasselhorn und Schuchardt (2006) eine absteigende Alterstendenz zur Größenordnung der Dyslexie an, die von 7 bis 8 % mit acht Jahren auf etwa 6 % mit zwölf Jahren und auf etwa 4 % im jungen Erwachsenenalter zurückgeht. Einen vergleichbaren Wert von 5 % findet Swanson (2009) in einem Literaturüberblick über Dyslexie bei Erwachsenen. Petermann (2003) geht von 3 bis 6 % aus. Klicpera et al. (2007) vermuten eine Prävalenz von 4 bis 10 %, wobei 2 bis 4 % aller Schüler als Dyslektiker und 5 bis 10 % als schwache Leser einzustufen sind (Gasteiger-Klicpera & Klicpera, 2004). Das Risiko für Jungen eine Dyslexie zu bekommen, liegt im Vergleich zu Mädchen 1,74- bis 2-mal so hoch (Hasselhorn & Schuchardt, 2006). Nach Gasteiger-Klicpera und Klicpera (2004) beträgt das Verhältnis von Jungen zu Mädchen 3 zu 2. Dyslexie ist nach den ersten Monaten formaler Unterrichtung im zeitlichen Verlauf gesehen überaus stabil: Beispielsweise gehörten 70 % der Schüler, die in der ersten Klasse schon Leseprobleme zeigten, auch nach acht Schulbesuchsjahren noch zu den schlechtesten Lesern (Landerl & Wimmer, 2008).

Jedoch ist bei solchen Prävalenz-Angaben unklar, ob sie wirklich nur „echte" Dyslektiker erfassen, die einen neurobiologischen Grund für ihre Dyslexie aufweisen. Denn die Angaben basieren auf Erhebungen der Lesekompetenz und nicht etwa auf der Erfassung neurobiologischer Ursachen. Behaviorale Tests zur Leseleistung können aber nicht zwischen sozialen und neurobiologischen Gründen für Leseprobleme unterscheiden, was eine geeignete Diskussion um die Prävalenz neurobiologischer Störungen erschwert (Pihl & Nantel-Vivier, 2005). Deshalb gehen Vellutino und Fletcher (2005) davon aus, dass ein großer Teil der Prävalenz-Angaben durch Kinder konfundiert ist, die aufgrund ungenügender familiärer Förderung und schlechten Unterrichts Schwierigkeiten beim Lesenlernen haben. Damit wären die gängigen Prävalenz-Angaben zu hoch.

Zur Überprüfung dieser These erhoben Vellutino et al. (1996) in einer Längsschnittstudie phonologische Kompetenzen bei einer großen Stichprobe im Kindergarten. In der ersten Klasse differenzierten sie dann die Kinder anhand ihrer frühen Leseleistung und wählten 118 sehr schwach lesende Kinder aus. Letztere erhielten bis zu zwei Semester eine intensive phonologisch-basierte Einzelförderung, um ihre Leseprobleme zu überwinden. Post hoc wurden die Kinder dann in Abhängigkeit von ihren Lernzuwächsen verschiedenen Gruppen zugewiesen. Hier ist besonders der Vergleich von Schülern interessant, die einen sehr begrenzten Lernzuwachs vs. einen sehr starken Lernzuwachs zeigten. Letztere konnten durch die direkte Leseförderung ihre Lesedefizite ausgleichen: Sie wiesen nach der Intervention eine normale Lesekompetenz auf. Die Gruppe mit dem sehr schwachen Lernzuwachs blieb dagegen trotz intensiver Förderung im Lesetest unterhalb eines Prozentranges von 15 und konnte somit ihre starken Leseprobleme nicht überwinden. Die Interpretation von Vellutino et al. (1996) ist, dass diejenigen mit geringem Lernzuwachs „echte" Dyslektiker und die mit großem Lerneffekt „falsch-diagnostizierte" Dyslektiker sein könnten. Letztere wären dann eher aufgrund von schlechter familiärer und schulischer Förderung im Lesen auffällig geworden als wirklich durch eine neurobiologisch-bedingte Dyslexie. „Echte" Dyslektiker lasen dagegen bis zur vierten Klasse trotz intensiver Förderung niemals im Bereich des Normalen, obwohl sie trotzdem gute, aber immer noch nicht genügend große Lernfortschritte machten. Nach dem Ausschluss der „falsch-diagnostizierten" Dyslektiker durch einen adäquaten Unterricht sanken in dieser Studie die Prävalenzangaben der „echten" Dyslexie von 9 auf 4,5 %. Torgesen (2000) stellte in einer Analyse von fünf vergleichbaren Interventionsstudien fest, dass zwischen 4 und 6 % aller Kinder selbst durch intensivste Förderung nicht in den durchschnittlichen Bereich des Lesens gebracht werden konnten und weiterhin sehr schwache Leser blieben. Er bezeichnet sie deshalb als behandlungsresistent (*treatment resisters*). Ihre Leseschwierigkeiten sind wahrscheinlich neurobiologischer Natur, so dass zusammenfassend von einer Prävalenz der Dyslexie von 4 bis 6 % ausgegangen werden kann.

2.3.2 Prävalenz des Analphabetismus

Die Größenordnung von Analphabetismus zu erforschen ist schwierig, weil die meisten Analphabeten aus Scham vor ihrem Lesedefizit verdeckt in der Gesellschaft leben (Döbert & Hubertus, 2000). Eine Möglichkeit der Erfassung besteht in der Analyse der Statistiken der Alphabetisierungskurse an Volkshochschulen. Im Jahr 2001 wurden deutschlandweit an 271 Volkshochschulen insgesamt 2141 Alphabetisierungskurse angeboten, an denen 18767 Analphabeten teilnahmen (APOLL, 2003). 2004 stieg diese Zahl auf 313 Volkshochschulen, die 3203 Grundbildungskurse mit 29968 Teilnehmern durchführten (Tröster, 2005). Diese Angaben stellen jedoch wahrscheinlich nur die Spitze eines Eisberges dar, weil in solchen Kursen nur diejenigen erfasst sind, die einen erneuten Leselernversuch wagen.

Ein weiterer Parameter zur Prävalenzschätzung kann aufgrund der Statistik der Schulentlassungen ohne Hauptschulabschluss gewonnen werden (Statistisches Bundesamt, 2009). Im Schuljahr 2008/2009 verließen 7.0 % aller Abgänger die Schule, ohne mindestens einen Hauptschulabschluss zu erwerben. Jungen sind davon deutlich häufiger betroffen als Mädchen. Gleiches gilt für Schüler aus niedrigen sozialen Schichten. Diese Angaben bleiben seit Jahren etwa gleich und schwanken kaum (Klieme et al., 2008).

Ein Blick in PISA 2000 enthüllt darüber hinaus, dass ca. 23 % aller 15-jährigen Jugendlichen so geringe Lesekompetenzen aufweisen, dass sie nicht über das niedrigste Literalitätsniveau hinauskommen (Artelt et al., 2001). Da vermutlich nur bei den wenigsten eine intensive Leseförderung stattfand, sollten diese Jugendlichen heute zu einem großen Teil zu den funktionalen Analphabeten zählen.

Die einzige Studie zur repräsentativen Erhebung von Grundqualifikationen bei Erwachsenen, an der Deutschland teilgenommen hat, ist der *International Adult Literacy Survey* (IALS), eine Vergleichsuntersuchung der OECD (1995). In Deutschland befinden sich 14.4 % der Studienteilnehmer nur auf dem Niveau der niedrigsten Literalitätsstufe. Von diesen sind 26.4 % arbeitslos, 42.2 % haben kein Einkommen und weitere 31.4 % gehören zu den unteren 40 % der Einkommensschichten. Während Immigranten mit 23.2 % auf der ersten Stufe überrepräsentiert sind, sind in Deutschland geborene mit 7.8 % unterrepräsentiert. 67.7 % der Teilnehmer auf der untersten Stufe haben einen Bildungsabschluss, der nicht über das Primarlevel (inklusive Sonderschulen) hinausgeht (OECD, 1995).

Der Befund ist alarmierend. Und es könnte sogar sein, dass diese Angaben noch zu niedrig sind. Etwa 30 % der angefragten Erwachsenen haben nicht an der Untersuchung teilgenommen, entweder weil sie verweigerten oder aufgrund terminlicher Gründe oder Sprachbarrieren ausgeschlossen wurden. Die Nicht-Teilnehmer wiesen ähnliche Hintergrundmerkmale auf wie Personen, die sich maximal auf der Kompetenzstufe 1 befanden. Damit wird der Anteil an Personen auf Stufe 1 systematisch unterschätzt und sollte eingerechnet dieser Dunkelziffer vermutlich höher liegen (Nickel, 2007a).

Die Schweiz hat 2003 an einer weiteren Erhebung der OECD teilgenommen, deren Ergebnisse bei ALL (2005) zusammengefasst sind. Hier zeigte sich, dass 16 % der teilnehmenden Erwachsenen nur auf dem untersten Lesekompetenzniveau lasen. Die französischsprachige und die italienischsprachige Schweiz schnitten dabei etwas schlechter als die deutschsprachige Schweiz ab. Es muss aber wie bei der IALS-Erhebung berücksichtigt werden, dass hier nicht Analphabetismus gemessen wurde, sondern Lesekompetenz, die bereits auf der untersten Stufe schon über gängigen Definitionen von Analphabetismus liegt. Der

Anteil an wirklichen funktionalen Analphabeten sollte deshalb niedriger ausfallen.

Einen direkteren Zugang wählten H. Wagner und Eulenberger (2008; vgl. auch H. Wagner, 2007), die eine Gruppe von 528 Personen aus verschiedenen anfallenden sächsischen Stichproben untersuchten. Die Teilnehmer bearbeiteten den normierten Lesetest Würzburger Leise-Leseprobe (WLLP), anhand derer sie mit der Normierungsstichprobe von Grundschülern verglichen werden konnten. Die Autoren zählten diejenigen zu den funktionalen Analphabeten, deren Leseleistungen unterhalb der durchschnittlichen Kompetenz der vierten Grundschulklasse lagen. In Justizvollzugsanstalten lag der Anteil der funktionalen Analphabeten bei 17.3 %, in einer Hauptschule bei 15.0 %, im Fachdienst einer ARGE bei 7.0 %, im Berufsvorbereitungsjahr bei 42.1 % und in der Wehrerfassung bei 1.7 %. In den weiteren Analysen zeigte sich (allerdings ohne statistische Kennwerte anzugeben), dass weder das Geschlecht noch der Familienstand einen Zusammenhang zum funktionalen Analphabetismus aufwiesen, die Rolle des Bildungsniveaus der Eltern ungeklärt ist und dass der eigene Schulabschluss, nicht aber der Berufsabschluss mit Analphabetismus korrelierte. Durch die Verwendung des Schulabschlusses der Analphabeten im Vergleich zur bekannten Verteilung der Schulabschlüsse im Bundesland schätzen die Autoren die Prävalenz von funktionalem Analphabetismus in Sachsen auf eine Größenordnung von 5.5 %.

Zusammenfassend muss konstatiert werden, dass bislang keine einzige für Deutschland repräsentative Studie die Prävalenz von funktionalem Analphabetismus untersucht hat (wenn auch die Studie von H. Wagner und Eulenberger, 2008, diesem am nächsten kommt). Es liegen deshalb keine gesicherten Zahlen vor. Auf Grundlage der genannten Studien geht der Bundesverband Alphabetisierung und Grundbildung in einer Schätzung von etwa 4 Millionen Menschen aus (etwa 6 % der erwachsenen Bevölkerung), die nicht richtig lesen und schreiben können (Döbert & Hubertus, 2000). Um genauere Prävalenz-Angaben zu erhalten, ist eine für Deutschland repräsentative Studie als eine Art „PISA für Erwachsene" für die nächsten Jahre geplant (Gnahs, 2007; Schlutz, 2007). Der Name der von der OECD koordinierten Studie lautet *Programme for the International Assessment of Adult Competencies* (PIAAC) und befindet sich gerade in der Phase der Entwicklung der Instrumente, die in ersten Vorstudien getestet werden. Die Datenerhebung soll 2011 starten, die Publikation der Ergebnisse ist für 2013 geplant (OECD, 2008).

2.3.3 Gemeinsamkeiten und Unterschiede

Die Prävalenz-Angaben von Dyslexie betragen etwa 4 bis 6 %. Die Prävalenz von funktionalem Analphabetismus wird vergleichbar auf etwa 6 % geschätzt. Die jeweiligen Angaben *könnten* sich zum großen Teil aus den gleichen Populationen ergeben. Diese Interpretation ist allerdings nicht zwingend, denn da bislang keine Forschung zum Overlap von Dyslexie und Analphabetismus vorliegt, kann auch nicht gesagt werden, wie sehr sich beide Phänomene überlappen. Das soll an zwei Extrembeispielen erläutert werden: Es könnte zum Beispiel sein, dass von den 6 % Analphabeten alle (ebenfalls 6 %) Dyslektiker sind. Damit wären die Populationen identisch. Es könnte aber auch sein, dass zusätzlich zu den 4 bis 6 % Dyslektikern noch 6 % Analphabeten kommen, also eine Prävalenz von schlecht-lesenden Erwachsenen von 10 bis 12 % anzunehmen wäre. Die Wahrheit wird vermutlich irgendwo dazwischen liegen. Es bleibt jedoch vorläufig im Sinne eines Postulates festzuhalten, dass durch die Ähnlichkeit der Prävalenz-Angaben ein größerer Zusammenhang von Dyslexie und Analphabetismus wahrscheinlich erscheint. Genaueres kann aber erst gesagt werden, wenn beide Populationen hinsichtlich ihrer Ursachen verglichen werden.

2.4 Ursachen

2.4.1 Ursachen der Dyslexie

Es besteht breiter wissenschaftlicher Konsens darüber, dass die Hauptursache für Dyslexie eine Störung der phonologischen Informationsverarbeitung ist (Snowling, 2001; Snowling & Hulme, 2005; vgl. Vellutino & Fletcher, 2005; Vellutino, Fletcher, Snowling & Scanlon, 2004; R. K. Wagner & Torgesen, 1987). Dieses Defizit wurde in so vielen unabhängigen Studien in zahlreichen verschiedenen Orthografien (wie z.B. Englisch, Deutsch und Chinesisch) repliziert (Caravolas, 2005), dass man von einer Erfolgsgeschichte der Forschung sprechen kann (Landerl & Wimmer, 2006; Schneider, 2006). Es ist jedoch noch fraglich,[3] was die Ursache für die Störung der phonologischen Informationsver-

---

3 Aktuell postulieren wahrnehmungsbiologische Theorien, dass Probleme in magnozellulären Systemen des Gehirns das phonologische Defizit bedingen (Rüsseler, 2006; Stein, 2001, 2002). Allerdings ließen sich die zur Unterstützung der Theorien angeführten Befunde nur inkonsistent replizieren und scheinen mit Lesestörungen rein korrelativ und nicht kausal assoziiert zu sein (Ramus, White & Frith, 2006; Vellutino et al., 2004). Deshalb werden solche Annahmen in der vorliegenden Arbeit nicht behandelt.

arbeitung darstellt. Im folgenden Kapitel werden neben sozialwissenschaftlichen Erklärungen vor allem genetische und hirnorganische Theorien vorgestellt.

Sozialwissenschaftliche Theorien zur Erklärung von Dyslexie

Sozialwissenschaftliche Annahmen fokussieren vor allem den sozioökonomischen Status und die familiären Verhältnisse eines Kindes als Ursache für Defizite in der phonologischen Informationsverarbeitung und nachfolgende Leseprobleme in der Schule. Die Familie kann durch die Unterstützung und Wertschätzung von Lesen und Schreiben einen starken positiven sozialen Einfluss auf die Lese- und Rechtschreibleistungen des Kindes liefern.

Tatsächlich korreliert die soziale Herkunft mit einem ganzen Bündel an schulischen Variablen: Sie beeinflusst die Schulleistung im Allgemeinen und die Leseleistung im Speziellen, die Sprachkompetenz, die phonologische Bewusstheit und das Buchstabenwissen (Phillips & Lonigan, 2005). In einer aktuellen Metaanalyse mit 74 Studien wurde unlängst eine Korrelation von $r = .29$ zwischen der sozialen Herkunft und den Schulleistungen nachgewiesen (Sirin, 2005). Der Einfluss des sozioökonomischen Status wurde ebenso in der PISA-Studie bestätigt, in der die Abhängigkeit der Bildungsbeteiligung und des Bildungserfolges in keinem anderen überprüften Land so stark von der sozialen Herkunft abhing wie in Deutschland (Artelt et al., 2001). In multiplen Regressionsanalysen konnte die Schulleistung deutscher Jugendlicher zu 20 % durch verschiedene Indikatoren des sozioökonomischen Status erklärt werden. Dagegen betrug beispielsweise der Wert für Finnland nur 9 % (Ehmke & Siegle, 2005).

Aber Jeynes (2002) geht davon aus, dass der sozioökonomische Status eine sogenannte *catch all variable* darstellt: Die soziale Herkunft kann immer Varianz in irgendeiner anderen Variablen (z.B. Schulleistungen) aufklären, weil sie mit sehr vielen verschiedenen Verhaltensweisen korreliert ist. Dazu zitieren Phillips und Lonigan (2005) zahlreiche Studien, die den Einfluss zerrütteter Familien, von Armut, elterlichen Überzeugungen, Erwartungen und Werten bezüglich Schule und Leistungen, der familiären Unterstützung, dem Ausmaß des in der Familie verfügbaren Wortschatzes, des elterlichen Vorlesens, Vorsingens, Reimens, Klatschens und aller weiteren Sprachspiele auf das Lesen der Kinder untersuchten. Das Problem mit dieser Aufzählung ist jedoch, dass sie niemals abgeschlossen sein wird: Sie wurde meist theoriefern erstellt, weshalb sie immer um weitere Aspekte ergänzt werden könnte. In der Tat gibt es bislang keine alles umfassende soziale Theorie über die Mechanismen der Beeinflussung der Schulleistung durch die soziale Herkunft und deren Bedeutung (Jeynes, 2002). Fest steht nur, dass verschiedene Autoren den Einfluss nachweisen konnten (vgl. die

Übersichten bei Adler & Ostrove, 1999; Arnold & Doctoroff, 2003; Bradley & Corwyn, 2002; Conger & Donnellan, 2007).

Eine der überzeugendsten Sozialisationstheorien stellt die Theorie der *family literacy* (z.B. Nickel, 2007b) bzw. der familiären Lesesozialisation (z.B. Hurrelmann, 2004) dar. Es wird angenommen, dass es für die kindliche Entwicklung sehr förderlich ist, wenn Eltern mit ihren Kindern bereits früh Bilderbücher anschauen, Bücher lesen, Geschichten erzählen, zahlreiche Sprachspiele spielen (z.B. Singen und Reimen) und darüber reichhaltige Konversationen betreiben. Das soll zu emotional sinnstiftenden Erfahrungen mit Schrift und damit zu besseren Lernvoraussetzungen für die Schule führen. Jeynes (2007) verfasste kürzlich eine Metaanalyse über 52 Studien, die den Einfluss von Elternverhalten auf die Schulleistungen der Kinder untersuchten. Er fand global gesehen einen kleinen Effekt von $d = 0.38$. Den höchsten Einfluss hatten die Erwartungen der Eltern hinsichtlich akademischer Leistungen ($d = 0.88$). Je mehr von einem Kind erwartet wird, desto mehr leistet es auch. Der Erziehungsstil der Eltern ($d = 0.40$), das familiäre Kommunikationsverhalten ($d = 0.24$) und die Hausaufgabenbetreuung ($d = 0.32$) hatten einen geringen Effekt, während die Teilnahme der Eltern an schulischen Veranstaltungen wie Elternabenden ($d = 0.11$) und das Einführen von Familienregeln ($d = 0.02$) keinen Einfluss hatten. Leider wurden die Effektstärken nur global für alle Schulleistungen angegeben, so dass keine Aussage darüber getroffen werden kann, ob die Ergebnisse auch speziell für das Lesen gelten. Ebenso wurde keine Studie mit Schülern mit Dyslexie aufgenommen. Eine der wenigen Studien zum Vorleseverhalten von Eltern dyslektischer Kinder stammt von Rashid, Morris und Sevcik (2005). Nach der Kontrolle des sozioökonomischen Status und der Intelligenz gab es keinen Einfluss des elterlichen Vorleseverhaltens auf die Kompetenz zum Wortlesen, aber einen kleinen Effekt auf das Leseverständnis ($r = .26$).

Eine weitere Metaanalyse fasste 16 experimentelle Studien zusammen (Senechal, 2006; Senechal & Young, 2008), in denen Elterngruppen in häuslicher Literalitätserziehung unterrichtet wurden. Mit $d = 0.68$ war dies insgesamt effektiv. Für Kinder mit sonderpädagogischem Förderbedarf betrug die Effektstärke insgesamt nur $d = 0.38$, während sie für Kinder ohne Förderbedarf $d = 0.74$ betrug. Jedoch waren die Effektstärken je nach Art der unabhängigen Variablen unterschiedlich. Während das direkt-instruktive Vermitteln von Lesefertigkeiten durch die Eltern hoch effektiv war ($d = 1.15$), erschien es deutlich weniger effektiv, wenn Eltern ihren Kindern beim Lesen zuhörten ($d = 0.51$), bzw. kaum effektiv, wenn Eltern ihren Kindern vorlasen ($d = 0.18$). Die Analyse bestätigt, dass der häusliche explizite und direkt instruierende Unterricht hoch wirksam für den Bildungserfolg der Kinder ist. Dagegen scheint das Vorlesen durch die Eltern ineffektiv zu sein. Das widerspricht einer der pädagogischen Annahmen der familiären Lesesozialisation und steht im Kontrast mit vielen querschnittlichen Studien, die durchaus Korrelationen zwischen elterlichem Vorlesen und den Leseleistungen der Kinder fanden. Jedoch sind in die Analyse von Senechal (2006; Senechal & Young, 2008) ausschließlich experimentelle Studien eingegangen. Es bleibt deshalb zu vermuten, dass Korrelationsstudien den Effekt des Vorlesens systematisch überschätzen.

In der Definition der Dyslexie wird von einer neurobiologischen Verursachung ausgegangen. Das bedeutet aber nicht, dass soziale Gründe für die Dyslexie zu vernachlässigen sind. Trotz der neurobiologischer Ursachen kann die soziale Umwelt durch Förderung die Dyslexie lindern. Frith (1999) liefert dazu eine theoretische Beschreibung der Dyslexie auf drei Ebenen, nämlich auf der verhaltensbezogenen, kognitiven und biologischen Ebene (siehe auch Ramus & Szenkovits, 2008). Auf all diesen Ebenen können Interaktionen mit Faktoren der Gesellschaft, der Förderung sowie durch Interventionen auftreten. So können bei einer neurobiologisch bedingten Dyslexie Defizite auf der biologischen und kognitiven Ebene auftreten, die sich jedoch durch sonderpädagogische Förderung nicht auf der verhaltensbezogenen Ebene zeigen. Ebenso kann ein sehr schlechter Leser keine Defizite in biologischen und kognitiven Dimensionen aufweisen, aber bedingt durch schlechte Förderung auf der verhaltensbezogenen Ebene eine Dyslexie-typische Leseleistung (Frith, 1999). Wenn bei Dyslexie lediglich eine soziale Bildungsbenachteiligung vorliegen würde, dann wäre sie als eine reine Entwicklungsverzögerung zu konzipieren. Demnach wäre die bildungsbenachteiligte soziale Herkunft ein Verlangsamerer der Leseentwicklung. Die Leseentwicklung wäre dann zwar abweichend vom chronologischen Alter, aber für das Lesealter völlig normal (Seymour, 2005). Es ist allerdings sehr wohl bekannt, dass Dyslexie keine reine Entwicklungsverzögerung ist, sondern die phonologischen Kompetenzen quantitativ und qualitativ sowohl vom chronologischen als auch vom Lesealter abweichen (siehe Kap. 2.5). Die Evidenz für eine neurobiologische Verursachung der Entwicklungsstörung Dyslexie soll deshalb im Folgenden dargelegt werden.

Das Modell der neurobiologischen Ätiologie der Dyslexie nach Ramus

In einer aktuellen Theorie der Dyslexie nimmt Ramus (2004) eine genaue Analyse auf drei Ebenen vor (Abbildung 4).

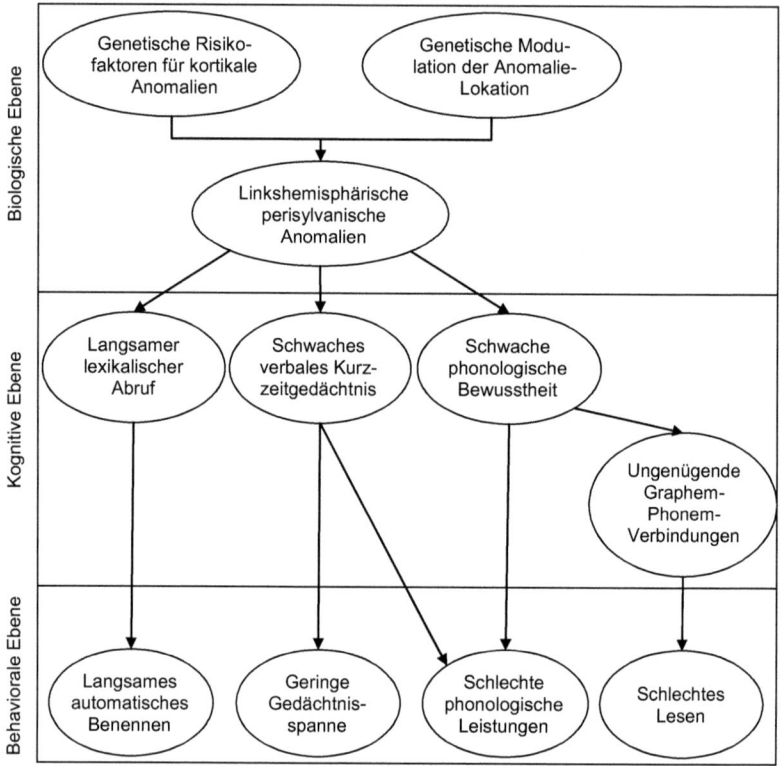

Abbildung 4: Neurobiologisches Rahmenmodell zur Erklärung von Dyslexie; entnommen, übersetzt und modifiziert nach Ramus, 2004, S. 721

- Biologische Ebene: Genetische Risikofaktoren führen zu Anomalien in der Entwicklung linkshemisphärischer perisylvischer Hirnareale im Temporallappen.
- Kognitive Ebene: Der Temporallappen ist mit der phonologischen Informationsverarbeitung assoziiert. Die dort zu findenden Anomalien führen deshalb zu phonologischen Defiziten (schwache phonologische Bewusstheit, langsamer lexikalischer Abruf, schwaches verbales Arbeitsgedächtnis).
- Behaviorale Ebene: Phonologische Defizite äußern sich letztendlich im beobachtbaren Phänotyp der Dyslexie, nämlich im inkorrekten und langsamen Lesen.

Im Folgenden sollen die Ebenen genauer beschrieben werden.[4] Im ersten Schritt lässt sich die biologische Ebene in die Teilgebiete der Genetik und Neuropsychologie aufspalten.

Verhaltensgenetik der Dyslexie

Genetische Ursachen können in großen Zwillingsstichproben durch verhaltensgenetische Studien untersucht werden, durch die sich Erblichkeitsschätzungen (Heritabilitätsschätzungen) berechnen lassen. Dabei werden beispielsweise bei einem Zwilling mit Dyslexie die Regressionen zur Mitte der Lesenormalverteilung des anderen Zwillings berechnet. Eine Warnung zur Interpretation dieser Werte sei erlaubt: Die Erblichkeitsschätzungen gelten immer nur für die Varianz der Stichprobe. Es kann also nur gesagt werden, wie viel Prozent der Varianz im Lesen in der spezifischen Stichprobe durch erbliche Faktoren bzw. durch Umweltfaktoren aufgeklärt wird. Es kann dagegen weder eine Aussage darüber getroffen werden, ob Dyslexie zu einem bestimmten Prozentsatz vererbt wird, noch ob innerhalb eines bestimmten Menschen dieser Prozentsatz zu beobachten ist. Verhaltensgenetische Studien lassen aufgrund der über alle Probanden gemittelten Ergebnisse nur Rückschlüsse auf Stichproben, aber niemals auf Individuen zu. Die Heritabilität erklärt also nur, was die untersuchten Menschen verschieden macht, nicht was einen einzelnen Menschen konstituiert (Plomin & DeFries, 1998). Im Folgenden werden die Varianzschätzungen für genetische Einflüsse mit h^2, für geteilte Umwelteinflüsse mit c^2 und für nicht-geteilte (individuelle) Umwelteinflüsse mit e^2 bezeichnet. Die geteilte Umwelt c^2 charakterisiert den nicht-genetischen Anteil, den beide Zwillinge gemeinsam haben, z.B. das familiäre und nachbarschaftliche Umfeld, das Erziehungsverhalten der Eltern oder den sozioökonomischen Status. Die nicht-geteilte Umwelt e^2 bezeichnet dagegen diejenigen Varianzanteile, die jeweils spezifisch für einen, aber nicht den anderen Zwilling sind, z.B. Unterschiede im Erziehungsverhalten, erlittene Unfälle und eigene Freunde. In e^2 befindet sich zusätzlich die Varianz des Messfehlers. Die Werte h^2, c^2 und e^2 lassen sich im Folgenden jeweils als Prozent der aufgeklärten Varianz im Lesen interpretieren.

Olson (2002) fand Einflüsse auf das Wortlesen von $h^2 = .55$, $c^2 = .39$ und $e^2 = .06$. Das phonologische Dekodieren (also das konstruierende Erlesen von Wörtern) war zu $h^2 = .64$ erblich bedingt ($c^2 = .25$, $e^2 = .12$). Die phonologische Bewusstheit wies Werte von $h^2 = .72$ auf ($c^2 = .15$, $e^2 = .13$). In Extremgruppen-

---

4 Es ist zu betonen, dass ein solch komplexes Modell in seiner Gesamtheit nicht empirisch überprüft werden kann. Stattdessen präsentiert Ramus (2004) zahlreiche empirische Belege, um die einzelnen Verknüpfungen seiner Theorie zu untermauern.

analysen war die Erblichkeit einer Dyslexie mit $h^2 = .58$ relativ hoch. Auch die Geschwindigkeit des lexikalischen Abrufs phonologischer Informationen ist deutlich erblich bedingt (Pennington & Olson, 2005). Der Anteil der Erblichkeit der Wortlesedefizite stieg dabei mit dem Alter an (Olson, 2002). Zusätzlich wurde die Lesegeschwindigkeit bei Dyslexie auf genetische Einflüsse untersucht (Harlaar, Spinath, Dale & Plomin, 2005). Dabei wurden höhere Erblichkeiten für Jungen ($h^2 = .46$ bis .89) als für Mädchen ($h^2 = .27$ bis .73) gefunden. Eine weitere Studie (Petrill, Deater-Deckard, Thompson, DeThorne & Schatschneider, 2006) fand bedeutende genetische Effekte für die phonologische Bewusstheit von $h^2 = .61$, für den lexikalischen Abruf phonologischer Informationen von $h^2 = .46$, für das Wortlesen von $h^2 = .59$ und für das Pseudowortlesen von $h^2 = .46$ (Pseudowörter sind sinnfreie Wörter, die aber nach den Regeln der geltenden Orthografie konstruiert sind, z.B. winultaraspen). Die geteilten und nicht-geteilten Umwelteinflüsse waren durchweg geringer (phonologische Bewusstheit $c^2 = .27$, $e^2 = .12$; lexikalischer Abruf $c^2 = .24$, $e^2 = .30$; Wortlesen $c^2 = .31$, $e^2 = .10$; Pseudowortlesen $c^2 = .35$, $e^2 = .19$). In einem deutschen Forschungs-überblick (Schulte-Körne, Warnke & Remschmidt, 2006) werden relativ hohe Heritabilitätswerte für die Wortlesefähigkeit und die phonologische Informationsverarbeitung berichtet. Nur 14 % der phonologischen Bewusstheit sind durch Faktoren der gemeinsamen Umwelt aufzuklären. Wenn zusätzlich die Intelligenz statistisch kontrolliert wird, dann klären Umweltfaktoren (sozioökonomischer Status, Größe der Familie, Bildungsabschluss der Mutter) nur 6 % der Lesefähigkeit auf. Damit sind „die Umwelteinflüsse insgesamt von geringerer Bedeutung im Vergleich zu den genetischen Faktoren" (Schulte-Körne et al., 2006, S. 437), so dass von den Autoren eine Heritabilität der Dyslexie von etwa 50 bis 60 % angegeben wird.

Es liegt eine Zwillingsstudie vor, die systematisch die Gen-Umwelt-Interaktion von Dyslexie untersucht hat (Friend, DeFries & Olson, 2008). Die Autoren fanden heraus, dass der genetische Einfluss auf die Dyslexie mit der sozioökonomischen Stellung anstieg. Allerdings waren die Effekte nicht sehr groß, sondern differierten zwischen den bereits bekannten Erblichkeitsschätzungen. Dyslektische Kinder mit eher schlecht ausgebildeten Eltern hatten immer noch hohe Heritabilitätswerte von $h^2 = .49$ und Umwelteinflüsse von $c^2 = .41$ und $e^2 = .10$. Kamen die Kinder dagegen eher aus gut ausgebildeten Elternhäusern lagen die Werte bei $h^2 = .71$, $c^2 = .22$ und $e^2 = .07$. Wenn also eine gute Unterstützung von Seiten des Elternhauses vorliegt, dann gewinnen erbliche Einflüsse der Dyslexie an Relevanz, weil durch die gute soziale Unterstützung soziale Risikofaktoren minimiert werden. Bei schlecht ausgebildeten Eltern liegen dagegen sowohl soziale als auch genetische Risikofaktoren vor, so dass der generelle Einfluss der Gene am Gesamteinfluss abgeschwächt und der Einfluss der Sozialisation maximiert wird. Allerdings liegt selbst bei sozioökonomisch schlechter gestellten Familien der Anteil der Erblichkeit der Dyslexie noch bei etwa 50 % (Friend et al., 2008). Das heißt aber auch, dass die restlichen ca. 50 % durch Umweltbedingungen (und Messfehler) aufzuklären sind.

Dagegen fanden Samuelsson und Lundberg (2003) keine Hinweise darauf, dass phonologische Faktoren durch Umweltbedingungen beeinflussbar sind. Die Autoren maximierten die Varianz ihrer erwachsenen Stichproben, in dem sie neben einer Kontrollgruppe aus gut lesenden Erwachsenen vor allem auch eine Gefängnisstichprobe (aus Hochsicherheitstrakten und offenen Anstalten) und funktionale Analphabeten aus Grundbildungskursen überprüften.[5] Dadurch wird eine große Varianz an Umweltbedingungen erreicht, ohne die die Effekte einer varianzrestringierten Umwelt nur eingeschränkt gefunden werden könnten. Die multiple Varianzaufklärung durch Umweltfaktoren (häusliche, schriftsprachliche und schulische Bedingungen) betrug bei der Intelligenz 29 %, beim Leseverständnis 22 %, beim Wortlesen 15 % und bei der phonologischen Bewusstheit 9 %. Probanden mit hoher Intelligenz oder mit hohem Leseverständnis kamen überzufällig aus besseren häuslichen Verhältnissen als Leser mit niedrigen Testwerten, während schlechte vs. gute Wortleser nur noch geringe bis nicht-signifikante Unterschiede in Umweltvariablen zeigten. Probanden mit schlechten vs. guten Leistungen in der phonologischen Bewusstheit unterschieden sich dagegen nicht mehr in den Umweltvariablen. Die phonologische Bewusstheit im Erwachsenenalter scheint also besonders stabil gegenüber Umwelteinflüssen zu sein. „[T]he amount of explained variance by experiential and environmental factors is reduced as one moves from broad aspects of cognitive functioning to a more specific linguistic module (phonological ability) with very limited malleability" (Samuelsson & Lundberg, 2003, S. 209f).

Die verhaltensgenetischen Studien können also eine relativ hohe Erblichkeit der Dyslexie zwischen 50 und 60 % nachweisen. Es muss jedoch nochmals betont werden, dass es sich dabei um große Gruppenvergleiche handelt. Durch diese Methode ist es unmöglich in einem Individuum zu bestimmen, wie groß der Einfluss der Gene auf die Leseleistung ist. Heritabilitätsschätzungen sagen lediglich etwas darüber aus, wie viel Varianz im Lesen in einer Gruppe auf genetische Faktoren zurückzuführen ist. Die Angaben von 50-60 % besagen *nicht*,

---

5 Da in dem Sample neben vermuteten Dyslektikern auch funktionale (aber nicht näher beschriebene) Analphabeten waren, werden die Ergebnisse kurz im Kapitel über Analphabetismus wiederholt.

dass bei 50-60 % der Probanden genetische Einflüsse vorliegen oder dass in jedem Individuum die Leseleistung zu 50-60 % erblich bedingt ist. Die Angaben bedeuten lediglich, dass 50-60 % der Varianz im Lesen der Gesamtgruppe auf genetische Faktoren zurückzuführen sind. Dass die genetischen Einflüsse so groß sind, lässt sich leicht durch unsere literalisierte Kultur erklären, die den Anspruch hat, jedem Kind Lesen und Schreiben zu vermitteln. Damit sind die Gemeinsamkeiten in der sozialen Umwelt der Kinder der literalisierten und industrialisierten Welt größer als deren Unterschiede, so dass genetische Einflüsse ein stärkeres Gewicht bekommen. Die Ergebnisse der verhaltensgenetischen Studien sind deshalb auch nicht auf andere Kulturen übertragbar, die eine wesentlich höhere Variabilität in der Umwelt aufweisen: In nicht-literalisierten Gesellschaften wird der genetische Einfluss auf das Lesen deutlich geringer sein, vielleicht sogar gegen null tendieren. Weiterhin bedeutet das Gesagte nicht, dass genetische Einflüsse unveränderlich sind. Dagegen sprechen die vielen Trainingsstudien, die eindeutig das Lesen fördern konnten (vgl. Kap. 2.7.1). Durch systematische Leseförderung könnte die Genexpression und die genetische Anfälligkeit für Dyslexie reduziert werden (Pennington & Olson, 2005; Pinel, 2007).

Molekulargenetik der Dyslexie
In molekulargenetischen Linkage- und Assoziationsstudien wird die DNA von Geschwistern mit und ohne Dyslexie verglichen. Sie wird dabei nach Markern und bestimmten Sequenzen untersucht, die systematisch mit Dyslexie zusammenhängen, um so bestimmte chromosomale Regionen zu identifizieren, die Gene für Dyslexie enthalten (Olson, 2002). Es wird davon ausgegangen, dass die verschiedenen Gene innerhalb bestimmter Bereiche, den *Quantitative Trait Loci* (QTL) liegen, die dann zu einem quantitativen und heterogenen Geno- und Phänotyp beitragen (Pennington, 1999). Obwohl also Dyslexie zu einem großen Teil erblich bedingt ist, existiert kein einzelnes Gen für das Lesen oder gar für Dyslexie. Es liegt kein einzelnes „Dyslexie-Gen" vor und es handelt sich folglich nicht um eine deterministisch-dichotome Alles-oder-Nichts-Kategorie. Kognitive Funktionen wie Lesen und Dyslexie werden vielmehr durch viele verschiedene subtil interagierende Gene „orchestriert" (Plomin & DeFries, 1998), die probalistisch statt deterministisch zu konzipieren sind. Durch die spezifischen Gene steigt jeweils die Wahrscheinlichkeit für die Ausbildung einer Dyslexie, weil sich bei Menschen mit Dyslexie auf den QTL vermehrt Dyslexiespezifische Allele befinden (Plomin & Kovas, 2005). Je mehr dieser Allele an

den unterschiedlichen QTL zu finden sind, desto höher ist die Wahrscheinlichkeit einer Dyslexie:

"[E]tiology of dyslexia is not distinct from that of normal variation, but, contrary
to what might be expected, both are due to a small number of discrete factors.
Dyslexic would only be distinct from normal readers in their distribution of alleles
and environmental risk factors (both biological and experimental), not in possess-
ing a single necessary 'disease' allele or a single necessary pathogenetic, environmental risk factor" (Pennington, 1999, S. 646).

Bislang wurden neun Kandidatenregionen für die Dyslexie identifiziert, die als
DYX1 bis DYX9 bezeichnet werden (Grigorenko, 2005; Schulte-Körne et al.,
2006). Sie befinden sich auf den Regionen[6] 15q21 (DYX1), 6p22 (DYX2),
2p15-p16 (DYX3), 6q11-q12 (DYX4), 3p12-q13 (DYX5), 18p11 (DYX6),
11p15 (DYX7), 1p34-p36 (DYX8) und Xq26-q27 (DYX9). DYX1 und DYX2
wurden bislang am häufigsten repliziert. Inzwischen sind neben diesen QTL
auch vier Dyslexie-spezifische Gene identifiziert, die alle mit der Hirnentwicklung assoziiert sind (Galaburda, LoTurco, Ramus, Fitch & Rosen, 2006). Die
Gene heißen DYX1C1 (Dyslexia-Susceptibility-1-Candidate-1-Gen) auf dem
Chromosomenteil 15q21 (DYX1), KIAA0319 und DCDC2 (Doublecortin-
Domain-Containing-Protein-2-Gen) auf 6p22 (DYX2), und ROBO1 (Drosophi-
la-Roundabout-Homolog-1-Gen) auf 3p12 (DYX5) (Galaburda et al., 2006;
Ramus, 2006a; Schulte-Körne et al., 2006). Aber noch ist weitgehend ungeklärt,
wie diese Gene die im folgenden aufgeführten neuropsychologischen Befunde
beeinflussen können (Pennington, 1999; Pennington & Olson, 2005; Plomin &
DeFries, 1998; Plomin & Kovas, 2005; Ramus, 2006b, 2006a).

Neuropsychologie der Dyslexie
Auf der Seite der neuropsychologischen Ursachen postuliert Ramus (2004), dass
Störungen der frühen genetisch-vermittelten Zellmigration in perisylvischen Bereichen zum phonologischen Defizit führen. Was bedeutet das genau? Während
der neuronalen Migration wandern Neurone (noch ohne Axone und Dendriten)
zu ihrem endgültigen Bestimmungort. Weil die Neuronenentwicklung bei der
Geburt nahezu abgeschlossen ist (Pauen & Elsner, 2008), muss der Beginn der
Migration bereits sehr früh in der menschlichen Entwicklung liegen, und zwar
noch vor dem sechsten Schwangerschaftsmonat (Ramus, 2006b). Dabei durch-

---

6 In der Nomenklatur der Genregionen bezeichnet die erste Zahl das Chromosom, q den langen Arm bzw. p den kurzen Arm des jeweiligen Chromosoms und die letzte Zahl die Lage
   des identifizierten Chromosomenbandes auf dem jeweiligen Arm, vom Centromer aus
   aufwärts gezählt (beginnend bei 11 als das erste Band mit dem ersten Subband).

wandern Neuronen genetisch gesteuert ein Netzwerk von Gliazellen und bereits migrierten Neuronen. Während sich tiefere Hirnschichten sehr früh entwickeln, müssen die Neuronen der späteren Schichten (insbesondere des Neocortex) durch die frühen Strukturen wandern (*inside out pattern*). Chemische Substanzen lenken die migrierenden Neurone durch Anziehung oder Abstoßung, so dass sie letztendlich an ihrem genetisch festgeschriebenen Bestimmungsort ankommen, den die Neuronen an sogenannten Zelladhäsionsmolekülen benachbarter Neuronen erkennen. Dort angelangt aggregieren sie zu neuronalen Strukturen, bilden Axone und Dendriten aus und entwickeln ihre spezifischen anatomischen und funktionellen Merkmale (Pinel, 2007). Zuerst wird ein gewaltiger Überschuss an synaptischen Verbindungen produziert (*Spreading*), die dann erfahrungsbedingt entweder durch eine sie umgebene Myelinscheide verstärkt oder aber bei längerfristigem Nichtgebrauch abgebaut werden (Pauen & Elsner, 2008). Demnach führt Erfahrung dazu, dass einmal angefertigte neuronale Verschaltungen von Strukturverbänden auch aufrechterhalten und verstärkt werden (Ramus, 2006b). Eine dieser neuronalen Strukturverbände, die Axone und Dendriten ausbilden, ist der linkshemisphärische perisylvische Cortex.

Der perisylvische Cortex ist mit phonologischen Repräsentationen und Verarbeitungen assoziiert. Bei Dyslexie können im Verlauf der neuronalen Migration kleinere Neuronenverbände von etwa 50 bis 100 Neuronen (sogenannte Ektopien) nicht wie vorgesehen in tiefer liegende Schichten des Cortex wandern, sondern über einen Bruch der Cortex-Membran direkt an das Äußere migrieren. Darüber hinaus bringen kleinste Hirnwindungen (sogenannte Microgyri) alle Schichten der Cortex-Organisation durcheinander. Bestimmte Gene stellen Prädispositionen für Ektopien dar und wieder andere Gene bestimmen den Ort (Lokation) der Ektopien (Ramus, 2004). Insbesondere die Lokation dieser kortikalen Anomalien ist entscheidend, denn sie liegen bei Dyslexie zu einem überwiegenden Teil in den Hirnarealen des perisylvischen Cortex, der für die Verarbeitung phonologischer Informationen verantwortlich ist. Durch Ektopien und Mikrogyri an dieser Stelle wird dann die Verarbeitung von phonologischen Informationen durch eine Reduzierung der kortikalen Konnektivität zwischen Hirnarealen auf der kognitiven Ebene gestört (Paulesu et al., 2001). Je nachdem wo und wie viele dieser anatomischen Differenzen im Hirn auftreten, unterscheidet sich die Dyslexie von Individuum zu Individuum (Ramus, 2006b). Sowohl Microgyri als auch Ektopien wurden bei Dyslektikern post mortem gehäuft nachgewiesen, die zwar über das gesamte Gehirn verteilt waren, aber sich besonders im perisylvischen Areal konzentrierten (Galaburda et al., 2006).

Diese neurobiologischen Abweichungen können das unbeeinträchtigte Lesen stören. Das normale Lesen verläuft über ein kortikales Netzwerk aus verschiedenen Arealen der linken Hemisphäre (Eckert, 2004; Ligges & Blanz, 2007; Shaywitz & Shaywitz, 2008). Abbildung 5 verdeutlicht das ungestörte Lesesystem der linken Hemisphäre. Die inferior-frontalen Areale (unter anderem das Broca-Areal) sind zuständig für die Artikulation und die phonologische Wortanalyse (Abbildung 5a). Während die Buchstaben-Laut-Zuordnung vor allem in superior-und parieto-temporalen Systemen zu finden ist (Abbildung 5b), läuft die schnelle automatisierte Worterkennung in inferior-temporalen und okzipitotemporalen Teilen ab (Abbildung 5c).

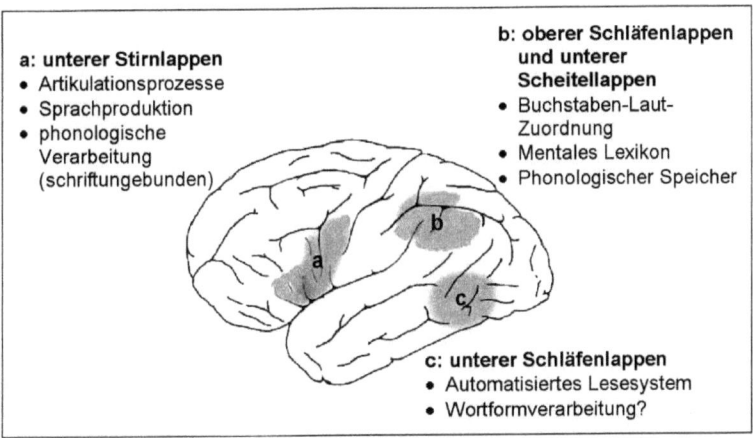

Abbildung 5: Übersicht über das kortikale Sprachnetzwerk und der funktionellen Beschreibung der einzelnen Areale; entnommen aus Ligges und Blanz, 2007, S. 109

In Bildgebungsstudien mit Dyslektikern wurde nun wiederholt eine sogenannte neurobiologische Signatur der Dyslexie gefunden (Gabrieli, 2009; Ligges & Blanz, 2007; Shaywitz & Shaywitz, 2005, 2008), mit symptomatischen Unter- und Überaktivierungen spezifischer Bereiche. Abbildung 6 bietet eine Übersicht über das phonologische Defizit (Minderaktivierung) und Kompensationsprozesse (Überaktivierung).

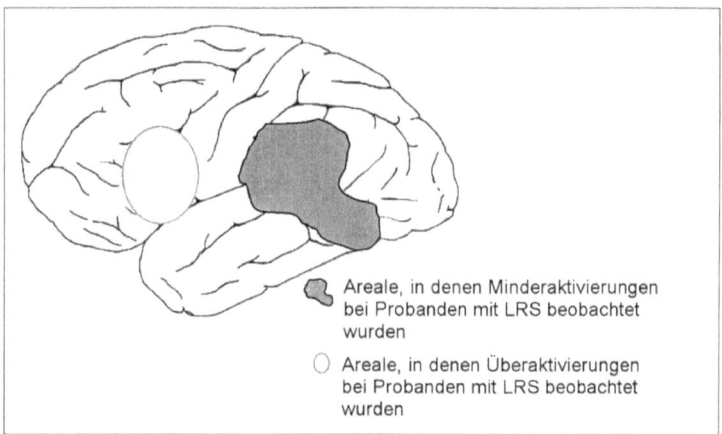

Abbildung 6: Aktivierungsunterschiede hinsichtlich des phonologischen Defizits der Dyslexie; LRS (Lese-Rechtschreib-Störung) ist ein Synonym für Dyslexie; entnommen aus Ligges und Blanz, 2007, S. 109

Das für Dyslexie ursächliche phonologische Defizit findet sich dabei unter anderem im Bereich der linkshemisphärischen perisylvischen Areale (Ramus, 2004). In diesen temporo-parietalen Hirnarealen zeigt sich bei Dyslektikern im Vergleich zu Kindern oder Erwachsenen ohne Dyslexie eine Unteraktivierung, die die Schwierigkeit der Dyslektiker mit der Verarbeitung von phonologischen Informationen reflektiert. Sie findet sich schon sehr früh, so dass die Minderaktivierungen wahrscheinlich nicht die Folge, sondern eine Ursache von Dyslexie darstellen (Shaywitz & Shaywitz, 2008). Die dorsalen temporalen Teile sind vor allem mit Schwierigkeiten der Buchstaben-Laut-Zuordnung assoziiert, die ventralen temporalen Gebiete dagegen mit gestörten und schlecht-automatisierten phonologischen Lexikonzugriffen.

Bei Erwachsenen mit Dyslexie wurden wiederholt Überaktivierungen in linken inferioren frontalen Hirnarealen gefunden, die bei Kindern dagegen erst im späteren Entwicklungsverlauf nachgewiesen werden konnten. Damit scheint die Überaktivierung frontaler Areale einen Kompensationsprozess zum Ausgleich des phonologischen Defizits darzustellen (Ligges & Blanz, 2007). Sie könnte an den verstärkten Einsatz motorisch-artikulatorischer Prozesse gekoppelt sein, um den phonologischen Code des Gelesenen zusammenzusetzen und so das phonologische Defizit zu kompensieren. Die Artikulation kann vermutlich beim Erlesen helfen und eine Bewusstheit für die Lautstruktur beim Auslautieren schaffen.

Zusätzlich zu den linkshemisphärischen Aktivierungsunterschieden lassen sich im Laufe der Leseentwicklung bei Dyslektikern verstärkte Aktivierungen der rechten Hemisphäre nachweisen, vor allem im rechten inferioren temporalen Gyrus (Ligges & Blanz, 2007) und okkzipito-temporalen Areal (Shaywitz & Shaywitz, 2008). Menschen ohne Dyslexie verlagern beim Lesenlernen ihre Aktivität immer weiter auf die linke Hemisphäre. Dies wird als Wechsel von der Analyse von Buchstaben und Wörtern als visuelle Perzepte zu linguistischen Repräsentation interpretiert, da die Sprachverarbeitung zu einem größeren Teil links-hemisphärisch abläuft. Dagegen scheinen Menschen mit Dyslexie zunehmend die rechte Seite für einen Kompensationsprozess zu verwenden, wobei noch unklar ist, worin genau die Funktion der überaktivierten Areale besteht. Vielleicht sind sie mit Gedächtnisleistungen verknüpft, da Dyslektiker vermehrt Wörter aus dem Gedächtnis lesen (sogenannte Sichtwörter) anstatt die Buchstaben aneinander zu schleifen (das sogenannte phonologische Rekodieren). Der Kompensationsprozess ist allerdings langsamer und nicht so automatisiert wie der normale ungestörte Leseprozess.

Bemerkenswert sind die neuropsychologischen Befunde von experimentellen Trainingsstudien (die aber bislang noch nicht in der deutschen Orthografie vorliegen). Nach einem phonologischen Training findet sich bei Dyslektikern eine höhere Aktivierung in linken temporo-parietalen Regionen. In diesen Arealen nähern sich Probanden mit und ohne Dyslexie weiter an, auch wenn Dyslektiker häufig keine normalisierte Aktivation zeigen. Durch das Training werden auch die beschriebenen frontalen Überaktivierungen ausgelöst. Ebenfalls findet sich bei Probanden mit Dyslexie eine rechts-hemisphärische Überaktivierung, die bei Probanden ohne Dyslexie nicht zu beobachten ist, da bei ihnen die Leseentwicklung mit reduzierter Verwendung rechts-hemisphärischer und mit steigender Verwendung links-hemisphärischer Areale verknüpft ist (Gabrieli, 2009).

Der verstärkte Einsatz der frontalen und rechtshemisphärischen Teile des Gehirns spricht daher allgemein gegen die Annahme einer vollständigen „Heilung" des phonologischen Defizits durch Trainingsverfahren. Vielmehr scheinen Dyslektiker einen qualitativ anders ablaufenden Leseprozess zu verwenden als Menschen ohne Dyslexie (Ligges & Blanz, 2007; Shaywitz et al., 2008; Shaywitz & Shaywitz, 2005, 2008). Dafür spricht ebenfalls, dass die neurobiologische Signatur der Dyslexie mit den beschriebenen Kompensationsmechanismen selbst nach Erreichen fast normaler Leseleistungen gefunden werden kann (Ingvar et al., 2002).

Allerdings stellt sich spätestens hier die Frage, ob nicht auch die Orthografie die Dyslexie beeinflusst, denn es gibt bedeutsame Unterschiede in der Regelmäßigkeit verschiedener Schriftsprachen. Dazu verglichen Paulesu et al. (2001) Probanden mit und ohne Dyslexie aus drei verschiedenen Sprachen (Englisch, Französisch und Italienisch) hinsichtlich der Leseleistungen und der Hirnaktivierungen. Während Englisch und Französisch sehr irreguläre Sprachsysteme sind, ist das Italienisch sehr konsistent. Italienische Kinder lernen deshalb sehr viel schneller Lesen als englisch und französisch sprechende Kinder. Obwohl Dyslektiker in Italien viel genauer lesen als Dyslektiker in England, zeigten alle Dyslektiker ein phonologisches Defizit und denselben neuropsychologischen Befund: eine beim Lesen reduzierte Aktivität des perisylvischen Temporallappens. Demnach sind auf der kognitiven Ebene das phonologische Defizit und auf der biologischen Ebene die neurobiologische Signatur der Dyslexie unabhängig von der Kultur bzw. Orthografie, während das Lesen auf der behavioralen Ebene sich in Abhängigkeit von der Orthografie entwickelt. Die Dyslexie kann sich also bei Menschen, die verschiedene Sprachen sprechen und lesen, unterschiedlich manifestieren, aber die zugrunde liegende neuronale Pathologie scheint dieselbe zu sein.

Letztendlich führen die hier beschriebenen genetisch-vermittelten neuropsychologischen Abweichungen auf der *kognitiven Ebene* im Modell von Ramus (2004) zu Störungen der phonologischen Informationsverarbeitung (schwache phonologische Bewusstheit, geringes verbales Arbeitsgedächtnis, langsamer lexikalischer Abruf). Diese phonologischen Defizite werden in Kapitel 2.5 detailliert betrachtet.

2.4.2 Ursachen des Analphabetismus

Für die Entstehung von primärem Analphabetismus erscheint die Ursache verhältnismäßig klar: Durch fehlende Lerngelegenheiten in Schule und/oder Familie lernen Analphabeten aus nicht-literalisierten Gesellschaften gar nicht das Lesen. Primärer Analphabetismus wird deshalb relativ eindeutig auf soziale und politische Gründe zurückgeführt. Betrachtet man dagegen die Population der funktionalen Analphabeten in literalisierten Kulturen, so ergibt sich kein klares Bild zur Verursachung. Bislang liegen kaum Studien zur Ätiologie von Analphabetismus in literalisierten Gesellschaften vor. In den wenigen zu findenden Studien wird meist von einer sozialen Verursachung von funktionalem Analphabetismus ausgegangen. Das Paradigma der sozialen Bildungsbenachteiligung vom primären wird also auf den funktionalen Analphabetismus transferiert.

Auf Grundlage von zehn Einzelinterviews von Teilnehmern aus Alphabetisierungskursen entwickelte Egloff (2007) ein Modell der Verursachung, das sowohl proximale wie distale Faktoren berücksichtigt. Demnach handelt es sich bei den Gründen für funktionalen Analphabetismus um ein komplexes Bedingungsgefüge mit vielen unterschiedlichen (sozialen) Ursachen, die jeweils individuell sehr verschieden sein können. Ungeachtet dessen lässt sich an dieser Stelle konstatieren, dass die individuellen Lernverläufe gewissen biografischen Mustern folgen, die vor allem drei ursächlichen Faktoren zuzuordnen sind (Abbildung 7):

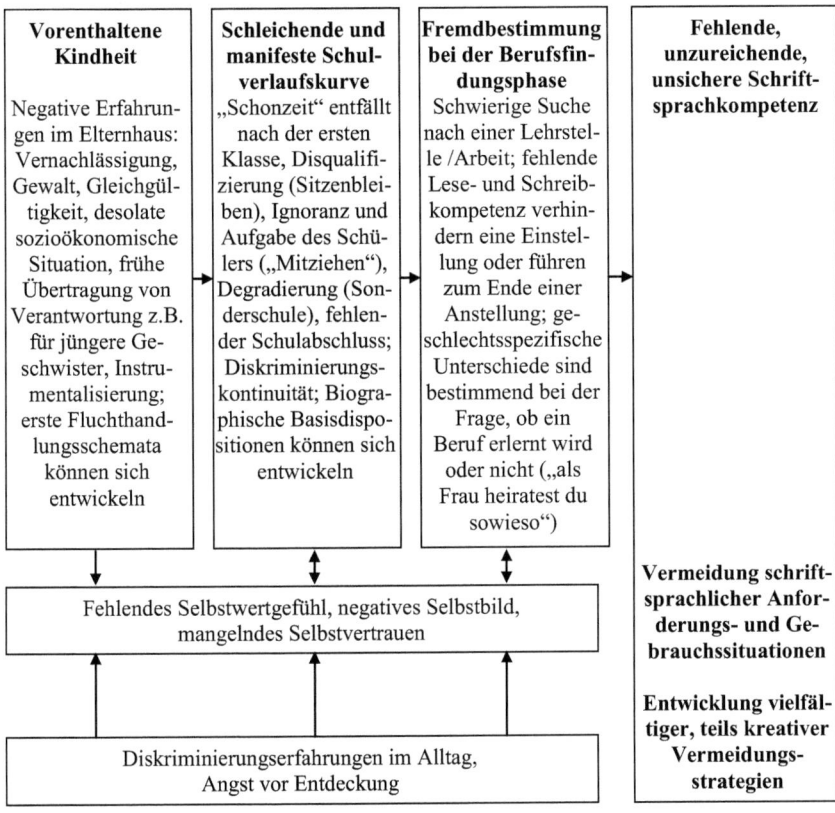

Vorenthaltene Kindheit	Schleichende und manifeste Schulverlaufskurve	Fremdbestimmung bei der Berufsfindungsphase	Fehlende, unzureichende, unsichere Schriftsprachkompetenz
Negative Erfahrungen im Elternhaus: Vernachlässigung, Gewalt, Gleichgültigkeit, desolate sozioökonomische Situation, frühe Übertragung von Verantwortung z.B. für jüngere Geschwister, Instrumentalisierung; erste Fluchthandlungsschemata können sich entwickeln	„Schonzeit" entfällt nach der ersten Klasse, Disqualifizierung (Sitzenbleiben), Ignoranz und Aufgabe des Schülers („Mitziehen"), Degradierung (Sonderschule), fehlender Schulabschluss; Diskriminierungskontinuität; Biographische Basisdispositionen können sich entwickeln	Schwierige Suche nach einer Lehrstelle /Arbeit; fehlende Lese- und Schreibkompetenz verhindern eine Einstellung oder führen zum Ende einer Anstellung; geschlechtsspezifische Unterschiede sind bestimmend bei der Frage, ob ein Beruf erlernt wird oder nicht („als Frau heiratest du sowieso")	Vermeidung schriftsprachlicher Anforderungs- und Gebrauchssituationen

Fehlendes Selbstwertgefühl, negatives Selbstbild, mangelndes Selbstvertrauen

Entwicklung vielfältiger, teils kreativer Vermeidungsstrategien

Diskriminierungserfahrungen im Alltag, Angst vor Entdeckung

Abbildung 7: Entstehungsbedingungen von funktionalem Analphabetismus und individuelle Bewältigungsstrategien; entnommen aus Egloff, 2007, S. 75

- Erste Phase (vorenthaltene Kindheit): Insgesamt berichteten die Befragten aus Alphabetisierungskursen von einem lieblosen und finanziell prekären Elternhaus, in dem sie systematisch benachteiligt und in ihrer Entwicklung eingeschränkt wurden. Es bestand keinerlei Bildungsnähe der Eltern und das Stre-

ben nach Aufmerksamkeit und anderen elementaren Bedürfnissen (wie Kleidung und Spielzeug) wurde kaum unterstützt, so dass spätere Analphabeten
sehr früh massiver Verwahrlosung und Missbrauch ausgesetzt waren. Sie berichteten von familiären Gewalterfahrungen, mangelnder Zuwendung,
Gleichgültigkeit oder Ignoranz, fehlenden sozialen Interaktionen und Kom-
munikationen. Viele ältere Kinder halfen so sehr im Haushalt oder bei der
Geschwisterbetreuung, dass an schulische Bildung kaum noch gedacht werden konnte.

- Zweite Phase (schleichende und manifeste Schulverlaufskurve): Die Lehrer in
  unseren stark mittelschichtsorientieren Bildungsinstitutionen ließen den betroffenen Kindern kaum passende Förderung zukommen. Anfängliche leichte
  Lernrückstände verfestigten und verstärkten sich. Die wenigen vorhandenen
  Förderbemühungen wurden sowohl in der Schule als auch in der Familie
  gänzlich eingestellt. Stattdessen folgten auf Misserfolge vermehrt Sanktionie-
  rungen durch die Lehrer in Form von Bestrafung, Disqualifizierung oder De-
  gradierung. Mitunter wurde auf die Rückstände von Seiten des Elternhauses
  oder der Schule mit Desinteresse und Indifferenz reagiert. Häufig stand eine
  Überweisung auf die Sonderschule an, nicht selten verließen die betroffenen
  Jugendlichen die Schule ohne Schulabschluss.

- Dritte Phase (Fremdbestimmung bei der Berufsfindungsphase): Die Betroffenen konnten aufgrund ihrer geringen Schriftsprachlichkeit kaum selbstbe-
  stimmt einen Beruf wählen. Das trug zu Scham- und Schuldgefühlen bei, die
  in einer Art Teufelskreis dazu führten, dass weitere schriftsprachliche Situationen gemieden wurden (Einkauf, Formulare auf Ämtern, usw.). Auf diese
  Weise verkümmerten die ohnehin schon geringen Kenntnisse noch weiter. Im
  Sinne eines Stigma-Managements lernten die Betroffenen spätestens jetzt
  vielfältige Vermeidungsstrategien, durch die sie ihre Umwelt über ihre mangelnde Schriftsprachlichkeit täuschen und den vielfältigen Anforderungen in
  Privat- und Berufsleben genügen konnten. Diese Strategien reichten vom einfachen „Vergessen der Brille" bis hin zu selbstschädigenden Verhaltensweisen wie dem absichtlichen Verbrühen der Finger. Einige Analphabeten konnten so über viele Jahre hinweg ihre Lebenspartner, Kinder, Freunde und Kollegen über die fehlende Lesekompetenz hinwegtäuschen.

Linde (2008) konnte die Erfahrung einer mangelnden Unterstützung im Elternhaus, negativer Schulerfahrungen und Angst vor Versagen in Schriftsprachsituationen in fünf Einzelinterviews replizieren. Nickel (2007a) spricht deshalb auch
von einer sozialen Vererbbarkeit von Analphabetismus.

Das Verursachungsmodell des funktionalen Analphabetismus von H. Wagner (2008) wurde ebenfalls durch Interviews mit Analphabeten entwickelt. Auch dieser Autor nimmt eine soziale Bildungsbenachteiligung als Ursache für Analphabetismus an. Zusätzlich wurden aber auch bindungstheoretische Überlegungen und Hinweise auf Dyslexie aufgenommen. Es lassen sich vier zeitlich aufeinanderfolgende Ebenen unterscheiden:

- Personen treten mit ihren *individuellen Lernvoraussetzungen* in Bildungsprozesse ein. Als Lernvoraussetzungen sind hier vor allem „neurologische und biologisch bedingte Lernvoraussetzungen" (H. Wagner, 2008, S. 28 Fußnote 7) und die „normalen bzw. eingeschränkten Fähigkeiten (bis einschließlich LRS)" (ebd., S. 28 Fußnote 8) gemeint. H. Wagner (2008) nimmt hier also explizit Bezug zum Einfluss einer Dyslexie, aber ohne diesen näher zu erläutern, zu diskutieren oder zu interpretieren.
- Personen werden mit diesen Lernvoraussetzungen in *soziostrukturelle Milieus* geboren, die sich durch Privilegierung, Nicht-Privilegierung und negative Privilegierung der Personen kennzeichnen und durch Selektionsinstanzen nachhaltig differenzierend auf Bildungserfolge auswirken.
- *Bindungserfahrungen* einer Person werden in der primären Sozialisation der Familie gemacht und stellen einen eigenständigen Selektionseinfluss dar, in dem die individuelle Offenheit für Veränderungen und Lerneinstellungen direkt beeinflusst werden.
- Die *Schule* wirkt verstärkend auf die Milieuzugehörigkeit, in dem der erworbene Habitus und die Lerneinstellungen individualisiert und personalisiert werden.

Diese Ebenen interagieren nun auf vielfältige Weise. Gefährdet für die Ausbildung von Analphabetismus sind v. a. unsicher gebundene Personen aus privilegierten und nicht-privilegierten Milieus sowie unsicher gebundene Personen aus negativ privilegierten Milieus: „Wer also aus einem unteren Milieu stammt, mit wenig Kapital ausgestattet ist, in seiner Familie starke Ablehnungserfahrungen machen musste und nun in der Schule negativ als bildungsunwillig/bildungseingeschränkt etikettiert wird, steht signifikant in der Gefahr, als funktionaler Analphabet die Schule zu verlassen" (H. Wagner, 2008, S. 28). Das Modell von H. Wagner ist im Vergleich mit den bisher diskutierten Modellen insofern neuartig, als dass die soziale Bildungsbenachteiligung als probalistisch für die Entstehung von Analphabetismus formuliert wird, eine Verursachung durch Dyslexie erwogen wird und Dyslexie und Bindungserfahrungen als mediierend zwischen der sozialen Bildungsbenachteiligung und Analphabetismus angenommen werden.

Die angeführten Theorien sind aus explorativen Interviews entstanden und es liegen noch keine hypothesenprüfenden Untersuchungen vor. Dennoch soll deren mögliche Evidenz anhand einiger deskriptiver Untersuchungen ermittelt werden, zuerst anhand einer Befragung von insgesamt 1015 deutschsprachigen Teilnehmerinnen (56 %) und Teilnehmern (44 %) aus Alphabetisierungskursen (APOLL, 2003). Lediglich 38 % haben einen Schulabschluss erreicht. 57 % besuchten vormals die Sonderschule, 38 % die Hauptschule und 5 % die Realschule. 71 % verfügen über keine Berufsausbildung und nur weitere 21 % konnten ihre Lehre abschließen. Folgenschwer sind 41 % arbeitslos, 34 % angestellt, 13 % in staatlichen Maßnahmen, 6 % pensioniert, 4 % Gelegenheitsarbeiter und 2 % selbständig. Schladebach (2007) führte eine Untersuchung an 147 Lernenden von Hamburger Volkshochschulen durch, von denen 38 % arbeitslos, 33 % als Arbeiter angestellt, 16 % Hausfrauen, 7 % Rentner, 6 % Azubis waren. Döbert und Hubertus (2000) berichten von einer Befragung von 101 Grundbildungskursteilnehmern einer Kölner Beratungsstelle. 69 % der Teilnehmer besuchten früher die Sonderschule, 23 % die Hauptschule, 5 % gingen gar nicht zur Schule. Wiederum 69 % sind ungelernte Arbeiter, 12 % Hausfrauen und 6 % arbeitslos. In einer weiteren Studie (H. Wagner & Schneider, 2008) konnte aus 34 Interviews mit funktionalen Analphabeten geschlossen werden, dass bei Analphabeten eine reduzierte zeitliche Wahrnehmung sowie ein geringes Abstraktionsvermögen vorliegen. Es herrschen sowohl bei Erfolgen als auch bei Misserfolgen externale Attributionen vor: Analphabeten fühlen sich demnach weder für Erfolg noch für Misserfolg verantwortlich. Insbesondere das Selbstbild und die Selbsteinschätzung eigener Fähigkeiten sind deutlich negativ geprägt. Ebenso drastisch wurde die Fähigkeit zum Stigmamanagement der schlechten Lese- und Schreibkompetenz bestätigt. Es gibt viele verschiedene Strategien, mit denen Analphabeten über ihre Lese- und Schreibprobleme hinwegtäuschen können. Es zeigt sich in den Interviews, dass man bei Analphabeten vor allem von misslungenen Lernkarrieren ausgehen muss, denn sowohl informelles Lernen als auch formale Bildung in der Schule sind bei ihnen gescheitert. Alle angeführten Befragungen bestätigen damit das Bild einer sozialen Bildungsbenachteiligung bei Analphabeten.

In einer amerikanischen Studie wurden 280 amerikanische Erwachsene befragt und getestet, die an einem Grundbildungskurs für Erwachsene teilnahmen (Gottesman, Bennett, Nathan & Kelly, 1996). 58 % bekamen staatliche Unterstützung von der Gesundheitsfürsorge, lediglich ein Drittel war erwerbstätig, meist in ungelernten Tätigkeiten. 40 % hatten nach eigenen Angaben eine verzögerte kognitive, sprachliche und motorische Entwicklung; 29 % zeigten

Symptome eines Substanzmissbrauchs. 45 % waren früher in Sondererziehungsklassen (in der Publikation leider nicht näher spezifiziert), 7 % verließen die
Schule bereits vor dem 13. Lebensjahr, 42 % zwischen 13 und 15 Jahren, 22 %
zwischen 16 und 18 Jahren und weitere 22 % verließen die Schule erst mit mindestens 18 Jahren. 21 % gingen anschließend auf das College. 42 % der Erwachsenen wurden als „verschiedentlich entwicklungsgestört" (*mixed developmental
disorder*; in der Publikation leider nicht näher bezeichnet) und 33 % als Dyslektiker diagnostiziert. 6 % wiesen eine reduzierte Intelligenz und weitere 6 % eine
mentale Retardierung auf, 4 % zeigten klinisch bedeutsame Symptome einer
Aufmerksamkeitsstörung. Insgesamt konnte bei der Gruppe ein mittlerer IQ von
81 ($s = 12$) gemessen werden. In einem normierten Wortlesetest wiesen sie einen mittleren Lesequotienten von 67 ($s = 26$) auf. Überraschenderweise zeigten
nur 39 % Probleme mit dem Zusammenlauten von Buchstaben, jedoch 66 % Defizite in Buchstabenwissen (34 % sogar sehr starke Defizite). In weiteren Aus-
wertungen wurden die 280 Erwachsenen basierend auf ihren Leistungen im
Wortlesen drei Gruppen zugewiesen: die schlechten Leser (unterstes Quartil),
die durchschnittlichen Leser (die mittleren beiden Quartile) und die guten Leser
(oberstes Quartil) der Stichprobe. Die Substichproben zeigten folgende Stan-
dardlesequotienten: 36 ($s = 8$); 69 ($s = 12$); 100 ($s = 15$). Die guten Leser waren
demnach genau auf dem gleichen Level der Normierungsstichprobe, während
die schlechten Leser beeindruckend schlechte Lesewerte zeigten.[7] Im Vergleich
zwischen der schlechten und guten Gruppe zeigte sich, dass die schlechte Gruppe deutlich schlechtere Beschäftigungsverhältnisse und doppelt so häufig Ent-
wicklungsverzögerungen und Drogenerfahrungen berichtete, viermal so häufig
in Sondererziehungsklassen zu finden war, die Schule bereits früh abgebrochen
und fast nie das College besucht hat. Die schlechte Gruppe hatte darüber hinaus
einen deutlich geringeren IQ und größere Probleme mit dem Zusammenschleifen von Buchstaben sowie ein geringeres Buchstabenwissen. Diese Studie bestätigt zum einen die soziale Benachteiligung und überprüft zudem erstmalig die
psychosozialen Ursachen von Analphabetismus (Gottesman et al., 1996).

Hock (2009) untersuchte in einem Review, wie viele Teilnehmer aus amerikanischen Grundbildungskursen nach eigenen Angaben eine Dyslexie aufweisen. Die Prävalenzangaben schwanken zwischen 3 und 78 % aller Analphabeten
und sind extrem heterogen. Das Fazit von Hock (2009) lautet: „While the exact

---

7 Auch wenn dem Autor der vorliegenden Arbeit der verwendete Lesetest nicht geläufig ist,
  so ist doch mehr als zweifelhaft, ob der Test in diesem unteren Bereich noch zufriedenstellend zwischen den Lesern differenzieren kann, da der Wert 36 mehr als vier Standardabweichungen unterhalb des Mittelwertes liegt. Dennoch kann von sehr schlechten Leseleistungen der unteren Gruppe ausgegangen werden.

prevalence rate is difficult to determine, significant numbers of adults in ABE [adult basic education] programs are likely to have a learning disability" (S. 184).

Zusammenfassend scheinen die Resultate der Studien dafür zu sprechen, dass funktionale Analphabeten zu großen Teilen sozial benachteiligt und in der sozialen Grundschicht zu finden sind. Ebenso weisen sie zahlreiche Entwicklungsstörungen auf. Die kausale Interpretation ist allerdings schwierig oder gar unmöglich, da alle angeführten Studien ausnahmslos querschnittlich erhobene deskriptive Statistiken darstellen. Somit können die gefundenen sozialen Benachteiligungen und psychosozialen Probleme insbesondere auch Folgen der Leseprobleme sein – und nicht etwa die Lesestörungen bedingen (Henne-Ei-Problem). Analphabeten wären dann deshalb vor allem in der sozial benachteiligten Grundschicht zu finden, weil sie aufgrund von Leseproblemen dahin abrutschten oder aber sich nicht in eine höhere Schicht hocharbeiten konnten. Eine weitere Kritik betrifft die monokausale Ausrichtung der Modelle zwischen sozialer Herkunft und Analphabetismus. Als Beleg für einen engen Zusammenhang zwischen sozialer Verursachung und funktionalem Analphabetismus wird z.B. häufig die Studie der OECD (1995) angeführt (siehe Kap. 2.3.2), in der auf der niedrigsten Literalitätsstufe 20 % der Teilnehmenden arbeitslos waren und 42 % kein Einkommen hatten. Dabei wird aber häufig vergessen, dass 80 % eine Arbeitsstelle und 58 % Einkommen aufwiesen, so dass die soziale Herkunft nur einen geringen, wenn auch bedeutsamen Teil von Analphabetismus erklären kann.

2.4.3 Gemeinsamkeiten und Unterschiede

In diesem Kapitel hat sich gezeigt, dass Dyslexie zwar einige Korrelate zu sozialen Phänomenen aufweist, aber ursächlich als neurobiologische Entwicklungsstörung des Lesens zu verstehen ist. Dies scheint hinsichtlich des funktionalen Analphabetismus anders zu sein. Hier werden insbesondere soziale Gründe als Ursache für Analphabetismus postuliert. Allerdings sind die angeführten explorativen Studien ausnahmslos querschnittlich und deskriptiv angelegt. Die sozialen Probleme vieler Analphabeten könnten deshalb auch die Folge ihrer Leseprobleme reflektieren.

Nimmt man jedoch die bisherigen Ideen und Befunde ernst, so sollten Dyslexie und Analphabetismus als zwei distinkte Kategorien betrachtet werden, die kaum etwas miteinander zu tun haben. Die Autorengruppe um H. Wagner nimmt dagegen erstmalig explizit an, dass Dyslexie einen Ursachenkomplex für Analphabetismus darstellen könnte. Hier müssen sich jedoch zur Überprüfung des Postulates dringend empirische Studien anschließen. Eine Einigung könnte z.b. durch die systematische Analyse von Kompetenzen und Problemen der phonologischen Informationsverarbeitung erzielt werden, die bei Dyslexie kausal betroffen ist.

2.5 Probleme in der phonologischen Informationsverarbeitung

2.5.1 Die Theorie des Phonological Processing nach Wagner und Torgesen

Es gibt viele wichtige Kompetenzen, die für den Schriftspracherwerb essentiell sind. Eine sehr wesentliche Voraussetzung für das Lesenlernen stellt eine gut ausgebildete phonologische Informationsverarbeitung dar. Unter der phonologischen Informationsverarbeitung (*phonological processing*) wird die Fähigkeit verstanden, die phonologische (d.h. lautliche) Struktur der Sprache zu nutzen, um zu lesen und lesen zu lernen (R. K. Wagner & Torgesen, 1987). Nach Schneider (2006) besteht kein empirisch begründbarer Zweifel mehr daran, dass die phonologische Informationsverarbeitung ein sehr wichtiger Prädiktor für spätere Leseleistungen ist. Allerdings ist noch nicht abschließend geklärt, welche Komponenten der phonologischen Informationsverarbeitung für welchen Bereich des Lesens prädiktiv sind (Castles & Coltheart, 2004).

Es lassen sich im Modell von R. K. Wagner und Torgesen (1987) drei verschiedene Bereiche der phonologischen Informationsverarbeitung unterscheiden: (1) die phonologische Bewusstheit, (2) die Geschwindigkeit des phonologischen Rekodierens im lexikalischen Zugriff und (3) das phonetische Rekodieren im Arbeitsgedächtnis (vgl. dazu das bereits beschriebene Modell der Dyslexie in Abbildung 4 auf S. 40). R. K. Wagner und Torgesen (1987) gehen davon aus, dass alle drei Konstrukte moderat miteinander korreliert sind und einem „Generalfaktor" (*general latent ability*) der phonologischen Informationsverarbeitung untergeordnet sind. Dennoch können sie jeweils einen spezifischen und unabhängigen Teil der Leseleistungen erklären. Im Folgenden sollen alle drei Konstrukte hinsichtlich ihrer theoretischen Konzeption und ihres Zusammenhangs mit dem Lesen diskutiert werden (vgl. auch Castles & Coltheart, 2004; Kirby, Desrochers, Leah Roth & Lai, 2008; Schatschneider & Torgesen, 2004; Wolf & Bowers, 1999).

Die phonologische Bewusstheit

Bei der phonologischen Bewusstheit handelt es sich um den bewussten Zugriff zur Phonologie der gesprochen Sprache. Sie kann als Fähigkeit verstanden werden, „die phonologische Struktur eines Wortes unabhängig von dessen Bedeutung zu analysieren und zu manipulieren" (Fricke, Stackhouse & Wells, 2007, S. 14; vgl. auch Castles & Coltheart, 2004; Sodoro, Allinder & Rankin-Erickson, 2002; R. K. Wagner & Torgesen, 1987). Die phonologische Bewusstheit ist in einer Metaanalyse (35 Studien mit insgesamt 49 Stichproben) mit dem Lesen von Wörtern bzw. Pseudowörtern mit $r = .43$ bzw. $r = .52$ korreliert (Swanson, Trainin, Necoechea & Hammill, 2003). In einer Reanalyse berichtet Hammill (2004) eine Korrelation von $r = .40$ mit der Lesefähigkeit.

Die phonologische Bewusstheit erfordert den bewussten Zugriff auf, die Aufmerksamkeit für und die Manipulation von phonologischen Repräsentationen. Ein beginnender Leser muss lernen, sich von den inhaltlichen Aspekten der Sprache zu lösen und die lautlichen und formalen Aspekte in den Blick zu nehmen. Die phonologische Bewusstheit wird benötigt, da die Schrift als geschriebene Sprache ja eben ausschließlich die Phonologie, nicht aber die Wortbedeutung enthält. Deshalb muss ein beginnender Leser zuerst die Bewusstheit für diese phonologischen Segmente in der gesprochenen Sprache ausgebildet haben, bevor das Lernen von Buchstaben-Laut-Verbindungen sinnvoll erscheint (Castles & Coltheart, 2004). Damit ist die phonologische Bewusstheit eine wesentliche kognitiv-sprachliche Voraussetzung für den Schriftspracherwerb, vor allem für das Zusammenschleifen und Dekodieren von Buchstaben. Allerdings entwickeln sich Lesenlernen (insbesondere das Lernen der Buchstaben-Laut-Verbindungen) und phonologische Bewusstheit interaktiv in einem reziproken Verhältnis: Durch die phonologische Bewusstheit wird das Lernen der Buchstaben und das phonologische Dekodieren von Wörtern einfacher, und durch das Lernen der Buchstaben können Aufgaben zur phonologischen Bewusstheit besser bearbeitet werden (Castles & Coltheart, 2004).

Im deutschen Sprachraum werden zwei Aspekte der phonologischen Bewusstheit unterschieden (Schneider, 2006): Die *phonologische Bewusstheit im weiteren Sinne* bezeichnet die Bewusstheit für größere Einheiten der gesprochenen Sprache (z.B. Anfangslaute, Reime oder Silben). Aufgaben zur phonologischen Bewusstheit im weiteren Sinne können häufig schon von Kindern im Vorschulalter gelöst werden. Der für das Lesen viel wichtigere Aspekt ist jedoch die *phonologische Bewusstheit im engeren Sinne*, mit der die Lautfolge (z.B. eines Wortes) gezielt in einzelne Phoneme gegliedert werden kann. Diese Art der phonologischen Bewusstheit entwickelt sich häufig erst durch die Auseinandersetzung mit der Schriftsprache.

Im englischen Sprachraum wird dagegen eher ein dimensionales Bild der Struktur und Entwicklung von phonologischer Bewusstheit gezeichnet (Stackhouse & Wells, 1997, zitiert nach Fricke et al., 2007), nach der sie sich anhand der zwei Dimensionen „Größe der linguistischen Einheit" und „Explizitheit der Operationen" entwickelt (Abbildung 8).

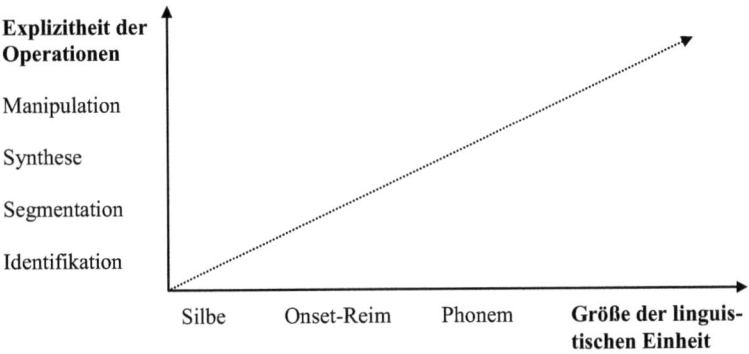

Abbildung 8: Struktur und Entwicklung der phonologischen Bewusstheit als zweidimensionales Konstrukt; entnommen aus Fricke et al., 2007, S. 15

Die erste Dimension (Größe der linguistischen Einheit) schreitet von großen zu immer kleineren lautsprachlichen Entsprechungen, also von Silben über Anfangslaute und Reime letztendlich zu den Phonemen. Diese Dimension ist die Entsprechung der deutschsprachigen Dichotomie der phonologischen Bewusstheit im weiteren vs. engeren Sinne. Die zweite Dimension (Explizitheit der Operationen) verläuft in der kindlichen Entwicklung von der einfachen Identifikation phonologischer Elemente über deren komplexere Segmentation, Synthese und schließlich Manipulation. Nach diesem Modell sind Maße der phonologischen Bewusstheit umso prädiktiver für den Schriftspracherwerb, je kleiner die linguistischen Einheiten und je expliziter die Operationen mit diesen Einheiten sind (Castles & Coltheart, 2004; Fricke et al., 2007).

Die Geschwindigkeit des lexikalischen Abrufs

Als zweites Konstrukt der phonologischen Informationsverarbeitung gilt die Geschwindigkeit des phonologischen Rekodierens während des lexikalischen Zugriffs (Zuordnung schriftlicher Symbole in lautliche Entsprechungen). Sie wird als „getting from a written word to its lexical referent by recoding the written symbols into a sound-based representational system" (R. K. Wagner & Torgesen, 1987, S. 192) definiert und durch die Zeit gemessen, mit der häufig vorkommende visuelle Stimuli (z.b. Farben, Objekte, Buchstaben oder Ziffern) benannt werden können. Dabei werden Versuchspersonen instruiert, eine Matrix von 50 Items so schnell wie möglich zu benennen. Aus diesem Grund werden die Begriffe „Geschwindigkeit des phonologischen Rekodierens", „lexikalischer Abruf", „automatisierte Benennungsgeschwindigkeit" oder *rapid automatized naming* (RAN)" synonym verwendet. In der bereits erwähnten Metaanalyse von Swanson et al. (2003) korrelierte die Benennungsgeschwindigkeit mit der Leseleistung für Wörter bzw. Pseudowörter mit $r = .42$ bzw. $r = .52$. Hammill (2004) berichtet von einer mittleren Korrelation von $r = .44$ mit der allgemeinen Leseleistung.

Bislang besteht kaum Einigkeit darüber, was die Benennungsgeschwindigkeit genau ist (Denckla & Cutting, 1999). Klar ist, dass es sich dabei um keinen einheitlichen Prozess, sondern um ein Konglomerat aus vielen verschiedenen Teilprozessen handelt. Allgemein gehalten ist die Fähigkeit zum schnellen Benennen eine Tätigkeit, die auf der automatisierten Aktivierung, dem Zugriff und dem Abruf phonologischer Repräsentationen beruht (Wolf & Bowers, 1999). Dafür sind folgende Prozesse verantwortlich: „attentional, perceptual, conceptual, memory, phonological, semantic, and motoric subprocesses that places heavy emphasis on precise timing requirements within each component and across all components" (Wolf, Bowers & Biddle, 2000, S. 403). Die Benennungsgeschwindigkeit ist also ein mehrstufiger kognitiver Prozess, der durch Präzision, Verarbeitungsgeschwindigkeit und Integration hierarchie-niedriger Prozesse bestimmt wird (Abbildung 9).

Der gesamte automatisierte Benennungsprozess z.b. eines einzelnen Buchstabens erfolgt in distinkten Zeitabständen: In den ersten 60 bis 80 Millisekunden wird die Aufmerksamkeit auf den visuellen Stimulus gelenkt, die wiederum die visuelle Verarbeitung aktiviert. Innerhalb von 150 bis 200 Millisekunden wird der räumliche Stimulus verarbeitet und letztendlich die kleinsten Elemente des Stimulus identifiziert. Daraufhin wird der Stimulus erkannt, das phonologische Label aktiviert und abgerufen und in motorische Artikulationsprozesse überführt („Benennen"). Alles in allem dauert der automatisierte Benennungsprozess etwa 500 Millisekunden (Wolf et al., 2000).

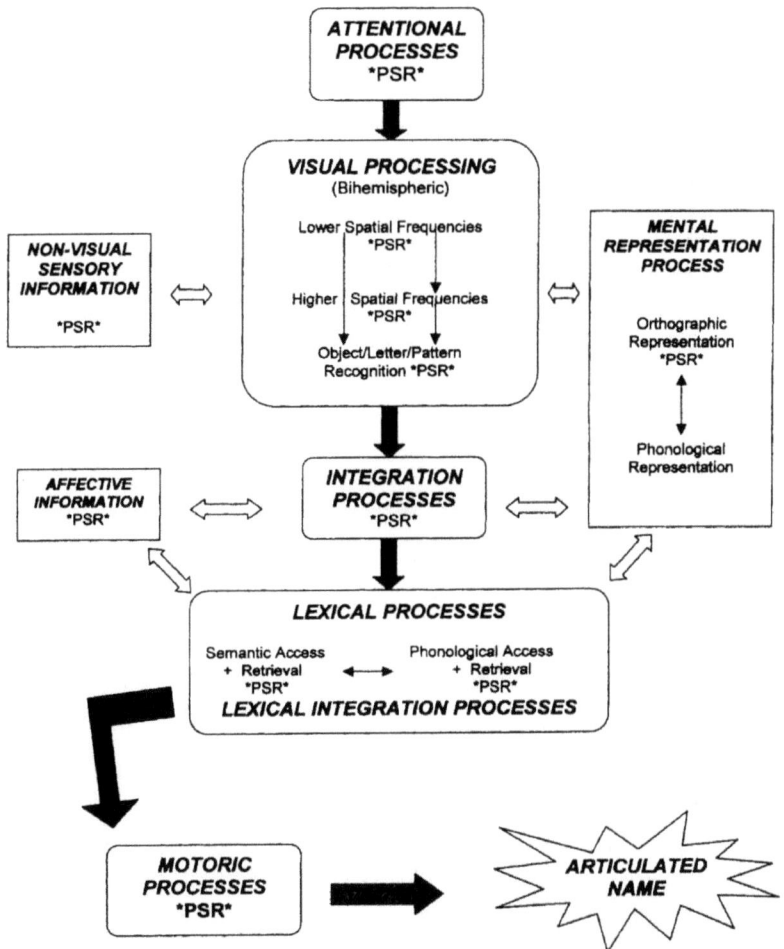

Abbildung 9: Modell des schnellen Benennens von Stimuli. PSR = processing speed requirements; entnommen aus Wolf und Bowers, 1999, S. 417

Bezüglich des Einflusses der Benennungsgeschwindigkeit auf das Lesen existieren zwei Hypothesen (Wolf & Bowers, 1999). In der ersten Hypothese wird davon ausgegangen, dass schnelles Benennen ein Indikator für die Verarbeitung
von phonologisch-orthografischen Informationen wie z.B. die Form eines Buchstabens und seiner phonologischen Repräsentation ist. Die visuelle Form des
Buchstabens oder einer Buchstabenfolge muss sehr schnell phonologisch be-

nannt werden können, um durch eine effiziente Steuerung der Teilkomponenten des schnellen Benennens einen effektiven und automatisierten Leseprozess zu ermöglichen. Die Buchstaben- oder Wortformen müssen in einem mentalen orthografischen Speicher hinterlegt sein, auf den dann beim Lesen effizient zurückgegriffen wird, um einer Form eine Bedeutung zuzuschreiben. Je schneller dieser Prozess abläuft, desto flüssiger können Buchstaben und Wörter gelesen werden und je besser wird demzufolge die Kompetenz zum Lesen sein. Der ersten Hypothese zufolge reflektiert also die Benennungsgeschwindigkeit die Stärke der Zusammenschmelzung (*amalgamation*) von Orthografie und Phonologie und die Qualität der orthographischen Informationen im Gedächtnis.

In der zweiten Hypothese wird angenommen, dass die Benennungsgeschwindigkeit die linguistische Entsprechung einer generellen Automatisierungsleistung ist (Wolf & Bowers, 1999). Die Kompetenz zur Automatisierung sollte sich dieser Hypothese folgend z.b. auch im auditiven oder motorischen Bereich finden. Das hat ebenfalls Einfluss auf die Automatisierung des phonologischen Rekodierens. Je automatisierter solche Prozesse ablaufen, desto höher sollten die Leseflüssigkeit und das Leseverständnis sein. Wenn ein solches allgemeines Verarbeitungsgeschwindigkeitsdefizit auf irgendeiner Stufe des Benennensprozesses auftritt, dann sollten alle weiteren Prozesse kaskadenartig beeinträchtig sein und so die Leseleistung stören. Nach der zweiten Hypothese reflektiert die Benennungsgeschwindigkeit also ein allgemeineres und globales Defizit in der kognitiven Verarbeitungsgeschwindigkeit. Letztendlich besteht aber keine Einigung darüber, welche Hypothese nun zutreffender ist (Vukovic & Siegel, 2006).

Das verbale Arbeitsgedächtnis

Die dritte Komponente der phonologischen Informationsverarbeitung ist das Aufrechterhalten der phonetisch rekodierten Informationen im *verbalen Arbeitsgedächtnis* (R. K. Wagner & Torgesen, 1987). Es lässt sich definieren als „recoding written symbols into a sound-based representational system that enables them to be maintained efficiently in working memory during ongoing processing" (R. K. Wagner & Torgesen, 1987, S. 192f.). Das phonetische Rekodieren im verbalen Arbeitsgedächtnis erfordert die kurzfristige Speicherung phonologischer Repräsentationen. Es wird davon ausgegangen, dass schriftliche Symbole im Kurzzeitgedächtnis lautsprachlich repräsentiert sind. Dauert der Vorgang des Lesens zu lange oder ist die Kapazität des Arbeitsgedächtnisses zu gering, werden am Ende des Rekodiervorgangs die ersten Laute wieder vergessen. Konkret müssen Leser beim Lesen eines Satzendes die Informationen vom Satzanfang noch zugriffsbereit haben, um den Sinn zu rekonstruieren. Und ein beginnender

Leser muss die Buchstaben vom Wortanfang auch noch präsent haben, wenn er die letzten Buchstaben des Wortes liest. In der Metaanalyse von Swanson et al. (2003) korrelierten Variablen des Arbeitsgedächtnisses mit dem Lesen von Wörtern bzw. Pseudowörtern mit $r = .37$ bzw. $r = .54$ und bei Hammill (2004) mit der allgemeinen Lesefähigkeit mit $r = .30$.

Das Arbeitsgedächtnis stellt ein System mit begrenzter Kapazität dar, in dem zeitweilig Informationen gespeichert und aufrechterhalten werden (Baddeley, 2003).[8] Es ist für kognitive Prozesse wie Sprach- und Textverstehen, logisches Denken und Wissenserwerb unverzichtbar. Baddeley (2002) geht davon aus, dass das Arbeitsgedächtnis in drei Untersysteme unterteilt werden kann. Das erste stellt eine Art Notizblock zur Verarbeitung räumlicher und/oder visueller Informationen dar, das zweite eine phonologische Schleife zur Verarbeitung von geschriebener und gesprochener Sprache und das dritte einen episodischen Speicher, der mittels eines multimodalen Kodes mit dem Langzeitgedächtnis kommuniziert. Gesteuert und kontrolliert werden die Untersysteme von der Übereinheit der zentralen Exekutive, die Informationen in jedes der Untersysteme einbringen und von ihnen erhalten kann. Da die Theorie der phonologischen Informationsverarbeitung von R. K. Wagner und Torgesen (1987) nur Aussagen über den verbalen, phonologischen Teil des Arbeitsgedächtnisses macht, nicht aber über den Notizblock, die zentrale Exekutive oder den episodischen Speicher, soll im Folgenden ausschließlich die phonologische Schleife als verbales bzw. phonologisches Arbeitsgedächtnis erklärt werden.

Der Prozess der phonologischen Schleife lässt sich wie folgt visualisieren (Abbildung 10). Die phonologische Schleife besteht zum einen aus einer artikulatorischen Schleife (*articulatory loop*), die wie eine innere Stimme (*subvocal speech*) verbale Informationen wiederholt und einen *aktiven* Kontrollprozess darstellt, um die Informationen vor dem Vergessen zu bewahren. Das Nachsprechen wird auch *Rehearsal* genannt. Zum anderen wird die Existenz eines *passiven* phonologischen Speichers (*phonological store*) angenommen, der eine Art inneres Ohr repräsentiert, das die innere Stimme der artikulatorischen Schleife hört und in phonologischer Form für einige Sekunden abspeichert. Die aktive innere Stimme der artikulatorischen Schleife füllt also durch wiederholenden

---

8 Das Modell des Arbeitsgedächtnisses von Baddeley ist enorm einflussreich. Andere Modelle (z.B. Case, 1992, zitiert nach Hasselhorn & Grube, 2006; Cowan, 2000; Engle, 2002; Ericsson & Kintsch, 1995) sind für die Forschung zwar ebenfalls wichtig (Hagendorf, 2006; Hasselhorn & Grube, 2006; Schneider & Büttner, 2008), sie wurden aber bislang nicht auf Dyslexie übertragen (Savage, Lavers & Pillay, 2007). Deshalb verfolgt auch die vorliegende Arbeit das Modell von Baddeley.

Abruf und Artikulation der Information den passiven phonologischen Speicher (Baddeley, 2003).

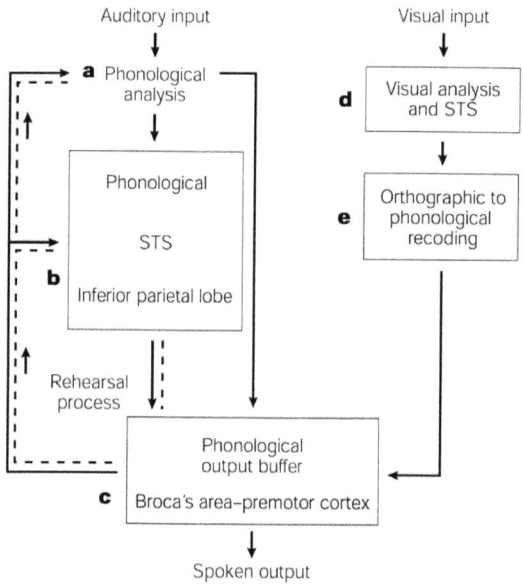

Abbildung 10: Funktionales Modell der phonologischen Schleife nach Baddeley, 2003, S. 831: (a) phonologische Analyse, (b) phonologischer Kurzzeitspeicher (short-term storage, STS), (c) Sprechen, (d) visuelles Enkodieren von Text, (e) Graphem-Phonem-Zuordnung

Auditive Informationen können direkt in den phonologischen Speicher übertragen werden, wo sie durch Rehearsal immer wieder in den Speicher geladen und dadurch aufrechterhalten werden. Texte als visuelles Material werden dagegen erst phonetisch rekodiert (gelesen und in die lautsprachliche Entsprechung übersetzt) und gelangen dann in Form von Lauten in den phonologischen Speicher, wo sie wiederum durch inneres Sprechen aufrechterhalten werden (Baddeley, 2003).

Das Arbeitsgedächtnis wird häufig für schulisches Lernen benötigt und stellt einen engen „Flaschenhals" dar, durch den die zu speichernden (d.h. lernenden) Informationen in das Langzeitgedächtnis übernommen werden (Gathercole, 2004). Bei einem schlecht ausgebildeten Arbeitsgedächtnis kommt es schnell zu einer Überlastung desselben. Es können dann keine Informationen mehr ins Langzeitgedächtnis übertragen werden und der Lernprozess ist unterbrochen. Beginnende Leser verwenden das Arbeitsgedächtnis ständig (R. K. Wagner &

Torgesen, 1987). Sie müssen die visuellen Stimuli (Buchstaben) dekodieren, kurzfristig speichern, Lauten zuordnen und diese während des Aufrechterhaltens verarbeiten und ineinander überblenden (Zusammenschleifen der Buchstaben). Geübte Leser können dagegen das Arbeitsgedächtnis vollständig für Verstehensprozesse nutzen, weil das Erlesen bereits automatisiert ist und damit ohne Arbeitsgedächtnisbelastungen funktioniert.

2.5.2 Phonologische Informationsverarbeitung bei Dyslexie

Wie ist nun die phonologische Informationsverarbeitung bei Dyslexie ausgeprägt? Es besteht unter Forschern ein großer Konsens, dass Dyslexie durch Störungen in der phonologischen Informationsverarbeitung bedingt ist (z.b. Snowling, 2001). Sie äußern sich auf der kognitiven und behavioralen Ebene (siehe das Modell von Ramus, 2004, Abbildung 4 auf S. 40) in Schwierigkeiten bei der Identifizierung phonologischer Repräsentationen (phonologische Bewusstheit), bei dessen kurzfristigen Speicherung (verbales Arbeitsgedächtnis), im schnellen Zugriff auf diese (Benennungsgeschwindigkeit) und letztendlich im Lesen. Dyslektiker haben besondere Schwierigkeiten, Aufgaben wie das Vertauschen von Anfangsbuchstaben zu lösen (sog. Spoonerismus-Aufgabe: z.B. Biene + Kuh → Kiene + Buh), sich eine bedeutungslose Ziffern- oder Wortspanne zu merken und nachzusprechen (sog. Spannenaufgaben: z.B. sollen sich Probanden die Ziffernfolge 1, 4, 6, 2, 7, 1, 9, 4... merken) und bekannte Objekte schnell zu benennen (sog. schnelles Benennen, d. h. schnelles Vorlesen von z.B. Buchstaben). Diese Fähigkeiten sind aber für das Lesen und Lesenlernen sehr wichtig. Das phonologische Defizit hindert Dyslektiker deshalb am Lesenlernen. Die empirische Evidenz für diese Annahme ist so zahlreich, dass kein Zweifel an der Gültigkeit dieser Theorie besteht (Landerl & Wimmer, 2006). Deshalb soll im Folgenden lediglich eine eingeschränkte Auswahl von Studien zum Defizit in der phonologischen Informationsverarbeitung gegeben werden.

Phonologische Defizite bei Kindern mit Dyslexie

In einer Studie wurden 45 Kinder mit und ohne Dyslexie hinsichtlich ihrer phonologischen Informationsverarbeitung verglichen (White et al., 2006). Die Kinder mit Dyslexie waren schlechter im Erkennen von Reimen ($d = 1.22$), in Spoonerismus-Aufgaben ($d = 1.44$) und im schnellen Benennen von Bildern ($d = 1.33$) und Ziffern ($d = 1.81$). In einer Untersuchung mit 61 Kindern mit und ohne Dyslexie wurden verschiedene phonologische Tests appliziert und mit Diskriminanzanalysen darauf getestet, wie gut sie die Kinder in hervorragende, durchschnittliche und schlechte Leser (zugeordnet anhand von Lesegenauigkeit und Leseverständnis) klassifizieren konnten (Savage et al., 2005). Besonders die Fähigkeit zur phonologischen Bewusstheit konnte viele Schüler korrekt zuordnen, gefolgt vom Pseudowortlesen und schnellen Benennen von Ziffern. Arbeitsgedächtnismaße konnten dagegen nicht zusätzlich zu einer korrekten Klassifikation beitragen. In einer empirischen Erhebung von 144 Kindern mit Dyslexie (Wolf et al., 2002) konnte durch hierarchische Regressionsanalysen gezeigt werden, dass das Lesen durch den IQ, das schnelle Benennen, das Alter und durch die phonologische Bewusstheit zu 43 % (Wortlesen) bzw. zu 62 % (Pseudowortlesen) erklärt werden konnte. Während die phonologische Bewusstheit die größte prädiktive Kraft für das Pseudowortlesen aufwies, war das schnelle Benennen für das Wortlesen wichtiger. Eine weitere Studie verglich die Unterschiede im Arbeitsgedächtnis und in der phonologischen Bewusstheit bei Kindern mit und ohne Dyslexie (Jeffries & Everatt, 2004). Die phonologische Schleife war im Ziffernnachsprechen ($d = 1.06$), im Pseudowortnachsprechen ($d = 1.03$), in der Hörspanne ($d = 0.43$) und im Rückwärts-Zahlennachsprechen ($d = 1.5$) deutlich eingeschränkt. Zusätzlich fanden sich Defizite in der phonologischen Bewusstheit (Finden von Alliterationen $d = 1.07$, Reimerkennung $d = 1.41$ und Pseudowortlesen $d = 2.23$). In einer anderen Untersuchung wurden komplexe Spannenmaße im Zusammenhang mit Dyslexie bei 46 englischsprachigen Kindern untersucht (Gathercole, Alloway, Willis & Adams, 2006). Die Leistungen der phonologischen Schleife befanden sich in einem normierten Gedächtnistest im unteren Bereich. In einer niederländischen Arbeit (Vaessen, Gerretsen & Blomert, 2009) mit 165 Kindern mit Dyslexie wurden sowohl Aufgaben zum schnellen Benennen, zur phonologischen Bewusstheit als auch zur Lesegeschwindigkeit gegeben. In mehreren hierarchischen Regressionsanalysen konnte nach dem Alter, der verbalen Intelligenz und der phonologischen Bewusstheit vor allem das schnelle Benennen zusätzliche Varianz in Lesegeschwindigkeitstests, nicht aber in Lesegenauigkeitstests aufklären. Witruk, Ho und Schuster (2002) fanden in drei Studien mit Kindern mit und ohne Dyslexie Defizite in der phonologischen Schleife des verbalen Arbeitsgedächtnisses. Um die Entwicklung des Arbeitsgedächtnisses nachzuzeichnen, wurden in einer Untersuchung von Siegel (1994) über 1200 Probanden mit und ohne Dyslexie im Alter zwischen 6 bis 49 Jahren mit verbalen Arbeitsgedächtnisaufgaben konfrontiert. Insgesamt zeigte sich in beiden Gruppen über den Entwicklungsverlauf ein steiler, nahezu linearer Anstieg der Arbeitsgedächtnisspanne in der Kindheit. Die Leistungen in komplexen Spannenaufgaben fielen dagegen ab dem frühen Erwachsenenalter leicht ab, in einfachen Buchstabenspannen blieben sie dagegen konstant. Über den gesamten Entwicklungsverlauf schnitten die Probanden mit Dyslexie sowohl in komplexen Spannenaufgaben als auch in einfachen Buchstabenspannen deutlich schlechter ab als die Probanden ohne Dyslexie (Siegel, 1994). In einer Erweiterung dieser Forschungsarbeit wurden einem großen Teil der Stichprobe weitere Aufgaben zum Arbeitsgedächtnis vorgelegt (Chiappe, Hasher & Siegel, 2000). Dyslektiker waren auch in den hier verwendeten komplexen Spannenaufgaben in allen Altersgruppen deutlich schlechter als die Probanden ohne Dyslexie. Ebenfalls zeigte sich nach einem starken Anstieg der Gedächtniskapazität in der Kindheit und Jugend ein leichter und langsamer Abfall über das Alter hinweg (Abbildung 11).

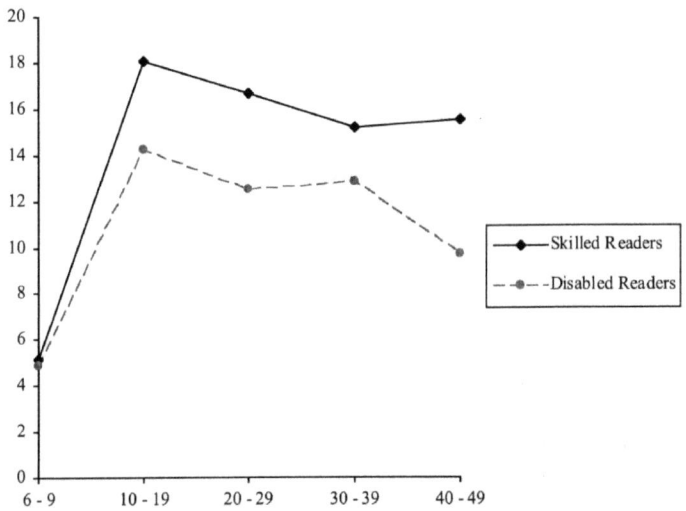

Abbildung 11: Absolute Punktwerte in der komplexen Spannenaufgabe, unterteilt in Leser mit und ohne Dyslexie; entnommen aus Chiappe et al., 2000, S. 12

Die bisher diskutierten Befunde stammen zumeist aus dem amerikanischen Sprachraum. Gelten die Defizite in der phonologischen Informationsverarbeitung auch bei deutschsprachigen Kindern mit Dyslexie? In einem Vergleich von deutschsprachigen Kindern mit und ohne Dyslexie (Mayringer & Wimmer, 1999) fand sich überraschenderweise kein Unterschied in zwei Aufgaben zur phonologischen Bewusstheit ($d = 0.15$ und $d = -0.05$), aber im verbalen Arbeitsgedächtnis ($d = 1.14$ und $d = 1.00$) und in der Benennungsgeschwindigkeit für Objekte und Ziffern ($d = 1.10$ und $d = 1.36$). Dieser Befund wird in einer weiteren Studie von Landerl (2001) teilweise bestätigt. Drittklässler mit Dyslexie wiesen schlechtere Leistungen im Arbeitsgedächtnis (je nach Aufgabe zwischen $d = 0.10$ und $d = 0.40$) und im schnellen Benennen auf ($d = 1.20$ bis $d = 1.50$), jedoch auch in der phonologischen Bewusstheit ($d = 1.10$). Die phonologische Bewusstheit und das Arbeitsgedächtnis korrelierten am höchsten mit Lesegenauigkeitstests, in denen die Schüler mit Dyslexie aber relativ gut abschnitten. Dagegen korrelierte das schnelle Benennen vor allem mit Lesegeschwindigkeitstests. In einer weiteren Untersuchung wurden Drittklässler mit und ohne Dyslexie hinsichtlich ihres Arbeitsgedächtnisses verglichen (Schuchardt, Kunze, Grube & Hasselhorn, 2006). Dyslektiker zeigten jeweils schlechtere Leistungen als Kinder ohne Dyslexie bei Pseudowortwiederholungen ($d = 0.89$) und bei einer komplexen Zählaufgabe ($d = 0.55$). Hinsichtlich der anderen Maße (Ziffern- und Wortspanne vorwärts und rückwärts) konnten keine Unterschiede nachgewiesen werden.

Vergleich phonologischer Defizite mit jüngeren Kontrollgruppen
Die berichteten Minderleistungen könnten aber auch eine Folge der Dyslexie reflektieren – und nicht etwa deren Ursache. Es könnte nämlich sein, dass die phonologischen Kompetenzen bei Kindern mit Dyslexie zwar schlechter sind als bei gleichaltrigen Kindern ohne Dyslexie, aber genau passend im Vergleich zu ihrem Leseentwicklungsstand sind. Aus diesem Grund werden nun Studien angeführt, die ältere Schüler mit Dyslexie mit jüngeren Kindern ohne Dyslexie auf demselben Leseentwicklungsstand verglichen haben. Zeigen Dyslektiker in einem solchen Vergleich Defizite, dann kann ausgeschlossen werden, dass diese Defizite Folge der Leseprobleme sind, da beide Gruppe gleich gut lesen können.

Wimmer (1993) fand in einer solchen Studie heraus, dass die Geschwindigkeit des lexikalischen Abrufs phonologischer Informationen bei Viertklässlern mit Dyslexie noch langsamer als bei Zweitklässlern ohne Dyslexie war, die phonologische Bewusstheit dagegen nicht schlechter ausgeprägt war. In einem kross-linguistischen Vergleich mit deutschsprachigen und englischsprachigen Kindern mit Dyslexie (Landerl, Wimmer & Frith, 1997) wurde herausgefunden, dass es zwar bedeutende Unterschiede in den Leseleistungen der Schüler gab, die phonologische Bewusstheit zwischen beiden aber gleich schlecht ausgebildet war. Während jedoch deutsche Dyslektiker eine schlechtere phonologische Bewusstheit hatten als jüngere normallesende Grundschüler, war die phonologische Bewusstheit bei englischen Dyslektikern genauso schlecht wie die der jüngeren Vergleichsgruppe (Landerl et al., 1997). Stanovich und Siegel (1994) überprüften über 1500 Schülerinnen und Schüler mit und ohne Dyslexie. Sie parallelisierten statistisch die Schülergruppen anhand des Lebensalters und in einer zweiten Auswertung am Leselevel und fanden, dass Kinder mit Dyslexie bezüglich phonologischer Kompetenzen sowohl im statistischen Altersmatch als auch im Leselevelmatch schlechtere Leistungen als Kinder ohne Dyslexie zeigten (für eine Replikation mit Rasch-Analysen siehe Foorman, Francis, Fletcher & Lynn, 1996). Die mit Dyslexie assoziierten phonologischen Defizite scheinen daher nicht die Folge, sondern eine Ursache der Leseprobleme zu sein. Eine noch sichere empirische Evidenz für diese Annahme liefern aber Längsschnittstudien.

Längsschnittstudien zur Dyslexie

In der bereits erwähnten Studie von Vellutino et al. (1996) erhielten sehr schwache Schüler der ersten Klasse ($n = 118$) eine phonologisch-basierte Einzelförderung. In der vierten Klasse wurden diese Schüler anhand ihres Lernzuwachses in verschiedene Gruppen eingeteilt. Vellutino et al. (1996) verglichen die im Kindergarten erhobenen phonologischen Kompetenzen post hoc. Es zeigte sich, dass die Kinder mit sehr geringem vs. sehr gutem Lernzuwachs im Vergleich zu einer Kontrollgruppe bereits vor Beginn des Leseunterrichts viel schlechtere Leistungen in einer Aufgabe zur phonologischen Bewusstheit ($d = 0.53$ vs. $d = 0.26$), im schnellen Benennen von Objekten ($d = 0.84$ vs. $d = 0.53$) und ein reduziertes verbales Arbeitsgedächtnis (Wortspannen: $d = 1.03$ vs. $d = 0.76$; Satzwiederholung: $d = 0.88$ vs. $d = 0.27$) aufwiesen. Die Schüler mit den schlechtesten Startvoraussetzungen sind damit diejenigen Kinder, die am wenigsten von einem phonologischen Training profitieren konnten (vgl. auch Torgesen, 2000).

In einer weiteren longitudinalen Studie (Wimmer, Mayringer & Landerl, 2000) wurden 530 Kinder zu Beginn der ersten Klasse hinsichtlich der phonologischen Bewusstheit im weiteren Sinne und der Benennungsgeschwindigkeit für Objekte und Farben untersucht. Nach drei Jahren Schulbildung hatten alle Schüler (auch Dyslektiker) eine hohe Lesegenauigkeit für Texte, Wörter und Pseudowörter ausgebildet. Kinder, die zu Beginn der Studie eine schlechte phonologische Bewusstheit, aber eine rasche Benennungsgeschwindigkeit hatten, waren hinsichtlich Lesegenauigkeit und Leseflüssigkeit nicht beeinträchtigt. Schüler mit Defiziten in der Benennungsgeschwindigkeit zeigten hier dagegen starke Einschränkungen. Sie lasen Texte, Wörter und Pseudowörter durchweg deutlich langsamer, aber nicht ungenauer als die Kontrollgruppe ($d = 0.92$, $d = 0.84$ und $d = 0.71$). Gleiches galt für Schüler, die sowohl ein Defizit in der phonologischen Bewusstheit als auch in der Benennungsgeschwindigkeit hatten ($d = 1.10$, $d = 1.02$ und $d = 0.83$). In einer zweiten Studie von Wimmer et al. (2000) wurden die zuvor verwendeten Aufgaben zur phonologischen Bewusstheit im weiteren Sinne durch schwerere Aufgaben zur phonologischen Bewusstheit im engeren Sinne ersetzt. Auch hier zeigte sich, dass ein frühes Defizit in der phonologischen Bewusstheit nur zu vernachlässigend kleinen Lesegenauigkeitsproblemen in der dritten und vierten Klasse führte. Dagegen lasen Kinder mit einem Defizit im schnellen Benennen deutlich langsamer als die Kontrollgruppe (zwischen $d = 0.69$ und $d = 0.94$). Die Autoren erhoben die Leseleistungen der Probanden zusätzlich einige Jahre später in der achten Klasse (Landerl & Wimmer, 2008). Wie in den bisherigen Studien zeigten alle Leser schon sehr früh eine sehr hohe Lesegenauigkeit für Wörter und Pseudowörter. Die Leseflüssigkeit stieg jedoch über die Jahre hinweg immer weiter an, obwohl individuelle Differenzen hoch stabil blieben: Etwa 70 % derjenigen Kinder, die bereits in der ersten Klasse zu den langsamsten Lesern zählten, waren weiterhin in Klasse 8 unterdurchschnittlich langsam. Die phonologische Bewusstheit und das verbale Arbeitsgedächtnis konnten nur in der ersten Klasse einen signifikanten Teil der Leseleistung aufklären, nicht aber in der vierten oder achten Klasse. Die in der ersten Klasse erhobene Benennungsgeschwindigkeit hing dagegen stark mit der Leseflüssigkeit in der achten Klasse zusammen (Landerl & Wimmer, 2008). Demnach könnte in der deutschen Orthografie ein Defizit in der phonologischen Bewusstheit weniger Einfluss auf die Lesekompetenz ausüben als die Fähigkeit zum schnellen Benennen.

Phonologische Defizite bei Erwachsenen mit Dyslexie

Wie an den unzähligen Studien abzulesen ist, gibt es keinen Zweifel daran, dass Defizite in der phonologischen Informationsverarbeitung eine Ursache für Dyslexie darstellen. Es stellt sich aber die Frage, ob sich diese Defizite im Entwicklungsverlauf auswachsen, ober ob auch Erwachsene mit Dyslexie weiterhin Einschränkungen in der phonologischen Informationsverarbeitung aufweisen.

In einer Studie mit 14 erwachsenen Universitätsstudenten mit Dyslexie im Alter zwischen 20 und 33 Jahren zeigte sich (Snowling, Moxham, Gallagher & Frith, 1997), dass sie im Vergleich zu nicht-beeinträchtigten Studenten relativ gute Leseleistungen für Wörter aufwiesen, aber deutlich eingeschränkt waren im Pseudowortlesen ($d = 3.64$), in der phonologischen Bewusstheit (Phonemdeletion $d = 1.90$, Spoonerismus $d = 1.70$, Geschwindigkeit des Spoonerismus $d = 3.91$), in der Benennungsgeschwindigkeit ($d = 1.34$) und im Arbeitsgedächtnis (Pseudowortwiederholung $d = 0.71$, Zifferspanne $d = 1.30$). Obwohl also die Universitätsstudenten ihre Leseschwierigkeiten zumindest teilweise überwunden haben, zeigten sie weiterhin starke Defizite im phonologischen Bereich. Smith-Spark und Fisk (2007) fanden im phonologischen Arbeitsgedächtnis (Ziffernspanne d = 1.20, Buchstabenspanne d = 1.01, Wortspanne d = 0.80) deutliche Schwächen bei Erwachsenen mit Dyslexie im Vergleich zu Erwachsenen ohne Dyslexie. In einer Studie mit 32 Erwachsenen mit und ohne Dyslexie konnte das phonologische Defizit ebenso nachgewiesen werden (Ramus et al., 2003). Die Dyslektiker zeigten schlechtere Leistungen im schnellen Benennen von Bildern (d = 1.16) und Ziffern (d = 1.60), in der Genauigkeit und Geschwindigkeit des Lösens von Spoonerismus-Aufgaben (d = 1.31 und d = 1.29) sowie in der Arbeitsgedächtnisaufgabe des Wiederholens von Pseudowörtern (d = 1.09). Eine finnische Studie verglich 84 Erwachsene mit Dyslexie mit 100 Erwachsenen ohne Dyslexie, jeweils im Alter von etwa 30 Jahren und nach ca. 13-jährigem Schulbesuch (Leinonen et al., 2001). Es zeigten sich bei den Dyslektikern Defizite in allen phonologischen Aufgaben (Pseudowortlesen d = 1.26; Phonemdeletion d = 0.89; Silbenrückwärtssprechen d = 0.75; Silbenerkennung d = 0.76; Reimerkennung d = 0.66; visuell-verbales Arbeitsgedächtnis d = 0.94; auditiv-verbales Arbeitsgedächtnis d = 0.63). Mit Erwachsenen mit Dyslexie wurde eine weitere Studie durchgeführt, um die zentrale Exekutive und die phonologische Schleife zu überprüfen (Cohen-Mimran & Sapir, 2007). Im Vergleich mit einer gleichaltrigen Kontrollgruppe ohne Dyslexie hatten die Dyslektiker deutliche Einschränkung im Zahlenvorwärtsnachsprechen (d = 1.23), Zahlenrückwärtsnachsprechen (d = 0.87) und in einer komplexen Arbeitsgedächtnisaufgabe (d = 1.08). In einer Metaanalyse über 52 Studien (Swanson, 2009), die querschnittlich Erwachsene mit und ohne Dyslexie verglichen, waren die Dyslektiker klar schlechter in der Benennungsgeschwindigkeit (d = 0.96), im verbalen Arbeitsgedächtnis (d = 0.62) und in der phonologischen Bewusstheit (d = 0.87). Die ursächlichen Defizite in der phonologischen Informationsverarbeitung wachsen sich demnach nicht aus, sondern bleiben im Erwachsenenalter bestehen.

2.5.3 Phonologische Informationsverarbeitung bei Analphabetismus

Phonologische Defizite bei primären Analphabeten

In den meisten Studien mit primären Analphabeten werden diese mit lesekundigen Erwachsenen aus derselben Region verglichen. Die primären Analphabeten haben aus sozialen Gründen nie eine Schule besucht und deshalb niemals lesen gelernt, kommen aber aus demselben soziokulturellen und sozioökonomischen Hintergrund wie die lesekundige Kontrollgruppe. In vielen Untersuchungen wurden z.B. Fischer aus einem portugiesischen Dorf getestet, die ein völlig intaktes Leben abseits von Schrift leben. In diesen Gegenden ist die fehlende Lesekompetenz nicht gesellschaftlich stigmatisiert, da viele Analphabeten früher im Haushalt mithelfen mussten und dies in den betrachteten Regionen als selbstverständlicher Grund für die fehlende Schulbildung gilt (Morais & Kolinsky, 2005; Reis & Castro-Caldas, 1997). Das stellt einen überaus fairen Vergleich von primären Analphabeten und lesekundigen Erwachsenen dar (Blakemore & Frith, 2006).

Primäre Analphabeten wiesen in solchen Studien keine Defizite hinsichtlich der allgemeinen Sprachverarbeitung auf, da sie ebenso gut wie lesekundige Erwachsene zwischen betonten und unbetonten Konsonanten, nach Artikulationsorten im Sprechorgan und in Diskriminationsaufgaben verschiedene Silben und Wörter unterscheiden konnten (Morais & Kolinsky, 2002). In einer Studie mit 15 totalen primären Analphabeten und 32 lesenlernenden primären Analphabeten (Adrián, Alegria & Morais, 1995) zeigten beide Gruppen eine sehr gut ausgebildete Fähigkeit zur phonologischen Bewusstheit im weiteren Sinne. In den Aufgaben zur phonologischen Bewusstheit im engeren Sinne waren die totalen Analphabeten dagegen deutlich schlechter als die lesenlernenden Analphabeten. Der Unterschied war umso prominenter, je kleiner die zu bearbeitenden phonologischen Einheiten (Wort, Silbe, Phonem) waren. Eine weitere Studie (Reis, Faísca, Mendonca, Ingvar & Petersson, 2007) wies 22 primäre Analphabeten und 22 lesekundige Erwachsenen an, zu entscheiden, welches Wort eines Wortpaares länger war. Dazu wurden ihnen Wortpaare in zwei Bedingungen (kongruent: das längere Wort bezeichnete das größere Objekt, z.B. Gorilla vs. Ratte; inkongruent: das kürzere Wort bezeichnete das längere Objekt, z.B. Ameise vs. Maus) und Pseudowortpaare auditiv vorgespielt. Die Analphabeten waren deutlich schlechter hinsichtlich der Entscheidung, welches Pseudowort das längere Wort ist ($d = 0.92$). Dieser Effekt war bei den Wortpaaren noch einmal deutlich erhöht ($d = 2.16$): Analphabeten verfügen über so eine geringe Bewusstheit für die phonologische Wortform, dass die semantische Größe der Objekte deutlich mit der phonologischen Länge der Wörter interferiert. Eine brasilianische Studie (Loureiro et al., 2004) überprüfte die phonologische Informationsverarbeitung bei 68 primären Analphabeten, 29 beginnenden Lesern und 50 lesekundigen Erwachsenen. Wie zuvor zeigte sich, dass primäre Analphabeten gute Kompetenzen in der phonologischen Bewusstheit im weiteren Sinne haben (Reimerkennen). Dagegen hatten Analphabeten deutlich schlechtere Leistungen in der phonologischen Bewusstheit im engeren Sinne (Phonemdeletion $d = 1.52$ zu den beginnenden Lesern und $d = 5.55$ zu den lesekundigen Erwachsenen).

In demselben Experiment (Loureiro et al., 2004) wiesen Analphabeten schlechtere Leistungen in Aufgaben zum phonologischen Arbeitsgedächtnis auf (Pseudowortwiederholung $d = 0.74$ und $d = 1.96$; Wortspanne $d = 0.70$ und $d = 1.29$; Pseudowortspanne $d = 0.62$ und $d = 1.17$). In einem weiteren Experiment (Reis & Castro-Caldas, 1997) sollten 20 primäre Analphabeten und 10 lesekundige Erwachsene Wörter und Pseudowörter nachsprechen. Während beide Gruppen bei der Wortwiederholung vergleichbar waren, zeigten primäre Analphabeten schlechtere Leistungen in der Pseudowortaufgabe (Ostrosky-Solís, Ardila, Rosselli, Lopez-Arango & Uriel-Mendoza, 1998). Castro-Caldas und Reis (2000) wiederholten diese Aufgabe in einem Positronen Emission Tomographen. Sie fanden lediglich geringe Differenzen in der Hirnaktivierung zwischen den Gruppen während der Wortwiederholung, aber große Differenzen während der Pseudowortwiederholung. In einer weiteren Auswertung des Datensatzes (Petersson, Reis, Askelöf, Castro-Caldas & Ingvar, 2000) konnte bei lesekundigen Erwachsenen kein Unterschied beim Nachsprechen von Wörtern und Pseudowörtern in der kortikalen Aktivierung gefunden werden. Aber bei primären Analphabeten interagierte das kortikale Netzwerk bei Pseudowortwiederholungen auf eine andere Art als bei Wörtern. Pseudowörter werden bei Analphabeten also auf einem anderen neuropsychologischen Wege nachgesprochen als Wörter, während lesekundige Erwachsene dieselben Routen nutzen. In einer weiteren Studie wurden die Leistungen in einer neurokognitiven Testbatterie von 31 primären Analphabeten, 26 Erwachsenen mit vierjähriger Schulerfahrung und 9 Erwachsenen mit mehr als vier Schulbesuchsjahren verglichen (Reis, Guerreiro & Petersson, 2003). Es zeigten sich keine Unterschiede im Wiederholen von Wörtern. Dagegen wurden Defizite der Analphabeten bei Zahlenspannenaufgaben (Effektstärken zwischen primären Analphabeten und Erwachsenen mit vier bzw. mehr als vier Schulbesuchsjahren: $d = 0.93$ bzw. $d = 2.04$) und beim Nachsprechen von Sätzen ($d = 0.53$ bzw. $d = 0.85$) gefunden. In einer weiteren Studie (Petersson, Silva, Castro-Caldas, Ingvar & Reis, 2007) wurden sechs primären Analphabeten und sechs lesekundigen Erwachsenen zwei Listen mit Wortpaaren bzw. Pseudowortpaaren auditiv vorgespielt, die diese nachsprechen sollten. In beiden Aufgaben schnitten die lesekundigen Erwachsenen besser ab. Mit bildgebenden Verfahren konnte gezeigt werden, dass primäre Analphabeten eine weniger starke Linkslateralisierung für Sprache aufweisen. Derselbe Effekt wurde noch einmal in einer Studie mit ereigniskorrelierten Potentialen gefunden (Ostrosky-Solís, García & Pérez, 2004). Darüber hinaus bat Castro-Caldas (2004) Analphabeten und lesekundige Erwachsene Wortspannen nachzusprechen, einmal mit und einmal ohne artikulatorische Suppression. Bei der Suppression werden meist sinnlose Silben laut wiederholt, so dass die phonologische Schleife des Arbeitsgedächtnisses belastet ist. Wie auch in anderen Studien, zeigten die Analphabeten schlechtere Gesamtleistungen in den Wortspannenaufgaben. Jedoch wiesen sie denselben Suppressionseffekt wie lesekundige Erwachsene auf.

In einer Studie an zwölf primären Analphabeten wurden die Effekte eines Trainings zur Phonemdeletion (das Weglassen des ersten Buchstaben eines Pseudowortes als Maß der phonologischen Bewusstheit) untersucht (Morais, Content, Bertelson, Cary & Kolinsky, 1988). Die Teilnehmer erhielten eine explizite Anleitung, ein kurzes mehrphasiges Training und ständiges korrigierendes Feedback ihrer Leistungen. Abschließend wurde in der Vokaldeletion insgesamt eine Genauigkeit von 89 % erreicht (leider werden aber keine Angaben zum Prätest oder zur Signifikanz gemacht). In der Aufgabe zur Konsonantendeletion stieg die Anzahl richtiger Lösungen zwischen den Blöcken signifikant von 24 auf 69 %. Drei Analphabeten zeigten keinen Leistungszuwachs, acht einen großen Zuwachs und ein Analphabet zeigte von Beginn an eine so gute Leistung, dass er sich nicht mehr verbessern konnte. Dies ist ein sehr wichtiges Ergebnis im Hinblick auf sensitive Phasen der Entwicklung von phonologischer Bewusstheit, die häufig postuliert werden. „On the basis of these results, it can be argued that there is no critical period for the acquisition of phoneme awareness, and furthermore, that illiterate adults can discover the alphabetic principle with the aid of instruction" (Morais & Kolinsky, 2005, S. 201). In einer Untersuchung von Durgunoglu und Öney (2002) erhielten 59 türkische Frauen ohne jegliche Schulerfahrung einen 90 stündigen, dreimonatigen Grundbildungskurs in Graphem-Phonem-Korrespondenzen, im Wortlesen, im Schreiben und im Identifizieren von Silben (phonologische Bewusstheit). Im Vergleich vom Prä- zum Posttest ergaben sich folgende Effekte: Das Buchstabenwissen wuchs mit $d = 0.87$ an; das Wortlesen verbesserte sich mit $d = 1.00$; ebenso stieg die phonologische Bewusstheit mit $d = 0.62$ an. Es können jedoch in Ermangelung einer Kontrollgruppe keine Aussagen über die Effektivität des Grundbildungskurses getroffen werden. Aber auch hier ist evident, dass Erwachsene die phonologische Bewusstheit trainieren können und keine entwicklungskritische Phase allein im Kindesalter vorliegt.

Zusammengenommen deuten die Ergebnisse darauf hin, dass primäre Analphabeten zwar über ein gutes Sprachempfinden, über eine starke phonologische Bewusstheit im weiteren Sinne und über ein normal ausgebildetes verbales Arbeitsgedächtnis verfügen. Die phonologische Bewusstheit im engeren Sinne und die Speicherung sinnfreier phonologischer Informationen (Spannenaufgaben und

Pseudowortwiederholungen) im Arbeitsgedächtnis sind dagegen eindeutig eingeschränkt. Bei primären Analphabeten erklären sich diese Ergebnisse sicherlich als Folge des fehlenden Leseerwerbs (und nicht etwa als Ursache für Leseprobleme wie bei Dyslexie). Primäre Analphabeten zeigen also deshalb schlechtere phonologische Leistungen, weil sie nicht lesen gelernt haben. Dafür sprechen die zwei Trainingsstudien, die Vergleiche unterschiedlich lang beschulter Erwachsener, die konsistenten Suppressionseffekte im Arbeitsgedächtnis, die Linkslateralisierung für Sprache und die häufig gleichen Leistungen im Nachsprechen von Wörtern (nicht aber sinnfreien Pseudowörtern). Während sich in der Kindheit das semantische Sprachsystem unabhängig vom Lesenlernen entwickelt, wird der Sprachverarbeitung durch das Lesenlernen ein zweites phonologisches System zur Verfügung gestellt. Insbesondere das Lernen von orthografischen Informationen (Buchstaben) führt zu der Ausprägung von phonologischer Bewusstheit im engeren Sinne (Castles & Coltheart, 2004), so dass geübte Leser sowohl orthografische als auch phonologische Informationen nutzen können. Weil Analphabeten diese Hilfe fehlt, zeigen sie in phonologischen Aufgaben deutliche Einschränkungen. Kontraintuitiv erscheint, dass ihr Arbeitsgedächtnis nicht besser als das der lesekundigen Erwachsenen ist, weil sie sich ja keine Notizen machen können und deshalb mehr Dinge merken müssten. Dieser Effekt – sollte es ihn geben – war in den Experimenten nicht nachweisbar. Jedoch waren die meisten experimentellen Stimuli relativ alltagsfern, vielleicht würde sich also ein Effekt bei alltagsnahen Lerngegenständen zeigen. Über die Benennungsgeschwindigkeit kann indes keine Auskunft erteilt werden, da dies bislang keine Studie überprüfte.

Phonologische Defizite bei funktionalen Analphabeten
Die an primären Analphabeten gefundenen Resultate dürfen aber nicht auf funktionale Analphabeten übertragen werden, da letztere ja per Definition die Schule besucht haben. Im Folgenden werden deshalb die wenigen Studien mit funktionalen Analphabeten aus literalisierten Gesellschaften angeführt. Sendlmeier (1987) führte eine Untersuchung an 30 funktionalen Analphabeten in Volkshochschulen im Raum Köln/Bonn durch. In der Studie wurde die phonologische Bewusstheit im engeren Sinne durch Deletions-, Additions- und Substitutionsaufgaben bei Wörtern und Pseudowörtern überprüft. Die Kursleitenden schätzten die Lese- und Schreibkompetenz der Analphabeten auf einer siebenstufigen Skala ein. Der Gesamtwert der phonologischen Bewusstheit erreichte eine Korrelation von $r = .94$ mit der Schriftspracheinschätzung. Damit wird „ein fast linearer Zusammenhang zwischen Schreib/Lese-Fähigkeit und der Fähigkeit zur

Manipulation von Einzellauten" (Sendlmeier, 1987, S. 67) bei deutschsprachigen funktionalen Analphabeten gefunden.

Nickel (1998) erhob die Schreibstrategien von 22 deutschsprachigen funktionalen Analphabeten. Er fand mit der Hamburger Schreib-Probe unterdurchschnittliche Schreibkompetenzen im Vergleich zu den Normwerten der zweiten Grundschulklasse. Insbesondere die Anwendung der alphabetischen Schreibstrategie (phonologische Analyse des zu schreibenden Graphems und anschließende lautgetreue Verschriftlichung) ist bei den meisten Probanden deutlich schlechter ausgeprägt als andere (orthographische und morphematische) Strategien, was auf besondere Schwierigkeiten in der phonologischen Bewusstheit schließen lässt. „Dieses Nicht-Bewältigen der alphabetischen Stufe […] ist möglicherweise *eine* Ursache ihres schulischen Werdeganges" (Nickel, 1998, S. 22, Hervorhebung im Original).

In einer bereits unter Kapitel 2.5.2 erwähnten Studie (Samuelsson & Lundberg, 2003) befanden sich auch etwa 17 % funktionale Analphabeten, deren Ergebnisse aber leider nicht im Vergleich zu der restlichen Stichprobe aufgeschlüsselt wurden. Die Autoren fanden dort keinen Hinweis darauf, dass die phonologische Bewusstheit durch Umweltfaktoren in der Kindheit beeinflussbar ist. Ob und wie das auch für die Unterstichprobe der Analphabeten gilt, kann aus der Publikation leider nicht entnommen werden (für weitere Hinweise zu dieser Studie siehe S. 43).

In einer amerikanischen Untersuchung von Sabatini (2002) wurden insgesamt 95 Erwachsene getestet, die das gesamte Spektrum an Lesekompetenz abbildeten. Zu ihnen gehörten 52 funktionale Analphabeten und 42 Collegestudenten, die mit einem Wortlesetest zu sieben unterschiedlichen Kompetenzgruppen zugeordnet wurden. Leider ist die Publikation von Sabatini (2002) nicht darauf ausgelegt, funktionale Analphabeten und Collegestudenten, sondern gute mit schlechten Lesern zu vergleichen. Aus diesem Grund findet sich in der Publikation keine Aufschlüsselung der Substichproben auf die Kompetenzgruppen; es ist also nicht möglich zu sagen, wie viele Analphabeten in welcher Kompetenzgruppe sind. Deshalb sollen an dieser Stelle nur die schlechteste Kompetenzgruppe ($n = 14$) mit der besten Gruppe ($n = 7$) verglichen werden, denn so ist relativ wahrscheinlich, dass sich in der schlechtesten Gruppe die Analphabeten und in der besten die Collegestudenten befinden (wenn auch das Gegenteil leider nicht ausgeschlossen werden kann). Die Probanden bearbeiteten verschiedene Maße von basalen Reaktionszeitaufgaben, darunter auch Aufgaben zum schnellen Benennen als Maß der phonologischen Informationsverarbeitung. Die Gruppe mit ungenügenden Leseleistungen zeigte in allen Aufgaben deutlich schlechtere Leistungen als die Gruppe mit hervorragenden Schriftsprachkompetenzen. Die Effektstärken betrugen je nach Aufgabe zwischen $d = 0.94$ und $d = 2.47$. Es ist jedoch unklar, ob die Minderleistungen im schnellen Benennen eine Ursache oder aber die Folge der geringeren Lesekompetenz darstellen.

Dieser Sachverhalt kann über ein bestimmtes Forschungsdesign geklärt werden, indem funktionale Analphabeten mit Kindern auf derselben Lesestufe verglichen werden. So kann getestet werden, ob sich Kinder von Erwachsenen auf demselben Leselevel in der phonologischen Informationsverarbeitung unterscheiden. Werden Defizite bei Analphabeten im Vergleich zu Kindern gefunden, dann spricht das dafür, dass das Defizit nicht die Folge, sondern eine Ursache des langsamen Leseerwerbs ist. Bislang verwendeten zwei Studien dieses Forschungsdesign mit funktionalen Analphabeten.

In der ersten Studie wurden 72 englischsprachige funktionale Analphabeten mit 72 normallesenden Kindern auf demselben Leselevel der dritten bis fünften Schulklasse verglichen (Greenberg, Ehri & Perin, 1997). Analphabeten schnitten in allen Aufgaben zur phonologischen Informationsverarbeitung schlechter als die Kinder ab (Pseudowortlesen $d = 1.05$; Phonemdeletion $d = 1.20$; Phonemsegmentation $d = 1.12$; Buchstabieren $d = 0.38$; Reimworterkennen $d = 0.46$). Dagegen zeigten sich keine Unterschiede in den Aufgaben zur Bestimmung der Korrektheit von Buchstabenpositionen und dem Bewerten von Wortschreibweisen. Analphabeten verfügten über einen größeren Wortschatz ($d = -0.79$) und über einen besseren Sichtwortschatz ($d = -0.42$). Das Ausmaß des schlechten Abschneidens der Analphabeten in der phonologischen Informationsverarbeitung lässt sich folgendermaßen erklären: „A more likely explanation for adults' phonological performance is that they resemble younger dyslexic readers in having severe phonological deficits that have held them back in learning to read […]. The deficits may be fundamental, arising from brain dysfunction, or the deficits may reflect impaired reading acquisition processes or inadequate instruction, or a combination of these factors (Greenberg et al., 1997, S. 271f.). Die Stärken der Analphabeten im Sichtwortlesen werden dadurch erklärt, dass sich Dyslektiker häufiger auf eben diese Strategien verlassen, die weniger eingeschränkt sind als ihre phonologischen Kompetenzen. Phonologische Defizite können so beim Lesen zum Teil ausgeglichen werden.

In einer Reanalyse der Daten wurden die Lese- und Buchstabierfehler der Kinder und Analphabeten qualitativ verglichen (Greenberg et al., 2002). Analphabeten lasen beim Sichtwortlesen mehr Wörter als andere richtige Wörter (z.B. *machine* anstelle für *mechanic*). Kinder machten dagegen mehr Pseudowörterfehler (z.B. *dentee* anstelle von *deny*), die sich durch eine stärkere Anwendung der Phonem-Graphem-Korrespondenz-Regeln auszeichneten. Genauso verlasen Analphabeten mehr Pseudowörter als richtige Wörter als Kinder. Beim Buchstabieren machten Kinder mehr phonetische (*wen* anstelle von *when*) und semiphonetische (*bup* anstelle von *bump*), dafür aber weniger nicht-phonetische Fehler (*force* anstelle von *fortunate*) als Erwachsene. Kinder verwenden demnach vermehrt phonologische Strategien in den betrachteten Aufgaben, z.B. um ihre Probleme mit unbekannten irregulären Wörtern auszugleichen. Weil funktionale Analphabeten starke Probleme mit phonologischen Prozessen hatten, generierten sie häufiger richtige Wörter, die sie versuchten, aus den präsentierten Stimuli zu erraten. Die Ergebnisse dieser Studie sprechen dafür, dass funktionale Analphabeten starke Probleme in der phonologischen Informationsverarbeitung aufweisen und sie sich häufig auf ihr visuelles Gedächtnis für Wörter verlassen, um ihr phonologisches Defizit auszugleichen (Greenberg et al., 2002).

Thompkins und Binder (2003) verwendeten dasselbe Forschungsdesign, indem funktionale Analphabeten mit Kindern auf demselben Leseentwicklungsstand verglichen werden. Für den Vergleich mit Kindern wurden die 15 besten und die 15 schlechtesten Analphabeten mit 15 vergleichbar guten und 15 vergleichbar schlechten Kindern auf demselben Leselevel gematcht. Sie fanden relativ inkonsistente Ergebnisse: Kinder zeigten in der Aufgabe zur Phonemerkennung (phonologische Bewusstheit) bessere Leistungen als Analphabeten (aus den statistischen Angaben lassen sich für die Kontraste leider keine Effektstärken berechnen). Dagegen gab es in den beiden anderen Aufgaben zur phonologischen Bewusstheit (Phonemdeletion und phonemisches Buchstabieren) keinen Unterschied zwischen Analphabeten und Kindern. Jedoch waren Analphabeten besser als Kinder im Buchstabieren von Wörtern, während es keine Unterschiede bei den Pseudowörtern gab. Im Vorwärts-Zahlennachsprechen (Arbeitsgedächtnis) gab es keinen Gruppenunterschied, allerdings waren die Analphabeten besser im Rückwärts-Zahlennachsprechen. In einer orthografischen Aufgabe (Analyse von Schreibweisen von Pseudowörtern) schnitten die Analphabeten klar besser als die Kinder ab. Im orthografischen Buchstabieren gab es dagegen keinen Gruppenunterschied. Die Befunde sind mit der Interpretation konsistent, dass *schlecht lesende Analphabeten* viel häufiger orthografische und kontextuale Lesestrategien verwendeten, um ihre schlechten Leistungen im phonologischen Dekodieren auszugleichen, während *gut lesende Analphabeten* diese Strategien wirkungsvoll durch die Verwendung des phonologischen Dekodierens ersetzen konnten (Thompkins & Binder, 2003).

Zusammengenommen fanden sowohl die Studien von Greenberg et al. (1997, 2002) als auch von Thompkins und Binder (2003), dass Analphabeten mehr orthografische Lesestrategien verwenden als Kinder. Widersprüchlich ist dagegen, dass die Analphabeten bei Greenberg et al. (1997) bedingt durch starke Defizite in der phonologischen Bewusstheit und im verbalen Arbeitsgedächtnis deutliche Merkmale von Dyslexie aufwiesen, während diejenigen bei Thompkins und Binder (2003) kaum vergleichbare Defizite zeigten. Wie kann diese Inkonsistenz erklärt werden? Greenberg et al. (1997) verwendeten als Kontrollgruppe Kinder, die auf einem normalen Leseentwicklungsstand waren, während bei Thompkins und Binder (2003) keine Angaben darüber gemacht wurden, ob die Kinder eine normale Leseentwicklung aufwiesen. Da die Kinder an den 15 besten und 15 schlechtesten Analphabeten gematcht wurden, kann es sein, dass die Kinder ebenfalls gute bzw. schlechte Leser waren und damit nicht auf einem normalen Leseentwicklungsstand waren. Wenn das zutrifft, dann wäre ein Gruppenunterschied zwischen Erwachsenen und Kindern auch nicht zu erwarten. Nach einer anderen Interpretation stellen die funktionalen Analphabeten eine sehr heterogene Population dar, so dass die Inkonsistenzen vermutlich Stichprobenartefakte sind. Beide Interpretationen bedürfen aber einer unabhängigen Replikation.

2.5.4 Gemeinsamkeiten und Unterschiede

Die Theorie der phonologischen Informationsverarbeitung nach R. K. Wagner und Torgesen (1987) postuliert das Vorhandensein drei distinkter phonologischer Konstrukte, die mit dem Lesen und Lesenlernen korreliert sind (phonologische Bewusstheit, verbales Arbeitsgedächtnis und Benennungsgeschwindigkeit). Hinsichtlich der Dyslexie ist durch eine Vielzahl von Studien nachgewiesen, dass Defizite in der phonologischen Informationsverarbeitung eine Ursache für die Lesestörung darstellen.

Bei primären Analphabeten wurden ebenfalls Minderleistungen in phonologischen Kompetenzen gefunden, die vermutlich die Folge von Leseproblemen darstellen. Bei funktionalen Analphabeten könnten dagegen phonologische Defizite vorliegen, die sie am einfachen Lesenlernen hindern. Die angeführten Studien wurden allerdings häufig ohne (geeignete) Kontrollgruppen durchgeführt, so dass die Ergebnisse keine kausale Interpretation zulassen. Die zwei sehr gut angelegten Untersuchungen von Greenberg et al. (1997, 2002) sowie von Thompkins und Binder (2003) kommen indes zu widersprüchlichen Ergebnissen, so dass keine endgültige Schlussfolgerungen erfolgen können. Somit ist noch unklar, ob die teilweise gefundenen Defizite eher die Folge von Leseproblemen oder deren Ursache darstellen. Hier müssen sich dringend weitere Studien anschließen.

2.6   Probleme in Prozessen des Lesens und Lesenlernens

2.6.1 Das Dual-Route Cascaded Model nach Coltheart et al.

Begründung der Auswahl des Dual-Route Cascaded Models
In diesem Kapitel wird ein weit verbreitetes theoretisches Wortlesemodell vorgestellt. Aber warum wird in der vorliegenden Arbeit das Wortlesen fokussiert, obwohl das oberste Ziel des Lesens sicherlich die Sinnentnahme aus Texten ist? Im Leseverständnismodell des *Simple View of Reading* (Gough & Tunmer, 1986; Hoover & Gough, 1990) wird davon ausgegangen, dass das Produkt aus Wortlesefähigkeit (D, *Decoding*) und Hörverständnis (L, *Listening Comprehension*) das Leseverständnis (R, *Reading Comprehension*) erklärt (D x L = R). Im frühen Leselernprozess ist vor allem die Kompetenz zur Worterkennung für das Leseverständnis entscheidend. Ein beginnender Leser muss die Buchstaben mühsam benennen und zusammenschleifen. Dazu muss er sehr viel Arbeitsgedächtniskapazität für das Wortlesen binden, die dann nicht mehr für das Leseverständnis eingesetzt werden kann. Das Leseverstehen wird also durch die niedrige Kompetenz in der Worterkennung bestimmt. Im Laufe des Lesenlernens wird die Wortidentifikation immer weiter automatisiert. Dadurch werden Arbeitsgedächtniskapazitäten frei, so dass höhere kognitive Prozesse des Hörverstehens immer stärker die Grundlage für Leseverständnis darstellen (Gough & Tunmer, 1986; Grünke & Strathmann, 2007; Hoover & Gough, 1990). Bei kompetenten Lesern wird also das Leseverstehen vor allem durch das Hörverständnis erklärt. Ein gutes Leseverständnis ergibt sich demnach nur, wenn sowohl die Wortlesefähigkeit als auch das Hörverstehen gut ausgebildet sind. Die Grundannahmen des Modells wurden sowohl bei englischsprachigen (Hoover & Gough, 1990; Vellutino, Tunmer, Jaccard & Chen, 2007) als auch bei deutschsprachigen Kindern bestätigt (Marx & Jungmann, 2000). Da die vorliegende Arbeit vor allem schlechte Leser betrachtet, deren Wortlesekompetenz noch nicht automatisiert ist und sich Unterschiede im Leseverständnis zum größten Teil dadurch ergeben, soll nur das Wortlesen, nicht aber das Leseverständnis analysiert werden.

Das Modell des *Simple View of Reading* kann auch Dyslexie erklären (Seymour, 1998). Es wird angenommen, dass Dyslexie deshalb unabhängig von Intelligenz ist, weil die Fähigkeit zum Wortlesen nur gering mit der Intelligenz zusammenhängt (Bowey, 2005; Stanovich, 2005; Stanovich & Siegel, 1994; Stuebing et al., 2002). Das Wortlesen ist nach einer kürzeren anfänglichen Lernzeit nicht mit Intelligenz korreliert, weil es vor allem durch phonologische Prozesse zustande kommt. Dagegen ist das Hörverstehen und infolge dessen das

Leseverstehen deutlich mit Intelligenz assoziiert, z.B. bei Rost und Schilling (2006) mit $r = .60$ und bei Rost (2009) mit $r = .68$ (siehe dazu auch Nation, 2005; Rindermann, 2006). Ein Leser mit Dyslexie hat aufgrund phonologischer Defizite besondere Probleme mit dem Wortlesen, wie unten darzustellen ist. Aus diesem Grund können das Produkt aus Wortlesen und Hörverstehen und damit das Leseverstehen nicht besonders hoch ausgeprägt sein, was sich aber ausschließlich durch die Intelligenz-unabhängige Komponente des Wortlesens und nicht durch Intelligenz-nahe Hörverstehensprozesse erklärt. Vielmehr verhindert das phonologische Defizit ein effizientes Wortlesen, so dass ein Leser mit Dyslexie seine höheren linguistischen und kognitiven Fähigkeiten zum Verstehen des Textes nicht verwenden kann. Verfügt jetzt ein dyslektischer Leser zusätzlich über eine reduzierte Intelligenz, sinkt zwar die Hörverstehensleistung und damit auch die Leseverständnisleistung ab, die Worterkennung ist davon aber kaum betroffen (Gough & Tunmer, 1986). Weil die vorliegende Arbeit besonders Leseprozesse bei Dyslexie fokussiert, eignen sich im Gegensatz zu Theorien des Leseverständnisses vor allem Wortlesemodelle für einen Vergleich von Analphabeten und Dyslektikern.

Aus diesen zwei Gründen (das Wortlesen ist sowohl bei beginnenden Lesern als auch bei Lesern mit Dyslexie die geeignete Analyseebene) wird auch in der vorliegenden Arbeit vor allem die Kompetenz zum Worterkennen und nicht etwa das Leseverstehen fokussiert. Es stellt sich nun die Frage, wie Wörter gelesen werden.

Grundannahmen des Dual-Route Cascaded Models

Zur theoretischen Analyse des Leseprozesses auf Wortebene eignet sich besonders das *Dual-Route Cascaded Model* (DRC-Modell) von Coltheart und Kollegen (Coltheart, 2005; Coltheart, Rastle, Perry, Langdon & Ziegler, 2001), da es sehr explizite Aussagen über zugrundeliegende Prozesse macht, eine lange und erfolgreiche Geschichte aufweist, sowohl im Englischen (Coltheart et al., 2001) als auch im Deutschen (Ziegler, Perry & Coltheart, 2000) viele empirische Phänomene erklären kann, ebenso auf das Phänomen der Dyslexie anwendbar ist (Ziegler et al., 2008) und bereits Einfluss auf die deutschsprachige Sonderpädagogik genommen hat (Cholewa, Heber, Hollweg & Mantey, 2008).

Grundannahme des DRC-Modells ist, dass Wörter auf zwei verschiedenen Wegen (*dual route*) gelesen werden können (Coltheart et al., 2001). Beide Routen werden zeitgleich aktiviert und deren Aktivation breitet sich kaskadenartig (*cascaded*) aus.

Durch den ersten Weg, die nichtlexikalische Route (*nonlexical route*), werden noch nie zuvor gelesene Wörter Buchstabe für Buchstabe gelesen, zusammengeschliffen und anschließend als Wort ausgesprochen (phonologisches Dekodieren). Der Leser benötigt dafür keine Kenntnis des Wortes hinsichtlich Schreibweise, Aussprache oder Bedeutung; lediglich die Regeln der Buchstaben-Laut-Zuordnung und deren Koartikulation müssen bekannt sein. Es werden dann die Regeln angewendet, die Grapheme in eine Phonemfolge zu übersetzen. Dazu wird von links nach rechts vorgegangen, bis das Wort gelesen ist. Durch die nichtlexikalische Route kann jedes Wort gelesen werden, dafür ist sie aber langsamer als die lexikalische Route.

Durch den zweiten Weg, die lexikalische Route (*lexical route*), werden geläufige und häufig gelesene Wörter per Sichtworteintrag auf einen Blick ohne phonologisches Dekodieren gelesen (Ehri, 1995, 2005). Sichtwörter sind Wörter, die viele Male korrekt gelesen wurden und sich so im Langzeitgedächtnis verankert haben. Dazu wird das mentale Lexikon nach der Schreibweise (Orthografie), Aussprache (Phonologie) und Wortbedeutung (Semantik) des gelesenen Wortes abgesucht. Wenn das zu lesende Wort im mentalen Lexikon gefunden wurde, kann es ganz einfach per Sicht gelesen werden. Die lexikalische Route ist sehr schnell, dafür können durch sie aber nur bekannte und bereits mehrmals vorher gelesene Wörter erkannt werden.

Beide Prozesse werden für effizientes Lesen benötigt. Ein geübter Leser kann sowohl für ihn unbekannte Wörter und Pseudowörter durch die nichtlexikalische Route relativ langsam erlesen als auch die allermeisten Wörter durch einen sehr großen Sichtwortschatz über die lexikalische Route blitzschnell erkennen. Geübte Leser dekodieren nur diejenigen Wörter, die sie nicht kennen oder noch nie zuvor gelesen haben. Die restlichen Wörter erkennen sie, ohne sie zu erlesen. Beim Lesen werden stets beide Routen aktiviert und ein Wort wird durch diejenige Route gelesen, die es am schnellsten erkennt (Coltheart et al., 2001).

Abbildung 12 zeigt eine Visualisierung der Theorie. Die visuellen Elemente eines gedruckten, an sich sinnfreien Zeichens werden in Buchstaben übersetzt (z.B. symbolisieren drei Striche das A, eine andere Anordnung ergibt das H, ein Kreis das O etc.). Die Buchstaben aktivieren dann auf der nichtlexikalischen Route (in Abbildung 12 der rechte Weg) die Regeln der Graphem-Phonem-Korrespondenzen. Hier werden Buchstaben zu einer Phonemfolge verarbeitet, die letztendlich ausgesprochen wird. Gleichzeitig erfolgt die Aktivierung der lexikalischen Route (in Abbildung 12 der linke Weg). Sie greift auf das orthografische Lexikon zu. Enthält das Lexikon einen Eintrag, der dieselbe orthografische Struktur wie das zu lesende Wort hat, wird unmittelbar das phonologische

Lexikon aktiviert. Im phonologischen Lexikon wird dann die Aussprache des Wortes herausgesucht. Ebenfalls zeitgleich erfolgt ein Zugriff auf das semantische Lexikon, in der die Wortbedeutung gespeichert ist. Durch die Vernetzung der Orthografie, Phonologie und Semantik kann das Wort sofort erkannt und ausgesprochen werden.

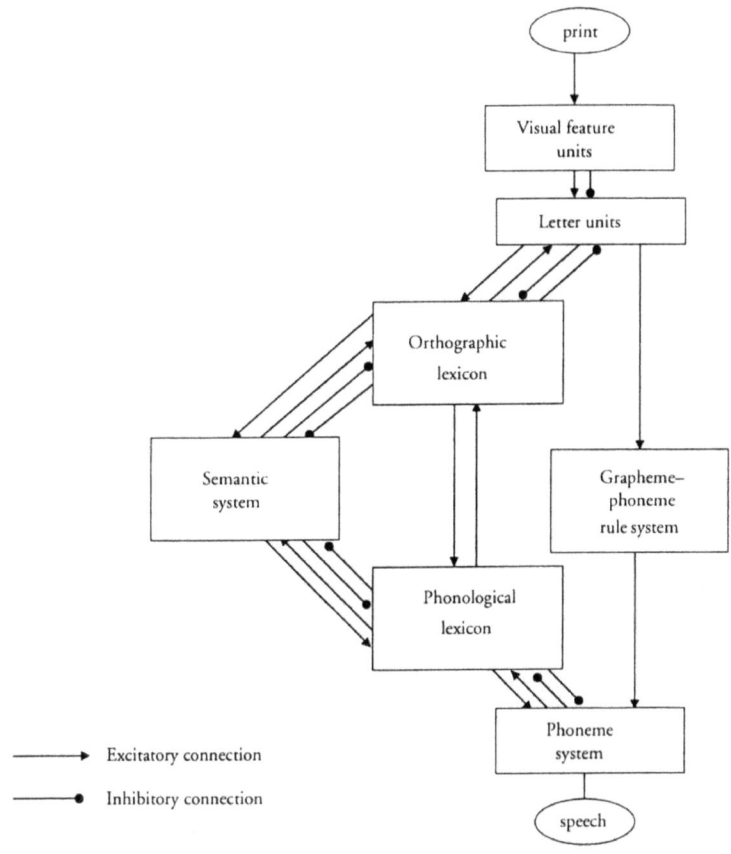

Abbildung 12: Das Dual-Route Cascaded (DRC) Model; entnommen aus Coltheart, 2005, S. 12

Neben diesen Wegen der exzitatorischen Aktivationsausbreitung (in der Abbildung durch Pfeile symbolisiert) existieren auch inhibitorische Prozesse (in der Abbildung durch Pfeile ohne Spitze, aber mit Kugel symbolisiert). Bestimmte visuelle Elemente eines bestimmten Buchstaben schließen eine ganze Reihe anderer Buchstaben aus. Deren Aktivation wird deshalb unterdrückt. Ebenso gibt es rekursive Beziehungen zwischen allen weiteren Elementen der lexikalischen Route. Kommt in der Wortanalyse eine Buchstabenfolge einem Eintrag im orthografischen Lexikon ziemlich nahe, dann wird die Analyse von Buchstaben, die nicht zu diesem Eintrag gehören, inhibiert. Ähnliches gilt für die anderen Verbindungen zwischen den einzelnen Modulen des DRC-Modells: Wird ein Wort orthografisch, semantisch oder phonologisch identifiziert, dann werden inkongruente Einträge automatisch inhibiert. Hier existiert auch eine rekursive Beziehung zwischen der nichtlexikalischen und der lexikalischen Route. Wird ein Wort erlesen, kann während des nichtlexikalischen Leseprozesses das Phonemsystem auf einen Eintrag im phonologischen und damit orthografischen Lexikon treffen, so dass das Wort plötzlich auch lexikalisch gelesen werden kann.

Das DRC-Modell ist nicht nur eine Theorie, sondern auch ein Computerprogramm. Durch programmierte Algorithmen kann ein Computer Wörter vorlesen, und seine Leistungen und seine Lesefehler lassen sich dann mit behavioralen Daten von Menschen vergleichen. Zum Beispiel findet sich bei Menschen, dass das Lesen eines Pseudowortes umso länger dauert, je mehr Buchstaben es enthält, weil Pseudowörter nur durch die langsame nichtlexikalische Route gelesen werden können. Ein solcher Effekt wird bei richtigen Wörtern dagegen kaum gefunden, was an der schnellen lexikalischen Leseroute liegt. Weiterhin dauert das Lesen von irregulären Wörtern (z.B. Garage, Computer) länger als das Lesen von regulären Wörtern (z.B. Maus, Tasse). Dies lässt sich dadurch erklären, dass beide Routen zu unterschiedlichen Aussprachen kommen (der nichtlexikalische Weg würde z.B. Computer als /Komputer/ lesen, während der lexikalische Weg auf /Kompjuter/ kommen würde). Dieser Konflikt muss erst gelöst werden und das kostet Zeit, so dass irreguläre Wörter eine längere Reaktionszeit hervorrufen. Ein weiterer Effekt ist der Häufigkeitseffekt: Je häufiger ein Wort gelesen wurde, desto schneller kann es gelesen werden. Hochfrequente Wörter werden besser und vernetzter im lexikalischen Gedächtnis gespeichert und können deshalb schneller gelesen werden als niedrigfrequente Wörter. Ebenso können wortähnliche Pseudowörter schneller gelesen werden als wortunähnliche Pseudowörter. Wortnahe Pseudowörter können orthografische Nachbarn aktivieren (z.B. Taus → Haus oder Maus), die wiederum das phonologische Lexikon aktivieren. Diese Phänomene konnten im Computerprogramm des DRC-Modells nachgebildet werden. Insgesamt wurde das DRC-Modell auf viele weitere Besonderheiten angewendet, deren Erläuterung den Rahmen dieser Arbeit bei weitem übersteigen würde (siehe dazu Coltheart et al., 2001).

Das DRC-Modell ist im englischen Sprachraum entwickelt worden und seine Computer-Modellparameter können das Lesen von englischen Wörtern gut erklären. Eine Erweiterung des Computerprogramms liefern Ziegler et al. (2000). Zur Berücksichtigung der Regelmäßigkeit der deutschen Schriftsprache mussten die Ausspracheregeln der Grapheme und eine Datenbank deutscher Vokabeln hinzugefügt werden. Durch diese Modifikationen konnte das DRC-Modell das Lesen von deutschen Wörtern ebenso erklären wie das Lesen von englischen Wörtern.

Eine Kritik muss dem DRC-Modell hingegen gemacht werden: Es macht kaum Aussagen über den Prozess des Lesen*lernens*.[9] Dennoch kann es diesen analysieren. Im Leselernprozess müssen Kinder zuerst die Graphem-Phonem-Korrespondenzen lernen. Lerner prägen sich die visuelle Einheit eines Buchstaben zusammen mit der Aussprache (Phonologie) ein und können diesen dann wiedererkennen und benennen. Das Dekodieren von Buchstabenketten gelingt anschließend durch das Zusammenschleifen und die Koartikulation der einzelnen Buchstaben. Dieses Dekodieren ist gleichbedeutend mit der nichtlexikalischen Leseroute des DRC Models. Ein beginnender Lesenlerner wird deshalb ausschließlich über die nichtlexikalische Leseroute lesen lernen. Je mehr er übt, desto flüssiger und schneller funktioniert dieser Prozess. Allmählich entwickelt sich so im Gedächtnis des Lerners ein mentales Lexikon von Wörtern, bestehend aus orthografischen, semantischen und phonologischen Elementen. Diese betreffen vor allem die lexikalische Route des DRC Models. Letztendlich wird der Prozess des Lesens beim Lesenlernen immer weiter von der langsamen und mühsamen nichtlexikalischen Route zur schnellen und automatisierten lexikalischen Route verschoben. So entwickelt sich nach und nach ein großer Sichtwortspeicher, der den Leser in die Lage versetzt, Wörter mit einem kurzen automatisierten Blick zu lesen und auf die Aussprache und Bedeutung zu kommen (Ehri, 2005). Wenn ein Wort per Sicht gelesen wird, dann werden nicht mehr die einzelnen Grapheme analysiert und zusammengelautet. Es werden auch nicht Formen oder andere visuelle Reize der Wörter gelernt. Die Wörter werden alleine durch den Zugriff auf das Gedächtnis gelesen (Ehri, 1995). Leser, die Wörter durch den Sichtwortschatz lesen, erkennen das Wort durch die Erinnerung, wie sie es schon diverse Male zuvor gelesen haben. Alleine die Sichtung des Wortes

---

9 Netzwerktheoretische Computermodelle wie das *connectionist dual process model* CDP+ (Perry, Ziegler & Zorzi, 2007) bilden dagegen auch den Lerneffekt ab. Aber da das CDP+ Modell grundsätzlich eine Theorie der zweifachen Zugangswege (DRC) ist (Plaut, 2005) und im Gegensatz zum DRC Modell noch nicht auf die deutsche Orthografie und Dyslexie angewendet wurde, soll in der vorliegenden Arbeit trotzdem das DRC Modell verwendet werden.

(die Buchstaben, Buchstabenmuster, Wortkonfigurationen oder die Länge des Wortes) aktiviert den Gedächtniseintrag des Wortes (mentales Lexikon), inklusive der Informationen über Orthografie, Aussprache und Bedeutung, die miteinander vernetzt im mentalen Lexikon gespeichert sind (Ehri, 2005). Somit sind für die automatisierte Sichtworterkennung keine kognitiven Ressourcen mehr nötig.

2.6.2 Lesen und Lesenlernen bei Dyslexie

Welche Annahmen des Leseprozesses bei Dyslexie können aufgrund des DRC-Modells getroffen werden? Im DRC-Modell wird angenommen, dass aufgrund des phonologischen Defizits der Dyslexie die nichtlexikalische Route stark gestört ist, aber die lexikalische Route sich bis auf das phonologische Lexikon zum großen Teil normal entwickelt (Coltheart et al., 2001). Das äußert sich dann darin, dass Dyslektiker Schwierigkeiten beim Lesen von Pseudowörtern haben (nichtlexikalische Route), Wörter aus dem Sichtwortschatz aber relativ gut gelesen werden (lexikalische Route). Damit weisen Dyslektiker kein anderes Lesesystem auf. Im Gegenteil lesen Dyslektiker durch dasselbe Lesesystem des DRC-Modells mit der alleinigen Einschränkung, dass die phonologische Verarbeitung gestört ist und deshalb die Routen des DRC-Modells quantitativ anders durchlaufen werden („scaled down versions of the dual-route system", Coltheart et al., 2001, S. 247). Damit sollten Dyslektiker mehr Lesefehler und eine geringere Lesegeschwindigkeit aufweisen.

Empirische Überprüfungen der Vorhersagen durch das DRC-Modell
Diese theoretischen Vorgaben versuchten Ziegler et al. (2008) nachzuweisen. Sie testeten die Leseleistungen von 24 Kindern mit Dyslexie und von ebenso vielen Gleichaltrigen ohne Dyslexie und erhoben zusätzlich Aufgaben, die möglichst in Reinform bestimmte Module des DRC-Modells messen sollten. Die Kinder suchten einzelne Buchstaben in Pseudowörtern, was die positionsspezifische Buchstabenverarbeitung reflektiert; sie bearbeiteten Aufgaben zum schnellen Benennen von Bildern als Maß der Geschwindigkeit des Zugriffs auf das phonologische Lexikon; und sie unterschieden Anfangsbuchstaben bei verschiedenen Wörtern, um die Güte der Graphem-Phonem-Verbindungen zu erfassen. Dyslektiker schnitten in allen Aufgaben schlechter ab. Damit scheinen sie Defizite auf beiden Routen (lexikalische und nichtlexikalische Route) sowie in der frühen Schnittstelle der beiden Routen (Buchstabenverarbeitung) aufzuweisen.

Die Leseleistungen der Kinder wurden nun durch das DRC Computerprogramm simuliert. Für jedes Kind entwickelten Ziegler et al. (2008) ein eigenes

DRC Programm, indem sie die individuellen Kompetenzen in das Modell als Rauschen einrechneten. Zum Beispiel erhielt ein Schüler mit einer guten phonologischen Kompetenz kaum Rauschen, während in das Modell eines Heranwachsenden mit Dyslexie ein großes Maß an Rauschen aufgenommen wurde. Anschließend wurden die durch die individuellen DRC-Modelle erwarteten Leseleistungen der Kinder mit den beobachteten behavioralen Lesekompetenzen verglichen. Das Modell sagte voraus, dass Probanden mit Dyslexie alle regulären Wörter, aber sehr viel weniger irreguläre Wörter und Pseudowörter lesen sollten. In der Tat zeigten die Kinder ein solches Defizit. Dasselbe galt für die vom Modell vorausgesagten Reaktionszeiten: Reguläre Wörter wurden schneller als irreguläre Wörter und Pseudowörter gelesen, was für die Kinder mit Dyslexie im Besonderen galt. Insgesamt konnten die gestörten DRC-Modelle 48 % der Varianz der gezeigten Leseleistungen voraussagen (Ziegler et al., 2008).

Die Befunde deuten darauf hin, dass viele Prozesse der Lesemodule bei Dyslexie gestört sind. Neben einer klaren Beeinträchtigung der nichtlexikalischen Route war die lexikalische Route ebenfalls gestört, wenn auch nicht so stark wie erstere (Ziegler et al., 2008). Wie das DRC-Modell voraussagt, sind auch für das Lesen von Sichtwörtern phonologische Prozesse im phonologischen Lexikon ausschlaggebend (Coltheart et al., 2001). (Dies konnte unlängst von Penke & Schrader, 2008 für die deutsche Orthografie bestätigt werden.) Sind zusätzlich die Verbindungen von Graphemen und Phonemen als Schnittstelle der lexikalischen und nichtlexikalischen Route beeinträchtigt, dann sind selbstverständlich auch beide Lesewege bei Dyslexie beeinträchtigt. Aber selbst wenn Graphem-Phonem-Korrespondenzen lange trainiert und letztendlich beherrscht werden, können immer noch die phonologischen Defizite die nichtlexikalische Route stören und ebenfalls die lexikalische Route über eine Störung des phonologischen Lexikons abschwächen. Dies betrifft demnach sowohl die Lesegenauigkeit als auch die Lesegeschwindigkeit.

Dafür spricht auch eine amerikanischen Studie mit 20 Collegestudenten mit Dyslexie und 20 gleichaltrigen Collegestudenten ohne Dyslexie, sowie 35 normallesenden Kindern der sechsten Klasse (Bruck, 1990). Die Dyslektiker zeigten ein vergleichsweises hohes Leseverständnis (Prozentrang PR 41), jedoch geringe Wortlese- und Buchstabierkenntnisse (PR 32 und PR 20). Das Lesen von Wörtern und Pseudowörtern war bei den Collegestudenten mit Dyslexie klar schlechter ausgeprägt als bei den normallesenden Kontrollen und den Sechstklässlern, sowohl was die Genauigkeit als auch die Lesegeschwindigkeit anging. Die Schwierigkeiten waren vor allem dann ausgeprägter, wenn die Wortlänge anstieg und es selten vorkommende Wörter waren. Die Ergebnisse deuten demnach darauf hin, dass beide Leserouten beeinträchtigt sind, obwohl das Leseverständnis kaum reduziert ist.

Zusätzlich zeigten in einer Metaanalyse von 52 querschnittlichen Studien mit Erwachsenen mit und ohne Dyslexie (Swanson, 2009) die Dyslektiker schlechtere Leistungen im Leseverständnis (d = 1.20). Gleiches galt für das Pseudowortlesen (d = 1.33) und das Sichtwortlesen (d = 1.37). In einer weiteren Metaanalyse wurden 34 Studien zusammengefasst, in denen Kinder mit Dyslexie mit jüngeren Probanden ohne Dyslexie an der Leseleistung gematcht wurden (Herrmann, Matyas & Pratt, 2006). Obwohl beide Gruppen reale Wörter gleich gut lasen, war die Fähigkeit zum Pseudowortlesen mit d = 0.65 klar eingeschränkt. Damit weist die nichtlexikalische Route deutliche Störungen auf, die ursächlich mit der Dyslexie verknüpft sind. Auch hier zeigt sich, dass Dyslektiker ihre Probleme dahingehend kompensieren, dass sie die Schreibweise von Wörtern auswendig lernen und in ihren Sichtwortschatz speichern, jedoch bei neuen und bislang ungelesenen (Pseudo-)Wörtern scheitern (vgl. Shaywitz et al., 2008).

Unterschiede zwischen deutsch- und englischsprachigen Dyslektikern

Im Folgenden sollen nun Ergebnisse angeführt werden, nach denen die Probleme mit der Lesegenauigkeit von deutschen Dyslektikern relativ gut überwunden werden, während sie trotzdem langsame und dysfluente Leser bleiben. Da das im starken Kontrast zu den Ergebnissen der englischsprachigen Dyslexie-Forschung steht, seien zuvor die grundlegenden Unterschiede des Lesenlernens von deutscher und englischer Orthografie dargestellt. Die englische Orthografie ist besonders irregulär und komplex, weshalb das Lesen von englischen Wörtern sehr schwierig ist (z.B. wird das *t* in *listen* nicht mitgesprochen, das *ea* wird in *head* und *heal* jeweils anders ausgesprochen und die Aussprache von /i/ in *beef, chief, leaf* oder von /ough/ in *cough, bough, tough, through* und *dough* differiert jedesmal). Dagegen hat Deutsch aufgrund der relativ konsistenten Graphem-Phonem-Zuordnung eine sehr viel transparentere Orthografie als Englisch (siehe z.B. die Aussprache des Graphems *a* in den deutschen vs. englischen Wörtern *Katze vs. cat, Ball vs. ball, Garten vs. garden* und *Backen vs. bake*) (Caravolas, 2005; Seymour, 2005). Diese Regelmäßigkeit und Transparenz der deutschen Orthografie erleichtert das Lesen und Lesenlernen von deutschen Wörtern und Texten, während die irreguläre englische Orthografie (*outlier orthography*, vgl. Share, 2008) bei den meisten beginnenden Lesern für viele Lesefehler sorgt. Das bedeutet auch, dass in Deutschland ganz viele Leser (auch mit Dyslexie) bereits gegen Ende der ersten Klasse nahezu alle Wörter richtig lesen.

Dies wurde in einer einschlägigen internationalen Studie bestätigt, in der Grundschüler aus 13 Nationen hinsichtlich ihrer Lesegenauigkeit und Leseflüssigkeit verglichen wurden (Seymour, Aro & Erskine, 2003). Die deutschen Schüler lasen am Ende der ersten Klasse nahezu alle bekannten Wörter richtig (98 % korrekt), die englisch-sprachigen Kinder konnten dagegen in der ersten Klasse nur etwa jedes dritte Wort und in der zweiten Klasse etwa drei Viertel der Wörter richtig lesen (deutsche Erstklässler vs. englische Erstklässler $d = 2.98$ und deutsche Erstklässler vs. englische Zweitklässler $d = 1.53$). Ebenfalls lasen deutsche Kinder die Wörter relativ schnell, während englische Kinder am Ende der ersten Klasse und am Ende der zweiten Klasse viel langsamer lasen ($d = 1.53$ und $d = 1.02$). Das gleiche galt für ein- und zweisilbige Pseudowörter: Während deutsche Kinder am Ende der ersten Klasse nahezu alle Pseudowörter richtig lasen (94 % korrekt), gelang dies den englisch-sprachigen Kindern nur zu 29 % in der ersten Klasse und zu 64 % in der zweiten Klasse. Es zeigten sich wieder sehr hohe Unterschiede in der Lesegenauigkeit ($d = 3.09$ und $d = 1.68$) und in der Leseflüssigkeit ($d = 1.90$ und $d = 1.31$). Ein Vergleich der Standardabweichungen offenbarte, dass es in der englischen Orthografie sehr hohe Varianzen in den Leseleistungen gab, während sich deutsche Kinder im Lesen viel ähnlicher waren (Seymour et al., 2003).

In der vorgenannten Publikation wird nicht zwischen Schülern mit und ohne Dyslexie unterschieden. Es ist deshalb zu fragen, wie die Lesegenauigkeit und Lesegeschwindigkeit von deutschsprachigen Lesern mit Dyslexie ausgeprägt ist. In der Studie von Wimmer (1993) lasen Schüler mit Dyslexie deutlich langsamer als gleichaltrige Schüler und zwei Jahre jüngere Schüler ohne Dyslexie. Die Anzahl der Lesefehler der Dyslektiker entsprach dagegen der Lesegenauigkeit der jüngeren Schüler oder war etwas besser und blieb (mit einer Ausnahme) immer unter zehn Prozent. In der zweiten Klasse wurden von Kindern mit Dyslexie längere zusammengesetzte Wörter langsamer gelesen als Pseudowörter. In Klasse 4 hatte sich dieser Unterschied umgekehrt: Die kurzen Pseudowörter konnten langsamer als lange reale Wörter gelesen werden (Wimmer, 1993). Wahrscheinlich ist das ein Indiz für einen Kompensationsprozess, in dem Leser mit Dyslexie das langsame phonologische Rekodieren (nichtlexikalische Route) durch die Hinzunahme ihres Wortlexikons (lexikalische Route) unterstützen.

In einer weiteren Studie überprüfte Wimmer (1996) anhand von 21 Viertklässlern mit Dyslexie und 21 an der Lesegeschwindigkeit für Wörter parallelisierten Kontrollkindern der zweiten Klasse die Fähigkeit zum Lesen von Pseudowörtern, die nur über die nichtlexikalische Leseroute gelesen werden können. Insgesamt machten beide Gruppen sehr wenige Lesefehler, wenn auch den Dyslektikern etwas mehr Fehler unterliefen. Dagegen offenbarten sich deutliche Einschränkungen in der Lesezeit für Pseudowörter. Wortähnliche Pseudowörter wurden mit $d = 0.59$ und wortunähnliche Pseudowörter mit $d = 0.70$ langsamer gelesen. Diese Ergebnisse sind mit der Sichtweise konsistent, dass Dyslektiker starke Probleme mit dem phonologischen Rekodieren auf der nichtlexikalischen Route haben, sie dagegen häufig vorkommende Wörter in ihr orthografisches Lexikon der lexikalischen Route aufnehmen und so ihre Leseprobleme zu kompensieren versuchen.

In einer weiteren Studie mit 733 Kindern der ersten bis vierten Klasse wurde die Lesegenauigkeit und die Lesegeschwindigkeit erfasst (Klicpera, Schabmann & Gasteiger-Klicpera, 2006). Insgesamt waren die Kinder mit Dyslexie beim Lesen von Pseudowörtern durchweg schlechter als beim Lesen von Wörtern. Zwar glichen sich die Leseleistungen der guten und schlechten Leser immer weiter an, aber dennoch blieb am Ende der vierten Klasse mit $d = 0.97$ ein großer Unterschied zwischen den Schülern mit Dyslexie und durchschnittlichen Schülern bestehen. Hinsichtlich der Leseflüssigkeit zeigten sich vergleichbare Befunde. Pseudowörter konnten insgesamt langsamer gelesen werden, die Leseleistungen näherten sich aber auch hier immer weiter an. Dennoch blieben auch bei der Lesegeschwindigkeit am Ende der vierten Klasse große Unterschiede zwischen sehr schwachen und durchschnittlichen Schülern von $d = 0.99$ bestehen.

Eine Studie aus Österreich verfolgte die Leseentwicklung von 134 Kindergartenkindern bis zum Ende der vierten Klasse (Schabmann & Kabicher, 2007). Diejenigen, die am Ende der ersten Klasse bereits zu den schlechtesten Lesern zählten, hatten am Ende der vierten Klasse im Vergleich zu Kindern, die in der ersten Klasse gut lasen, eine deutlich verlangsamte Lesegeschwindigkeit ($d = 0.83$) und ein eingeschränktes Leseverständnis ($d = 0.80$), während die Lesegenauigkeit ähnlich war ($d = 0.06$).

In einer gut angelegten deutschsprachigen Studie wurde die Lesefähigkeit von 102 Personen mit Dyslexie und 91 normallesenden Personen ohne Dyslexie aus drei verschiedenen Altersgruppen (Kinder, Jugendliche und Erwachsene) verglichen (Georgiewa et al., 2004). Die Probanden lasen Pseudowörter und häufig vorkommende Wörter. Insgesamt wurden alle Leser mit dem Alter besser. Jedoch machten die drei Personengruppen mit Dyslexie mehr Lesefehler und benötigten länger als die Kontrollgruppen. Bei den häufig vorkommenden Wörtern näherten sich die Lesefehler und Lesezeiten der Gruppen mit und ohne Dyslexie mit zunehmendem Alter immer weiter an, obwohl stets signifikante Unterschiede bestehen blieben. Die Diskrepanz bezüglich der Lesefähigkeit im Pseudowortlesen blieb dagegen unverändert. Die Ergebnisse sprechen dafür, dass die Fähigkeit des phonologischen Rekodierens (gemessen über das Lesen von Pseudowörtern) bei normallesenden Kontrollen bereits zu Beginn des Leseerwerbs deutlich besser ausgeprägt ist als bei Gruppen mit Dyslexie, was für eine frühe Störung der nichtlexikalischen Route spricht. Das automatisierte Sichtwortlesen über die lexikalische Route (gemessen über das Lesen von häufig vorkommenden Wörtern) hilft Dyslektikern dagegen, die phonologischen Defizite nach und nach zumindest teilweise zu kompensieren. Die Erwachsenen mit Dyslexie erreichten aber trotz dieser Kompensationsstrategien noch nicht einmal das Leseniveau von Kindern ohne Dyslexie. Damit scheinen deutsche Dyslektiker vor allem langsame, aber relativ genaue Leser zu sein – was im Gegensatz zu den Befunden bei englischsprachigen Lesern mit Dyslexie steht.

Ob dies jedoch wirklich an der Regelmäßigkeit der deutschen Orthografie liegt, überprüfte eine kross-linguale Studie mit deutschen und englischsprachigen Zehnjährigen mit Dyslexie, die mit gleichaltrigen Kontrollkindern und jüngeren am Lesestand gematchten Kindern verglichen wurden (Ziegler, Perry, Ma-Wyatt, Ladner & Schulte-Körne, 2003). Während deutsche Dyslektiker 14 % aller Wörter falsch lasen, zeigten australische Dyslektiker 38 % Lesefehler. Beide Gruppen lasen damit ähnlich genau wie die jüngeren am Lesestand gematchten Kinder (Deutsch: $d = 0.01$; Englisch: $d = 0.00$), jedoch deutlich ungenauer als ihre gleichaltrigen Klassenkameraden ($d = 0.60$ und $d = 1.2$). Hinsichtlich des Lesens von Pseudowörtern machten deutschsprachige Dyslektiker weniger Fehler und englischsprachige Dyslektiker gleich viele Fehler wie die jüngeren Kinder in derselben Phase der Leseentwicklung ($d = -0.28$ und $d = 0.01$). Beide Dyslexie-Gruppen zeigten dagegen eine reduzierte Lesegeschwindigkeit im Vergleich sowohl zur jüngeren Kontrollgruppe ($d = 0.59$ und $d = 0.35$) als auch zur gleichaltrigen Kontrollgruppe ($d = 1.35$ und $d = 1.27$). Demnach lesen englisch- und deutschsprachige Dyslektiker sehr langsam, während die Anzahl der Lesefehler weitgehend dem Leseentwicklungsstand entspricht (Ziegler et al., 2003).

Einen weiteren Vergleich zwischen den Auswirkungen der englischen und deutschen Orthografie auf die Dyslexie lieferten Landerl, Wimmer und Frith (1997). Die englischen Dyslektiker machten mehr Lesefehler (76 %) als die gleichaltrigen deutschsprachigen Dyslektiker (63 %). Die Dyslektiker beider Sprachen lasen deutlich langsamer als altersgleiche Schüler ohne Dyslexie. Ebenfalls waren die deutschen Dyslektiker im Lesen von Pseudowörtern langsamer als jüngere Schüler auf demselben Leseentwicklungsstand, aber bei richtigen Wörtern zeigte sich kein Unterschied (Landerl et al., 1997). Während in dieser Studie die Aufgaben zum phonologischen Rekodieren selbst bei kleinsten Fehlern als falsch gewertet wurden, sollten in einer Reanalyse der Daten (Landerl & Wimmer, 2000) die Antworten der Probanden auch als teilweise richtig eingeordnet werden können. Es zeigte sich, dass bei dieser Auswertung die relativ hohe Fehlerrate der englischen Dyslektiker von 76 auf 26 % und die der deutschen Dyslektiker von 63 auf 15 % sank. Damit lasen beide Gruppen ungenauer als gleichaltrige Schüler ohne Dyslexie und genauso gut wie jüngere Schüler, die sich auf demselben Leseentwicklungsstand befanden – dennoch blieben die Dyslektiker deutlich langsamere Leser. In einer weiteren Studie wurde dies anhand eines größeren Samples nochmals überprüft (Landerl, 2001). Die prozentualen Fehlerhäufigkeiten von Dyslektikern der dritten Klasse lagen nur für Pseudowörter und längere zusammengesetzte Hauptwörter zwischen 10 und 20 Prozent, während richtige Wörter und Texte nahezu fehlerfrei gelesen wurden. Wie in der Studie zuvor waren die Dyslektiker deutlich langsamer als ihre Klassenkameraden, machten in diesem Lesetest jedoch genau so wenig Fehler.

Zusammenfassend bestätigen die Befunde, dass Menschen mit Dyslexie Probleme mit der Lesegenauigkeit und der Leseflüssigkeit haben. Aufgrund der Regelmäßigkeit der deutschen Orthografie können deutschsprachige Dyslektiker die Probleme mit der Lesegenauigkeit häufig überwinden, sie bleiben aber dennoch langsame und dysfluente Leser. Auch wenn viele Dyslektiker Probleme mit der Rechtschreibung haben, so wird Dyslexie im deutschen Sprachraum vor allem über Lesetests diagnostiziert, wie es auch im ICD-10 oder DSM-IV gefordert wird. Die nichtlexikalische Route im DRC-Modell ist bei Dyslektikern sehr stark eingeschränkt, was durch die massiven Defizite beim Pseudowortlesen evident ist. Aufgrund phonologischer Prozesse in der lexikalischen Route ist auch diese von Dyslexie betroffen, wenn auch nicht so stark. Aus diesem Grund lernen viele Dyslektiker die lexikalische Route verstärkt zu nutzen, um die beeinträchtigte nichtlexikalische Route auszugleichen.

2.6.3 Lesen und Lesenlernen bei Analphabetismus

Es gibt zwei Positionen zum Lesen und Lesenlernen bei funktionalen Analphabeten. Auf der einen Seite könnten diese Prozesse bei funktionalen Analphabeten genauso ablaufen wie bei Kindern. Lesenlernen wäre dann nicht an das Lebensalter, sondern ausschließlich an das Lesealter gekoppelt. Deshalb geht Chall (1994) davon aus, dass vielleicht mehr Ähnlichkeiten statt Differenzen im Lese-

lernprozess von Erwachsenen und Kindern bestehen. Ist das der Fall, dann benötigen Erwachsene dieselben Unterrichtsmaterialien und Lehrstrategien wie Kinder, die nur erwachsenengerecht adaptiert werden müssten. Auf der anderen Seite könnten bedeutsame Unterschiede darin bestehen, wie Erwachsene das Lesen
lernen, weil sie über ein viel höheres Welt- und Sprachwissen verfügen (Thompkins & Binder, 2003). Diese Unterschiede sollten es den Erwachsenen ermöglichen, Leseprozesse innerhalb einer deutlich kürzeren Zeit zu erwerben als Kinder (Greenberg et al., 1997). Ist das korrekt, bräuchten Erwachsene andere Unterrichtsmaterialien und Lehrstrategien.

Nach den bisherigen Studien scheinen Analphabeten vermehrt orthografische
und kontextuale Lesestrategien zu verwenden, um ihre phonologischen Defizite
auszugleichen. Chall (1994) behandelte einen großen Prozentsatz von funktionalen Analphabeten, die früher die Diagnose einer Lernstörung hatten. Deren Stärke scheint vor allem im Wortschatz zu liegen. Die Schwächen betreffen dagegen
das Wortlesen, die Wortanalyse, das Buchstabieren sowie das laute Vorlesen
und das Leseverständnis. Leider fehlen jegliche statistische Angaben, um das
Gesagte überprüfen zu können. In der Publikation sind jedoch zwei Einzelfälle
geschildert: Tom, 42 Jahre, hat nach 10 Jahren Schule eine Wortlesekompetenz
und eine Kompetenz zum Vorlesen zwischen der ersten und zweiten Klasse. Das
Leseverständnis ist dagegen auf dem Niveau der fünften, der Wortschatz auf
dem Niveau der achten Klasse. Robert, 46 Jahre, liest nach ebenfalls 10 Schulbesuchsjahren Wörter auf dem Niveau der zweiten bis dritten Klasse, sein Leseverständnis und sein Wortschatz liegen bei einem Niveau der siebten bzw.
zwölften Klasse. Die grundlegenden Lesefertigkeiten der nichtlexikalischen
Route scheinen damit nur wenig ausgebildet zu sein, während Prozesse der lexikalischen Route ein relativ hohes Leseverständnis ermöglichen.

Davidson und Strucker (2002) nahmen eine Analyse der Lesefähigkeiten von
135 amerikanischen funktionalen Analphabeten und 77 ausländischen Analphabeten vor. Beide Gruppen wurden aufgrund ihrer Wortlesefähigkeit gematcht.
Dennoch waren die amerikanischen funktionalen Analphabeten im Leseverständnis besser ($d = 0.79$) und hatten einen größeren Wortschatz ($d = 1.15$). Das
Leseverständnis der amerikanischen funktionalen Analphabeten war um über
1.5 Schulbesuchsjahre besser ausgeprägt als ihre Wortlesefähigkeit, während
nicht-muttersprachliche Analphabeten ähnliche Leistungen im Leseverständnis
und Wortlesen zeigten. Im Pseudowortlesen waren beide Gruppen vergleichbar.
In der qualitativen Auswertung der Wortlesefehler im Pseudowortlesen machten
amerikanische funktionale Analphabeten weniger phonetisch plausible Lesefehler ($d = -0.84$), gleich viele phonetisch unplausible Fehler und mehr Ersetzungen

durch richtige Wörter ($d = 0.82$). Die Befunde könnten damit interpretiert werden, dass die in Amerika geborenen Analphabeten zu einem großen Anteil Schwierigkeiten mit der nichtlexikalischen Route des DRC-Modells haben. Vielleicht beherrschen sie durch die phonologischen Probleme die nichtlexikalische Route nicht ausreichend, konnten aber durch jahrelanges Training gewisse Kompetenzen in der lexikalischen Route ausbilden. Ausländische Analphabeten zeigen dagegen ähnliche Leseprofile wie Kinder, die gerade das Lesen lernen (Davidson & Strucker, 2002).

In einer anderen Studie wurden gezielt kontextuale Lesestrategien bei funktionalen Analphabeten überprüft (Binder, Chace & Manning, 2007). Aus der Forschung von lesekundigen Erwachsenen sowie lesenlernenden Kindern ist bekannt, dass beim Textlesen kongruente Kontexte die schnelle und effektive Worterkennung erleichtern, während inkongruente Kontexte die Worterkennung verzögern. Schwächer lesende Kinder verlassen sich dabei häufiger auf den Kontext als stärkere Leser, um ihre geringen Lesekompetenzen zu überdecken. 40 funktionale Analphabeten wurden 40 Collegestudenten gegenübergestellt, die Sätze lesen sollten, deren Zielwort entweder in einen kongruenten, neutralen oder inkongruenten Kontext eingebettet wurden (z.b. kongruent: Die Katze jagt die Maus; inkongruent: Der Polizist jagt die Maus; neutral: Der Mann jagt die Maus). Die Auswertung zeigte, dass sowohl Analphabeten als auch College Studenten die kongruenten Zielwörter schneller benannten als die inkongruenten und neutralen Zielwörter. Es fand sich aber kein Gruppenunterschied zwischen guten und schlechten Lesern, d.h. die Analphabeten lasen nicht wie erwartet die inkongruenten Zielwörter langsamer als die lesekundigen Erwachsenen. Damit scheinen die Analphabeten in dieser Studie genauso häufig kontextuale Lesestrategien zu verwenden (Binder et al., 2007). Diese Studie kann jedoch nicht in das DRC-Modell eingebunden werden, da dieses nur Aussagen für das kontextfreie Wortlesen trifft.

In einer Studie von Binder und Borecki (2008) wurden 60 funktionale Analphabeten und 60 Studenten mit kurzen Lesetexten konfrontiert. Die Lesetexte in diesem sehr komplexen Experiment enthielten Wörter, die durch den Kontext vorbereitet wurden vs. die im neutralen Kontext standen und entweder korrekt vs. inkorrekt vs. homophon waren (homophon: andere Schreibweise aber gleiche Aussprache, z.B. *brake, break*). Die Studenten zeigten ein bezüglich vorheriger Forschungsergebnisse bekanntes Bild: Es gab keine Lesezeitdifferenzen zwischen korrekten und homophonen Wörtern, wenn die Wörter orthographisch ähnlich waren. Zusätzlich waren die Lesezeiten schneller als bei den inkorrekten Wörtern. Dagegen waren die Analphabeten bei den homophonen Wörtern langsamer als bei den korrekten und inkorrekten Wörtern. Lesekundige Erwachsene aktivieren durch das Lesen von korrekten und homophonen Wörtern (*brake* und *break*) denselben phonologischen Code, der dann zur gleichschnellen Worterkennung führt. In der Tat merkten die meisten College Studenten gar nicht, dass in den Texten ein falsch geschriebenes (aber phonologisch gleiches) Wort vorkam. Zwar benutzen Analphabeten auch den phonologischen Code (nur viel weniger als die lesekundigen Erwachsenen); aber sie aktivieren besonders den orthographischen Code, was durch die unterschiedliche Reaktionszeit von korrekten und homophonen Wörtern indiziert wird. Insgesamt wird durch diese Studie deutlich, dass sich funktionale Analphabeten viel eher auf orthographische und kontextuale Lesestrategien verlassen als lesekundige Erwachsene. Dies kann mit einem phonologischen Defizit (Dyslexie) erklärt werden. Damit versuchen funktionale Analphabeten ihre schlechten Leistungen hinsichtlich der Phonologie durch ihre besseren Leistungen in der Orthographie oder Kontexterkennung auszugleichen (Binder & Borecki, 2008). Jedoch ist die Interpretation der Kompensation lediglich vorläufig, da sie nur durch einen Vergleich mit gleich gut lesenden Kindern erfolgen kann.

Dies verfolgte eine Untersuchung von Burgund und Abernathy (2008), in der 20 funktionale Analphabeten und 22 Kinder anhand ihrer Leseentwicklung gematcht wurden. Den Probanden wurden für 250 Millisekunden entweder Paare von Buchstaben oder Pseudobuchstaben dargeboten. Die Aufgabe der Probanden war die Entscheidung, ob die Paare aus gleichen Buchstaben/Pseudobuchstaben (z.B. A A) oder unterschiedlichen Buchstaben/Pseudobuchstaben (z.B. A F) bestanden. Im Ergebnis machten Analphabeten mehr Fehler und benötigten länger bei Pseudobuchstaben als bei Buchstaben, während die Kinder keinen Unterschied bezüglich der Fehler und nur einen geringen Unterschied bezüglich der Reaktionszeit zwischen Pseudobuchstaben und Buchstaben zeigten. Funktionale Analphabeten reagieren also viel sensibler auf Buchstaben als Kinder. Damit scheinen funktionale Analphabeten vermehrt visuelle Informationen zu nutzen, um ihre schlechte Lesekompetenz zu kompensieren (Burgund & Abernathy, 2008). Diese Studie unterstützt die vorgenannten Interpretationen (Binder & Borecki, 2008; Binder et al., 2007) durch die Verwendung einer geeigneten Kontrollgruppe von Kindern, dass funktionale Analphabeten Defizite in phonologischen Leseprozessen haben und deshalb vermehrt visuell orthographische Kompensationsstrategien nutzen.

Greenberg et al. (1997) rechneten in ihrer bereits unter Kapitel 2.5.3 erwähnten Studie eine Regressionsanalyse, um den Einfluss von phonologischen und orthografischen Lesestrategien bei funktionalen Analphabeten und Kindern auf das Wortlesen zu überprüfen. Ausgangspunkt ihrer Analyse war ein massives Defizit in der phonologischen Informationsverarbeitung, aber eine Stärke im Sichtwortlesen auf Seiten der Analphabeten. Insgesamt konnte durch phonologische und orthografische Prädiktoren das Wortlesen mit 81 % aufgeklärt werden. Die größten unabhängigen Einflüsse hatten das Pseudowortlesen und das Sichtwortlesen. Die Regression war für beide Gruppen (Kinder und funktionale Analphabeten) vergleichbar. Das spricht dafür, dass funktionale Analphabeten und normallesende Kinder dieselben Leseprozesse verwenden (Greenberg et al., 1997).

Zusammenfassend zeigt sich also, dass funktionale Analphabeten vermehrt orthografische und kontextuale Lesestrategien der lexikalischen Route verwenden, um Schwierigkeiten in der nichtlexikalischen Route zu kompensieren, wenn auch die Befunde von Greenberg et al. (1997) dagegen zu sprechen scheinen. Woran die Inkonsistenz der Befunde liegt, kann schlecht erklärt werden, zumal Analphabeten auch in der Studie von Greenberg et al. (1997) deutlich bessere orthografische als phonologische Kompetenzen aufwiesen. Nimmt man aber die Befunde der restlichen Studien zusammen, dann scheinen funktionale Analphabeten einen qualitativ anderen Leselernweg einzuschlagen als Kinder: Bedingt durch phonologische Defizite versuchen sie die lexikalische Route verstärkt anzuwenden.

2.6.4 Gemeinsamkeiten und Unterschiede

In diesem Kapitel wurde gezeigt, dass das Wortlesen durch lexikalische und nichtlexikalische Prozesse erfolgen kann. Dyslektiker haben Probleme mit beiden Lesewegen. Die nichtlexikalische Route ist stärker eingeschränkt und deshalb versuchen Dyslektiker, verstärkt die lexikalische Route zur Kompensation phonologischer Defizite zu benutzen.

Funktionale Analphabeten scheinen ebenfalls vermehrt lexikalische Prozesse zum Ausgleich für nichtlexikalische Lesewege zu verwenden (siehe jedoch Greenberg et al., 1997). Damit zeigen sie dieselben Leseprozesse wie Dyslektiker und nicht wie unbeeinträchtigte beginnende Leser. Funktionale Analphabeten lernen also auf einem anderen Entwicklungsweg lesen als nichtbeeinträchtigte Kinder. Diese Interpretation kann jedoch nur vorläufig erscheinen, da in den meisten Studien keine geeigneten Kontrollgruppen verwendet wurden und deshalb die unterschiedlichen Lesestrategien auch die Folge von Leseproblemen darstellen können. Die zwei Studien, die Analphabeten mit Kindern auf demselben Leseniveau verglichen haben, kommen indes zu unterschiedlichen Ergebnissen (Burgund & Abernathy, 2008; Greenberg et al., 1997).

Um eine geeignete Entscheidung zu treffen, wird weitere Forschung benötigt. Während das aktuelle Kapitel das Lesenlernen deskriptiv beschrieb, wird im folgenden Kapitel der Fokus auf präskriptive Lehrprozesse gelegt.

2.7 Unterricht und Interventionen bei Leseproblemen

2.7.1 Unterricht und Interventionen bei Dyslexie

Allgemeine Förderprinzipien bei Dyslexie

Welche Unterrichtsprinzipien sind für Kinder und Jugendliche mit Dyslexie effektiv? Swanson (1999a; vgl. auch Swanson & Deshler, 2003) überprüfte metaanalytisch 180 Experimente mit Schülern mit Lernstörungen. Er konnte nachweisen, dass eine zeitgleiche Verwendung von direkter und Strategie-Instruktion mit $d = 0.84$ die höchsten Effektstärken erzielte. Die Effektivität von Unterricht ist besonders groß, wenn die Aufgabenschwierigkeit auf das jeweilige Kompetenzniveau angepasst wird (*scaffolding*), wenn die Lernaufgaben sequenziert und die zu erwerbenden Fähigkeiten segmentiert werden, und wenn der Lehrer die Schüler sehr aktiv in den Unterrichtsprozess einbindet und sie häufig massiv üben lässt (*drill & practice*). Wenn Lehrer nur kleine Lernschritte auswählen, das Unterrichtsziel den Schülern erklären, die geforderten Informationen geben, statt selbst suchen lassen, Aufgaben vormachen und dann unter Anleitung nachmachen lassen, viel loben, Fehler unterbinden und sofort korrigieren, dann profitieren Kinder mit Dyslexie davon besonders. Ebenso befand Torgesen (2000, 2005) in Überblicksartikeln über Interventionen bei Dyslexie, dass besonders durch intensive, gezielte und direkt-instruktive phonologisch-orientierte Trainingsverfahren das phonologische Dekodieren, die Lesegenauigkeit und das Leseverständnis gesteigert werden konnten. Nach den Interventionen konnten zumindest etwa drei Viertel der Dyslektiker in einem für ihr Alter normalen Bereich lesen. Auf der anderen Seite darf jedoch nicht vergessen werden, dass etwa ein Viertel der Probanden nur wenig vom Training profitierten und nach der Intervention immer noch auf einem sehr niedrigen Niveau lasen.

Förderung der phonologischen Bewusstheit

Um geeignete Maßnahmen zur Förderung der phonologischen Bewusstheit bei Schülern mit Dyslexie zu überprüfen, erhielten in einer deutschen Studie ein Drittel der Kinder mit Dyslexie ein direktes Training phonologischer Kompetenzen, ein weiteres Drittel ein indirektes Training durch eine Anlauttabelle und das letzte Drittel den normalen Erstleseunterricht (Einsiedler, Frank, Kirschhock, Martschinke & Treinies, 2002). Es konnte gezeigt werden, dass sich die phonologische Bewusstheit im engeren Sinne beim normalen Unterricht und der direkten Unterweisung gleich gut entwickelte, während das indirekte Training über die Anlauttabelle bei schwachen Schülern deutlich geringere phonologische Leistungszuwächse hervorrief, sowohl im Vergleich zum direkten Training ($d = -1.09$) als auch zum normalen Unterricht ($d = -0.91$). Hinsichtlich der Lesegeschwindigkeit waren der normale Unterricht und das direkte Training gleich effektiv, während die Verwendung einer Anlauttabelle den schwachen Schülern leicht schadete (im Vergleich zum direkten Training $d = -0.21$; im Vergleich zum allfähigen Unterricht $d = -0.18$).

In einer weiteren deutschen Studie wurden 138 Kindergartenkinder mit schlecht ausgebildeten phonologischen Kompetenzen in drei Gruppen aufgeteilt (Schneider, Roth & Ennemoser, 2000). Die erste Gruppe bekam ein Training der phonologischen Bewusstheit, die zweite Gruppe ein Training in Graphem-Phonem-Korrespondenzen und die dritte Gruppe erhielt jeweils die Hälfte beider Trainingsverfahren. Ein annähernd normales Leselevel erreichten nur die Kinder aus der Gruppe mit beiden Trainingsverfahren ($d = -0.29$; im Gegensatz zur sonst üblichen Angabe von Effektstärken bedeutet hier eine kleinere Effektstärke eine stärkere Annäherung an die durchschnittlichen Leseleistungen der Kontrollgruppe aus guten Lesern). Die Kinder aus der phonologischen Trainingsgruppe ($d = -0.53$) und der Buchstabenkenntnisgruppe ($d = -0.67$) schnitten im Lesen deutlich schlechter als die Kontrollgruppe ab. Damit ist ein Hybridtraining aus phonologischen Bewusstheitsfähigkeiten und Buchstabenwissen deutlich effektiver als ein alleiniges Training der jeweiligen Kompetenz (Schneider et al., 2000), ein Befund, der mit den Ergebnissen großer Metaanalysen konsistent ist.

Es liegen zwei Metaanalysen vor, die die Effektivität von Trainingsverfahren der phonologischen Bewusstheit nachprüfen. Die erste Metaanalyse (Bus & van Ijzendoorn, 1999) verglich 34 Primärstudien mit insgesamt fast 2800 Schülerinnen und Schülern. Die phonologische Bewusstheit wurde durch solche Trainings bedeutsam gefördert ($d = 1.04$), der Transfer auf das Lesenlernen fiel dagegen geringer aus ($d = 0.44$) und verschwand über die Zeit ($d = 0.16$). Bei Kindern mit Dyslexie waren die Effekte etwas geringer als bei Kindern ohne Dyslexie, sowohl hinsichtlich der phonologischen Bewusstheit ($d = 0.66$ vs. $d = 0.79$) als auch hinsichtlich der Leseleistungen ($d = 0.58$ vs. $d = 0.78$). Die stärksten Effekte traten auf, wenn ein Training der phonologischen Bewusstheit zusammen mit der Vermittlung von Graphem-Phonem-Korrespondenzen erfolgte, was an deren reziproken Beeinflussung liegt (Castles & Coltheart, 2004). Grundsätzlich waren die Effekte größer, wenn die Kinder jünger waren. Es ist allerdings nicht klar, ob dies mit „sensiblen Entwicklungsphasen" der phonologischen Bewusstheit oder lediglich mit statistischen Deckeneffekten bei älteren Schülern erklärt werden kann. Klar scheint dagegen zu sein, dass Kinder mit Dyslexie ein intensiveres Training erhalten müssen, um vergleichbare Fortschritte wie ihre Klassenkameraden ohne Dyslexie zu machen (Bus & van Ijzendoorn, 1999).

In der zweiten Metaanalyse (Ehri et al., 2001) wurden 52 Experimente miteinander verglichen. Die globale Effektstärke auf die phonologische Bewusstheit betrug $d = 0.86$ und auf das Lesen $d = 0.53$. Im Gegensatz zur vorgenannten Analyse lagen die längerfristigen Fördereffekte zwischen $d = 0.23$ und $d = 0.45$. Risikoschüler (mit leichten bis mittleren phonologischen Beeinträchtigungen) und nicht-beeinträchtigte Schüler zeigten einen größeren Fortschritt als Schüler mit Dyslexie, sowohl in der phonologischen Bewusstheit ($d = 0.95$ bei Risikoschülern vs. $d = 0.62$ bei Schülern mit Dyslexie) als auch im Lesen ($d = 0.86$ vs. $d = 0.45$). Dieser überraschende Befund könnte sich folgendermaßen erklären lassen: Während bei Risikoschülern eine reduzierte phonologische Bewusstheit die Folge der Leseprobleme ist, sind die schweren phonologischen Defizite bei Schülern mit Dyslexie dagegen die Ursache für deren Schwierigkeiten im Lesenlernen (Grosche, 2009a). Ebenso war die Effektivität bei älteren Schülern geringer als bei jüngeren (Ehri et al., 2001). Die Effektivität könnte deshalb absinken, weil bislang kaum geförderten Risikoschülern mit geringen Defiziten in der phonologischen Bewusstheit erfolgreich geholfen werden konnte, so dass lediglich ältere Schüler mit starken phonologischen Defiziten übrig bleiben, bei denen sich dann die Intervention besonders schwierig gestaltet (Grosche, 2009a).

Förderung der Lesegenauigkeit

Bezüglich der Vermittlung von Lesegenauigkeit wurde in einer Metaanalyse von synthetischen vs. analytischen Leselehrgängen (Ehri, Nunes, Stahl & Willows, 2001) durch 38 Experimente herausgefunden, dass synthetische Leseansätze etwas (aber nicht signifikant) effektiver waren ($d = 0.45$) als analytische Leseförderungen ($d = 0.34$). Jüngere Kinder profitierten mehr als ältere Kinder ($d = 0.55$ vs. $d = 0.27$). Kindern mit Dyslexie konnte das Lesen nur schwerer beigebracht werden als Kindern ohne Dyslexie bzw. mit einem Risiko für Dyslexie ($d = 0.32$, $d = 0.48$ bzw. $d = 0.74$). In einer weiteren Metaanalyse fokussierte Swanson (1999b) anhand von 54 Studien die Förderung des Wortlesens bei Schülern mit Lernstörungen. Dort war die direkte Instruktion mit $d = 0.61$ effektiver als andere Unterrichtsmaßnahmen. In einer anderen Metaanalyse mit

Jugendlichen mit Lernstörungen (Roberts, Torgesen, Boardman & Scammacca, 2008) konnte ein mittelgroßer Effekt eines Trainings der morphologischen und orthographischen Wortanalyse nachgewiesen werden ($d = 0.60$). Hierbei werden die Schüler angewiesen, Präfixe, Suffixe, Flektionen, die Wortherkunft, Buchstabenmuster und Wortstrukturen zu analysieren, um letztendlich so das Wort lesen zu lernen.

Förderung der Leseflüssigkeit

Kinder und Jugendliche mit Dyslexie zählen auch nach Absolvierung der oben beschriebenen Interventionen trotz einiger Fortschritte in der Lesegeschwindigkeit zu den langsamen und dysfluenten Lesern (Foorman & Torgesen, 2001; Landerl & Wimmer, 2006; Schatschneider & Torgesen, 2004; Share, 2008; Vellutino & Fletcher, 2005; Wimmer, 2006).

> „One of the consistent findings in our remedial research for children who begin the intervention with moderate or serious impairments in word reading ability is that the interventions have not been sufficient to close the gap in reading fluency. Although the gap in phonemic decoding, reading accuracy, and comprehension can be substantially or completely closed by current interventions, the gap in fluency has remained much less tractable to intervention for moderately and seriously impaired children" (Torgesen, 2005, S. 532).

In einer Metaanalyse von Therrien (2004; siehe auch Therrien, Gormley & Kubina, 2006; Therrien & Kubina, 2006) über 18 Experimente zur Steigerung der Leseflüssigkeit konnte gezeigt werden, dass bei Kindern und Jugendlichen ohne Dyslexie eine Technik mit $d = 0.50$ effektiv ist, die wiederholtes Lesen (*repeated reading*) genannt wird. Dabei wird ein und dieselbe Textpassage von einem Schüler mehrmals gelesen, bis er in dieser Textstelle flüssig geworden ist; erst danach wird zur nächsten Passage übergegangen. Dabei scheint es sinnvoller zu sein, dem Lehrer vorzulesen ($d = 1.37$) als einem Mitschüler ($d = 0.36$) und vorher ein Performanzkriterium festzulegen (z.B. mindestens 80 richtig gelesene Wörter pro Minute; $d = 1.70$), als wenn nur eine gewisse Anzahl von Wiederholungen erreicht wurde (z.B. die Textstelle wird immer viermal gelesen; $d = 0.38$). Darüber hinaus liegen zwei Literaturübersichten über die Wirksamkeit von wiederholtem Lesen derselben Textpassage bei lerngestörten Kindern (Chard, Vaughn & Tyler, 2002) und Jugendlichen (Wexler, Vaughn, Edmonds & Reutebuch, 2008) vor. Besonders erfolgreich ist bei dieser Schülergruppe das mehrmalige Lesen einer Textstelle, wenn der Lehrer oder ein kompetenter Mitschüler das Lesen vormacht und vom beeinträchtigten Schüler nachmachen lässt, denn das alleinige Lesen eines Textes ohne ein solches Modell ist weniger effektiv. Sofortiges direktes Korrigieren ist ebenfalls sehr wirksam. Gerade für schwache Lerner ist es wichtig, dass der Vorgang des mehrmaligen Lesens auf viele unterschiedliche Arten angewendet wird, wobei hochstrukturiertes Lautvorlesen dem Leiselesen vorzuziehen ist (Chard et al., 2002; Wexler et al., 2008). Es kann aber nach Torgesen (2000, 2005) gemutmaßt werden, dass das Verfahren des wiederholten Lesens nicht zu einer Angleichung der Leseflüssigkeit von Schülern mit und ohne Dyslexie führt.

Über das wiederholte Lesen hinaus existiert kein gezieltes Trainingsverfahren zur Steigerung der Leseflüssigkeit bei Dyslexie. Jedoch befindet sich gerade das amerikanische Programm RAVE-O in Entwicklung (Wolf et al., 2009; Wolf, Miller & Donnelly, 2000). Grundlage ist die Annahme, dass das Lesen dann schneller gelingt, wenn das Wort in einem breiten Wissensnetzwerk verknüpft ist. Deshalb wird durch RAVE-O phonologisches, orthografisches, semantisches, syntaktisches und morphologisches Wissen über geschriebene Wörter explizit vermittelt und miteinander verknüpft. Das Programm erfordert ein hohes Maß an direkt angeleiteter Übung im Lesen und wiederholten Lesens von Textpassagen und häufig vorkommenden Graphemclustern. Wörter werden durch Bezüge zu unterschiedlichen Bedeutungen (z.B. bei Teekesselchen) im Gedächtnis gespeichert, häufig vorkommende Wörter werden als Sichtwörter systematisch trainiert und zu einzelnen Begriffen wird zahlreiches semantisches Wissen vermittelt. Durch den Einbezug dieser unterschiedlichen Komponenten für Wörter, ihre Aussprache und ihre Schreibweise soll ein schneller Abruf und damit eine hohe Leseflüssigkeit erreicht werden. Wolf et al. (2009) führen eine erste bislang unveröffentlichte Studie an, in der durch eine 70-stündige Förderung mit RAVE-O bedeutsame Fortschritte in der Leseflüssigkeit gemacht werden konnten.

Ein vergleichbares Programm liegt in deutscher Sprache noch nicht vor. Dagegen existieren Ansätze, bei Kindern mit Dyslexie häufig vorkommende Graphemcluster intensiv zu trainieren. In einer solchen Untersuchung (Thaler, Ebner, Wimmer & Landerl, 2004) wurden 20 Kinder mit Dyslexie mit hoher Lesegenauigkeit, aber geringer Leseflüssigkeit, mit immer wieder denselben 32 Wörtern mit häufig vorkommenden Anfangsbuchstabenverbindungen (kr-, fl-, str-, schl-) konfrontiert. Das Training dauerte fünf Wochen und bestand jeden Tag aus einer 15-minütigen Förderung, in dem jedes Wort 150 Mal und jedes Graphemcluster durch vier Wörter 600 Mal gelesen wurde. Nach der Förderung zeigte sich, dass Kinder mit Dyslexie die trainierten Wörter immer schneller und an den letzten drei Tagen des Trainings nicht mehr signifikant langsamer lasen als die unbeeinträchtigte und nicht-trainierte Kontrollgruppe. Überraschend war jedoch, dass eine Woche nach der Intervention der Fördereffekt bei trainierten Wörtern zum Teil verloren ging und die Kinder keinen Transfereffekt auf untrainierte Wörter zeigten, die das trainierte Graphemcluster aufwiesen. Insgesamt sind die Ergebnisse ernüchternd:

> "They were subjected to intensive practice under well-controlled conditions, but nevertheless, many dysfluent readers were not able to reach age-adequate reading speed, even for heavily trained words. [...] In summary, the present study shows that dysfluent reading is a serious and persistent handicap. Our intervention induced a substantial reduction of reading times; however, a remarkable amount of repetitions did not lead to age adequate word recognition speed, even for a limited set of training words" (Thaler et al., 2004, S. 108f.).

Für die bleibenden Probleme in der Leseflüssigkeit gibt es vor allem zwei Interpretationen. Torgesen (2005) geht davon aus, dass durch die frühen Leseprobleme der Dyslektiker die Lesepraxis stark verzögert wird. Dyslektiker entwickeln bedingt durch häufige Rückschläge nur wenig Lesemotivation und lesen wenig. Dadurch entwickeln sich der Sichtwortschatz und die Leseflüssigkeit langsamer, was dazu führt, dass den Dyslektikern im Laufe ihrer Entwicklung sehr viel (Lese-)Übung fehlt. Die Kluft zwischen guten und schlechten Lesern nimmt dabei über die Jahre immer weiter zu und eine Intervention kann diese Lücke kaum schließen. Damit wären die Leseflüssigkeitsprobleme vor allem auf mangelnde Übung zurückzuführen. Durch die Studie von Thaler et al. (2004) kann dies aber zumindest teilweise ausgeschlossen werden.

Ein anderer Erklärungsansatz geht davon aus, dass die Defizite in der Leseflüssigkeit vor allem auf Störungen in automatisierten Funktionen zwischen phonologischen und orthografischen Aspekten der Sprache beruhen und so Dyslektiker nach der Präsentation eines geschriebenen Wortes die zugehörige lautliche Repräsentation im phonologischen Lexikon nur langsam aktivieren können (Thaler et al., 2004; Wimmer, 1996, 2006; Wolf, 2007; Wolf & Bowers, 1999). Dies könnte also an einem Speicherdefizit für orthografische Lexikoneinträge liegen, denn Kinder mit Dyslexie benötigen für die Speicherung von Sichtwörtern wesentlich mehr Durchgänge als normal lernende Kinder (Landerl & Wimmer, 2006; Thaler et al., 2004).

Unterricht bei Erwachsenen mit Dyslexie

Bislang existieren nach Hock (2009) nur zwei Untersuchungen, die eine Leseförderung bei Erwachsenen mit Dyslexie evaluierten. In einer multiplen Einzelfallstudie (Massengill, 2003, zitiert nach Hock, 2009) wiesen erwachsene Dyslektiker mit Hilfe einer 32-stündigen direkten Instruktion große Fortschritte im

Lesen auf: Während sie zuvor durchschnittlich auf dem Niveau der ersten Klasse lasen, zeigten sie nachher Wortlesefähigkeiten auf dem Niveau der dritten Klasse. Eine zweite Studie teilte 90 Erwachsene mit Dyslexie auf verschiedene Bedingungen auf (Rich & Shepherd, 1993, zitiert nach Hock, 2009). Eine explizite Unterweisung in Leseverständnisstrategien war dabei die effektivste Unterrichtsform.

Zusammenfassung

Es kann festgestellt werden, dass es eine große Übereinstimmung in der Forschung gibt, welche Arten des Leseunterrichts effektiv sind: Dazu zählen vor allem explizite, direkte, gelenkte und intensive Trainings in der phonologischen Bewusstheit, im phonologischen Dekodieren (Lesegenauigkeit), in der Leseflüssigkeit und im Leseverständnis (National Reading Panel, 2000a, 2000b), auch wenn eine Überprüfung der Überlegenheit der direkten Instruktion im deutschen Sprachraum bislang noch aussteht. Kinder, Jugendliche und Erwachsene *ohne* Dyslexie können allerdings auch von einem anderem, eher offenen Unterricht profitieren, und ein kleinerer Teil der Schüler kann, provokant formuliert, von keiner Unterrichtsmethode abgehalten werden, das Lesen zu lernen (Grosche & Grünke, 2008). Damit benötigen Kinder und Jugendliche mit Dyslexie keinen grundsätzlich anderen Unterricht als Kinder und Jugendliche ohne Dyslexie (Foorman & Torgesen, 2001; Torgesen, 2005; Vellutino & Fletcher, 2005; siehe jedoch Bakker, 2006). Aber da die Probleme im Leselernen durch große Schwierigkeiten bedingt sind, das phonologische Prinzip des Lesens zu verstehen, zu lernen und zu beherrschen, benötigen diese Kinder und Jugendlichen einen Unterricht, der die Prinzipien effektiver Förderung viel stärker beachtet. Der Lehrer muss also expliziter, umfangreicher, intensiver und kognitiv-emotional unterstützender vorgehen als bei Kindern ohne Lernstörungen (Foorman & Torgesen, 2001; Gildroy & Deshler, 2005; Grünke, 2006).

2.7.2 Unterricht und Interventionen bei Analphabetismus

Organisatorisches zu Grundbildungsmaßnahmen

Etwa 80 bis 90 % aller Grundbildungs- und Alphabetisierungskurse für Erwachsene finden in Deutschland ein bis zweimal wöchentlich (nachmittags oder abends) zu jeweils 90 Minuten an Volkshochschulen statt. Die Kurse werden von freien Trägern und den Volkshochschulen bezuschusst, so dass die allermeisten Kurse lediglich geringe symbolische Gebühren erheben oder sogar völlig kostenfrei sind (Döbert & Hubertus, 2000). Wie in Kap. 2.3.2 angeführt, liegt die Kursgröße bei etwa acht Teilnehmern. 2001 wurden an 271 deutschen

Volkshochschulen insgesamt 2141 Grundbildungskurse angeboten, an denen 18767 funktionale Analphabeten teilnahmen (APOLL, 2003). 2004 stieg diese Zahl auf 313 Volkshochschulen, die 3203 Grundbildungskurse mit 29968 Lernenden durchführten (Tröster, 2005).

Der wichtigste Aspekt des Unterrichts mit Analphabeten ist nach Döbert und Hubertus (2000) die Verbindung von Schriftsprachvermittlung und Beratung. In der Erstberatung wird die Angst vor dem stigmatisierenden Defizit der fehlenden Schriftsprachkompetenz genommen, um dann einen Alphabetisierungskurs anzubahnen. Im Kurs selber findet eine kursbegleitende Beratung statt, die aufarbeitende und vorausschauend-planende Funktionen hat. Letztendlich dient Beratung auch der Überweisung in sozialpädagogische oder psychotherapeutische Hilfen.

Im Hinblick auf die Didaktik und Methodik betont Nickel (2000), dass im Grundbildungskurs aufgrund der negativen Schullaufbahn der Teilnehmer möglichst nichts an Schule erinnern und auf Leistungsdruck verzichtet werden sollte. Weil Analphabeten am Lesenlernen bereits mindestens einmal gescheitert sind, steht meist der Gebrauch von Schrift im Mittelpunkt des Unterrichts, um an der Motivation der Lerner anzuknüpfen. Bestimmte Situationen oder eigene Texte gelten als pädagogisch-ganzheitlicher Ausgangspunkt für Alphabetisierungsunterricht. Unterricht und Übungen in Teilfertigkeiten schließen sich diesem dann an, während die Vorgehensweise im Grundschulunterricht meistens genau gegenläufig ist (Nickel, 2000). Selbstverständlich machen Analphabeten in dieser Phase viele Fehler, insbesondere in freien und ungelenkten Unterrichtsinhalten. Diese Fehler werden aber aufgrund eines konstruktivistischen Verständnisses von Lernprozessen ausdrücklich geduldet und als wichtig erachtet und sollen von den Lernenden möglichst selbständig korrigiert werden. Die selbst erstellten Schreibtexte dienen sogleich als Lesetexte. Ein großes Problem der Leseförderung ist jedoch, dass abgesehen von den Eigentexten und einigen wenigen Büchern kaum erwachsenengerechte Texte auf einem sehr niedrigen Leseniveau zur Verfügung stehen. Alphabetisierungspädagogen müssen deshalb häufig selbständig Lesetexte entwerfen oder vereinfachen.

Eine weitere Schwierigkeit ist, dass die Lehrenden in Alphabetisierungskursen zumeist keine spezifische alphabetisierungspädagogische Ausbildung aufweisen und häufig Quereinsteiger mit befristeten Zeitverträgen sind. (Mittlerweile startete jedoch ein Modell eines Masterstudiengangs zur Alphabetisierungspädagogik an der Pädagogischen Hochschule Weingarten.)

Zusätzlich existieren keine empirisch bewährten Methoden der Alphabetisierungsarbeit. Zwar liegen eine Reihe methodisch-didaktischer Handreichungen für

Kursleitende vor; ihr Einsatz wurde jedoch bislang nicht empirisch überprüft (z.B. Ambroz, 1990; Kamper, 1997; Rittmeyer, 1990). Folglich konnten Mellard und Scanlon (2006) feststellen, dass in Alphabetisierungskursen häufig offene und konstruktivistische Unterrichtskonzepte verfolgt werden, in denen die Teilnehmer zu einem großen Teil der Unterrichtszeit alleine lernen, ohne vom Lehrer unterstützt zu werden. Gerade solche Konzepte verhindern häufig ein schnelles und effizientes Lernen (Grünke, 2006). Der Grundbildungsunterricht scheint damit nicht durch ein Zurückgreifen auf effektive, direkt instruktive Fördermaßnahmen gekennzeichnet zu sein.

Lernmotive funktionaler Analphabeten

Die von Egloff (1997) interviewten zehn Analphabeten gehen sehr gerne in die Alphabetisierungskurse, da sie hier unter Gleichgesinnten sind und nicht verspottet werden. (Allerdings konnte Egloff, 1997, natürlich keine Analphabeten interviewen, die nicht mehr in den Kurs gegangen sind, weil er ihnen nicht gefallen hat.) In weiteren Interviews zeigte sich, dass Analphabeten Lesen und Schreiben als Existenzsicherung verstehen und den Grundbildungskurs neben freizeitthematischen Aspekten zur Verbesserung ihrer kommunikativen Partizipationsmöglichkeiten besuchen (Linde, 2008). Die Lerner haben konkrete Vorstellungen von Unterricht. Sie erwarten unter anderem eine starke Ernsthaftigkeit der Kurse, die Ermöglichung individueller Lernwege, starke personale und fachliche Kompetenzen der Kursleitenden, Entscheidungsfreiheit hinsichtlich der Kurseinstufung und des Verbleibs im Kurs und viel aktive Lernzeit. Analphabeten möchten in der Regel viel lernen, sie fordern mehr Unterricht, mehr Übung und mehr Hausaufgaben. Das Lernen an sich darf dabei anstrengend sein. Während am Anfang das rezeptive fremdregulierte Lernen für die Lernenden im Vordergrund steht, gewinnt selbstreguliertes Lernen mit zunehmender Kursdauer an Wichtigkeit. Das häufigste Entscheidungskriterium für eine Teilnahme an Alphabetisierungskursen sind nach Döbert und Hubertus (2000) kritische Lebensereignisse. Das können der Jobverlust, die (drohende) Entdeckung des Analphabetismus seitens des Partners oder der Kinder (z.B. bei der Einschulung), der Wegfall der Hilfestellung des Partners durch Trennung oder Tod, oder Probleme mit Ämtern und dem Ausfüllen von Formularen sein. In einer Befragung von 210 Grundbildungskursteilnehmern der Volkshochschule Bielefeld (Mehrfachnennungen möglich) nahmen 75 % der Männer bzw. 46 % der Frauen aus beruflichen Motiven an den Kursen teil; 8 bzw. 18 % wollten Ängste und Unsicherheiten abbauen; 4 bzw. 11 % möchten Unabhängigkeit gewinnen; und 17 bzw. 14 % wollten einen Hauptschulabschluss nachholen (Döbert & Huber-

tus, 2000). Bei Schladebach (2007) gaben die Analphabeten als Gründe für ihre
Teilnahme zu 88 % an, dass sie etwas für sich tun wollen; 50 % wollen unabhängig werden und 7 % fühlen sich vom Arbeitsamt geschickt. Wichtig sind außerdem der Austausch mit Leidensgenossen und gruppendynamische Aspekte,
da viele Lernende die Kurse als Freizeitaktivität nutzen.

Evaluationsergebnisse von Grundbildungsmaßnahmen

Die meisten Evaluationen von Alphabetisierungsmaßnahmen bei Erwachsenen
weisen keine besonders hohe Qualität auf und betrachten den Unterricht sehr
global, ohne auf spezifische Faktoren der Unterrichtung einzugehen (vgl. Shi &
Tsang, 2008). Dennoch sollen hier diejenigen Studien diskutiert werden, die
zumindest in *peer reviewed journals* erschienen sind. In einer amerikanischen
Studie wird angeführt, dass zwischen 50 und 70 % der Analphabeten den
Grundbildungskurs noch vor dem eigentlichen Ende abbrechen (Philliber, Spillman & King, 1996). Dennoch konnte durch einen 20-stündigen Kurs die Leseleistung amerikanischer Analphabeten durchschnittlich um ein Schulbesuchsjahr
gesteigert werden (Chall, 1994). Migrantinnen und Migranten profitierten im
Gegensatz zu muttersprachlichen Analphabeten mehr vom Training (statistische
Kennwerte und Kontrollgruppen fehlen jedoch). In einer anderen Studie (Fitzgerald & Young, 1997) konnte die Gesamtleseleistung der 111 teilnehmenden
funktionalen Analphabeten leicht gesteigert werden ($d = 0.43$). In Pfadanalysen
schien die Steigerung der Lesekompetenz auf Lehrervariablen zurückführbar zu
sein (z.B. Motivation, Kompetenz, Individualisierung und Vollzeitbeschäfti-
gung). Truch (1994) förderte 281 funktionale Analphabeten durch direkte Instruktion in der phonologischen Bewusstheit und in Graphem-Phonem-Korrespondenzen. In der Gesamtauswertung zeigten sich signifikante Verbesserungen
der Gesamtgruppe in der phonologischen Bewusstheit, im Buchstabenwissen, in
der Wortlesefähigkeit und im Schreiben. Hintz und Grosche (2010) führten eine
multiple Einzelfallstudie der direkten Instruktion von Graphem-Phonem-Korrespondenzen durch. Sechs von sieben teilnehmenden Analphabeten konnten anschließend Buchstaben sicherer benennen als vorher, aber nur drei Lerner zeigten einen Transfereffekt auf das Lesen von Wörtern. In einer Einzelfallstudie
von Grosche und Hintz (2010) fand trotz intensiver Förderung der Lesegenauigkeit kein Lernfortschritt statt. Stattdessen wurde der Lerner sogar zeitweise immer langsamer (Grosche, in Druck). In einer weiteren multiplen Einzelfallstudie
zur direkten Instruktion konnten sich nur zwei von drei Lernenden verbessern
(Grosche, 2011). Jedoch nahmen an all diesen Untersuchungen keine Kontroll-

gruppen teil, so dass auch bei den signifikanten Ergebnissen keine Kausalaussagen über die Effektivität der Maßnahmen getroffen werden können.

Sheehan-Holt und Smith (2000) überprüften anhand einer für Amerika repräsentativen Stichprobe, ob die Teilnahme an Grundbildungskursen mit der Leseleistung zusammenhing. Trotz großer statistischer Teststärke (die Stichprobe
bestand aus über 26000 Erwachsenen) konnte nach Kontrolle einiger Variablen
(Fremdsprache, Alter, Ethnizität, Schulbesuchsjahre, Beschäftigung) kein Unterschied in den Leseleistungen zwischen Grundbildungskursteilnehmern und Probanden, die niemals einen Grundbildungskurs besucht haben, gefunden werden.
Ebenso hatte die Art oder der Zeitpunkt des Kurses keinen Einfluss auf die Lesekompetenz.

In einer Studie von Friedlander und Martinson (1996) wurde ein sehr großes
amerikanisches Grundbildungsprogramm evaluiert, an dem insgesamt 1081 Erwachsene teilnahmen, um staatliche finanzielle Unterstützung zu erhalten. Die
Teilnehmer der randomisiert zugewiesenen Kontrollgruppe suchten nur zu 8 %
einen Grundbildungskurs auf. War die Teilnahme wie in der Experimentalgruppe für den Erhalt staatlicher Prämien verpflichtend, stieg die Teilnahmequote
auf 44 % an, bei einer durchschnittlichen Anwesenheitsquote von etwa 60 % der
Gesamtstunden. Im Schnitt konnte durch die zweijährige Interventionsphase das
Leselevel nicht signifikant gesteigert werden. Vergleicht man jedoch die unterschiedlichen Leser, dann konnten nur diejenigen vom Kurs profitieren, die bereits über vergleichsweise starke Lesekompetenzen verfügten (Friedlander &
Martinson, 1996). Während diese Auswertung alle Probanden analysierte, wurden in einer weiteren Auswertung des Datensatzes (Boudett & Friedlander,
1997) nur die Probanden überprüft, die auch wirklich am Programm teilgenommen hatten. Hier zeigte sich, dass sich die Kursteilnehmer signifikant verbesserten. Leider kann die absolute Verbesserung von durchschnittlich 23 Punkten
nicht in ihrer Größe interpretiert werden (sind 23 Punkte ein starker oder schwa-
cher Zuwachs?), denn wie auch in der vorgenannten Publikation fehlen leider
sämtliche statistische Kennwerte zur Berechnung von Effektstärken oder wenigstens Bezugsgrößen. Wiederum verbesserten sich die Teilnehmer stärker, die
das Programm bereits mit einer höheren Lesekompetenz begannen. Je häufiger
der Unterricht besucht wurde, desto besser waren die Leseleistungen. Dennoch
sind die gefundenen Effekte eher kleiner Natur. Das Programm ist deshalb nach
Interpretation der Autoren in beiden Analysen ineffektiv.

In einem Review wurden neun publizierte und nicht-publizierte randomisierte
Experimente mit Erwachsenen als Stichprobe gefunden (Torgerson, Porthouse
& Brooks, 2003). Die meisten Studien wiesen erhebliche methodologische Prob-

leme auf. Obwohl die zugrundeliegenden Stichproben sehr heterogen waren (Gefängnisstichproben, Grundbildungskurse mit verschieden guten Lesern), rechneten Torgerson et al. (2003) eine Metaanalyse und fanden eine signifikante gewichtete Effektstärke von $d = 0.49$. Eine weitere Analyse zeigte, dass wahrscheinlich ein *publication bias* vorlag, d.h. Studien mit negativen oder Null-Effekten wurden weder grau noch *peer reviewed* veröffentlicht. In der Einzelauswertung der Studien wiesen nur zwei der neun Studien einen signifikanten Effekt auf. Nur eine einzige Studie war groß genug, um eine genügend große Teststärke sicherzustellen. Es handelt sich dabei um die oben bereits vorgestellte Studie (Boudett & Friedlander, 1997; Friedlander & Martinson, 1996).

In einem zweiten Review der Autoren wurden zusätzlich neun nicht-randomisierte Quasi-Experimente miteinander verglichen (Torgerson, Porthouse & Brooks, 2005). Drei Studien zeigten einen signifikanten positiven Effekt der Experimentalgruppe, fünf hatten keinen Effekt und eine Studie berichtete von einem signifikanten negativen Effekt der Experimentalgruppe. Jedoch hatten alle neun Studien erhebliche methodologische Mängel, so dass die Autoren keine Schlüsse aus ihrem Review ziehen wollen und können.

2.7.3 Gemeinsamkeiten und Unterschiede

Bei Dyslexie hat sich ganz eindeutig ein direkt-instruktiver Unterricht als überlegen herauskristallisiert. Weil Lerner mit Dyslexie starke Probleme mit dem zielgerichteten Erkennen, Lernen und Beherrschen von phonologischen Prinzipien haben, werden sie in der direkten Instruktion explizit angeleitet, diese Grundsätze zu erwerben, zu trainieren und immer weiter zu festigen. Auch wenn so Defizite in der Lesegenauigkeit behoben werden können, bleiben Probleme in der Leseflüssigkeit bestehen.

Hinsichtlich des funktionalen Analphabetismus liegen bislang kaum genügend Studien vor, um ein Fazit über geeignete Unterrichtsmethoden zu ziehen. Die vorliegenden Untersuchungen kommen indes meistens zu dem Schluss, dass viele Kurse und Maßnahmen den Analphabeten nur wenig bis gar nicht beim Lesenlernen helfen. Die Evaluationen, die positive Effekte zeigen konnten, waren methodisch sehr fragwürdig und eignen sich durch das Fehlen von Kontrollgruppen nicht, kausale Schlüsse zu ziehen.

Ein Vergleich von Unterricht und Intervention bei Dyslexie und funktionalem Analphabetismus lässt sich deshalb nicht rechtfertigen. Es kann jedoch vermutet werden, dass der Unterricht bei funktionalen Analphabeten vielleicht wirklich so schwierig ist, weil viele Analphabeten eine sehr starke Dyslexie aufweisen. Eine andere Interpretation könnte aber auch sein, dass die Grundbildungskurse an sich eine geringe Qualität aufweisen (Mellard & Scanlon, 2006; Scanlon & Lenz, 2002).

2.8 Zusammenfassung des Kapitels

Ziel von Kapitel 2 war das Herstellen eines Vergleiches der unterschiedlichen Phänomene von funktionalem Analphabetismus und Dyslexie, indem Gemeinsamkeiten und Unterschiede zwischen beiden Erscheinungen diskutiert wurden. Dieses Vorgehen ließ sich formal durch die Grundannahme rechtfertigen, dass beide Phänomene auf Schwierigkeiten des Lesenlernens beruhen (Kap. 2.1). In Kapitel 2.2 (Definitionen) wurde dargelegt, dass Dyslexie eine neurobiologisch-phonologisch bedingte Entwicklungsstörung des Lesenlernens ist, während funktionaler Analphabetismus das Nichterfüllen gesellschaftlicher Erwartungen bezüglich des Lesens trotz Erfüllung der Schulpflicht bezeichnet. Insgesamt weisen beide Begriffe erstaunliche Parallelen auf (abgesehen von der biologischen Verursachung), die sich vor allem auf die erwartungswidrigen Leseleistungen beziehen. Das Kapitel 2.3 (Prävalenz) berichtete von einer Größenordnung der Dyslexie von 4 bis 6 % und des funktionalen Analphabetismus von 6 %. Es ist beeindruckend, wie ähnlich diese Zahlen sind, obwohl anhand der Prävalenzangaben selbstverständlich nicht gesagt werden kann, ob die jeweiligen Populationen identisch, überlappend oder völlig verschieden sind. Die Ursachen (Kap. 2.4) der Dyslexie sind genetisch bedingte Anomalien der Hirnentwicklung, die die Verarbeitung von phonologischen Informationen (phonologische Bewusstheit, verbales Arbeitsgedächtnis, lexikalischer Abruf von phonologischen Informationen) stören (Kap. 2.5). Im Gegensatz dazu scheint funktionaler Analphabetismus vor allem durch soziokulturelle und psychosoziale Gründe verursacht zu sein (Kap. 2.4), wobei die wenigen verfügbaren Studien aufgrund des querschnittlichen Forschungsdesigns keine kausalen Schlüsse zulassen. Ob Defizite in der phonologischen Informationsverarbeitung funktionalen Analphabetismus bedingen, kann aufgrund widersprüchlicher Untersuchungsergebnissen nicht endgültig beantwortet werden (Kap. 2.5). In Kapitel 2.6 konnte gezeigt werden, dass Dyslektiker starke Probleme mit phonologischen Leseprozessen haben und diese durch lexikalische Lesestrategien versuchen auszugleichen. Aufgrund widersprüchlicher Studien gilt das bei funktionalen Analphabeten nur eingeschränkt. In Kapitel 2.7 konnte nachgewiesen werden, dass sich bei Dyslexie ein direkt-instruktiver Unterricht als überlegen herauskristallisiert hat, aber bedeutsame Defizite in der Leseflüssigkeit bestehen bleiben. Hinsichtlich des funktionalen Analphabetismus kommen die wenigen vorliegenden Studien meistens zu dem Schluss, dass viele Kurse und Maßnahmen den Analphabeten nur wenig bis gar nicht beim Lesenlernen helfen.

Der Vergleich von Dyslexie und funktionalem Analphabetismus muss also noch weitgehend offenbleiben. Indes spricht einiges dafür, dass sich beide Phänomene bedeutsam überlappen: Die Definitionen und Größenordnungen überschneiden sich stark; das Lesenlernen findet vor dem Hintergrund erschwerter Bedingungen statt; die Interventionen scheinen schwierig und langwierig zu sein. Gegen diese Überlappung spricht, dass neurobiologische und phonologische Defizite die Hauptursache für Dyslexie sind, aber funktionaler Analphabetismus durch soziale Gründe bedingt zu sein scheint. Dennoch können soziale Gründe funktionalen Analphabetismus nicht als alleinige Ursache kausal erklären, denn die meisten Menschen aus sozial prekären Verhältnissen verfügen über eine ausreichende Lesekompetenz. Allerdings kommt der größte Anteil der funktionalen Analphabeten aus der sozialen Grundschicht, so dass die soziale Bildungsbenachteiligung und die psychosozialen Probleme nicht völlig unabhängig davon sein können.

Am erfolgversprechendsten scheint deshalb ein Verursachungsmodell des funktionalen Analphabetismus zu sein, in dem eine gewisse Veranlagung zu Dyslexie besteht. Dieser Veranlagung wird durch die fehlende soziale Bildungsbeteiligung und dem Ausbleiben von geeigneter Förderung sowie durch psychosoziale Probleme nicht präventiv und interventiv begegnet, so dass die Veranlagung zu einer starken sozial wie neurobiologisch bedingten Dyslexie führt. Funktionaler Analphabetismus wäre einem solchen Modell zufolge eine phonologisch bedingte Entwicklungsstörung des Lesens, die sich durch Defizite in der phonologischen Informationsverarbeitung äußert und durch soziale Ursachen aufrechterhalten wird. Diese Theorie sollte das Phänomen des funktionalen Analphabetismus besser ursächlich erklären als eine alleinige soziale Ätiologie oder eine alleinige Verursachung durch Dyslexie. Sie soll deshalb im Folgenden ausführlich entwickelt, dargelegt und anschließend einer ersten empirischen Überprüfung unterzogen werden.

3 Die Interaktionstheorie des funktionalen Analphabetismus

3.1 Ziel und Grundlegung der Interaktionstheorie

Im vorherigen Kapitel 2 wurde ausgeführt, dass es bedeutsame Überlappungen zwischen funktionalem Analphabetismus und Dyslexie zu geben scheint (Kap. 2.1): Die Definitionen ähneln sich (Kap. 2.2), die Prävalenz ist etwa gleich häufig (Kap. 2.3), das Lesenlernen ist für beide Gruppen schwierig (Kap. 2.6) und die Unterrichtung ist jeweils problematisch, aber möglich und wichtig (Kap. 2.7). Gegen diesen engen Zusammenhang spricht, dass funktionaler Analphabetismus in literalisierten Gesellschaften bislang eher als *soziale Entwicklungsverzögerung des Lesens* konzipiert wurde (Kap. 2.4), während Dyslexie vor allem eine *phonologische Entwicklungsstörung des Lesens* darstellt, die durch Defizite in der phonologischen Informationsverarbeitung (lexikalischer Abruf phonologischer Informationen, phonologische Bewusstheit und verbales Arbeitsgedächtnis) hervorgerufen wird (Kap. 2.5).

Zur Lösung dieses scheinbaren Widerspruchs stellt der Autor in diesem Kapitel eine Interaktionstheorie des funktionalen Analphabetismus (IT-FA) auf, die den Anspruch hat, die Ursachen von Analphabetismus besser als bisherige Modelle zu erklären. Mit der IT-FA soll erklärt werden, warum in einer literalisierten Gesellschaft mit Schul- und/oder Unterrichtspflicht Erwachsene existieren, die nicht richtig lesen und schreiben können. Die IT-FA gilt damit explizit nicht für diejenigen Menschen, die aus Gesellschaften stammen, in denen niemals die Chance bestand, zur Schule zu gehen (primäre Analphabeten). Ebenso gilt sie nicht für Migrantinnen und Migranten, die in ihrer Muttersprache alphabetisiert sind, aber in der Verkehrssprache des Zuzugslandes als Analphabeten zu bezeichnen wären. Dagegen sollten die Annahmen der Theorie für die in Deutschland geborenen und hier zur Schule gegangenen funktionalen Analphabeten zutreffend sein.

Die IT-FA hat ihren Ursprung in vier Entwicklungsmodellen, die kurz angerissen werden, um die IT-FA in einen größeren wissenschaftstheoretischen und historischen Zusammenhang einordnen zu können. Zuerst ist das *biosoziale Modell der Lernbehinderung* als Kumulation und Interaktion von Risikofaktoren nach Kanter (1973, 1977) zu nennen. Kanter (1977) geht von einer multifaktoriellen Betrachtungsweise aus, in der sozial-kulturelle (z.B. negative Milieueinwirkungen, frühe emotionale Probleme, schlechte familiäre Wohn- und Wirtschaftsverhältnisse) und biologisch-organische Faktoren (z.B. pathologische, reifungsbiologische, konstitutionelle und neurologische Dysfunktionen) kumulieren und interagieren. Erst durch das gemeinsame Wirken beider Verursachungskomplexe lassen sich Lernbehinderungen erklären. Allerdings bleibt nach Schröder (2005) die Funktionsweise der Interaktions- und Kumulationsprozesse relativ unbestimmt. In der IT-FA werden dagegen die Interaktions- und Kumulationsprozesse so aufgestellt, dass sie empirisch überprüfbar, d.h. falsifizierbar werden.

Die zweite Grundlage für die hier vorzustellende Theorie stellen die *biopsychosozialen Diathese-Stress-Modelle* nach Lauth (Lauth & Heubeck, 2006; Lauth & Mackowiak, 2006; Lauth & Raven, 2009) dar. Lauth berücksichtigt biologische, psychologische und soziale Risikofaktoren, die kumulieren und langsam zu der Ausbildung und Stabilisierung von psychischen Störungen führen. Im Bedingungsmodell für aggressiv-dissoziales Verhalten nach Lauth und Heubeck (2006) entstehen durch biologische Risikofaktoren (z.B. genetische Veranlagung und unzureichende zentralnervöse Reizübertragung) zunächst Interaktionsprobleme zwischen Eltern und Kind, die häufig genug eskalieren und damit eine aggressive Lerngeschichte bereitstellen und in eine Verhaltensstörung münden. Bezüglich der Ausbildung einer Aufmerksamkeitsstörung gehen Lauth und Raven (2009; vgl. auch Lauth & Schlottke, 2002) davon aus, dass Störungen in der zentralnervösen Inhibitionskontrolle für die mangelnde Ausrichtung der Aufmerksamkeit verantwortlich sind. Aber erst im Zusammenspiel mit sozialen Umständen (z.B. geringe Anleitung durch die Eltern, Erziehungskonflikte, kaum Verstärkung von positivem Verhalten) wird eine Aufmerksamkeitsstörung hervorgerufen. Das biopsychosoziale Modell für Lernstörungen (Lauth & Mackowiak, 2006) bleibt dagegen relativ unspezifisch: Biologische Risikofaktoren wie häufige Erkrankungen oder Geburtskomplikationen kumulieren mit ungünstigen Lernvoraussetzungen und interagieren mit sozialen Faktoren (z.B. mangelnder Anregungsgehalt in der häuslichen Umgebung). Die hier vorzustellende IT-FA versucht die biologischen Lernvoraussetzungen und die sozialen Faktoren hinsichtlich des funktionalen Analphabetismus zu spezifizieren.

Raine (2002) geht in seinem *biosozialen Modell antisozialen und aggressiven Verhaltens* davon aus, dass sowohl biologische als auch soziale Gründe Verhaltensstörungen erklären. Es gibt jedoch bedeutsame Unterschiede in der anteiligen Erklärung je nach Schichtzugehörigkeit. In sozial benachteiligten Schichten sind die sozialen Faktoren wichtiger als die biologischen; und in sozial bevorzugten Schichten sind es eher die biologischen als die sozialen Gründe, die zur Entwicklung aggressiver Störungen beitragen (*social push hypothesis*). Hier setzt die IT-FA des funktionalen Analphabetismus direkt an, in dem sie die Unterschiede in den sozialen Hintergründen von Analphabeten in Bezug auf die Leseentwicklung expliziert.

Als vierte und letzte Grundlage für die hier vorzustellende IT-FA gelten die psychopathologischen *Threshold-Vulnerabilitäts-Stress-Modelle* nach Ingram und Luxton (2005). Es muss eine gewisse internale Vulnerabilität (Verletzlichkeit) innerhalb eines Menschen existieren, damit externale Stressoren an diesem Menschen angreifen können. Die Vulnerabilität ist latent, kann also nicht direkt beobachtet werden, sondern entwickelt sich erst in der Aktivierung durch die Umwelt zu einer manifesten psychopathologischen Störung. Nach dem Threshold-Modell hat jeder Mensch einen gewissen Level der biologischen Prädisposition und der soziologischen Stressoren. Von einer Störung kann man aber erst dann sprechen, wenn beide kumulieren und interagieren und einen gewissen Schwellenwert (Threshold) übertreffen. Dieser Aspekt soll in der IT-FA berücksichtigt werden.

Zusammengefasst liegen den vier Entwicklungsmodellen folgende Aspekte zugrunde, die auch die vorzustellende IT-FA kennzeichnen sollen:

- Multifaktorielle statt monokausale Verursachung: Es gibt nicht einen einzigen Ursachenfaktor, sondern verschiedene phonologische und soziale Risikofaktoren für Analphabetismus.
- Holistische statt reduktionistische Erklärung: Es wird sowohl von internalen Dispositionen (phonologische Defizite) als auch von externalen Umweltbedingungen (soziale Benachteiligungen) ausgegangen.
- Kumulation und Interaktion: Erst das gemeinsame Auftreten der verschiedenen Ursachen führt zu Analphabetismus.
- Dimensionales statt dichotomes Risiko: Eine Zweiteilung (Dichotomie) zwischen Analphabeten und lesekundigen Erwachsenen ist nicht aufrechtzuhalten. Stattdessen muss von einer Dimension ausgegangen werden, anhand derer das individuelle Risiko zur Ausbildung von Analphabetismus für jeden Menschen bestimmt werden kann.
- Probabilistische statt deterministische Verursachung: Das Modell geht davon aus, dass soziale und phonologische Risikofaktoren die Wahrscheinlichkeit für Analphabetismus erhöhen, statt Analphabetismus in einem Alles-oder-Nichts-Prinzip zu determinieren.

Die Grundannahme der IT-FA lautet demnach wie folgt: Funktionaler Analphabetismus ist weder ausschließlich durch schlechte Förderung und psychosoziale Benachteiligung noch durch eine phonologisch-bedingte Dyslexie alleine er-

klärbar. Erst wenn soziale und phonologische Ursachenfaktoren gleichzeitig auftreten (Kumulation) und sich gegenseitig beeinflussen (Interaktion), steigt das
Risiko einer Ausbildung von funktionalem Analphabetismus. Damit stellt funktionaler Analphabetismus eine phonologisch bedingte Entwicklungsstörung des
Lesens dar, die durch Defizite in der phonologischen Informationsverarbeitung
hervorgerufen und aufgrund sozialer Problemlagen nicht adäquat behandelt
wurde.

3.2 Kumulation und Interaktion sozialer und phonologischer Ursachen

3.2.1 Soziale Ursachen

Aus den Interviewstudien mit deutschsprachigen Analphabeten ist bekannt, dass
vor allem soziale Ursachen zu Analphabetismus führen (siehe Kap. 2.4.2). Die
von Egloff (1997) und Linde (2008) befragten Analphabeten berichten von einer
vorenthaltenen Kindheit, von einem lieblosen und finanziell prekären Elternhaus, von der systematischen Bildungsbenachteiligung und der mangelnden Bildungsnähe der Eltern. Sie erzählen von Gewalterfahrungen und Missbrauch
durch die Eltern, mangelnder Zuwendung, Gleichgültigkeit oder Ignoranz, fehlenden sozialen Interaktionen und Kommunikationsweisen. Die Lehrer in der
Schule halfen den betroffenen Schülern kaum, weil sie schlecht ausgebildet waren und keine zielgruppenspezifische Förderung bei Lernschwierigkeiten anbieten konnten. Hinzu kamen Bindungsstörungen zwischen Kindern und Eltern
bzw. Lehrern (H. Wagner & Schneider, 2008). Diese Ursachenkomplexe lassen
sich zu den zwei allgemeineren sozialen Komponenten *Bildungsbenachteiligung*
und *Stressbelastungen* zusammenfassen, die beide bereits in der frühen Kindheit
beginnen und eng mit der *sozialen, ökonomischen und kulturellen Herkunft* zusammenhängen (Abbildung 13).

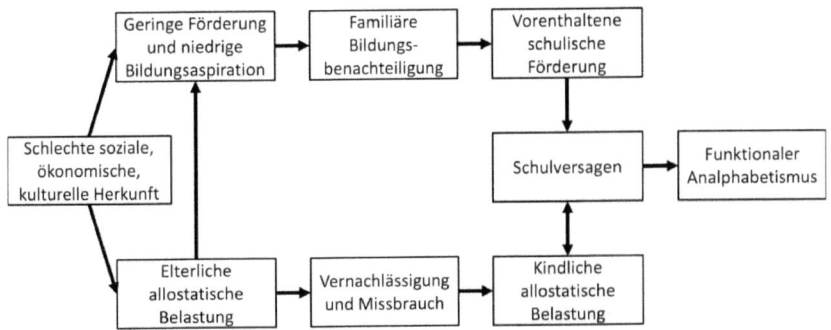

Abbildung 13: Dimension der sozialen Verursachung von Analphabetismus in der Interaktionstheorie des funktionalen Analphabetismus IT-FA

Bildungsbenachteiligung durch einen niedrigen Sozialstatus

Der *obere Pfad* in Abbildung 13 beschreibt die mit einer niedrigen sozialen, ökonomischen und kulturellen Herkunft verknüpfte *Bildungsbenachteiligung* als Ursache für Analphabetismus. Das lässt sich durch das *family investment model* erklären (Conger & Donnellan, 2007). Nach diesem Modell investieren Eltern finanzielles, soziales und Humankapital in das Wohlbefinden, die Schulleistungen und die Talente der Kinder. Sie statten sie mit Lernmaterialien und vielfältigen kognitiven Stimulationen aus, sie bringen ihnen viel bei und achten sehr auf gute Schulleistungen (Bildungsaspiration). Aber wenn in einer Familie nur wenige kulturelle und sozioökonomische Ressourcen vorliegen, werden vor allem die unmittelbaren Bedürfnisse befriedigt, so dass insgesamt viel weniger in die Bildung des eigenen Nachwuchses investiert werden kann.

Folglich bietet eine Familie mit einem geringen sozialen, ökonomischen und kulturellen Status eine schlechtere Grundlage zur Ausbildung akademischer Leistungen ihrer Kinder als eine Familie mit einem hohen Status (Helmke & Schrader, 2006; Helmke & Weinert, 1997; Sauer, 2006). Familien mit einem niedrigen Sozialstatus stellen ihren Kindern weniger kognitiv stimulierende Materialien, pädagogisch wertvolle Spielgeräte und Bücher zur Verfügung; sie sprechen insgesamt seltener und nur mit einem reduzierteren Vokabular mit ihren Kindern; sie lesen ihnen seltener etwas vor oder bringen ihnen etwas bei; sie erwarten weniger hinsichtlich akademischer Leistungen; sie nehmen ihre Kinder seltener zu kulturellen und pädagogischen Events mit; und sie kontrollieren weniger den Fernseh- und Computerkonsum (Überblick bei Bradley & Corwyn, 2002). Kinder aus einem niedrigen Status starten ihre Schullaufbahn mit schwächeren akademischen Fähigkeiten und geringeren akademischen Interessen (Arnold & Doctoroff, 2003). Ein solches Ausbleiben von Förderung wird dann in der Schule weitergeführt: Lehrer nehmen Kinder mit einem niedrigen Sozialstatus negativer war, lassen ihnen weniger positive Aufmerksamkeit zukommen und verstärken angemessene Verhaltensweisen seltener positiv (Bradley & Corwyn, 2002). Außerdem erfüllen Kinder aus einem niedrigen Sozialstatus vermehrt negative Stereotype der Lehrer, so dass diese Kinder weniger gefördert werden (Arnold & Doctoroff, 2003). Die so vorenthaltene Bildung führt dann langfristig zu Analphabetismus.

Stressbelastungen durch einen niedrigen Sozialstatus

Der *untere Pfad* in Abbildung 13 kann Analphabetismus durch *psychosoziale Verursachung durch Stress* [10] auf zwei verschiedenen Wegen erklären. Nach dem *indirekten* Weg (in Abbildung 13 der Pfeil des unteren Pfades auf den oberen Pfad) wird aufgrund des *family stress model* (Conger & Donnellan, 2007) angenommen, dass z.b. durch finanzielle Schwierigkeiten und Arbeitslosigkeit materielle Grundbedürfnisse wie Kleidung und Essen nicht befriedigt und Rechnungen kaum bezahlt werden können. Das führt dann zu negativen Emotionen der Eltern, wie zum Beispiel zu Unsicherheiten, Hilflosigkeit, Kraftlosigkeit, Depressionen, (Zukunfts)Ängsten, Ärger, Frustrationen und Entfremdungen. Die Folgen sind Substanzmittelmissbrauch, antisoziale Verhaltensweisen, häufige Partnerkonflikte und eine insgesamt niedrige Ehezufriedenheit. Das wiederum führt zu dem übermäßigen Einsatz von negativem Erziehungsverhalten und weniger emotionaler Zuwendung. Die betroffenen Eltern sind so stark mit ihren eigenen Problemen beschäftigt, dass sie die Bedürfnisse der Kinder nicht sehen oder nicht erfüllen können. Daraus folgt, dass Eltern kaum in die Bildung ihrer Kinder investieren können, womit ein Kreis zum *family investment model* geschlossen wird (Vandewater & Bickham, 2004): Der Stress der Eltern führt indirekt zur Bildungsbenachteiligung, zu schlechten Leseleistungen der Kinder und langfristig gesehen zu funktionalem Analphabetismus.

Der *zweite direkte Weg der stressbezogenen Erklärung* von Analphabetismus in Abbildung 13 (unterer Pfad) setzt dagegen direkt bei den (Lese-)Lernprozes-

---

10 Mit Stress werden diejenigen Umstände bezeichnet, „that threaten, challenge, exceed, or harm the psychological or biological capacities of the individual" (Grant & McMahon, 2005, S. 3). Dies ist eine objektive Definition von Stress. Dagegen wird Stress bei Erwachsenen meist als die subjektive Erfahrung von negativen Gefühlen und Überzeugungen definiert, „die immer dann auftreten, wenn Menschen sich nicht in der Lage fühlen, die Anforderungen ihrer Umwelt zu bewältigen" (Aronson, Wilson & Akert, 2008, S. 494; vgl. auch Kemeny, 2003). Eine solche Stressdefinition ist bei kleinen Kindern weniger brauchbar, da sie davon ausgeht, dass Stress nur subjektiv erlebt werden kann. Kleinkinder sind für diese subjektive Bewertung aber noch nicht in der Lage, so dass eine objektivere Definition von Stress geeigneter erscheint (Grant & McMahon, 2005).

sen der Kinder an. Der Stress der Eltern belastet die Eltern stark und führt zu negativen Erziehungspraktiken, Missbrauch und Vernachlässigung, was wiederum auf Seiten der Kinder zu Stress führt. Auf Stress reagiert der Körper zunächst mit der *adaptiven und funktionalen Aktivierung* des autonomen Nervensystems und der Ausschüttung von Hormonen, die den Körper in eine Art Alarmzustand versetzen. Vor allem adrenale Steroide (Kortisol) und Katecholamine (Adrenalin) werden ausgeschüttet und im Hippocampus absorbiert, der für die Ausschüttung weiterer Stresshormone sowie für Lernleistungen verantwortlich ist. Adrenalin wird in Sekundenschnelle ausgeschüttet, während Kortisol langsam freigesetzt wird und sein Maximum innerhalb von 20 bis 40 Minuten nach dem Stressor erreicht (Kemeny, 2003). Der Zusammenhang von Stresshormonen und (Lesen-)Lernen folgt einer umgekehrten U-Funktion: Optimales Lernen findet bei einer mittleren Aktivation statt. Dagegen wird Lernen bei absoluter „Unterspannung" sowie bei Stressüberlastung außer Kraft gesetzt (McEwen, 2007). Ebenso ist der Zeitpunkt der Stressbelastung wichtig: Kurzfristiger Stress beim Lernen unterstützt die Wahrnehmung, Konsolidierung und Speicherung von Lerninhalten (Joels, Pu, Wiegert, Oitzl & Krugers, 2006).

Wird dieser Zustand jedoch langfristig und chronisch aufrecht erhalten, dann führt die adaptive Aktivierung zu *dysfunktionaler, nicht-adaptiver allostatischer Belastung*, die eine wiederholte längerfristige Aktivierung der Stresssysteme des Körpers darstellt (Baum, Garofalo & Yali, 1999). Wenn diese Systeme über einen langen Zeitraum aktiv sind oder immer wieder an- und ausgeschaltet werden, dann führt das zu pathophysiologischen Reaktionen des Körpers (McEwen, 2000, 2007). Vor allem die Funktionsweise des Hippocampus (aber auch des präfrontalen Cortex) wird durch eine langfristige allostatische Belastung eingeschränkt, in dem Dendriten und Axone durch das hohe Ausmaß an Stresshormonen abgebaut werden, die synaptische Plastizität eingeschränkt wird und eine reduzierte Neurogenese stattfindet. Auf diesem Weg werden das Lernen und die Gedächtnisfunktionen negativ eingeschränkt (Joels et al., 2006; McEwen, 2007). Dies trifft besonders auf früheste Stresserfahrungen zu. Je früher im Leben Stresserfahrungen gemacht wurden, desto höher ist die emotionale Reaktivität eines Menschen auf allostatische Belastungen. Menschen, die bereits sehr früh viel Stress ausgesetzt waren, reagieren auf neue Stressreize besonders verletzlich und negativ (McEwen, 2007). Sie zeigen starke negative Emotionen und schütten besonders viel Kortisol aus, was das Gedächtnis, die Aufmerksamkeit und die exekutiven Funktionen besonders beeinträchtigt. Wenn Kinder, die bereits früh zahlreichen Stressoren ausgesetzt waren, Schulprobleme haben, dann sollte das dazu führen, dass das Lesenlernen durch nicht-adaptive Stressreaktionen noch weiter gestört wird (Evans & Schamberg, 2009; Schamberg, 2008; Thompson & Massat, 2005). Langfristig gesehen könnte so Analphabetismus entstehen.

Limitationen der sozialen Ätiologie

Nach dieser Darstellung der IT-FA muss nun die Frage gestellt werden, ob die ökonomischen, sozialen und kulturellen Probleme Analphabetismus vollständig erklären können. Die bisherigen Modelle zur sozialen Verursachung von Analphabetismus gehen eindeutig davon aus, dass die psychosozialen Probleme und die soziale Bildungsbenachteiligung die Ursache für die schwachen Leseleistungen der späteren funktionalen Analphabeten darstellen:

> „Irgendwann jedoch führt das Zusammenspiel familiärer und schulischer Konstellationen dazu, daß der Leidensprozeß doch manifest wird, wobei diese Grenzüberschreitung oft in der zweiten Klasse zu beobachten ist. Wichtig ist hier aber, daß der Grund für das Wirksamwerden der schulischen Verlaufskurve nicht im Lese- und Schreiblernprozeß liegt. D.h., der Leidensprozeß beginnt nicht deshalb, weil die Schüler gerade in diesen Fächern Schwierigkeiten haben. Vielmehr scheint es so zu sein, als beeinflusse die wirksam gewordene Verlaufskurve bestimmte Lernprozesse negativ (z.B. den Lese- und Schreiblernprozeß)" (Egloff, 1997, S. 136).

Aber diese Interpretation lässt sich nicht kausal absichern, da die zugrundeliegenden Studien ausschließlich querschnittlich angelegt sind und in ihnen keine Kontrollgruppen interviewt wurden. Deshalb kann nicht ausgeschlossen werden, dass die psychosozialen Auffälligkeiten und sozialen Bildungsbenachteiligungen eher eine Folge als die Ursache für Leseprobleme darstellen (Henne-Ei-Problem): Vielleicht entstehen die zahlreichen familiären Probleme erst durch das Schulversagen der Kinder. Oder schulische und psychische Probleme führen zu Minderleistungen in der Erwerbstätigkeit, so dass funktionale Analphabeten entweder kaum aus ihrer prekären sozialen Lage herauskommen oder infolge ihrer psychosozialen und Leseprobleme dahin absinken.

Zum Beispiel gehen Warnke et al. (2002) davon aus, dass depressive Störungen, Angststörungen und Störungen des Sozialverhaltens eher die Folge als die Ursache von Leseproblemen sind. Zwar zeigen einige Schüler aufgrund von Leseproblemen in ihrer frühen schulischen Entwicklung Verhaltensauffälligkeiten. In den weiteren Schulbesuchsjahren entwickeln sich jedoch beide Störungen unabhängig voneinander, was auch unter Kontrolle von sozioökonomischen Faktoren und der Intelligenz bestehen bleibt (Klicpera et al., 2007). Ebenso konnten zum Beispiel Lamm und Epstein (1992, zitiert nach Undheim, 2003) keinen Einfluss emotionaler Schwierigkeiten auf Lesestörungen nachweisen. Dagegen war eine Diskrepanz zwischen elterlichen Erwartungen und aktuellen Schulleistungen ein deutlicher Risikofaktor für die Ausbildung emotionaler Probleme (Casey et al., 1992, zitiert nach Undheim, 2003). Aber dann müssten sich schulisch-induzierte emotionale Probleme vor allem bei Kindern von hoch-bildungsaspirierten Eltern und nicht etwa bei Heranwachsenden aus der sozialen Grundschicht zeigen. In einer Längsschnittstudie beeinflussten die Schulleistungen in der ersten Klasse das Ausmaß an depressiven Symptomen in der siebten Klasse, selbst wenn das Ausmaß von Verhaltensproblemen, Unaufmerksamkeit und Freundschaften statistisch kontrolliert wurde (Herman, Lambert, Reinke & Ialongo, 2008). Dem entgegengesetzt gab es keinen Einfluss depressiver Symptome in der ersten Klasse auf die akademischen Leistungen in der siebten Klasse. Falls sich die angeführten Ergebnisse auf Analphabetismus übertragen lassen, dann sollten soziale Probleme wohl eher die Folge als die Ursache von Schulschwierigkeiten sein.

Ein weiteres Argument spricht gegen die alleinige Betrachtung sozialer Ursachen. Obwohl die Annahme einer sozioökonomischen, soziokulturellen und psychosozialen Verursachung durchaus plausibel erscheint, finden sich zahlreiche Studien, die auf (mindestens) einen weiteren Faktor schließen lassen. Soziale Kontextbedingungen korrelieren in der Metaanalyse von Sirin (2005) mit Schulleistungen mit $r = .29$ (74 Studien) und in bei Helmke und Weinert (1997) zitierten Metaanalysen mit lediglich $r = .18$ (153 Studien). Gleiches gilt für motivationale, affektive und emotionale Faktoren, die lediglich zu $r = .12$ (355 Studien) mit den akademischen Leistungen korreliert waren. Dagegen zeigen kognitive Schülermerkmale mit $r = .44$ (484 Studien) einen deutlich größeren Zusammenhang zu den Schulleistungen. Damit sind die dispositionalen Merkmale und das aktuelle Verhalten eines Schülers wichtigere Determinanten von Schulleistungen als die soziale Herkunft oder emotionale Variablen (Helmke & Schrader, 2006; Helmke & Weinert, 1997; Sauer, 2006).

Diese Ergebnisse widersprechen zahlreichen Alltagserfahrungen. Zum Beispiel wird häufig die PISA-Studie als Beleg angeführt, dass soziale Faktoren die Lesekompetenz maßgeblich bestimmen. An dieser Interpretation ist richtig, dass in keinem anderen von der OECD überprüften Land der Zusammenhang mit Bildungserfolg und sozialer Schichtzugehörigkeit so groß ist wie in Deutschland (Baumert, Watermann & Schümer, 2003). In allen anderen überprüften Ländern war der soziale Status schwächer mit den Schulleistungen verknüpft. Zum Beispiel konnte in multiplen Regressionsanalysen die Schulleistung deutscher Jugendlicher zu 20 % durch verschiedene Indikatoren des sozioökonomischen Status erklärt werden, währenddessen der Wert beispielsweise für Finnland nur 9 % betrug (Ehmke & Siegle, 2005).

Jedoch wird beim Anführen dieser Befunde häufig vergessen, dass die Gemeinsamkeiten zwischen den unterschiedlichen Sozialschichten um ein vielfaches größer sind als die Unterschiede. In der folgenden Abbildung 14 wird dieser Sachverhalt anhand der nach unterschiedlichen Sozialniveaus aufgegliederten Lesekompetenz deutlich: Während sich die absoluten Werte zwischen den Gruppen zwar beträchtlich unterscheiden, sind die Überlappungsbereiche wesentlich größer.

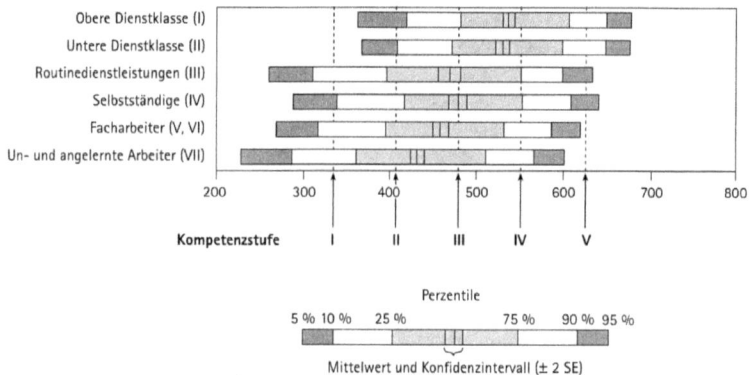

Abbildung 14: Verteilung der Lesekompetenz innerhalb der Sozialschichten (Perzentilbänder und Kompetenzstufen im internationalen Test); SE = Standardfehler; entnommen aus Artelt et al., 2001, S. 36

Wenn sich aber die sozialen Lagen so sehr überschneiden, dann müssen neben der sozialen Herkunft noch andere Faktoren vorliegen, die zur Erklärung der Lesekompetenz beitragen. Dies lässt sich ebenfalls mit hierarchischen Regressionsmodellen der Daten aus PISA zeigen (Baumert et al., 2003). Im ersten Schritt konnten alle sozialen Variablen, der Migrationshintergrund, die Familiensprache etc. 32 % der Lesekompetenz aufklären. Wurden im zweiten Schritt individuelle psychologische Merkmale hinzugefügt (vor allem Intelligenz und phonologische Dekodierfähigkeit), stieg die Varianzaufklärung auf 70 %. Die sozialen Variablen verloren gegenüber den individuellen Prädiktoren völlig an Erklärungswert. Die korrekte Interpretation der Analyse sozialer Disparitäten in der PISA-Studie lautet demnach, dass in der Tat sozialstrukturelle Merkmale der Schüler einen Einfluss auf die Lesekompetenz haben und dass dieser Einfluss in Deutschland besonders groß ist. Es sind aber insbesondere phonologische Kompetenzen und die Intelligenz, die die Lesekompetenz erklären können.

Eine solche Interpretation findet sich auch in einer Studie zum Thema Analphabetismus: „Mit Sicherheit besteht ein Zusammenhang zwischen Milieuzugehörigkeit und Bildung, aber es besteht auf dem niedrigen Niveau der Alphabetisierung dennoch keine sichere Abhängigkeit. [...] Es zeigt sich eine hohe Konzentration in unteren Milieus, aber keine einfache kausale Beziehung zwischen funktionalem Analphabetismus und Lebenslage" (H. Wagner, 2007, S. 104f.; vgl. auch H. Wagner, 2008). Ebenso waren in der Studie der OECD (1995) auf der niedrigsten Literalitätsstufe nur 20 % der getesteten Erwachsenen arbeitslos und nur 42 % hatten kein Einkommen. Andersherum gesehen haben also 80 % eine Arbeitsstelle und 58 % Einkommen, so dass die soziale Herkunft nur einen Teil von Analphabetismus erklären kann.

Soziale Ursachen sind demnach zweifelsfrei wichtig, aber es erscheint unmöglich, dass sie den alleinigen Grund für Analphabetismus in Deutschland darstellen. Deshalb muss es neben der sozialen Verursachung einen weiteren Grund für funktionalen Analphabetismus geben. Im Folgenden wird in der IT-FA postuliert, dass (zusätzlich zur sozialen Benachteiligung) eine Störung in der phonologischen Informationsverarbeitung Analphabetismus erklären kann, wie sie durch Dyslexie bedingt wird.

3.2.2 Phonologische Ursachen

Defizite in der phonologischen Informationsverarbeitung

In der Interaktionstheorie des funktionalen Analphabetismus (IT-FA) wird angenommen, dass funktionaler Analphabetismus nicht nur durch soziale Risikofaktoren, sondern auch durch Störungen in der phonologischen Informationsverarbeitung verursacht wird. Demnach führen dyslexie-typische Entwicklungsstörungen in der phonologischen Informationsverarbeitung zu den Leseproblemen von funktionalen Analphabeten. Die Defizite äußern sich in einer schlechten phonologischen Bewusstheit, in einem reduzierten verbalen Arbeitsgedächtnis und in einer langsamen Abrufgeschwindigkeit für phonologische Informationen. Der phonologischen Dimension der IT-FA liegt das bereits ausführlich beschriebene Modell der Dyslexie von Ramus (2004) zugrunde (siehe Kap. 2.4.1). Die Theorie von Ramus (2004) und damit der phonologische Teil der IT-FA kann folgendermaßen zusammengefasst werden (Abbildung 15):

- Dyslexie wurde als neurobiologisch-phonologisch bedingte Entwicklungsstörung des Lesens definiert, die trotz geeigneter Unterrichtung auftritt.
- Genetische Risikofaktoren führen zu Anomalien in der frühkindlichen neuronalen Migration, in Folge dessen sich Abweichungen der zerebralen Anordnung im perisylvischen Temporallappen des Gehirns ergeben (Ektopien und Microgyri).

- Der Temporallappen ist besonders mit der phonologischen Informationsverarbeitung assoziiert (phonologische Bewusstheit, Benennungsgeschwindigkeit und verbales Arbeitsgedächtnis).
- Bei Dyslexie führen die neuronalen Abweichungen zu Störungen der phonologischen Informationsverarbeitung, wodurch sich die Probleme im Lesen und Lesenlernen erklären.

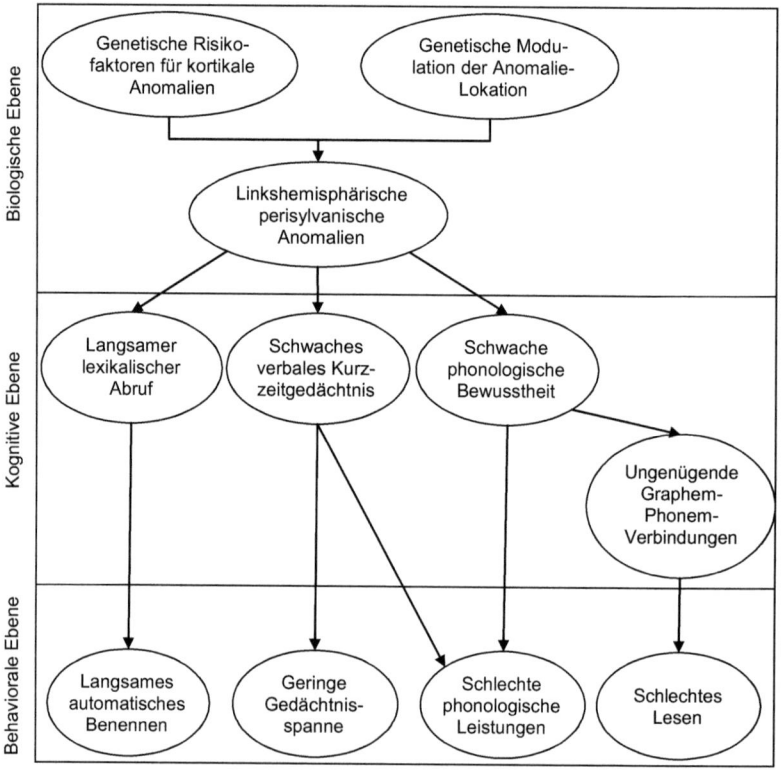

Abbildung 15: Neurobiologisches Rahmenmodell zur Erklärung von Dyslexie; entnommen, übersetzt und modifiziert nach Ramus, 2004, S. 721

Dieselben Aussagen sollten nach der IT-FA nun auch für funktionale Analphabeten gelten. Bislang ist aber unbekannt, welchen kausalen Einfluss die Dyslexie für Analphabetismus aufweist. Die bisherigen Ätiologie-Modelle
- ignorierten Dyslexie (z.B. Döbert & Hubertus, 2000),
- stellten sie als irrelevant dar (z.B. Löffler, 2002),
- oder fokussierten sie nicht (z.B. Egloff, 1997; Linde, 2008).

In der deutschsprachigen Forschung zur Alphabetisierung und Grundbildung ist es neben J. Rüsseler (persönliche Mitteilung, 11.12.2008) vor allem H. Wagner (2008), der eine Verursachung von Analphabetismus durch Dyslexie in Betracht zieht, wenn auch letzterer bislang nur durch Fußnoten in seinem Text. Er diskutiert „neurologische und biologisch bedingte Lernvoraussetzungen" (H. Wagner, 2008, S. 28 Fußnote 7) und die „normalen bzw. eingeschränkten Fähigkeiten (bis einschließlich LRS)" (ebd., S. 28 Fußnote 8) als eine Ursache für Analphabetismus.

Vorhersagen der Interaktionstheorie zu Lese- und Leselernprozessen

Was sagt die IT-FA darüber aus, wie erwachsene Analphabeten lesen lernen? Lernen Analphabeten so lesen wie Kinder, nur eben deutlich später? Oder lernen sie das Lesen auf einem vom kindlichen Entwicklungsverlauf qualitativ abweichenden Weg? In den gängigen Modellen der Verursachung von Analphabetismus wird davon ausgegangen, dass Analphabetismus in literalisierten Gesellschaften vor allem durch eine soziale Benachteiligung hervorgerufen wird. Trifft dies zu, dann sollten erwachsene Analphabeten genauso lesen lernen wie Kinder. Durch die soziale Benachteiligung lernten spätere Analphabeten in ihrer Schulzeit kaum die Strategien des Lesens, wie z.B. die wichtige Kompetenz des phonologischen Rekodierens. Wenn das Unterrichtsmaterial an Lernbedürfnisse von Erwachsenen adaptiert wird, dann kann diesen Lernern auf dieselbe Weise Lesen beigebracht werden, wie es Kindern lernen. Damit wäre Analphabetismus eine reine *Entwicklungsverzögerung*, durch die Erwachsene genauso lesen lernen wie Kinder, nur in einem deutlich späteren Entwicklungsabschnitt.

Dagegen wird in der IT-FA angenommen, dass Analphabetismus in literalisierten Gesellschaften durch eine neurobiologisch-phonologische Verursachung zu erklären ist. Damit konnten spätere Analphabeten in ihrer Schulzeit nicht bzw. nicht so sehr vom Unterricht profitieren wie ihre nicht beeinträchtigten Klassenkameraden. Ihre Dyslexie führt dazu, dass sie Schwierigkeiten mit dem Erwerb und der Automatisierung des phonologischen Rekodierens haben. Deshalb entwickeln sie zur Weiterbildung ihrer Lesefähigkeit Stütz- und Hilfsstrategien wie z.B. die Verwendung des Kontexts, Sichtwortschatzlesen und das Lesen orthografischer Cluster. Wird im Grundbildungskurs nun derselbe Unterricht wie damals in der Schulzeit wiederholt, so wird dies funktionalen Analphabeten wahrscheinlich nur wenig nützen: Sie konnten damals nicht von diesem Unterricht profitieren und sie können es heute wahrscheinlich ebenfalls nicht. Die Leseentwicklung von erwachsenen Analphabeten würde also der IT-FA zufolge qualitativ anders verlaufen als bei Kindern. Die phonologischen Defizite hindern sie daran, effektive Leser zu werden. Denn sowohl das Erlesen (Dekodieren) als auch das sofortige und automatisierte Zuordnen, Erkennen und Benennen von Wörtern (Sichtwortlesen) ist eingeschränkt. Stattdessen versuchen sie, ihre Leseprobleme durch Hilfslesestrategien auszugleichen. Damit stellt nach dieser Theorie Analphabetismus eine *Entwicklungsstörung* dar, die aufgrund der qualitativ abweichenden Leseentwicklung spezifisches sonderpädagogisches Handeln erfordert.

Damit ist auf der einen Seite ein intensives phonologisch-unterstützes Training der Graphem-Phonem-Zuordnungen, des Dekodierens, der Lesegenauigkeit und der Leseflüssigkeit gemeint. Zwar lassen sich diese Defizite durch ein hohes Ausmaß systematischen Übens reduzieren und es lässt sich wahrscheinlich ein relativ hohes Maß an Lesegenauigkeit erreichen. Aber trotz der zu erwartenden Fortschritte wird der Alphabetisierungskurs mühselig und anstrengend sein, und ebenso sollten die Defizite in der Leseflüssigkeit nur schwer auszugleichen sein. Deshalb lohnt es sich auf der anderen Seite lohnt darüber nachzudenken, an den Stärken der Analphabeten anzusetzen und kontextuale, orthografische und lexikalische Lesestrategien zu unterrichten, die nicht-dyslektische Kinder automatisch und implizit erwerben.

Die Effektivität des Grundbildungsunterrichts lässt sich vermutlich durch die Berücksichtigung der phonologischen Probleme steigern. Zum Beispiel dürfen die Aufgabenstellungen aufgrund der Einschränkungen im verbalen Arbeitsgedächtnis nur kleinste Lernschritte umfassen, die dann solange trainiert werden, bis sie automatisiert ablaufen. Ausschließlich offener Unterricht und völlig konstruktivistische Unterrichtsmethoden sind vor diesem Hintergrund als kontraproduktiv zu bezeichnen (Kirschner, Sweller & Clark, 2006; Sweller, Kirschner & Clark, 2007).

Dagegen sollte ein direkt-instruktiver Unterricht erfolgen. Der Lehrer strukturiert den Unterricht stark, lobt oder korrigiert den Lerner häufig und übernimmt somit die Verantwortung für den Lernprozess (Grünke, 2006; Lauth & Grünke, 2005). Ein solcher Unterricht ist lehrergesteuert, aber lernerzentriert: Die Lehrkraft gibt die Lernschritte zwar vor, aber bindet den Lerner hochgradig in den Lernprozess ein. Ein wesentlicher Aspekt der direkten Instruktion ist neben der Auswahl kleinster, strukturierter Lernschritte und dem intensiven und angeleiteten Üben das Geben von korrigierendem Feedback. Hier werden Lerner nicht aufgefordert, selber ihre Fehler zu suchen oder in einem problembasierten Unterricht selbst lösen zu lassen. Vielmehr gibt der Lehrende die richtige Antwort vor, erklärt sie und lässt sie wiederholen, wenn er weiß, dass der Lernende den Fehler innerhalb der nächsten Sekunden nicht schnell selbständig lösen kann.

Ein solcher Unterricht hat sich bei Schülern mit Dyslexie als hochgradig effektiv herausgestellt (siehe Kap. 2.7.1) und er sollte ebenfalls bei erwachsenen Analphabeten funktionieren und effektiver sein als ein ungelenkter Unterricht. Dies ist ein neuer Aspekt in der Alphabetisierungsarbeit und es mag von Kritikern eingewendet werden, dass sich Erwachsene so nicht „behandeln" lassen. Ihnen kann entgegnet werden, dass erwachsene Lerner zu Beginn eher einen lehrkraftgesteuerten Unterricht erwarten (Geißler, 2006; Linde, 2008), und dass die Methode der direkten Instruktion von Analphabeten sehr gut akzeptiert wird (Grosche, 2011; Grosche, Hintz & Grünke, 2011; Hintz & Grosche, 2010).

Limitationen der phonologischen Ätiologie
Die Dimension der phonologischen Verursachung der IT-FA besagt, dass Analphabetismus nicht einfach eine Entwicklungsverzögerung schulischer Fertigkeiten ist. Stattdessen wird Analphabetismus durch Dyslexie als eine neurobiologische Entwicklungsstörung der phonologischen Informationsverarbeitung hervorgerufen. Allerdings wissen wir, dass funktionalen Analphabeten häufig eine geeignete Förderung vorenthalten wurde. Viele Analphabeten sind in der sozialen Grundschicht zu finden, während Dyslexie in allen Gesellschaftsschichten vertreten ist. Deshalb kann das alleinige Auftreten einer Dyslexie Analphabetismus nicht erklären. Damit sind phonologische Entwicklungsstörungen des Lesens eine zwar wichtige, aber nicht hinreichende Ursache für funktionalen Analphabetismus in Deutschland. Letzterer kann sich erst entwickeln, wenn die beiden Ursachenkomplexe der sozialen sowie der phonologischen Ätiologie kumulieren und interagieren.

3.2.3 Prozesse der Kumulation und Interaktion

Phonologische *und* soziale Risiken
Weder die phonologische Dimension noch die soziale Dimension der Interaktionstheorie des funktionalen Analphabetismus (IT-FA) kann das Phänomen des funktionalen Analphabetismus adäquat erklären: Längst nicht alle Dyslektiker bzw. Menschen mit Störungen in der phonologischen Informationsverarbeitung sind als funktionale Analphabeten zu bezeichnen. Und längst nicht alle Menschen aus prekären sozialen Verhältnissen bzw. aus der sozialen Grundschicht sind funktionale Analphabeten. Betrachtet man den Sachverhalt aus der entgegengesetzten Perspektive, dann sollten nicht alle Analphabeten Dyslektiker sein, und ebenso nicht alle Analphabeten aus der sozialen Grundschicht stammen. Damit sind beide Dimensionen zwar wichtige, aber für sich genommen nicht hinreichende Ursachenkomplexe.

In der IT-FA wird deshalb postuliert, dass beide Aspekte (soziale und phonologische Ursachen) zusammen kumulieren und auf vielfältige Weise interagieren. Erst wenn der soziale Komplex (Bildungsbenachteiligung und extreme Stressbelastungen) mit dem phonologischen Komplex (Defizite in der phonologischen Bewusstheit, im verbalen Arbeitsgedächtnis und im lexikalischen Abruf phonologischer Informationen) einen gewissen Schwellenwert (Threshold) übersteigt, wird von funktionalem Analphabetismus gesprochen. Abbildung 16 zeigt eine Visualisierung der IT-FA.

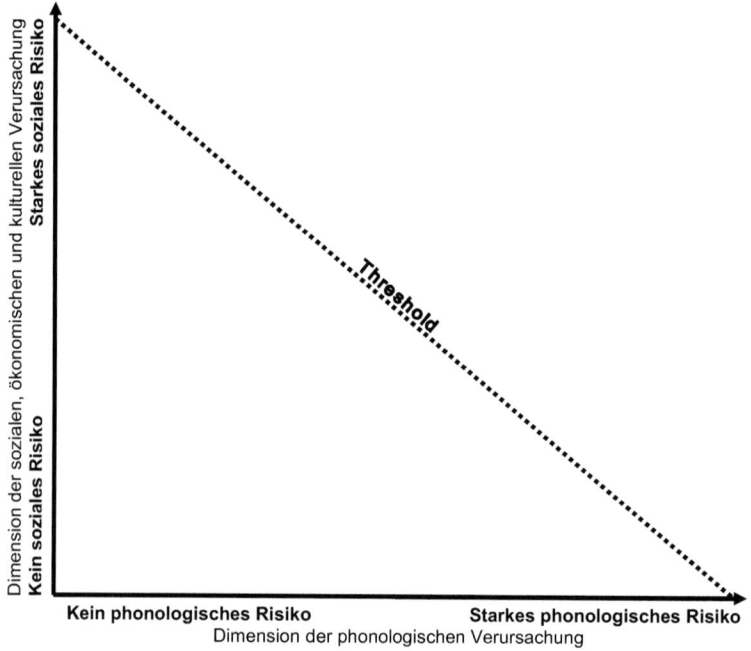

Abbildung 16: Die Interaktionstheorie des funktionalen Analphabetismus (IT-FA); werden Werte oberhalb des Threshold (Schwellenwertes) erreicht, so wird von funktionalem Analphabetismus gesprochen

In der Abbildung der IT-FA ist auf der X-Achse die Dimension der phonologischen Verursachung (schwache phonologische Bewusstheit, reduziertes verbales Arbeitsgedächtnis und langsamer Abruf phonologischer Informationen) abgetragen und auf der Y-Achse findet sich die Dimension der sozialen, ökonomischen und kulturellen Verursachung (Bildungsbenachteiligung und psychosoziale Stressbelastungen). In dem so aufgespannten Feld lassen sich graduelle Risiken von Individuen abtragen, die oberhalb des Thresholds (Schwellenwert) als funktionale Analphabeten zu bezeichnen sind. Unterhalb des Thresholds würde man nicht von Analphabetismus sprechen. Funktionaler Analphabetismus kann sich erst dann entwickeln, wenn beide Dimensionen zumindest ansatzweise ausgeprägt sind.

Kumulation sozialer Risiken und phonologischer Defizite

Folgende zwei Extrempositionen können diese Annahmen illustrieren. Zum einen könnte ein Kind weder in der Familie noch in der Schule gefördert werden; es läuft einfach nur neben dem Unterricht mit und der Lehrer unternimmt keinen einzigen Versuch, das Kind im Lesen zu unterrichten; und es wird von den Eltern und Lehrern vernachlässigt, körperlich misshandelt und selbst grundlegende Bedürfnisse werden nicht befriedigt. Bei diesem Extrembeispiel ist es für die fehlende Ausbildung der Lesekompetenz irrelevant, ob das Kind Defizite in der phonologischen Informationsverarbeitung aufweist: Es lernt aufgrund sozialer Phänomene nicht lesen. Im anderen Extrembeispiel kann eine überaus starke Dyslexie das Kind daran hindern, auch die einfachsten Buchstaben und Wörter lesen zu lernen. Selbst bei sehr guter und intensiver Förderung durch die Familie und die Schule lassen sich diese Defizite nicht überwinden. Damit ist die soziale Dimension komplett irrelevant für die ursächliche Erklärung der schlechten Leseleistungen: Es sind lediglich die phonologischen Störungen, die das Lesenlernen verhindern.

Jedoch sind diese zwei Extrembeispiele wohl nur sehr selten in dieser Form zu beobachten. Es ist unwahrscheinlich, dass in unserer literalisierten Gesellschaft mit zwingender Schulpflicht wirklich gar keine Förderung angeboten wird und nur extremer Stress auf ein Kind ausgeübt wird. Ebenso ist es unwahrscheinlich, dass selbst intensive Interventionen die Lesekompetenz nicht einmal ansatzweise verbessern können. Vermutlich müssen beide Dimensionen in der Kindheit zumindest etwas ausgeprägt sein, um funktionalen Analphabetismus im Erwachsenenalter zu erklären. Damit wird in der IT-FA explizit davon ausgegangen, dass es auch nur bei leichten Problemen auf einer Dimension und extremen Defiziten auf der anderen Dimension zu funktionalem Analphabetismus kommen kann.

Bei Analphabeten müsste also eine gewisse neurobiologische Entwicklungsstörung phonologischer Kompetenzen vorliegen. Sie wird aber durch soziale Problemlagen nicht adäquat behandelt und wächst sich so zu funktionalem Analphabetismus aus. Es ergibt sich eine Vulnerabilität (Verletzlichkeit) durch den phonologischen Faktor, der durch den sozialen Faktor aufrecht erhalten wird: Wenn spätere funktionale Analphabeten eine Veranlagung zu Dyslexie haben und wenn sie in Familie und Schule keine passgenaue und intensive Förderung bekommen, dann können sie ihre Defizite nicht überwinden und werden Analphabeten. Es liegt eine gewisse internale Vulnerabilität innerhalb eines Menschen vor, an der externale Stressoren und Bildungsbenachteiligungen angreifen. Die Vulnerabilität ist latent, kann also nicht direkt beobachtet werden, sondern entwickelt sich erst in der Interaktion mit der prekären Umwelt zu funktionalem Analphabetismus. Einige Beispiele in Abbildung 17 sollen diesen Sachverhalt erklären.

Abgetragen sind sechs fiktive Erwachsene (A bis F) mit je unterschiedlichen phonologischen Kompetenzen und unterschiedlichen früheren familiären und schulischen Förderangeboten. Der Erwachsene A weist nur sehr geringe phonologische Defizite auf. Aber weil er weder in seiner Familie noch in der Schule ausreichend gefördert wurde, muss sein individuelles Risiko für Analphabetismus oberhalb des Schwellenwertes angeordnet werden: Der Erwachsene A ist ein Analphabet. Eine ähnlich ausgeprägte phonologische Kompetenz besitzt Erwachsener B. Im Gegensatz zu A wurde B sehr häufig und gut durch seine Eltern und Lehrer gefördert, weshalb sein Risiko für Analphabetismus nahezu null ist. Der Erwachsene C weist dagegen ein mittelstarkes Defizit in der phonologischen Informationsverarbeitung auf, das sich durch eine unzureichende Förderung verfestigt hat. Er liegt oberhalb des Thresholds und gilt als Analphabet. D zeigt vergleichbare phonologische Defizite, die durch einige, aber sicher nicht die beste Förderung aufgefangen wurden. Obwohl sein Risiko nur leicht unterhalb des Schwellenwertes liegt, wird D als lesekundiger Erwachsener bezeichnet. Bei dem Erwachsenen E liegt eine starke Dyslexie vor, die zudem auf eine völlig unzureichende Förderung und starke Bildungsbenachteiligung traf. Er ist deshalb als Analphabet zu bezeichnen. Als letztes Beispiel ist auch der Erwachsene F ein starker Dyslektiker, aber durch eine hervorragende Förderung in Eltern- und Schulhaus entwickelt er kaum Symptome von Analphabetismus.

Wie diese sechs fiktiven Beispiele zeigten, kann jeder Erwachsene anhand der Dimensionen einem Risiko für Analphabetismus zugeordnet werden. Das Modell teilt aber nur scheinbar Menschen dichotom in Analphabeten und lesekundige Erwachsene ein: Nach der IT-FA hat jeder Mensch einen gewissen Level des Risikos auf beiden Dimensionen. Von Analphabetismus kann erst dann gesprochen werden, wenn beide in der Art kumulieren und interagieren, so dass sie einen gewissen Schwellenwert übertreffen. Dieser Threshold ist aber willkürlich gezogen: Ab wann von Analphabetismus gesprochen wird, ist ausschließlich von dieser Grenze abhängig, die frei zu verhandeln und kulturell und historisch wandelbar ist. In der IT-FA spiegelt sich deshalb die dimensionale statt dichotome Definition von Analphabetismus wider (siehe Kap. 2.2.2).

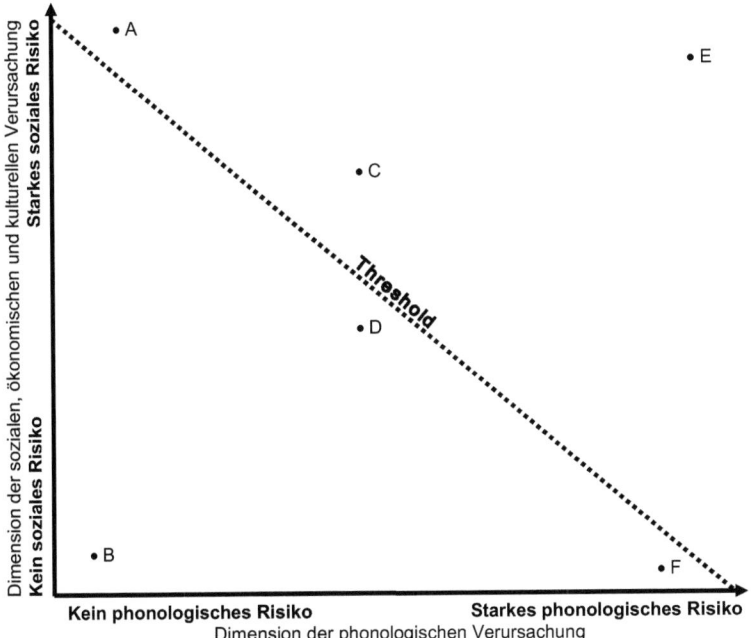

Abbildung 17: Beispiele von sechs Erwachsenen (A bis F), die unterschiedlich auf den Dimensionen angeordnet sind und deshalb als Analphabeten (A, C, E) oder lesekundige Erwachsene (B, D, F) zu bezeichnen sind

Interaktion sozialer Risiken und phonologischer Defizite

Wenn eine Dimension stark ausgeprägt ist, muss die andere nur noch wenig zum Analphabetismus beitragen et vice versa. Doch auch darüber hinaus interagieren beide Ursachenkomplexe. Bei späteren Analphabeten fehlten nicht nur geeignete Unterrichtsangebote in der Kindheit, sondern zusätzlich die Möglichkeiten zur Kompensation bereits vorhandener Defizite. Die Kluft in der Lesekompetenz zwischen ihnen und nicht-beeinträchtigten Lesern wurde deshalb zunehmend größer. Folglich mieden Analphabeten weitere Schriftsprachsituationen und Leseaufgaben (zuerst in der Schule und in der Freizeit, später auch bspw. bei der Post oder auf dem Amt). So entwickelten sich die geringen Kompetenzen nicht weiter und es entstand ein Teufelskreis, in dem Analphabeten ihre Defizite schließlich versteckten und durch vielfältige Ausweichstrategien (z.B. „Ich habe meine Brille vergessen.") mit ihrem Stigma umzugehen lernten (Stigmamanagement).

Ebenso wurden die schriftsprachlichen Kompetenzen aufgrund motivationaler Gründe nicht angewendet (in Anlehnung an Lauth & Raven, 2009): Lesen und Schreiben ist anstrengend, es erfordert Kraft und Einsatz und man kann dabei scheitern. Spätere Analphabeten könnten deshalb durch negative Verstärkung zahlreiche Vermeidungsstrategien lernen und so ihre schriftsprachlichen Defizite zementieren. Diese Vermeidungsstrategien sind zwar kurzfristig erfolgreich, hindern aber langfristig die weitere gesellschaftliche Teilhabe des Individuums und führen zu einer noch stärkeren allostatischen Belastung. Die phonologische Dimension schafft damit zusätzlichen Stress auf der sozialen Dimension. Ein einmal erworbenes phonologisches Defizit kann dazu führen, dass vermehrt Stress erlebt wird und so gewissermaßen autoregressiv der Threshold zum Analphabetismus überschritten wird.

Ebenso stellt sich die Frage, worauf die neurobiologisch-phonologischen Defizite zurückzuführen sind. Die Erblichkeit dieser Störungen kann in einem Individuum nicht bestimmt werden. Sie sollte aber in höheren Sozialschichten (also bei besserer Förderung) stärker sein als bei schlechter Förderung. Raine (2002) spricht hier von der *social push hypothesis*: Je vorteilhafter die soziale Umwelt von Menschen ausgeprägt ist, desto eher können Gene die Unterschiede in der Lesekompetenz erklären. Und andersherum sind genetische Faktoren umso mehr zu vernachlässigen, je inadäquater die soziale Förderung erfolgt. Damit ergibt sich durch die IT-FA, dass Analphabetismus sozial *und* biologisch „vererbt" ist, während z.B. Nickel (2007a) von einer alleinigen sozialen Vererbbarkeit ausgeht. Daran anknüpfend sollte sich die neurobiologische Erblichkeit von Analphabetismus (und Dyslexie) durch Förderungen, Interventionen und Grundbildungskurse verringern lassen. Grundbildungsunterricht würde also dazu beitragen, dass erbliche Faktoren weniger bedeutsam werden und die soziale Dimension an Erklärungskraft gewinnt.

3.3   Zusammenfassung des Kapitels

Bislang wird davon ausgegangen, dass funktionaler Analphabetismus in literalisierten Gesellschaften wie Deutschland vor allem durch sozioökonomische und soziokulturelle Benachteiligungen in Familie und Schule bedingt wird. Die Interaktionstheorie des funktionalen Analphabetismus (IT-FA) postuliert dagegen erstmalig, dass sich Analphabetismus durch die Kumulation und Interaktion sozialer und phonologischer Risikofaktoren erklärt. Das sollte unser Denken über Analphabetismus in Deutschland stark beeinflussen.

Soziale Risikofaktoren lassen sich durch zwei Pfade beschreiben: Erstens führt eine soziokulturelle und sozioökonomische Bildungsbenachteiligung und das Ausbleiben von geeigneter Förderung zu Analphabetismus, und zweitens tragen psychosoziale Stressbelastungen zu Analphabetismus bei, die indirekt zur Bildungsbenachteiligung führen oder direkt akademische Lernprozesse durch Stresshormone stören.

Phonologische Risikofaktoren einer neurobiologisch-bedingten Dyslexie rufen Defizite in der phonologischen Informationsverarbeitung hervor (schwache phonologische Bewusstheit, geringes verbales Arbeitsgedächtnis, langsamer lexikalischer Abruf). Diese führen zu den Leseproblemen von funktionalen Analphabeten.

Beide Dimensionen müssen gleichzeitig vorliegen, ihr jeweiliger Anteil ist aber nicht endgültig zu bestimmen: Wenn eine Dimension stark ausgeprägt ist, muss die andere nur noch wenig beitragen, um Analphabetismus zu erklären. Analphabetismus ist demnach eine Entwicklungsstörung phonologischer Kompetenzen, die durch soziale Problemlagen nicht adäquat behandelt wurde. Das führt zu Schwierigkeiten mit dem Erwerb und der Automatisierung des Lesens, weshalb Analphabeten weitere Schriftsprachsituationen und Leseaufgaben meiden und zahlreiche Ausweichstrategien erwerben. Ein effektiver Grundbildungsunterricht sollte übungs- und feedbackbetont ausgerichtet werden. Doch trotz aller langfristigen Anstrengungen lassen sich sicherlich nicht alle Defizite ausgleichen oder gar heilen.

Viele Aussagen der IT-FA sind für die Forschung zur Alphabetisierung und Grundbildung neuartig. Allerdings sind sie erst als vorläufige Ideen anzusehen, da sie noch nicht empirisch abgesichert wurden. Deshalb wird im nächsten Kapitel ein erster Versuch unternommen, einige Teile der IT-FA empirisch zu untermauern.

4 Fragestellung, Forschungsdesign und Hypothesen

4.1 Fragestellung

Eine Überprüfung der im vorherigen Kapitel vorgeschlagenen Interaktionstheorie des funktionalen Analphabetismus (IT-FA) steht noch aus und soll im verbleibenden Teil der vorliegenden Arbeit erfolgen. Weil allerdings eine Theorie eine nicht-falsifizierbare Entität ist (Hager, 2004), kann sie nicht empirisch überprüft werden, sondern nur die aus ihr abgeleiteten psychologischen Hypothesen. Die Testung aller *möglichen* Hypothesen aus einer Theorie kann jedoch niemals innerhalb einer einzigen Untersuchung geschehen. Es wird deshalb lediglich eine Annahme aus der IT-FA herausgegriffen (Kap. 4.1), die sich nach der Beschreibung der Forschungslogik (Kap. 4.2) durch drei theoretisch abgeleitete Hypothesen tentativ beantworten lässt (Kap. 4.3).

In der IT-FA wird postuliert, dass funktionale Analphabeten in Deutschland zu einem größeren Teil eine Dyslexie aufweisen, die sich durch Störungen in der phonologischen Informationsverarbeitung äußert (schwache phonologische Bewusstheit, geringes verbales Arbeitsgedächtnis und langsamer lexikalischer Abruf). Folglich lautet die Fragestellung der vorliegenden Untersuchung:

> Weisen funktionale Analphabeten eine gestörte phonologische Informationsverarbeitung im Bereich der phonologischen Bewusstheit, des verbalen Arbeitsgedächtnisses und der Geschwindigkeit des lexikalischen Abrufs auf?

Die empirische Beantwortung dieser Forschungsfrage soll dazu beitragen, Ursachenkomplexe für funktionalen Analphabetismus in Deutschland genauer zu verstehen. Denn wenn der Zusammenhang von Analphabetismus und Störungen in der phonologischen Informationsverarbeitung besser begriffen wird,

- dann könnte auf der theoretischen Ebene beantwortet werden, ob Analphabetismus eine Entwicklungsstörung oder eine bloße Entwicklungsverzögerung des Lesens ist;
- dann wären auf der praktischen Ebene klare Ansatzpunkte für die Prävention von Analphabetismus zu benennen;
- dann könnte auf der theoretischen Ebene auf die bei erwachsenen Analphabeten zugrundeliegenden Lese- und Leselernprozesse geschlossen werden;

- dann würden sich auf der praktischen Ebene bedeutsame Hinweise für den Alphabetisierungsunterricht ergeben, der an den Lernbedürfnissen von Analphabeten ansetzt.

Die empirische Überprüfung der IT-FA sollte damit das gesellschaftliche, pädagogische, psychologische und politische Denken über Analphabetismus beeinflussen und verändern. Doch von einem Verständnis der Zusammenhänge von Dyslexie und Analphabetismus sind wir noch weit entfernt: Zwar liegen bislang zwei Studien zu phonologischen Kompetenzen bei funktionalen Analphabeten vor (Greenberg et al., 1997; Thompkins & Binder, 2003; vgl. Kap. 2.5.3). Es ergeben sich aber folgende Desiderata:

- Die Untersuchungen kommen zu inkonsistenten Ergebnissen: Während Greenberg et al. (1997) bei funktionalen Analphabeten Defizite in der phonologischen Bewusstheit und im verbalen Arbeitsgedächtnis nachweisen konnten, ließen sich die Befunde von Thompkins und Binder (2003) nur teilweise replizieren.

- Beide Studien sind in der unregelmäßigen englischen Orthografie entstanden und können deshalb nicht auf die regelmäßige deutsche Schriftsprache transferiert werden (Share, 2008). Damit ist unklar, ob die Ergebnisse auch für deutschsprachige Analphabeten gelten.

- In den Untersuchungen wurde die Lesekompetenz ausschließlich durch Lesegenauigkeitstests erhoben. In der deutschen Orthografie ist die Lesegeschwindigkeit jedoch ein wesentlich besserer Prädiktor für anhaltende Leseprobleme (Landerl & Wimmer, 2008). Ohne die Erfassung der Leseflüssigkeit kann jedoch keine Aussage über deutschsprachige Analphabeten getroffen werden.

- In den Erhebungen wurden phonologische Kompetenzen von Analphabeten mit denen von Kindern auf demselben Leseentwicklungsstand verglichen. Die teilweise gefundenen phonologischen Defizite der Analphabeten könnten in einem solchen Vergleich jedoch auch einen normalen altersbedingten Abbau im Arbeitsgedächtnis und in der Geschwindigkeit der kognitiven Informationsverarbeitung darstellen (Fleischmann, 1991; Schaie, 1991). Ohne die Verwendung einer geeigneten lesekundigen Kontrollgruppe im selben Lebensalter der Analphabeten, kann diese Interpretationsmöglichkeit nicht ausgeschlossen werden.

- In beiden Untersuchungen könnten Analphabeten deshalb schlechtere Leistungen in phonologischen Tests zeigen, weil sie im Gegensatz zu Kindern vergleichbare Aufgaben aus dem täglichen Unterricht nicht gewohnt sind. Diese Annahme lässt sich erst durch eine gleichaltrige erwachsene Kontrollgruppe falsifizieren, denn ihnen sind die Tests ebenfalls unbekannt.

- Die bisherigen Studien haben nur zwei der drei Aspekte der phonologischen Informationsverarbeitung überprüft: Es fehlt die Berücksichtigung der Geschwindigkeit des lexikalischen Abrufs. Nur durch die Verwendung von Abruf-Aufgaben kann auf ein allgemeines phonologisches Defizit geschlossen werden.

- Die zitierten Studien verwendeten ausschließlich manifeste Variablen, also direkt erhobene Testwerte. In der Regel interessiert jedoch nicht die Leistung in einem speziellen Test, sondern die Leistung des zugrundeliegenden Konstrukts. Erst durch die Modellierung latenter Variablen lässt sich aufgrund des gemeinsamen Varianzanteils zwischen den Aufgaben auf die Konstrukte schließen (Bollen, 2002).

An diesen Desiderata ist abzulesen, dass eine eigene Untersuchung zur obigen Fragestellung angebracht ist. Um im Folgenden aus der IT-FA falsifizierbare Hypothesen abzuleiten, sind hypothetische Zusatzannahmen (im Sinne von Klauer, 2000) bzw. Hilfshypothesen (im Sinne von Hager, 2004) zu verwenden. Sie sind ohne empirischen Gehalt, machen die Ableitung aber erst möglich. Eine solche Hilfshypothese stellt das in der vorliegenden Studie verwendete Forschungsdesign dar.

4.2 Forschungsdesign

In dieser Studie sollen Dyslexie-spezifische Ursachen erfasst werden, um dann auf eine Dyslexie schließen zu können. Man kann sich jedoch fragen, warum die Dyslexie nicht direkt diagnostiziert wird? Der Grund ist einfach: Es liegt kein einziger Test für eine solche Diagnose vor, denn Dyslexie wird lediglich über eine schlechte Leseleistung festgestellt. Die Messung der Lesekompetenz bei Analphabeten kann deren niedrige Leseleistung jedoch ursächlich nicht erklären: Haben sie eine Dyslexie oder wurde ihnen das Lesen niemals richtig beigebracht?

Um diese Frage zu beantworten, müssen im Individuum befindliche kognitive Prozesse untersucht werden, um die Ursache der Dyslexie diagnostizieren zu können (Frith, 1999; Torgesen, 2002). Zu solchen sogenannten intrinsischen Ursachen der Dyslexie gehören vor allem die Defizite in der phonologischen Informationsverarbeitung (vgl. Kap. 2.4.1 und 2.5.1). Aus diesem Grund soll in der vorliegenden empirischen Erhebung nicht Dyslexie als solches erhoben, sondern über Störungen in der phonologischen Informationsverarbeitung festgestellt werden.

In der IT-FA wird postuliert, dass eine gestörte phonologische Informationsverarbeitung eine Ursache für funktionalen Analphabetismus sein sollte. Trifft
dies zu, dann müssten Analphabeten schlechte Leistungen in phonologischen
Aufgaben zeigen. Das könnte man mit der Testung von phonologischen Kompetenzen bei Analphabeten und lesekundigen Erwachsenen im selben chronologischen Lebensalter empirisch untersuchen (*Chronological Age Match*). Da sich
jedoch die phonologische Informationsverarbeitung auch mit der Lesefähigkeit
entwickelt (vgl. Kap. 2.5), ist in einem solchen Vergleich nicht klar, ob eventuell gefundene phonologische Minderleistungen Ursache oder Folge der geringeren Lesekompetenz sind (Henne-Ei-Problem): Zeigen Analphabeten im Vergleich mit gleichaltrigen lesekundigen Erwachsenen geringere phonologische
Leistungen, weil sie schlechter lesen können (Folge), oder aber weil sie durch
eine gestörte phonologische Informationsverarbeitung am effektiven Leseerwerb
gehindert werden (Ursache)? Welche Interpretation zutrifft, kann durch den
Chronological Age Match nicht beantwortet werden.

Deshalb bietet sich zur Überprüfung der Fragestellung das *Reading Level
Match Design* an (Backman, Mamen & Ferguson, 1984; Bryant & Goswami,
1986; Goswami, 2003, 2006; Hasselhorn, Grube, Mähler & Roick, 2007; Jackson & Butterfield, 1989; Mamen, Ferguson & Backman, 1986; Vellutino &
Scanlon, 1989). In einem solchen Forschungsdesign werden die Leistungen in
phonologischen Aufgaben von Analphabeten mit denen von gleich gut lesenden
Kindern verglichen. Analphabeten und Heranwachsende werden also an der Lesekompetenz gematcht und befinden sich auf demselben Leseentwicklungsstand.
Durch das Matching werden Unterschiede zwischen den Gruppen minimiert, die
sich durch die Erfahrung mit Schrift, dem Leseentwicklungsstand oder der Aufgabenschwierigkeit ergeben (Backman et al., 1984).

Durch einen solchen Vergleich lassen sich deshalb kausale Hypothesen testen: Es kann durch den *Reading Level Match* ausgeschlossen werden, dass die
bei Analphabeten eventuell gefundenen phonologischen Defizite Folge der geringen Lesekompetenz sind: Wenn jüngere und unerfahrenere Kinder bessere
phonologische Testleistungen als Analphabeten zeigen, obwohl beide Gruppen
gleich gut lesen können und die Analphabeten deutlich älter, erfahrener und in
ihrer kognitiven Entwicklung weiter fortgeschritten sind, dann ist es sehr wahrscheinlich, dass die reduzierten phonologischen Kompetenzen eine Ursache für
die Leseprobleme der Analphabeten darstellen (Goswami & Bryant, 1989).

Eine solche kausale Interpretation ist jedoch nur unter der Wissenschaftstheorie des kritischen Rationalismus nach Popper (2002, zitiert nach Hager, 2004)
gültig. In dieser auch für die Sonderpädagogik geltenden Wissenschaftstheorie
(Haeberlin, 2003; Kanter, 2007) wird davon ausgegangen, dass Hypothesen

niemals als wahr bewiesen, sondern immer nur falsifiziert werden können. Wissenschaftlicher Fortschritt ist demnach nicht durch Verifikation von Hypothesen, sondern immer nur durch die Falsifikation von falschen Hypothesen zu erlangen (Falsifikationsprinzip). Wird eine Aussage falsifiziert, dann ist nicht die Gegenthese wahr, sondern sie bleibt lediglich als vorläufig nicht falsifiziert bestehen. Dieselbe Logik muss nun im *Reading Level Match Design* angewendet werden. Es sind zwei hypothetische Ergebnisse der folgenden empirischen Untersuchung zu antizipieren:

- Analphabeten haben schlechtere phonologische Kompetenzen als Grundschüler auf demselben Leseentwicklungsstand: In diesem Fall kann durch das *Reading Level Match Design* im Sinne des kritischen Rationalismus *falsifiziert* werden, dass die phonologischen Minderleistungen bei Analphabeten die *Folgen* deren mangelnden Leseerwerbs sind. Beide Gruppen lesen gleich gut, die phonologischen Defizite sind deshalb nicht die Folge von Leseproblemen bei Analphabeten. Bei einem solchen Befundmuster ist natürlich nicht *verifiziert*, dass phonologische Defizite die *Ursache* von Analphabetismus sind. Aber eine solche Verifikation ist im kritischen Rationalismus auch niemals möglich. Stattdessen ist durch die Falsifikation der *Folgen*-Hypothese eine phonologische *Verursachung* des Analphabetismus lediglich sehr wahrscheinlich, denn „dann liegt ein gutes empirisches Argument dafür vor, dass es sich bei dem Defizit um eine Ursache der Störung handelt" (Hasselhorn et al., 2007, S. 902).

- Analphabeten zeigen schlechtere phonologische Kompetenzen als lesekundige Erwachsene, aber vergleichbare Leistungen wie Grundschüler auf demselben Leseentwicklungsstand: Bei einem solchen Befundmuster reflektieren die (im Vergleich mit Erwachsenen) schlechten phonologischen Leistungen eine *Folge* der geringen Leseleistung der Analphabeten und der geringen Exposition an Schrift und phonologischen Aufgaben (vgl. Backman et al., 1984).

Durch das *Reading Level Match Design* kann also unterschieden werden, ob schlechte phonologische Leistungen Ursache oder Folge der Leseprobleme der Analphabeten sind. Auf der Grundlage des kritischen Rationalismus und des soeben beschriebenen Forschungsdesigns werden nun testbare Hypothesen als tentative Antworten auf die angeführte Forschungsfrage aufgestellt.

4.3   Psychologische Hypothesen

Zur Fragestellung, ob Analphabeten Störungen in der phonologischen Informationsverarbeitung aufweisen, lassen sich nach Hager (2004) durch die Verwendung der Hilfshypothese des *Reading Level Match Designs* folgende psychologische Hypothesen (PH) formulieren:

- PH-1: Analphabeten haben im Vergleich zu gleichaltrigen lesekundigen Erwachsenen und Kindern der gleichen Leseentwicklungsstufe eine im Mittel schlechter ausgeprägte phonologische Bewusstheit.

- PH-2: Analphabeten haben im Vergleich zu gleichaltrigen lesekundigen Erwachsenen und Kindern der gleichen Leseentwicklungsstufe einen im Mittel langsamer ausgeprägten automatisierten lexikalischen Abruf.

- PH-3: Analphabeten haben im Vergleich zu gleichaltrigen lesekundigen Erwachsenen und Kindern der gleichen Leseentwicklungsstufe ein im Mittel schlechter ausgeprägtes verbales Arbeitsgedächtnis.

Die Hypothesen werden mithilfe von a priori geplanten Kontrasten überprüft. Der Alpha-Fehler wird nach gängigen Konventionen auf $\alpha = .05$ und der Beta-Fehler auf $\beta = 4\alpha = .20$ festgelegt. Eine Teststärkenanalyse mit G*Power 3.0 (Faul, Erdfelder, Lang & Buchner, 2007) errechnet eine optimale Stichprobengröße von $n = 48$ pro Gruppe, um mittelgroße Effekte statistisch signifikant absichern zu können (Bortz, 2005; Bortz & Döring, 2006; Cohen, 1987, 1995; Hager, 2004, 2006). Für die vorliegende Untersuchung werden deshalb mindestens 48 funktionale Analphabeten, 48 lesekundige Erwachsene im selben chronologischen Alter und 48 Grundschüler mit derselben Lesekompetenz benötigt.

4.4 Exkurs: Die Erfassung der Intelligenz als Kontrollvariable

Burgund und Abernathy (2008) sowie Gottesman et al. (1996) fanden bei den von ihnen getesteten funktionalen Analphabeten reduzierte Intelligenzquotienten von 74 ($s = 11$) bzw. 81 ($s = 12$). Ist es möglich, dass Analphabetismus nicht in einer Dyslexie, sondern in einer Intelligenzschädigung begründet liegt?

Eine „echte" Dyslexie darf nach ICD-10 oder DSM-IV (Dilling et al., 2008; Saß et al., 2003) ausschließlich dann diagnostiziert werden, wenn die Leseleistungen bedeutsam unter der allgemeinen oder verbalen Intelligenz liegen. Allerdings ist aus zahlreichen Studien bekannt, dass sich weder die Symptomatik noch die Interventionszuwächse zwischen schlecht-lesenden Kindern mit und ohne Diskrepanz zur Intelligenz unterscheiden (siehe Kap. 2.2.1; 2.4.1; 2.6.1; 2.7.1); eine Meinung, die auch etwa ¾ aller prominenten Dyslexie-Forscher teilen (Speece & Shekitka, 2002). Damit erscheint eine Verursachung von Analphabetismus durch Intelligenzschädigungen eher unwahrscheinlich. Aus diesem Grund schließt sich die Interaktionstheorie des funktionalen Analphabetismus

(IT-FA) der Dyslexie-Forschung an und kommt ohne die Berücksichtigung der Intelligenz aus.

Dennoch soll in der anschließend zu beschreibenden Studie die Intelligenz zumindest als Kontrollvariable erhoben werden. Allerdings gibt es sehr viele verschiedene Intelligenztests, die unterschiedlichste Facetten des Intelligenzkonstrukts erfassen. Die Auswahl des Konstrukts und des passenden Intelligenztests hängt dabei vom diagnostischen Ziel ab (Spearitt, 1996): Es soll Dyslexie diagnostiziert werden, die in der deutschen Orthografie vor allem durch *Lesege-schwindigkeitstests* erfasst wird und die durch Defizite in der *Benennungsge-schwindigkeit*, in der phonologischen Bewusstheit und im verbalen Arbeitsge-dächtnis bedingt sein sollen (vgl. Kap. 2.5). Eine bedeutende Komponente des Arbeitsgedächtnisses ist die *Geschwindigkeit des subvokalen Rehearsal* (Hassel-horn, Grube & Mähler, 2000). Deshalb wird in dieser Untersuchung die kogniti-ve Verarbeitungsgeschwindigkeit als eine pädagogisch wichtige Dimension der Intelligenz erfasst (Spearitt, 1996). Neben diesem theoretischen Zusammenhang sprechen noch weitere Gründe für die Verwendung eines solchen spezifischen Intelligenztests:

- Ökonomie: Die Informationsverarbeitungsgeschwindigkeit („Denktempo") ist sehr ökonomisch zu erheben und wird in der internationalen psychologischen Forschung zunehmend als bedeutsam angesehen (Rost, 2009).[11] Sie lässt sich durch einfache Reaktionszeitaufgaben messen, zu deren Lösung kaum höhere kognitive Leistungen benötigt werden (Rindermann & Neubauer, 2000).
- Geringe Verzerrung durch soziale Unterschiede: Tests zum Denktempo zeichnen sich im Gegensatz zu klassischen Intelligenztests durch eine redu-zierte kulturelle Abhängigkeit durch schulischen Unterricht, Lernerfahrungen und Persönlichkeit aus. Die Erblichkeit dieser Intelligenzkomponente ist we-niger durch soziale Faktoren formbar als bei kristallinen Intelligenzkonstruk-ten (Harden, Turkheimer & Loehlin, 2007; Loehlin, Harden & Turkheimer, 2009; Petrill, Pike, Price & Plomin, 2004; Turkheimer, Haley, Waldron, D'Onofrio & Gottesman, 2003). Tests zur kognitiven Informationsverarbei-tungsgeschwindigkeit sind deshalb weniger durch die soziale Umwelt und Kohorteneffekte verzerrt als psychometrische IQ-Tests (Rindermann & Neu-bauer, 2000, 2001, 2004; Schaie, 1991).
- Zusammenhang mit psychometrischen Intelligenztests: Die Informationsver-arbeitungsgeschwindigkeit lädt relativ hoch auf einem Faktor mit der allge-

---

11 Die Verwendung des Maßes der Verarbeitungsgeschwindigkeit hat sich im Nachhinein als überaus glücklich erwiesen, da mit ihr ein hypothesenkonträres Ergebnis gedeutet werden konnte (für die Ergebnisse siehe Kap. 6.5, für die Diskussion siehe Kap. 7.2).

meinen Intelligenz und ist stark mit *g* gesättigt (Oswald & Roth, 1978), wenngleich weniger stark als klassischere Intelligenztests (Rost & Hanses, 1993). In einer umfassenden faktorenanalytischen Auswertung von Vernon (1989, zitiert nach Rost, 2009) wurden Korrelationen zwischen Generalfaktoren aus Intelligenztestbatterien vs. Reaktionszeittests in der Größenordnung von $r = -.46$ gefunden. Die Korrelationen sind negativ, weil intelligentere Menschen eine *kürzere* Reaktionszeit zeigen. Eine Metaanalyse von Kranzler und Jensen (1989, zitiert nach Klauer, 2006a) berechnete eine mittlere multiple Korrelation mehrerer Reaktionszeitaufgaben und der Intelligenz mit $R = -.54$. Die Korrelationen zwischen psychometrischer Intelligenz und Reaktionszeiten steigen an, je länger die Reaktionszeitaufgaben dauern (Danthiir, Roberts, Schulze & Wilhelm, 2004) und es werden durchschnittlich höhere Korrelationen zwischen fluiden, anstatt kristallinen Intelligenzfaktoren berichtet (Neubauer, Spinath, Riemann, Angleitner & Borkenau, 2000).

Damit sind Maße der kognitiven Verarbeitungsgeschwindigkeit spezifische Intelligenztests, die eine gute Schätzung der allgemeinen Intelligenz erlauben (Oswald & Roth, 1978), aber eben nur ein indirektes Maß darstellen (Klauer, 2006a; Neubauer et al., 2000). Aber wie lässt sich der Zusammenhang zwischen psychometrischer Intelligenz und der Informationsverarbeitungsgeschwindigkeit erklären? Dazu liegen zwei Hypothesen vor:

- Zentralnervöse Grundlage aller Intelligenzkomponenten: Ein schnelleres Tempo elementarer Operationen führt zu höheren Intelligenzleistungen (Danthiir et al., 2004; Rindermann & Neubauer, 2001, 2004). Diese Hypothese stimmt mit den Beobachtungen überein, dass Korrelationen zwischen der allgemeinen Intelligenz und der Verarbeitungsgeschwindigkeit zum großen Teil auf dieselben genetischen Effekte zurückzuführen sind (Neubauer et al., 2000). Ebenfalls weisen weniger intelligente Menschen bei kognitiven Anforderungen eine deutlich höhere Aktivierung in intelligenz-abhängigen Hirnarealen auf als intelligentere. Intelligente Menschen können ihr Gehirn viel effizienter nutzen (Haier, 2009; Jung & Haier, 2007).
- Teil der hierarchie-höheren allgemeinen Intelligenz: Die prominentesten Theorien der Intelligenz sind die hierarchischen Modelle von Cattell, Horn und Carroll, die kürzlich aufgrund ihrer Ähnlichkeiten in eine einzige Cattell-Horn-Carroll-Theorie (CHC) integriert wurden (McGrew, 2009). Die CHC-Theorie weist eine pyramidenförmige Struktur auf, an dessen Spitze sich die allgemeine Intelligenz *g* befindet (Stratum 3) und darunter einige allgemeinere Spezialfähigkeiten liegen (Stratum 2), wie z.B. die fluide und kristalline Intelligenz, Lernen und Gedächtnis, die visuelle und akustische Wahrnehmung, der Einfallsreichtum und die Verarbeitungsgeschwindigkeit. Im Stratum 1

finden sich dann sehr spezifische Teilfähigkeiten (McGrew, 2009; Neubauer, 2005; Rost, 2009). In der CHC-Theorie lässt sich die kognitive Verarbeitungsgeschwindigkeit auf Stratum 2 als *Gs* (*Processing Speed*) oder *Gt* (*Reaction and Decision Speed*) verorten (McGrew, 2009). Zwar bleibt der Zusammenhang zwischen *Gs* und *Gt* unklar (vgl. Danthiir et al., 2004), aber dennoch gilt die kognitive Informationsverarbeitungsgeschwindigkeit als bedeutsamer Faktor der hierarchie-höheren allgemeinen Intelligenz.

Diesen Exkurs zusammenfassend, soll in der anschließenden empirischen Untersuchung die kognitive Informationsverarbeitungsgeschwindigkeit erfasst werden, die sehr ökonomisch zu erheben ist, eine zuverlässige Schätzung der allgemeinen Intelligenz erlaubt und nur wenig durch soziale Faktoren und Kohorteneffekte verzerrt sein sollte.

5 Methode

5.1 Stichproben

Der Untersuchung liegen drei Stichproben zugrunde: funktionale Analphabeten, lesekundige Erwachsene und normallesende Grundschüler. Um Einschlusskriterien für die Probanden zu bestimmen, wurden die operationale Definition von funktionalem Analphabetismus (Kap. 2.2.2) und die Merkmale des *Reading Level Match Designs* (Kap. 4.2) zugrunde gelegt (Tabelle 1). Die Einschlusskriterien umfassen daher die Muttersprache Deutsch sowie eine Leseleistung der ersten bis vierten Klasse (zur Begründung der vierten Klasse siehe Kap. 2.2.2). Die Analphabeten wurden aus Alphabetisierungskursen rekrutiert, weshalb die Ergebnisse nicht auf alle Analphabeten verallgemeinert werden dürfen (siehe dazu Kap. 7.4). Ausgeschlossen wurden Personen mit einer diagnostizierten oder selbst-eingeschätzten Aufmerksamkeitsstörung sowie in den Kontrollgruppen mit einer diagnostizierten oder selbst-eingeschätzten Dyslexie.

Tabelle 1: A priori bestimmte Einschlusskriterien für die drei Stichproben

Analphabeten	Lesekundige Erwachsene	Grundschüler
	Muttersprache Deutsch	
Alphabetisierungs-kursteilnehmer	Anfallende Stichprobe	Grundschüler 1. bis 4. Klasse
Keine Aufmerksamkeitsstörung	Keine Aufmerksamkeits-störung und keine Dyslexie	Keine Aufmerksamkeits-störung und keine Dyslexie
Alter ≥ 18	Match am Alter der Analphabeten	Match an der Leseleistung der Analphabeten
Leseleistung 1. bis 4. Klasse	Leseleistung > 4. Klasse	$115 \leq LQ \geq 85$

Anmerkungen. LQ = Lesequotient, ähnlich interpretierbar wie ein Intelligenzquotient mit einem Mittelwert von 100 und einer Standardabweichung von 15; die Angabe drückt aus, dass die Grundschüler auf einem normalen (d.h. weder zu schlechtem noch zu gutem) Niveau für ihr Alter lesen.

Insgesamt wurden 70 funktionale Analphabeten aus Alphabetisierungskursen der Volkshochschulen aus den Städten Duisburg, Düsseldorf, Essen, Frechen, Freiburg, Köln, Oberhausen, Opladen und Remscheid getestet. Von den 70 Teilnehmern mussten jedoch aus folgenden Gründen einige ausgeschlossen werden, so dass die endgültige Stichprobe der Analphabeten aus $n = 54$ Probanden bestand. Ausgeschlossen wurden vier Analphabeten, deren Muttersprache nicht deutsch war. Zwei Analphabeten kamen trotz Migration in die endgültige Stichprobe, weil sie noch vor Beginn der Schulpflicht nach Deutschland immigrierten (aus Frankreich mit drei Jahren bzw. aus Spanien mit fünf Jahren) und in der Testsituation fließend und akzentfrei Deutsch sprachen. Neun Analphabeten wurden ausgeschlossen, weil sie unter dem Niveau der ersten Klasse lasen und deshalb nicht mehr mit einem passenden Grundschüler gematcht werden konnten. Zwei Analphabeten lasen nur knapp unter dem Niveau der ersten Klasse und verblieben in der Stichprobe. Ihre Leseleistungen können unter Berücksichtigung des Standardfehlers der Testverfahren als genügend für die erste Klasse bezeichnet werden. Drei Analphabeten lasen besser als Viertklässler und sind nach der hier verwendeten operationalen Definition keine Analphabeten mehr. Auch sie wurden ausgeschlossen. Die übrigen 54 funktionalen Analphabeten besuchten zum Zeitpunkt der Erhebung den Grundbildungskurs nach eigenen Angaben seit 1 bis 250 Monaten mit einem Mittelwert von 40.2 Monaten und einer Standardabweichung von 47.5 Monaten; der Median beträgt dagegen lediglich 24 Monate. Die Verteilung ist linksgipflig, weil einige wenige Analphabeten extrem hohe Zeiträume angaben. Das Alter der endgültigen Stichprobe lag bei 43.4 Jahren ($s = 10.3$). Insgesamt bestand die Stichprobe aus 21 Frauen (38.9 %) und 33 Männern (61.1 %). Von den 54 Analphabeten schätzten sich 44 (81.5 %) als Dyslektiker ein, wobei nach Eigenauskunft nur bei 10 Grundbildungskursteilnehmern (18.5 %) eine diagnostizierte Dyslexie vorlag.

Die Analphabeten wurden sorgfältig anhand des Alters mit $n = 54$ lesekundigen Erwachsenen gematcht. Insgesamt nahmen 66 lesekundige Erwachsene an der Untersuchung teil. Drei von ihnen mussten ausgeschlossen werden, weil sie sich selbst als Legastheniker einschätzen bzw. als Legastheniker diagnostiziert wurden. Der Ausschluss betraf auch zwei Migranten und insgesamt sechs schlechte Leser, mit teilweisen Leseleistungen knapp unterhalb der vierten Klasse. Ein letzter lesekundiger Erwachsener wurde per Hand ausgeschlossen, um gleich große Zellgrößen zu erreichen. Das Alter der lesekundigen Erwachsenen betrug im Mittel 43.0 Jahre ($s = 10.3$), 29 von ihnen waren Frauen (53.7 %).

Anschließend erfolgte die Testung von 119 Grundschülern (zwei 1. Klassen und jeweils eine 2., 3. und 4. Klasse). Von diesen wurden nur diejenigen Kinder in die Stichprobe der Grundschüler aufgenommen, die „normal" (also weder zu gut noch zu schlecht) lesen konnten. In der vorliegenden Untersuchung wurden zur Bestimmung der Leseleistung das Salzburger Lesescreening (SLS) und die Würzburger Leise-Leseprobe (WLLP) eingesetzt (s.u.). Schüler ließen sich dann als normale Leser klassifizieren, wenn ihre Leseleistung in beiden Lesetests innerhalb einer Standardabweichung um den Normierungswert lag. (Da für die erste Klasse kein Normwert für das SLS vorliegt, genügte hier ein normaler Testwert in der WLLP. Das SLS blieb bei Erstklässlern also unberücksichtigt). Das Matching erfolgte anhand der Leseleistung in beiden Lesetests und des Geschlechts. 14 Schülerinnen und Schüler kamen aufgrund eines Migrationshintergrunds nicht in die Stichprobe. Durch diese Prozedur ließen sich $n = 54$ Grundschüler identifizieren, die auf einem möglichst ähnlichen Leseniveau wie die Analphabeten lasen. Im Mittel waren die Grundschüler 8.3 Jahren ($s = 1.2$) alt. 38.9 % von ihnen sind weiblichen Geschlechts.

5.2 Abhängige Variablen der phonologischen Informationsverarbeitung

5.2.1 Geschwindigkeit des lexikalischen Abrufs

Es wurden drei Aufgaben zur Geschwindigkeit des lexikalischen Abrufs anhand der Vorgaben von Wolf und Bowers (1999) sowie von Denckla und Cutting (1999) erstellt. In den sogenannten *Rapid Automatized Naming* (RAN) Aufgaben werden fünf Items jeweils zehnmal angeordnet, so dass eine Matrix aus 5 mal 10 Items entsteht. Die Aufgabe besteht darin, die Items in Leserichtung so schnell wie möglich zu benennen. Erfasst wurde jeweils die benötigte Zeit für das Benennen aller 50 Items. Für die drei RAN-Aufgaben wurden die Items Farbflächen, Ziffern und Buchstaben verwendet.

Die für den *Farbflächen-RAN* ausgewählten einsilbigen Farbennamen sind *rot, blau, schwarz, gelb* und *grün*. Von jeder Farbe wurden jeweils zehn Quadrate auf einem weißen DIN-A4 Papier angeordnet, wobei sich keine Farbe hintereinander wiederholte und jede Farbe pro Zeile zweimal und pro Spalte einmal auftrat. Die genaue Anordnung kann Abbildung 18 entnommen werden:

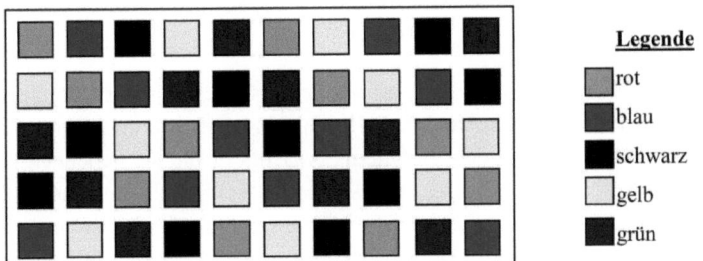

Legende

rot

blau

schwarz

gelb

grün

Abbildung 18: 5x10-Matrix der Aufgaben zum Farbflächen Rapid Automatized Naming

Die Aufgabe des *Ziffern-RAN* enthielt die einsilbigen Ziffern *1, 3, 5, 8* und *9*, die analog dem Farbflächen-RAN angeordnet wurden (siehe Abbildung 19):

```
8 5 3 9 1 3 8 1 5 9
1 9 8 5 3 5 1 8 9 3
5 8 1 3 9 8 9 3 1 5
3 1 9 8 5 1 5 9 3 8
9 3 5 1 8 9 3 5 8 1
```

Abbildung 19: 5x10-Matrix der Aufgaben zum Ziffern Rapid Automatized Naming

Um sicherzustellen, dass möglichst viele Analphabeten die Aufgabe zum lese-nahen *Buchstaben-RAN* bearbeiten können, wurden die Buchstaben verwendet, die nach einer Zählung von Beutelspacher (2007) am häufigsten in deutschen Texten vorkommen. Dadurch wurde antizipiert, dass die Expositionszeit und damit die Kenntnis dieser Buchstaben bei Analphabeten im Lebenslauf maximal waren. Ausgewählt wurden die Buchstaben *e, n, s, a* und *t*, die in den von Beu-telspacher (2007) analysierten Texten eine Häufigkeit von etwa 48 % aufweisen (*e* 17.4 %; *n* 9.2 %; *s* 7.3 %; *a* 6.5 %; *t* 6.2 %). Damit sollten die hier verwende-ten Buchstaben etwa die Hälfte aller im Laufe des Lebens gelesenen Buchstaben ausmachen. Das häufigere *i* (7.6 %) musste aufgrund der auditiven Ähnlichkeit zu *e* und das ebenfalls häufigere *r* (7.0 %) aufgrund der visuellen Ähnlichkeit zu *n* ausgeschlossen werden. Die Anordnung der einzelnen Buchstaben wurde ana-log den Aufgaben zum Farbflächen- und Ziffern-RAN vorgenommen (siehe Abbildung 20):

```
e n s a t s e t a n
s e t n a e n a s t
a s n t e t a e n s
t a e s n a s n t e
n t a e s n t s e a
```

Abbildung 20: 5x10-Matrix der Aufgaben zum Buchstaben Rapid Automatized Naming

Die drei RAN-Aufgaben wurden den Probanden nacheinander vorgelegt. Um sicherzugehen, dass alle Probanden die Stimuli kannten, wurde vor jedem RAN eine Karte mit den jeweiligen fünf Items präsentiert, die sie benennen sollten. Kein einziger Teilnehmer musste ausgeschlossen werden, da niemand Probleme mit der Benennung hatte und offensichtlich niemand eine Farbschwäche aufwies (z.B. Rot-Grün-Schwäche oder Gelb-Blau-Schwäche). Die Probanden sollten die Items so schnell, aber auch so richtig wie möglich vorlesen. Zur Illustration las der Versuchsleiter die ersten Items in einer schnellen Weise vor. Die Reihenfolge der Bearbeitung in Leserichtung wurde ebenfalls gezeigt. Durch das Starten und Stoppen einer Stoppuhr erfasste der Versuchsleiter die Reaktionszeit in Millisekunden, die vom Benennen des ersten bis letzten Objekts verstrich.

Reaktionszeiten sind zumeist linksschief verteilt: Es gibt viele Menschen, die eine relativ kurze Reaktionszeit haben und nur sehr wenige, die länger brauchen. Darüber hinaus ist eine bestimmte Differenz bei kurzen Reaktionszeiten völlig anders zu deuten als dieselbe Differenz bei langen Reaktionszeiten. Die Interpretation der Reaktionszeiten wird zusätzlich dadurch erschwert, dass hohe Werte für schlechte Leistungen stehen. Um positive, qualitativ gleich zu interpretierende und annähernd normalverteilte Leistungsmaße zu bekommen, schlagen Lienert und Raatz (1998) eine sogenannte Reziprok-Transformation nach Formel (1) vor:

$$X = C/t \tag{1}$$

Die RAN-Zeiten (in Millisekunden) werden im Folgenden als symmetrisch verteilte X-Werte angegeben, indem eine beliebige Konstante C (im vorliegenden Fall von $C = 10000$) durch die individuelle Reaktionszeit t geteilt wird. Ein hoher Wert drückt dann eine gute und schnelle Leistung im RAN aus, was die Interpretation der Ergebnisse erleichtert, da auch in allen anderen Aufgaben zum Arbeitsgedächtnis und zur phonologischen Bewusstheit hohe Werte für gute Leistungen stehen.

Die internen Konsistenzen der vorliegenden Studie lassen sich aufgrund unterschiedlicher Tests über standardisierte z-Werte berechnen. Cronbachs α beträgt für die Gesamtstichprobe α = .88. In der Gruppe der Analphabeten ist α = .91, bei den lesekundigen Erwachsenen α = .83 und bei den Grundschülern α = .89.

Da alle Matrizen ausschließlich hoch-automatisierte Stimuli verwendeten, werden die wenigen Fehler und selbständigen Verbesserungen nicht weiter analysiert. In der Tat machte selbst der ungenaueste Proband nur bei maximal 2.5 % der Stimuli einen Fehler. Aus diesem Grund basieren alle weiteren Analysen ausschließlich auf den Reaktionszeiten.

5.2.2 Speicherkomponente des verbalen Arbeitsgedächtnisses

Die kurzfristige Speicherung phonologischer Informationen wurde über drei typische Subtests zum verbalen Arbeitsgedächtnis gemessen (Kunstwörternachsprechen, Wortspanne vorwärts einsilbig, Wortspanne vorwärts dreisilbig), die einer noch unveröffentlichten computerisierten, adaptiven Arbeitsgedächtnistestbatterie für Kinder von 5 bis 12 Jahren entnommen wurden (AGTB 5-12: Hasselhorn et al., in Vorb.). In allen drei Aufgaben wurden die jeweiligen phonologischen Stimuli von trainierten Sprechern aufgenommen und auditiv über Kopfhörer dargeboten.

Die Aufgabe *Kunstwörternachsprechen* enthielt acht Wörter, die den Probanden vorgesprochen wurden und die diese wiederholen sollten. Kunstwörter sind zwar aussprechbar und folgen orthografischen Regeln, ergeben aber keinen Sinn (Beispielitems: *sulibritzen, winultaraspen*). Deshalb können diese Wörter nicht aufgrund ihrer lexikalischen Bedeutung, sondern nur alleine durch ihre lautsprachlichen Charakteristika gespeichert werden. Die Leistungen im Nachsprechen von Kunstwörtern spiegeln demnach die Leistungen in der Erstellung einer korrekten phonologischen Repräsentation im phonologischen Arbeitsgedächtnis wieder (Hasselhorn & Körner, 1997; Hasselhorn, Seidler-Brandler & Körner, 2000). Als abhängige Variable wurde die Anzahl der korrekt wiedergegeben Kunstwörter erhoben.

Die zwei anderen Aufgaben bestanden aus jeweils zehn Wortspannen. Sie messen die funktionale Gesamtkapazität des phonologischen Arbeitsgedächtnisses (Hasselhorn et al., 2000) bzw. der phonologischen Schleife (Savage et al., 2007). Dazu wurden in der Aufgabe *Wortspanne mit einsilbigen Wörtern* kurze Wörter (z.B. Pilz, Schuh, Haus) durch Soundfiles vorgesprochen, in der Aufgabe *Wortspanne mit dreisilbigen Wörtern* längere Wörter (z.B. Erdbeere, Kneifzange, Schaukelpferd). Die Darbietung folgte einem 1.5 Sekunden Takt pro Wort. Vor und nach der Spanne wurde durch ein Tonsignal der Start bzw. das Ende des Testitems indiziert. Die Probanden wiederholten die Wortspannen und aufgrund der Richtigkeit der Wiederholung adaptierte sich die nächste Wortspanne. Der adaptive Algorithmus begann je nach Alter des Probanden bei zwei, drei oder vier Wörtern in der Wortspanne. Bei den ersten zwei Wortspannen adaptierte das Programm unmittelbar, indem ein Wort mehr oder weniger in der Wortspanne vorgesprochen wurde. In den verbleibenden acht Wortspannen erfolgte die Adaption erst nach zwei konsistenten Probandenantworten (also zweimal hintereinander richtig oder zweimal hintereinander falsch) auf gleiche Weise. Die Bewertung der Verhaltensantwort der Probanden erfolgte als richtig, wenn alle Elemente in der richtigen Reihenfolge reproduziert werden konnten. Wenn ein Element oder die Reihenfolge falsch wiedergegeben wurde, galt die Verhaltensantwort als falsch, was einem Alles-oder-Nichts-Prinzip folgt (Conway et al., 2005). Erfasst wurde der Mittelwert der richtig reproduzierten letzten acht Spannen.

Die interne Konsistenz der drei Aufgaben (*z*-standardisierte Werte) liegt für die Gesamtstichprobe bei $\alpha = .66$. In der Stichprobe der Analphabeten beträgt sie $\alpha = .67$, bei lesekundigen Erwachsenen nur $\alpha = .57$ und bei den Grundschülern $\alpha = .69$. Das sind nicht besonders hohe Werte. Die Verwendung der Variablen lässt sich dennoch rechtfertigen, weil diese manifesten Variablen noch durch eine Hauptachsenanalyse von Messfehlern befreit werden (siehe Kap. 5.6.1). Aufgrund lautstarker Unterbrechungen während der Testung konnte ein Grundschüler die Aufgabe zur einsilbigen Wortspanne nicht korrekt bearbeiten. Seine einsilbige Wortspanne wurde aus der dreisilbigen Wortspanne und der Pseudowortwiederholung mit Hilfe einer Regressionsanalyse imputiert ($R^2 = .703$) (Lüdtke, Robitzsch, Trautwein & Köller, 2007).

5.2.3 Phonologische Bewusstheit

Die phonologische Bewusstheit wurde durch drei Subtests aus dem Test *Basis-kompetenzen für Lese-Rechtschreibleistungen* (BAKO 1-4: Stock, Marx & Schneider, 2003) erhoben. Die Auswahl der Subtests erfolgte aufgrund der Reliabilitätsangaben und der Fokussierung auf die phonologische Bewusstheit im engeren Sinne. Der BAKO 1-4 ist für die Grundschuljahre normiert. Die Normierung fand genau wie die vorliegende Untersuchung in den letzten drei Monaten eines Schuljahres statt, so dass die Leistungen der Grundschüler anhand der Normen eingeschätzt werden können.

Im Subtest *Vokalersetzung* wurden insgesamt zwölf Wörter und Pseudowörter (z.b. Mittag, Namenstag, miranale, alemaka) durch Soundfiles vorgesprochen. Die Aufgabe der Probanden bestand darin, alle [a] durch ein [i] zu ersetzen, jedoch alle anderen Laute unverändert zu lassen. Die Aufgabe erforderte damit die bewusste Identifikation und Manipulation aller Laute [a]. Nach drei nacheinander falsch beantworteten Items wurde die Aufgabe abgebrochen. Die Schwierigkeitsindizes schwanken von .15 bis .79 in der ersten Grundschullasse und von .53 bis .96 in der vierten Klasse. Die Trennschärfe liegt in der ersten Klasse zwischen .49 bis .77 und in der vierten Klasse zwischen .45 bis .71. Die interne Konsistenz der Items beträgt in der ersten Klasse .90 und in der vierten Klasse .84, die Testhalbierungskoeffizienten sind für die erste Klasse .85 und für die vierte Klasse .79. Die Werte der Klassen zwei und drei liegen meist zwischen diesen Werten und werden aus Gründen der Übersichtlichkeit hier wie im Folgenden nicht berichtet (vgl. dazu Stock et al., 2003). Die Analyse der *T*-Werte ergibt, dass die Kontrollgruppe der Grundschüler eine normal entwickelte phonologische Bewusstheit aufweist ($M = 48.6$; $s = 9.7$).

Der zweite Subtest *Lautkategorisierung* enthielt acht Aufgaben. In jeder wurden vier verschiedene Wörter und Pseudowörter vorgespielt (z.b. Kopf – Turm – tief – Trick, pat – kut – pit – pal). Der Proband musste entscheiden, welches der vier Wörter einen anderen Anfangslaut (in 3 von 8 Aufgaben) bzw. einen anderen Endlaut (in 5 von 8 Aufgaben) als die anderen drei Wörter aufwies. Bewertet wurde die richtige Identifizierung des unpassenden Wortes. Als richtig galt dabei die Nennung des Wortes, des Lautes oder der Position des Wortes, um die Aufgabe möglichst unabhängig vom Arbeitsgedächtnis zu machen. Die erwartete Leistung der Probanden ist die bewusste Identifikation und Differenzierung ähnlicher Laute. In Klasse 1 liegt die Itemschwierigkeit zwischen .32 und .77, in Klasse 4 zwischen .64 und .97. Die Trennschärfe lässt sich mit .50 bis .61 (Klasse 1) bzw. mit .34 bis .61 (Klasse 4) angeben. Cronbachs α beträgt in der ersten Klasse .68 und in der vierten Klasse .60. Der Testhalbierungskoeffizient liegt bei .64 bzw. .59. Auch in diesem Subtest bewegen sich die Grundschüler auf einem normalen Entwicklungsstand (T-Werte $M = 50.2$; $s = 10.8$).

Im Subtest *Vokallängenbestimmung* sollte die Fähigkeit zur Unterscheidung der Vokallänge erfasst werden. Insgesamt gibt es zehn Aufgaben, in denen wie im vorherigen Test vier Pseudowörter vorgespielt werden, die in der Mitte immer denselben Laut haben, der aber in einem Wort länger oder kürzer ausgesprochen wird (z.B. maar – raas – dack – laat, bamm – jaal – rack – batz). Die Messung erfolgte analog des Tests Lautkategorisierung. Nach drei nacheinander falsch bearbeiteten Items wurde wie im Test Vokalersetzung abgebrochen. Diese Aufgabe zielte wieder auf die bewusste Identifikation und Differenzierung ähnlicher Laute. Die Itemschwierigkeiten lassen sich mit .08 bis .67 für die erste Klasse und mit .49 bis .85 für die vierte Klasse angeben. Die Trennschärfe liegt bei .48 bis .72 bzw. .47 bis .76. Die interne Konsistenz beträgt in Klasse 1 .80 und in Klasse 4 .81, die Testhalbierung ergibt eine Reliabilität von .61 (Klasse 1) bzw. .80 (Klasse 4). Auch in diesem Subtest zeigen die Grundschüler normal entwickelte Kompetenzen (T-Werte $M = 46.8$; $s = 9.2$).

Die interne Konsistenz der z-standardisierten Rohwerte für das Gesamtsample der vorliegenden Studie liegt bei $\alpha = .71$. Für die Stichprobe der Analphabeten beträgt $\alpha = .75$, bei den lesekundigen Erwachsenen $\alpha = .67$ und bei den Grundschülern $\alpha = .68$. Die Werte sind für einen Gruppenvergleich genügend hoch, zumal die Rohwerte auch noch durch eine Hauptachsenanalyse von Messfehlern befreit werden (siehe Kap. 5.6.1).

Ein Grundschüler konnte die Aufgabe der Lautkategorisierung nicht korrekt bearbeiten, weil andere Schüler den Testraum lautstark frequentierten. Seine Leistung wurde durch eine Regressionsanalyse mit den Aufgaben Vokalersetzung und Vokallängenbestimmung imputiert ($R^2 = .789$) (Lüdtke et al., 2007).

5.3 Matchingvariablen

Zum Matching wurden zwei Leseschnelligkeitstests auf Wort- und Satzebene ausgewählt, weil kein Leseverständnistest verwendet werden konnte. Ein solcher Test hätte von der ersten bis vierten Klasse valide dasselbe Konstrukt mit identischen Items messen müssen, denn andernfalls hätte kein Matching mit Grundschülern erfolgen können. Ein solches Verfahren legten Lenhard und Schneider (2006) zwar mit dem ELFE-Test vor. In einem Vortest zeigte sich jedoch, dass der Textverständnissubtest für viele Analphabeten zu schwierig gewesen wäre. Besonders valide schienen nur die einfacheren Wort- und Satzverstehenssubtests. Beide Subtests weisen sehr starke Ähnlichkeiten mit den hier gewählten Verfahren auf, die die Lesegeschwindigkeit als sehr bedeutsame Voraussetzung des Leseverständnisses messen.

5.3.1 Lesegeschwindigkeit auf Wortebene (WLLP)

Um die Lesegeschwindigkeit auf Wortebene zu messen, wurde die Würzburger Leise Leseprobe (WLLP) von Küspert und Schneider (1998) verwendet. Dabei handelt es sich um einen kurzen Multiple-Choice-Test zur Überprüfung der Dekodiergeschwindigkeit, in dem insgesamt 140 Wörter leise gelesen werden müssen. Das leise Lesen entspricht mehr der natürlichen Lesesituation, so dass dieser Test in Anspruch nimmt, die Lesegeschwindigkeit alltagsnah zu erfassen. Jedem der 140 Wörter sind auf dem Testbogen vier Bilder zugeordnet, von denen aber nur eins zum Wort passt. Unter den vier Auswahlmöglichkeiten befindet sich jeweils ein phonologisch-orthographisch ähnlicher Distraktor (z.B. Knopf – Kopf) und ein weiterer dem Zielwort semantisch-verknüpfter Distraktor (z.B. Knopf – Hose). Die Aufgabe des Probanden ist es, das korrekte Bild zum Wort anzustreichen. Die Reihenfolge der Items wurde per Zufall erstellt; die Länge der Wörter differiert zwischen einer und vier Silben. Abbildung 21 zeigt ein Beispiel:

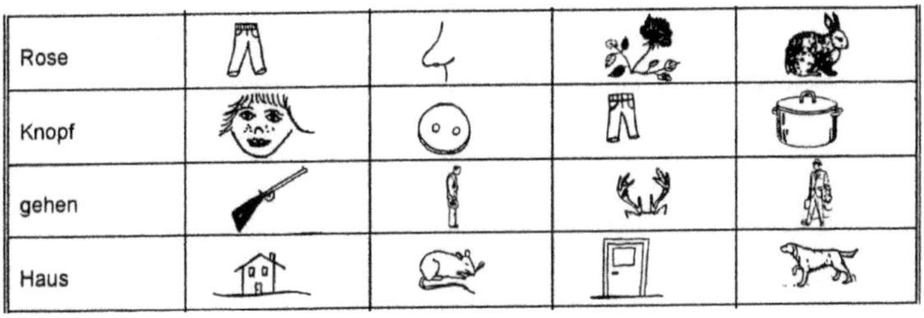

Abbildung 21: Beispielitems aus der Würzburger Leise Leseprobe von Küspert und Schneider (1998)

Die WLLP ist ein Speedtest, der innerhalb von fünf Minuten so schnell, aber auch so richtig wie möglich bearbeitet werden soll. Die Auswertung erfolgt durch die Auszählung der insgesamt bearbeiteten Items, von denen dann die Auslassungen und Fehler abgezogen werden. Auf diesem Weg ergibt sich die Anzahl der korrekt bearbeiteten Aufgaben als Testrohwert. In der Regel treten kaum Lesefehler auf, da die Wörter relativ einfach sind und der Test nicht das Leseverständnis, sondern ausschließlich die Lesegeschwindigkeit erfassen sollte. Vor der Messung wird das allgemeine Vorgehen an zehn Beispielitems geübt. Das WLLP ist für die letzten zwei Monate des ersten bis vierten Schuljahres normiert, in dessen Zeitintervall die Testung der Schüler erfolgte. Sie lasen durchschnittlich auf einem Prozentrang von 48.6 ($s = 23.7$).

Die WLLP weist eine hohe Paralleltestreliabilität (zwischen Form A und Form B) zwischen .82 und .87 auf. Die Retestreliabilität fällt mit .75 bis .78 ebenfalls zufriedenstellend aus. Die kriterienbezogene Validität liegt zwischen .51 und .79, wenn ein anderer Lesetest als Kriterium verwendet wird (Küspert & Schneider, 1998).

Für den Test sprach neben der kurzen Durchführungszeit die Tatsache, dass durch das leise Lesen (im Gegensatz zum lauten Vorlesen) insbesondere die Analphabeten nicht mit ihrem vermeintlichen Defizit bloßgestellt wurden. In der bislang einzigen quantitativen Studie mit deutschsprachigen Analphabeten erfolgte die Erhebung der Leseleistung ebenfalls mit der WLLP (H. Wagner & Eulenberger, 2008), so dass davon ausgegangen werden kann, dass das Verfahren sowohl für Kinder als auch für Erwachsene geeignet ist. Die Analphabeten und die lesekundigen Erwachsenen bearbeiteten den Test individuell, während die Grundschüler die WLLP in der Gruppenversion ausführten. Vorgelegt wurde ausschließlich die Form A. Entgegen der Testinstruktion wurde in der Testung der lesekundigen Erwachsenen die Zeit gemessen für die vollständige Bearbeitung aller 140 Items, da aus Vortests bekannt war, dass viele Probanden dieser Gruppe vor dem Ablauf der fünf Minuten mit dem Test fertig waren und deshalb einen Deckeneffekt zeigten. Die so ermittelten Rohwerte wurden dann für alle drei Stichproben in die Einheit „Items pro Minute" umgerechnet. Um die Leseleistungen zwischen den Gruppen vergleichbar zu machen, basieren die folgenden Gruppenvergleiche der WLLP auf diesem umgerechneten Wert.

5.3.2 Lesegeschwindigkeit auf Satzebene (SLS)

Während die WLLP die kontextfreie Worterkennung erfasst, sollte das Salzburger Lesescreening für die Klassenstufen 1 bis 4 (SLS 1-4; Mayringer & Wimmer, 2005) die Lesegeschwindigkeit für das fehlerfreie, relativ schnelle und mühelose Lesen von Wörtern eines Textes als basale Lesefertigkeit auf Satzebene messen. Das SLS erfordert eine vergleichbare Handhabung wie die WLLP. Die Erhebung erfolgte wiederum leise, was grundsätzlich der natürlichen Lesesituation entsprechen und den Analphabeten entgegen kommen sollte. Die Probanden lasen 70 inhaltlich einfache Sätze, die entweder wahr oder falsch sein können. Die Aufgabe der Probanden war es, bei einem wahren Satz einen Haken oder bei einem falschen Satz ein Kreuz einzukringeln (Abbildung 22). Es folgen niemals drei gleich zu beantwortende Sätze hintereinander, die Satz- und Wortkomplexität stieg im Verlaufe des Textes an. Dabei sollten die Probanden so schnell und so genau wie möglich lesen. Das allgemeine Vorgehen wurde vorher an sechs Beispielitems geübt.

Tee kann man trinken.   ✓   ✗

In der Wüste regnet es oft.   ✓   ✗

Erdbeeren sind ganz blau.   ✓   ✗

Eine Woche hat sieben Tage.   ✓   ✗

Bei starkem Wind fällt leicht etwas um.   ✓   ✗

Kirschen können sprechen.   ✓   ✗

Abbildung 22: Beispielitems aus dem Salzburger Lese-Screening von Mayringer und Wimmer (2005)

Das SLS ist ein dreiminütiger Speed-Test. Die Auswertung erfolgt analog der WLLP: Von der Anzahl der innerhalb von drei Minuten insgesamt bearbeiteten Sätzen wird die Anzahl der ausgelassenen und falsch angekreuzten Sätze abgezogen. Durch die inhaltliche Einfachheit der Sätze treten allerdings abgesehen von Flüchtigkeitsfehlern keine Verständnisprobleme und Bearbeitungsfehler auf. Das SLS ist für das Ende der Schuljahre zwei bis vier normiert. Da in diesem Zeitraum die Erhebung in den Grundschulen stattfand, können die erreichten Kompetenzen der Zweit- bis Viertklässler als Lesequotient ($M = 100$; $s = 15$) umgerechnet werden. Der Lesequotient der Erstklässler wurde anhand der Normwerte für den Beginn des zweiten Schuljahres ermittelt. Mit einem Mittelwert von 97.1 und einer Standardabweichung von 12.4 lasen die Grundschüler auf einem normalen Niveau.

Das SLS weist sehr gute Testgütekriterien auf. Die Paralleltestreliabilität liegt zwischen .92 in der zweiten Klasse und .91 in der vierten Klasse. Die Validität zum lauten Lesen beträgt in der zweiten Klassenstufe .81 und in der vierten Stufe .76 (Mayringer & Wimmer, 2005).

Für die Auswahl des SLS sprachen dieselben Gründe wie für die WLLP. Das SLS sollte zusätzlich erhoben werden, weil nun auch der Satzkontext zum Lesen verwendet und somit ein etwas anderer Bereich des Lesens überprüft werden konnte. Die Analphabeten und die lesekundigen Erwachsenen bearbeiteten den Test (Form A) alleine in der Testsitzung, während die Grundschüler das SLS in der Gruppenversion ausführten. Wie bei der WLLP wurde in der Testung der lesekundigen Erwachsenen die Zeit für die vollständige Bearbeitung aller 70 Items gemessen und wieder in die Einheit „Items pro Minute" umgerechnet. Die folgenden Gruppenvergleiche des SLS basieren wieder für alle drei Stichproben auf den Werten mit dieser Einheit.

Nach Einschätzung der Versuchsleiterin riet ein Analphabet die Items im Salzburger Screening nur. Ein weiterer Analphabet hatte zu schlechte Leistungen in der WLLP, so dass das SLS nicht bearbeitet werden konnte. Die Leistungen der zwei Analphabeten wurden aufgrund der Ergebnisse der Würzburger Leise Leseprobe imputiert ($R^2 = .925$) (Lüdtke et al., 2007).

5.4 Kontrollvariablen

5.4.1 Soziale Herkunft und Schulbildung

Die soziale Herkunft in der Kindheit wurde in der vorliegenden Studie nur bei den Analphabeten und den lesekundigen Erwachsenen erhoben, da aus der Vorstudie bekannt war, dass Grundschulkinder keine validen Angaben zur sozialen Herkunft ihrer Eltern geben können.

Als erster Indikator der sozialen Herkunft wurde der *sozioökonomische Status* über folgendes Item erfasst (getrennt für den Vater und die Mutter): „Welchen Beruf hat damals in ihrer Kindheit ihre Mutter / ihr Vater ausgeübt?" Das Antwortformat war offen, d.h. die Angabe des Probanden wurde wortwörtlich erfasst. Sie lassen sich anschließend anhand der „internationalen Standardklassifikation der Beschäftigung von 1988" (*ISCO-88, international standard classification of occupation*) nominal einordnen. Anhand dieser Klassifizierung entwickelten Ganzeboom und Mitarbeiter eine metrische Skala, die die verschiedenen Berufe in eine soziale Hierarchie bringt und so den sozioökonomischen Status abbildet (Ganzeboom, 2009; Ganzeboom & Treiman, 2003; Treiman & Ganzeboom, 2000). Diese Skala wird internationaler sozioökonomischer Index genannt (*ISEI, international socio-economic index*). Der ISEI reicht von 16 (z.B. Reinigungspersonal oder landwirtschaftliche Hilfsarbeiter) bis 85 (Mediziner und Juristen).

Als zweiter Indikator der sozialen Herkunft wurde die *elterliche Schulbildung* durch folgende Frage über den Bildungsabschluss der Eltern erhoben (wieder getrennt für Vater und Mutter): „Welchen Schulabschluss hatte / hat ihre Mutter / ihr Vater?" Das Antwortformat war ebenfalls offen. Die Angaben wurden anschließend in die internationale Standardklassifikation der Bildung (*ISCD, international standard classification of education*) übertragen und ließen sich durch die Angaben in Tabelle 2 in metrisch skalierte Bildungsjahre verrechnen.

Tabelle 2: Internationale Klassifizierung von Bildungsabschlüssen

ISCED-Stufe	Beschreibung	Beispielabschluss	Umrechnung in Bildungsjahre
ISCED 0	Elementar-bereich		0
ISCED 1	Primarbereich	Abschluss an einer Grundschule, Sonder-/Förderschule	4
ISCED 2	Sekundar-bereich I	Abschluss an einer Polytechnischen Oberschule, Hauptschul-/Volksschul-abschluss, Realschulabschluss	10
ISCED 3B 3C	Sekundar-bereich II	Berufsgrundbildungsjahr, Berufs-schule, Berufsfachschule, abge-schlossene Lehre, Abschluss an einer Handelsschule	11
ISCED 3A 4	Post-sekundarer Bereich	Fachhochschulreife, Hochschulreife, Abitur, Abschluss an einer Fachober-schule	12
ISCED 5B	Nichtuni-versitärer Tertiärbereich	Abschluss an einer Fachschule, Meister- oder Technikerschule, einer Schule des Gesundheitswesens, Ab-schluss an einer Berufsakademie, Fachakademie	15
ISCED 5A 6	Universitärer Tertiärbereich	Fachhochschulabschluss, Diplom (FH), Hochschulabschluss (Magister, Diplom, Staatsexamen), Promotion (Doktorprüfung)	17

Anmerkung. Umrechnung der nominalskalierten Bildungsabschlüsse in metrisch skalierte Schulbesuchsjahre; entnommen aus Ehmke und Siegle, 2005, S. 527.

Bei den Analphabeten und lesekundigen Erwachsenen wurden der zuletzt aus-geübte Beruf und die eigene Schulbildung auch für den *aktuellen sozialen Status* erfragt. Die Erhebung der Variablen erfolgte analog der Angaben zur Kindheit für den aktuellen Zeitpunkt. Jedoch wurden alle Items in Bezug zum Probanden und nicht in Bezug zu den Eltern umformuliert. Zusätzlich wurden die beiden Erwachsenengruppen nach der zuletzt besuchten Schulform und dem höchsten erreichten Schulabschluss befragt. Die Analphabeten sollten zusätzlich beantworten, wie viele Monate sie schon an einem Alphabetisierungskurs teilnehmen.

5.4.2 Intelligenz

Zur Messung der Intelligenz wurde der Zahlen-Verbindungs-Test (ZVT) von Oswald und Roth (1978) verwendet, der die Geschwindigkeit der kognitiven Informationsverarbeitung erhebt. Für die Verwendung des ZVT sprachen drei Dinge: Zum einen ist der ZVT ein Intelligenz-Schnell-Test, der innerhalb von nur maximal 10 Minuten eine valide Erfassung der Intelligenz erlaubt und einen guten Schätzwert der allgemeinen Intelligenz darstellt (Oswald & Roth, 1978). Zum anderen verspricht das zugrundeliegende Intelligenzkonstrukt der kognitiven Informationsverarbeitungsgeschwindigkeit eine möglichst große Unabhängigkeit von Kohorteneffekten (Berk, 2005; Schaie, 1991), was bei der Unterschiedlichkeit der in dieser Studie verwendeten Stichproben hinsichtlich Alter und Erziehung besonders zu betonen ist. Und drittens ist der ZVT ein sprachfreier Intelligenztest, der besonders bei sozial Benachteiligten zu valideren Ergebnissen als sprachgebundene Tests kommen sollte (Oswald & Roth, 1978).

Der ZVT besteht aus vier Zahlenmatrizen zu je 90 unterschiedlich angeordneten Ziffern, die so schnell, aber auch so richtig wie möglich der Reihenfolge nach von 1 bis 90 durch Striche verbunden werden sollen. Die nächstgelegene Zahl liegt immer in unmittelbarer Nachbarschaft der vorherigen Zahl, die Striche können sich aber auch überkreuzen. Die Aufgabe der Probanden ist die Suche nach der nächstgelegenen Ziffer, die Entscheidung über die Handlung und die Handlung selber (das Ziehen eines Striches zwischen zwei Zahlen). Die Reaktionszeit hängt mit der Anzahl der Wahlalternativen zusammen, die in Bit (Anzahl der insgesamt vorliegenden Alternativen) gemessen werden können. Jede Matrize hat einen Informationsbetrag von 136 Bit. Vor der eigentlichen Testdurchführung erfolgen zwei Beispielmatrizen mit jeweils 20 Zahlen (Abbildung 23).

Die Auswertung erfolgt durch das einfache Stoppen der Reaktionszeit für jede Matrize. Die Fehleranzahl in den Matrizen ist so gering, dass auf eine Auswertung der Fehler verzichtet werden kann. Die Reaktionszeiten werden dann über die vier Matrizen gemittelt und können über die Normtabellen als T-Wert oder IQ abgelesen werden.

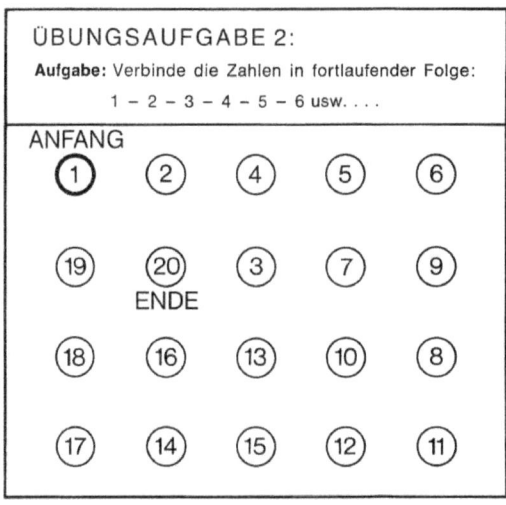

Abbildung 23: Übungsmatrize aus dem Zahlen-Verbindungs-Test von
Oswald und Roth, 1978

Der ZVT weist eine Retestreliabilität (sechs Wochen) von .81 sowie eine interne Konsistenz zwischen .83 und .92 auf (Oswald & Roth, 1978). In der Studie von Rindermann und Neubauer (2000) zeigte sich eine interne Konsistenz von .94, die Reliabilität nach einem Zweijahresintervall beträgt .61. Bei Rost und Hanses (1993) fand sich eine Konsistenz von .91. Die im Testhandbuch angegebene Validität beträgt zu umfangreicheren Intelligenztests (PSB, IST, HAWIE, SPM, CFT) zwischen $r = -.69$ und $r = -.80$. (Das negative Vorzeichen ist durch die Zeitvariable des ZVT bedingt: Längere Reaktionszeiten indizieren eine schlechtere Leistung.) Rindermann und Neubauer (2000) berichten dagegen von geringeren Korrelationen zum KFT von -.30 und APM von -.19, was wahrscheinlich an Varianzeinschränkungen in der zugrundeliegenden homogenen Stichprobe von überdurchschnittlich-intelligenten Gymnasiasten lag. Rost und Hanses (1993) fanden in einer großen Stichprobe von Grundschülern Korrelationen zwischen Intelligenztests (ANA, CFT) und ZVT zwischen -.33 und -.52. Die Zusammenhänge zu Schulnoten und Schulleistungstests betragen zwischen -.31 und -.20 (Danthiir et al., 2004; Neubauer et al., 2000; Oswald & Roth, 1978; Rost & Hanses, 1993).

Der ZVT wurde bei Grundschülern im Gruppentest, bei Analphabeten und lesekundigen Erwachsenen im Einzeltest eingesetzt. Im Einzeltest wird die Zeit gemessen, die für alle 90 Ziffern benötigt wird. Dagegen wird im Gruppentest nach 30 Sekunden abgebrochen und die letzte bearbeitete Ziffer bewertet. Zwar liegen die Zusammenhänge zwischen Einzel- und Gruppenversuch bei bis zu $r = .96$ (Oswald & Roth, 1978), aber es gibt dennoch signifikante Unterschiede zwischen den Normen für Gruppentests und den Normen für Einzeltests. Dies könnte am kompetitiven Charakter der Gruppentestung liegen oder an der starken Zeitbegrenzung der Gruppentestung auf 30 Sekunden, in denen eine bearbeitete Ziffer sehr viel stärker die Rohwerte bestimmt als in der zeitfreien Einzeltestung. „Von einer Umrechnung der Gruppenergebnisse in Einzelergebnisse und umgekehrt wird daher dringend abgeraten" (Oswald & Roth, 1978, S. 41). Aus diesem Grund wurden die T-Werte für die Gruppentestung einfach unter der Normwerttabelle für die Einzeltestung abgelesen. Die T-Werte der Gruppentestung werden also den Rohwerten der Einzeltestung zugeordnet; die Tabelle wird diesmal gewissermaßen rückwärts abgelesen. Dies entspricht der Forderung von Oswald und Roth (1978), nach denen die „Testnormwerte zwischen Gruppentestergebnissen und Einzeltestergebnissen direkt miteinander verglichen werden" (S. 41).

Für den ZVT liegen allerdings nur Normwerte für Schüler ab acht Jahren vor. An dieser Untersuchung nahmen aber auch jüngere Grundschüler teil. Sie bearbeiteten den Test dennoch, ihnen konnte aber kein T-Wert zugeordnet und die Intelligenz nicht geschätzt werden. Die Verwendung dieser Daten lässt sich dennoch rechtfertigen, denn weil sie den höheren Zahlenraum aufgrund des Abbruchs nach 30 Sekunden nicht erreichten, waren ihnen alle bearbeiteten Ziffern bekannt. Um deren Werte für den Gruppenvergleich von der Gruppentestung zur Einzelsituation zu transformieren, wurden sie aus den Rohwerten der Einzeltestung durch eine lineare Regression geschätzt ($R^2 = .861$).

5.5 Vorgehen

Die Erhebung erfolgte bei den Analphabeten und den lesekundigen Erwachsenen im Individualtest in einem ruhigen Raum. Die einzelnen Tests und Fragen wurden in folgender Reihenfolge in einem Computerprogramm angeordnet, das die Reaktionszeiten erfasste und die auditiven Stimuli per Kopfhörer vorspielte: (1) Farbflächen-RAN, (2) Zahlen-RAN, (3) Buchstaben-RAN, (4) Kunstwörternachsprechen, (5) Wortspanne einsilbig, (6) Wortspanne dreisilbig, (7) Vokalersetzung, (8) Lautkategorisierung, (9) Vokallängenbestimmung, (10) Zahlenverbindungstest, (11) Würzburger Leise Leseprobe, (12) Salzburger Lesescreening, (13) Fragen zur Schulbildung und zur sozialen Herkunft.

Für die Stichprobe der Analphabeten rekrutierten insgesamt sieben Versuchsleiter Volkshochschullehrende aus Grundbildungs- und Alphabetisierungskursen im Großraum NRW und Freiburg. Durch die Lehrenden ließ sich der Kontakt zu insgesamt 70 Analphabeten herstellen, die gegen eine Bezahlung von zehn Euro an der etwa 60 bis 75 minütigen Untersuchung teilnahmen. Um genügend Probanden unter den Analphabeten zu rekrutieren, die meist starke Angst vor Testsituationen haben (Grotlüschen & Bonna, 2008), wurde durch folgende Maßnahmen eine vertrauensvolle, ruhige und wenig „testnahe" Untersuchungssituation konstruiert: (1) Die Analphabeten kannten den praktischen Hintergrund der Studie und wurden so zu einer größeren Compliance bewegt; (2) statt „Tests" wurde immer nur von „Aufgaben" gesprochen; (3) ebenso wurde das Wort „Analphabetismus" vermieden und durch „Grundbildung" ersetzt; (4) die Testzeit wurde a priori auf den oben genannten Zeitraum von 60 bis 75 Minuten begrenzt; (5) die meisten Aufgaben enthielten Abbruchkriterien und ließen sich schnell bearbeiten; (6) die Probanden mussten ausschließlich leise lesen und nicht dem Versuchsleiter vorlesen; (7) ebenfalls legten die Versuchsleiter bereits zu Beginn der Testung eine externale Misserfolgsattribution auf die Aufgabenschwierigkeit nahe, in dem sie den Probanden mitteilten, dass nahezu alle Aufgaben zwar relativ einfach anfangen, aber immer schwieriger werden und deshalb kein einziger Mensch die Aufgaben vollständig lösen kann; (8) noch vor der Testung wurde das gesamte Vorgehen dezidiert erläutert und auf Fragen, Wünsche und Ängste der Teilnehmer eingegangen; (9) sicherlich trug die monetäre Vergütung von zehn Euro ebenfalls zur Motivation bei. Die Rekrutierung und individuelle Testung der Analphabeten erfolgte im Zeitraum vom letzten Quartal 2008 bis zum Ende des ersten Halbjahrs 2009.

Die Stichprobe der lesekundigen Erwachsenen wurde aus dem Bekannten- und Familienkreis der Versuchsleiter rekrutiert. So ließ sich sicherstellen, dass sich die Probanden ähnlich viel Mühe in der Testsituation gaben wie die Analphabeten. Die Gruppe der lesekundigen Erwachsenen durfte sich nur minimal im Alter unterscheiden. Jedem Analphabeten wurde ein lesekundiger Erwachsener gegenübergestellt, der dasselbe chronologische Alter (plus/minus fünf Jahre) aufwies. Die Erhebung der lesekundigen Erwachsenen erfolgte zeitgleich zur Testung der Analphabeten.

Die Stichprobe der Grundschüler wurde in einer Kölner Grundschule getestet. Sie bearbeiteten die Tests in einer anderen Reihenfolge: Zuerst wurden WLLP, SLS und ZVT als Gruppentest bearbeitet. Anschließend erfolgte die individuelle Erhebung der abhängigen Variablen in einem ruhigen Raum. Die Erhebung fand innerhalb von zwei Wochen gegen Ende des Schuljahres 2008/2009 statt.

5.6   Statistische Auswertung

5.6.1 Modellierung latenter Variablen

Während allgemein bekannte statistische Standardverfahren nicht erläutert werden müssen (Deutsche Gesellschaft für Psychologie, 2007), sollen an dieser Stelle einige mehr oder weniger untypische Auswertungsverfahren näher beschrieben werden. Zum einen sollen die drei Bereiche der phonologischen Informationsverarbeitung überprüft werden: die Geschwindigkeit des lexikalischen Abrufs phonologischer Informationen, die Bewusstheit für phonologische Informationen und die kurzfristige Speicherung phonologischer Informationen im verbalen Arbeitsgedächtnis. Zu jedem dieser drei Konstrukte wurden jeweils drei verschiedene, prototypische Aufgaben verwendet. Sie sollen durch explorative Faktorenanalysen zu latenten Variablen modelliert werden.

Die verwendeten Aufgaben bzw. Fragen stellen manifeste Variablen dar, die direkt beobachtet werden können, allerdings aufgabenspezifische und Messfehlervarianz enthalten. Für die Auswertung ist aber meist nicht die Leistung eines Probanden in dieser manifesten Variable entscheidend, da sie nur Auskunft über die jeweilige konkrete Aufgabe gibt (inklusive Messfehler und aufgabenspezifischer Varianz). Vielmehr ist man an den zugrunde liegenden Konstrukten interessiert. Zum Beispiel ist es weniger wichtig, welche Leistung ein Proband in der konkreten Aufgabe zur Vokallängenbestimmung aufweist (manifeste Variable), sondern diese Aufgabe wird lediglich dazu benutzt, um eine Aussage über die der Leistung zugrunde liegende phonologische Bewusstheit zu treffen. Letztere wird als latente Variable bezeichnet, weil sie nicht direkt beobachtbar ist. Auf sie kann nur aufgrund der Testleistung in der manifesten Variable geschlossen werden.

Latente Variablen können durch verschiedene statistische Arten der Modellierung berechnet werden (Bollen, 2002). In dieser Arbeit wird die explorative Faktorenanalyse als Werkzeug verwendet, um nur die gemeinsame Varianz aller Tests als abhängige latente Variable zu modellieren. Es lassen sich (vor allem) zwei Verfahren der explorativen Faktorenanalyse unterscheiden (Gorsuch, 1997; Jolliffe, 2002). Die Hauptkomponentenanalyse nimmt an, dass alle manifesten Variablen messfehlerfrei erhoben wurden. Dagegen rechnet die Hauptachsenanalyse diesen Messfehler heraus. Beide Verfahren können mit einer Varimax-Rotation oder einer Oblimin-Rotation durchgeführt werden. In der Varimax-Rotation wird per Restriktion festgesetzt, dass die Faktoren unkorreliert sind. Dagegen erlaubt die Oblimin-Rotation die Korrelation.

Die Hauptkomponentenanalyse mit Varimax-Rotation ist das Standardverfahren der explorativen Faktorenanalyse (Gorsuch, 1997). Häufig wird die Wahl dieses Verfahrens damit begründet, dass die Hauptkomponentenanalyse mit Varimax-Rotation und die Hauptachsenanalyse mit Oblimin-Rotation sehr ähnliche Ergebnisse errechnen. Das ist jedoch nur dann der Fall, wenn die manifesten Variablen eine nahezu perfekte Reliabilität aufweisen und die Faktoren in der Grundgesamtheit wirklich unkorreliert sind, denn dann geht die Berechnung der Hauptachsenanalyse in die Berechnung der Hauptkomponentenanalyse über. Gelten diese Annahmen jedoch nicht, dann berechnet nur die Hauptachsenanalyse mit Oblimin-Rotation die korrekten Faktorwerte, während letztere aufgrund der mathematischen Restriktionen falsche Ergebnisse liefert (Gorsuch, 1983, 1997, 2003). Das bedeutet letztendlich, dass der Forschende mit der Hauptachsenanalyse mit Oblimin-Rotation auf der sichereren Seite ist (Bandalos & Boehm-Kaufman, 2008).

Betrachtet man die in dieser Studie verwendeten Aufgaben, so ist klar, dass sie wie alle anderen psychologischen Variablen nicht frei von Messfehlern sind und deshalb niemals perfekt reliabel sein können. Zusätzlich messen die neun Aufgaben zur phonologischen Informationsverarbeitung dasselbe Konstrukt. Sie können deshalb nicht unabhängig voneinander sein und eine Interkorrelation ist theoretisch sogar zu erwarten. Beide Aspekte sprechen für die hier durchgeführte Hauptachsenanalyse mit Oblimin-Rotation, um die drei latenten phonologischen Variablen (phonologische Bewusstheit, verbales Arbeitsgedächtnis, lexikalischer Abruf) aus den neun manifesten Variablen zu berechnen.

5.6.2 Berechnung von Effektstärken

Während es bis vor einiger Zeit für die Güte eines statistischen Tests genügte, das Signifikanzniveaus anzugeben (Cohen, 1995), ist nun zusätzlich die Angabe einer Effektstärke gefordert (Deutsche Gesellschaft für Psychologie, 2007). Denn weil das Signifikanzniveau eine Funktion der Stichprobengröße ist, kann bei einer genügend großen Stichprobe nahezu jeder statistische Test signifikant werden, auch wenn z.B. ein Mittelwertunterschied zwischen zwei Gruppen vernachlässigbar klein ist. Für eine sinnvolle Interpretation von Ergebnissen muss deshalb ein Maß z.B. für die Größe des Mittelwertunterschieds (Effektstärke) angegeben werden. Zur Berechnung von Effektstärken existieren viele unterschiedliche Verfahren, so dass das hier gewählte Verfahren transparent gemacht wird, um Überprüfungen möglich zu machen. Das Effektstärkemaß d nach Cohen (1987) wird anhand der Differenz der Mittelwerte von zwei Gruppen berechnet, geteilt durch die Standardabweichung der Population. Wenn die Popu-

lation aber unbekannt ist (wie im vorliegenden Fall), empfiehlt Bortz (2005) die
Schätzung der Standardabweichung der Population durch die mittlere Standardabweichung der beiden Gruppen mit folgender Formel (2):

$$d = \frac{m_A - m_B}{\sqrt{\frac{s_A^2 + s_B^2}{2}}} \tag{2}$$

Die Effektstärke d ist ein in Standardabweichungen ausgedrückter Mittelwertunterschied zweier Gruppen. Dabei bezeichnet m den Mittelwert der Gruppe A
bzw. B, und s drückt die Standardabweichung der Gruppe A bzw. B aus. Zur
Interpretation der Stärke eines Effekts werden die von Cohen (1987) beschriebenen Konventionen verwendet. Folglich bezeichnet ein d von unter 0.20 keinen
interpretierbaren Mittelwertunterschied. Ab 0.20 spricht man von einer kleinen,
ab 0.50 von einer mittleren und ab 0.80 von einer großen Effektstärke.

5.6.3 A priori geplante Kontraste

Als nächstes werden die hier verwendeten a priori geplanten Kontrasttests beschrieben, durch die die psychologischen Hypothesen zum phonologischen Defizit PH-1, PH-2 und PH-3 getestet werden. Es ist allgemein üblich, Versuchspläne wie den vorliegenden durch Varianzanalysen inferenzstatistisch auszuwer-
ten (Hager, 2005). Diesem Vorgehen wird hier nicht gefolgt (auch wenn die
Ergebnisse der Varianzanalyse der Vollständigkeit halber mitgeteilt werden),
was kurz begründet werden soll.

Die Varianzanalyse testet als Omnibus-Test *alle möglichen Hypothesen* statt
lediglich die vorher aufgestellten Hypothesen (Hager, 2004). Ein signifikantes
Ergebnis des F-Tests der Varianzanalyse sagt aus, dass irgendwo mindestens ein
Test signifikant geworden ist. Nachträglich werden deshalb post-hoc-Tests
nachgeschoben, die ebenfalls alle möglichen Hypothesen testen, aber die Ergebnisse einzeln ausgeben. Das Testen vieler Hypothesen führt zu einer α-
Kumulierung, der durch die Reduzierung des α-Niveaus begegnet wird, was allerdings zu einer reduzierten Teststärke führt. Eine sinnvolle Hypothesenprüfung kann deshalb über die multivariate Varianzanalyse nicht erfolgen, wohl
aber über univariate a priori geplante Kontraste: „Multivariate Verfahren zeigen
an, dass jemand sucht, aber nicht so genau weiß, wonach, während sorgfältig
geplante univariate Methoden anzeigen, dass jemand sucht, aber genau weiß,
wonach" (Hager, 2004, S. 10).

Kontraste sind spezielle Linearkombinationen, die eine gewichtete Summe
von statistischen Kennwerten darstellen, die mit einem Gewichts- bzw. Kon-

trastkoeffizienten multipliziert werden und deren Summe stets null betragen muss. Häufig wird in der Literatur verlangt, dass Kontraste unabhängig (orthogonal) voneinander sein sollen, also keine redundanten Informationen enthalten dürfen. Dagegen werden die Hypothesen PH-1 bis PH-3 jeweils durch zwei Kontrasttests überprüft, die nicht orthogonal zueinander sind (Kontrast 1: Analphabeten zeigen schlechtere phonologische Kompetenzen als lesekundige Erwachsene; Kontrast 2: Analphabeten zeigen schlechtere phonologische Kompetenzen als Grundschüler). Da in beiden Kontrasten die Analphabeten gegen die jeweilige Kontrollgruppe getestet werden, sind die Kontraste voneinander abhängig. Aber „[a]nstelle der aus statistischer Perspektive wünschenswerten Eigenschaft der Orthogonalität dient hier als wesentliches Kriterium für abgeleitete Hypothesen über Kontraste allein die Validität der Ableitung, also vor allem die Adäquatheit und die Erschöpfendheit, für alle Vorhersagen einschließlich von statistischen Hypothesen aus der psychologischen Theorie und oder der psychologischen Hypothese über die psychologische Vorhersage" (Hager, 2004, S. 191). Es soll deshalb an den nicht-orthogonalen Kontrasten festgehalten werden.

Ein weiteres Argument spricht für die Verwendung dieser Kontraste: Wenn eine psychologische Hypothese über mehrere Signifikanztests getestet wird, dann kommt es zu einer α-Fehler-Kumulierung, die aber bei nicht-orthogonalen Kontrasten weniger schwerwiegend ist:

> „Zu beachten ist ferner, dass die hier behandelte α-Fehler-Adjustierung davon ausgeht, dass die m Tests voneinander unabhängig sind. Diese Voraussetzung ist jedoch verletzt, wenn die Orthogonalitätsbedingung für mehrere Einzelvergleiche nicht erfüllt ist [...]. Wie sich die Abhängigkeit der Tests (bzw. der Testergebnisse) auf die α-Fehler-Adjustierung auswirkt, lässt sich leicht am Extrem einer perfekten Abhängigkeit verdeutlichen: In diesem Fall genügt ein einziger Test zur Entscheidung über die globale H_0, weil alle übrigen Tests zum gleichen Ergebnis führen würden. Eine α-Fehler-Korrektur wäre also nicht erforderlich. Hieraus ist zu folgern, dass mit wachsender Abhängigkeit der Tests die α-Fehler-Korrektur konservativer ausfällt" (Bortz, 2005, S. 272).

Hier zeigt sich ein weiterer Vorteil der Modellierung latenter Variablen. Prinzipiell müsste jeder Signifikanztest über drei verschiedene manifeste Variablen gerechnet werden, was zu einer α-Fehler-Kumulierung führen würde. Da aber aus den manifesten Tests eine einzige latente Variable errechnet wird, kommt es nicht zur α-Fehler-Inflation. Zusätzlich gehen die Hypothesen PH-1 bis PH-3 davon aus, dass Analphabeten schlechtere phonologische Leistungen als lesekundige Erwachsene *und* Grundschüler zeigen. Die Hypothesen enthalten also zwei *konjunktiv verknüpfte Signifikanztests* (Hager, 2004), wodurch die Gefahr der α-Fehler-Kumulierung gebannt wird, denn nur wenn *beide* Tests signifikant sind, wird die Alternativhypothese angenommen (Hager, 2006). (Bei einem varianzanalytischen Omnibus-Test wird dagegen die Alternativhypothese bereits angenommen, wenn lediglich ein einziger Test signifikant wird, weshalb eine α-Adjustierung zu erfolgen hat.) Das Problem der konjunktiven Verknüpfung ist jedoch, dass es zu einer β-Kumulierung kommt (Hager, 2004). Wenn nur einer der beiden Kontraste nicht-signifikant ist, dann muss trotzdem die gesamte psychologische Hypothese abgelehnt werden und das Risiko eines β-Fehlers steigt.

Kontraste werden üblicherweise mittels einfaktorieller Varianzanalysen inferenzstatistisch ausgewertet. Bei Kontrasttests für mehr als zwei Gruppen werden immer nur zwei Mittelwerte miteinander verglichen, so dass nur ein Freiheitsgrad vorliegt. Daraus ergibt sich, dass die F- in eine t-Verteilung übergeht. Daher kann der Kontrast durch einen t-Test zwischen zwei Gruppen ausgewertet werden, bei der die auf varianzanalytischem Wege ermittelte Teststreuung auf den Freiheitsgraden der Testvarianz aller Gruppen beruht (Bühner & Ziegler, 2009; Hager, 2004). Die Freiheitsgrade *df* errechnen sich bei *k* Gruppen als $df = k(n - 1)$. Im vorliegenden Fall beträgt bei einem einfachen t-Test für unabhängige Stichproben $k = 2$, während die Freiheitsgrade im Kontrasttest aufgrund der Berücksichtigung aller Gruppen auf $k = 3$ anwächst. Die Kontrasttests weisen also mehr Freiheitsgrade und damit eine größere Teststärke als einfache t-Tests auf. Aus diesem Grund wird in der vorliegenden Untersuchung stets ein Kontrasttest in einfaktoriellen Varianzanalysen gerechnet. Da die Verwendung von a priori geplanten Kontrasten allgemein unüblich ist und stattdessen die Logik der Varianzanalysen mit anschließenden post-hoc-Tests vorherrscht (Hager, 2005), werden die Ergebnisse der Varianzanalysen stets zusätzlich mitgeteilt, auch wenn die Testung der Hypothesen PH-1 bis PH-3 ausschließlich durch a priori geplante Kontraste erfolgt.

5.6.4 Statistische Hypothesen

Die Überführung der psychologischen Hypothesen PH durch eine statistische Vorhersage SV in geplante Kontraste (statistischer Test ST) liest sich folgendermaßen:

- PH-1: Analphabeten haben im Vergleich zu gleichaltrigen lesekundigen Erwachsenen und Kindern der gleichen Leseentwicklungsstufe eine im Mittel schlechter ausgeprägte phonologische Bewusstheit (PB).

$SV\text{-}1: (\mu_{PB:Analph.} < \mu_{PB:Erw}) \wedge (\mu_{PB:Analph.} < \mu_{PB:Kinder})$

$ST\text{-}1: (\psi_1 = \mu_{PB:Analph.} - \mu_{PB:Erw.} < 0) \wedge (\psi_2 = \mu_{PB:Analph.} - \mu_{PB:Kinder} < 0)$

- PH-2: Analphabeten haben im Vergleich zu gleichaltrigen lesekundigen Erwachsenen und Kindern der gleichen Leseentwicklungsstufe einen im Mittel langsamer ausgeprägten automatisierten lexikalischen Abruf (RAN).

  SV-2: $(\mu_{RAN:Analph.} < \mu_{RAN:Erw}) \wedge (\mu_{RAN:Analph.} < \mu_{RAN:Kinder})$

  ST-2: $(\psi_1 = \mu_{RAN:Analph.} - \mu_{RAN:Erw.} > 0) \wedge (\psi_2 = \mu_{RAN:Analph.} - \mu_{RAN:Kinder} > 0)$

- PH-3: Analphabeten haben im Vergleich zu gleichaltrigen lesekundigen Erwachsenen und Kindern der gleichen Leseentwicklungsstufe ein im Mittel schlechter ausgeprägtes verbales Arbeitsgedächtnis (AG).

  SV-3: $(\mu_{AG:Analph.} < \mu_{AG:Erw}) \wedge (\mu_{AG:Analph.} < \mu_{AG:Kinder})$

  ST-3: $(\psi_1 = \mu_{AG:Analph.} - \mu_{AG:Erw.} < 0) \wedge (\psi_2 = \mu_{AG:Analph.} - \mu_{AG:Kinder} < 0)$

Die Nomenklatur folgt Hager (2004): ψ bezeichnet den jeweiligen Kontrast; μ den Mittelwert der latenten Variable in der jeweiligen Population; PB die phonologische Bewusstheit; RAN die Geschwindigkeit des lexikalischen Abrufs und AG das verbale Arbeitsgedächtnis. Die konjunktive Beziehung der zwei Kontraste wird durch $\wedge$ indiziert (im Gegensatz zur disjunktiven Verknüpfung $\vee$). Die jeweiligen Hypothesen besagen, dass die Mittelwerte der Analphabeten sowohl unterhalb der Mittelwerte der lesekundigen Erwachsenen (ψ_1) als auch unterhalb der Mittelwerte der Kinder liegen (ψ_2). Erst wenn beide Tests signifikant werden (konjunktive Verknüpfung $\wedge$), wird die Nullhypothese abgelehnt und die Alternativhypothese angenommen.

5.6.5 Berechnung von Abweichungsanalysen

Durch Kontrasttests werden in dieser Arbeit die Unterschiede in der phonologischen Informationsverarbeitung zwischen Analphabeten, lesekundigen Erwachsenen und Kindern überprüft. Ist das Ergebnis eines solchen Vergleichs signifikant, dann wird darauf geschlossen, dass sich die Gruppen als Ganzes voneinander unterscheiden und ein phonologisches Defizit vorliegt. Ein solcher Schluss erscheint jedoch ungerechtfertigt, da aufgrund heterogener Stichproben einzelne Individuen vom Gruppenmittel mehr oder weniger deutlich abweichen. Bei solch heterogenen Stichproben können deshalb auch Individualvergleiche sehr sinnvoll sein. Ramus et al. (2003; 2006; siehe auch White et al., 2006; Ziegler et al., 2008) entwickelten mit den sogenannten Abweichungsanalysen (*deviance analysis*) eine deskriptive Form multipler Einzelfallstudien, die ohne Signifikanztest auskommen und die Generalisierbarkeit von Unterschieden zwischen Individuen visualisieren. Abweichungsanalysen schlüsseln die Ergebnisse in einer Art multipler Einzelfallstudie grafisch auf, um die Analyse heterogener Stichproben zu ermöglichen. Weil funktionale Analphabeten wahrscheinlich

eine heterogene Stichprobe darstellen, soll diese Form der Generalisierbarkeits-
aussage auch in der vorliegenden Studie getroffen werden.

Ramus et al. (2003, 2006) beschreiben die Abweichungsanalysen in mehreren
Schritten. In einem Vergleich der phonologischen Informationsverarbeitung
zwischen zwei Gruppen muss zuerst ein bestimmtes Kriterium für die Abweichung gewählt werden. Für gleichaltrige Kontrollgruppen verwenden Ramus et
al. (2003) in ihren eigenen Analysen einen Wert von -1.65 Standardabweichungen der Kontrollgruppe (dieser Wert entspricht in einer Normalverteilung den
schlechtesten 5 %). Bezogen auf die vorliegende Studie bedeutet das, dass bei
einem Individuum der Analphabetengruppe erst dann auf ein phonologisches
Defizit geschlossen werden kann, wenn seine phonologische Leistung mindestens 1.65 Standardabweichungen unterhalb der durchschnittlichen Kompetenz
der lesekundigen Erwachsenen liegt.

Die Abweichungsanalysen wurden bislang noch nicht in einem *Reading Level
Match Design* angewendet. Es lassen sich deshalb noch keine Erfahrungswerte
bezüglich einer Abweichung im Vergleich zu jüngeren Kontrollgruppen aus der
Literatur entnehmen. Das obige Kriterium erscheint aber aufgrund des großen
Altersunterschieds und des eher konservativen Designs ungerechtfertigt. Bezüg-
lich der kindlichen Kontrollgruppe wird deshalb a priori ein Kriterium von -1.5
Standardabweichung festgelegt. Wenn ein einzelner Analphabet mindestens 1.5
Standardabweichungen unterhalb des Mittelwerts der Grundschüler liegt, dann
wird auf ein phonologisches Defizit geschlossen.

Nach der Festlegung der Kriterien müssen die Leistungen der phonologischen
Informationsverarbeitung in der jeweiligen Kontrollgruppe z-standardisiert werden. Die Werte der Analphabeten sind dann auf diese z-Skala zu transformieren.
Der prozentuale Anteil derjenigen Analphabeten, die unterhalb des oben festge-
setzten Kriteriums liegen, bezeichnet dann die Generalisierbarkeit phonologischer Defizite auf die Gesamtgruppe. Der so erhaltene Wert kann zwischen 0
(kein Analphabet zeigt ein so definiertes phonologisches Defizit) und 100 %
schwanken (alle Analphabeten weisen ein Defizit auf). Die Auswertung erfolgt
durch eine grafische Aufarbeitung, um die Anzahl der Abweichler und die Größe der Abweichung zu visualisieren.

6 Ergebnisse

6.1 Deskriptive Statistiken

6.1.1 Matchingvariablen und Intelligenz

Zuerst werden die drei verschiedenen Stichproben anhand des Alters, der Leseleistung, des Geschlechts und der Intelligenz (Geschwindigkeit der kognitiven Informationsverarbeitung im ZVT) beschrieben und das Matching anhand des chronologischen Alters und des Leselevels überprüft. Die deskriptiven Statistiken der 54 Analphabeten, der 54 lesekundigen Erwachsenen und der 54 Grundschüler können Tabelle 3 entnommen werden. (Sämtliche Angaben zur statistischen Signifikanz und zu den Effektstärken zwischen den einzelnen Gruppen finden sich in Tabelle 36 im Anhang auf S. 287. Hier werden der Übersichtlichkeit halber nur die interessierenden Tests berichtet.)

Tabelle 3: Deskriptive Statistiken der Matchingvariablen und der Intelligenz (ZVT)

	Alter Jahre	WLLP Items/Min	SLS Items/Min	ZVT Sek/Matrix	ZVT T-Wert	Geschlecht
Funktionale Analphabeten	43.4 (10.3)	12.9 (6.5)	7.8 (5.3)	138.3 (57.3)	34.6 (10.0)	38.9
Lesekundige Erwachsene	43.0 (10.3)	34.5 (4.3)	28.6 (4.0)	63.5 (13.0)	58.7 (9.3)	53.7
Grundschüler	8.3 (1.2)	12.7 (5.3)	8.7 (4.4)	156.7 (51.2)	58.7 (13.2)[1]	38.9

Anmerkungen. Angabe der deskriptiven Statistiken in Mittelwerten (Standardabweichungen in Klammern) und das weibliche Geschlecht in Prozent. WLLP = Würzburger Leise-Leseprobe, SLS = Salzburger Lesescreening, ZVT = Zahlenverbindungstest. [1]Die Angabe beruht lediglich auf 26 von 54 Grundschülern, da 28 noch keine 8 Jahre alt waren und der ZVT erst ab diesem Alter normiert ist.

Ziel des Matchings war zum einen, den Analphabeten eine gleichaltrige Kontrollgruppe gegenüberzustellen. Folglich sollten sich beide Gruppen anhand des Alters nicht unterscheiden, was durch den nicht-signifikanten Kontrast bestätigt wird ($t[159] = -0.242$; $p = .809$; $d = 0.04$). Zum anderen wurden die Grundschüler anhand der Leseleistungen in der WLLP und im SLS mit den Analphabeten gematcht. Auch dieser Kontrast ist weder bezüglich der WLLP ($t[159] = -0.194$;

$p = .846$; $d = 0.03$) noch hinsichtlich des SLS signifikant ($t[159] = 1.063$; $p = .290$; $d = -0.18$).

Die Grundschüler, nicht aber die lesekundigen Erwachsenen wurden ebenfalls am Geschlecht der funktionalen Analphabeten gematcht. Zwar sind in der Gruppe der lesekundigen Erwachsenen etwas mehr Frauen als in den beiden anderen Stichproben. Dieser Unterschied ist aber nicht signifikant ($\chi^2[2] = 3.209$; $p = .201$), womit das Geschlecht in allen drei Gruppen ähnlich verteilt ist. Die Ergebnisse lassen darauf schließen, dass sich die jeweiligen Gruppen in den gematchten Variablen nicht voneinander unterscheiden.

Die kognitive Informationsverarbeitungsgeschwindigkeit, indiziert durch die Rohwerte im Zahlenverbindungstest (ZVT), ist bei den lesekundigen Erwachsenen am schnellsten ausgeprägt, gefolgt von den Analphabeten und schließlich den Grundschülern (höhere Werte indizieren längere Reaktionszeiten). Alle Kontraste sind signifikant:

- Lesekundige Erwachsene vs. funktionale Analphabeten
  $t[159] = 8.644$; $p < .001$; $d = 1.80$
- Funktionale Analphabeten vs. Grundschüler
  $t[159] = 2.125$; $p = .035$; $d = 0.34$
- Lesekundige Erwachsene vs. Grundschüler
  $t[159] = 10.770$; $p < .001$; $d = 2.50$

Die Analphabeten nehmen also eine intermediäre Stellung zwischen den langsameren Grundschülern und den schnelleren lesekundigen Erwachsenen ein. Doch nur die Analphabeten weisen ein für ihr Lebensalter unterdurchschnittliches Denktempo auf, was sich durch die Norm-T-Werte interpretieren lässt: Während die lesekundigen Erwachsenen und die Kinder nahezu identische T-Werte haben, schneiden die Analphabeten deutlich schlechter ab.

Da sich durch den ZVT die Intelligenz schätzen lässt, kann der IQ der Analphabeten mit etwa 77 (Standardabweichung 15) angegeben werden. Die beiden Kontrollgruppen weisen dagegen einen IQ von 113 auf (Standardabweichung der lesekundigen Erwachsenen von 14 bzw. der Kinder von 20). Damit ist der IQ der Kontrollgruppen im hohen bzw. durchschnittlichen Bereich, während er bei den Analphabeten als reduziert einzuschätzen ist.

6.1.2 Sozioökonomische und bildungsbezogene Variablen

Bildungskarrieren

Die funktionalen Analphabeten und lesekundigen Erwachsenen wurden zum Abschluss der Erhebung zu ihrer Schullaufbahn befragt. In Tabelle 4 lässt sich die letzte besuchte Schulform und in Tabelle 5 der höchste erreichte Schulab-

schluss der jeweiligen Stichprobe ablesen. In Tabelle 6 finden sich die Schulbesuchsjahre und die Bildungsjahre. Letztere wurden anhand Tabelle 2 auf S. 153
aus den Schulabschlüssen errechnet.

Tabelle 4: Zuletzt besuchte Schule

	Funktionale Analphabeten	Lesekundige Erwachsene
Grundschule	3 (5.6 %)	0
Sonderschule	40 (74.1 %)	0
Hauptschule	9 (16.7 %)	1 (1.9 %)
Realschule	0	16 (29.6 %)
Gymnasium	0	37 (68.5 %)
Keine Angabe	2 (3.7 %)	0

Anmerkung. $\chi(5) = 104.400$; $p < .001$.

Tabelle 5: Höchster erreichter Schulabschluss

	Funktionale Analphabeten	Lesekundige Erwachsene
Kein Abschluss	35 (64.8 %)	1 (1.9%)
Sonderschulabschluss	10 (18.5 %)	0
Hauptschulabschluss	8 (14.8 %)	1 (1.9%)
Realschulabschluss	0	15 (27.8 %)
Fachabitur	0	7 (13.0 %
Abitur	0	15 (27.8 %)
Hochschulabschluss	0	15 (27.8 %)
Keine Angabe	1 (1.9 %)	0

Anmerkung. $\chi(7) = 100.556$; $p < .001$.

Tabelle 6: Im Bildungssystem verbrachte Zeit in Jahren

	Schulbesuchsjahre[1]	Bildungsjahre[2]
Analphabeten	8.1 (2.2)	2.4 (3.7)
Erwachsene	11.8 (1.3)	12.6 (3.3)

Anmerkungen. [1] $t[106] = 10.829$; $p < .001$; $d = 2.08$.
[2] $t[106] = 15.302$; $p < .001$; $d = 2.94$.

Funktionale Analphabeten haben zu einem großen Prozentsatz die Sonder- bzw.
Förderschule besucht. Ein geringer Teil besuchte die Hauptschule, aber nur ein
sehr kleiner Teil ging nach der Grundschule nicht auf weiterführende Schulen.
Fast zwei Drittel der getesteten Analphabeten erreichten keinen Schulabschluss,
das letzte Drittel konnte die Schule mit einem Sonderschul- oder Hauptschulabschluss abschließen. Das steht im scharfen Kontrast zu den sehr erfolgreichen
Bildungskarrieren der lesekundigen Erwachsenen. Sie haben die Schule viel
länger besucht und ebenso deutlich höhere Bildungsjahre erreicht. Der bei den
Analphabeten sehr niedrig anmutende Mittelwert der Bildungsjahre erklärt sich

durch das hohe Ausmaß an Analphabeten ohne Schulabschluss (entspricht 0 Bildungsjahren) bzw. mit einem Sonderschulabschluss (entspricht 4 Bildungsjahren). Dagegen sind bei den lesekundigen Erwachsenen die Bildungsjahre etwas höher als die Schulbesuchsjahre, weil sie zu einem Teil nach der Schulzeit einen tertiären Bildungsabschluss erreichten, der 15 oder 17 Bildungsjahren entspricht. Alle Unterschiede sind statistisch signifikant (die Angaben sind im jeweiligen Tabellenrumpf zu finden). Damit haben lesekundige Erwachsene im Vergleich mit Analphabeten für einen längeren Zeitraum höhere Schulformen besucht und bessere Schulabschlüsse erreicht.

Aktueller sozioökonomischer Status
Der sozioökonomische Status wurde erfasst, in dem die Probanden nach ihrem zuletzt ausgeübten Beruf gefragt wurden. Diese Angaben wurden nominal in die „internationalen Standardklassifikation der Beschäftigung von 1988" (*ISCO-88, international standard classification of occupation*) eingeordnet und letztendlich in die metrische Skala des internationalen sozioökonomischen Index (*ISEI, international socio-economic index*) überführt, der die verschiedene Berufe in eine sozial Hierarchie bringt und so den sozioökonomischen Status abbildet. Die Einschätzung von ISCO und ISEI ist jedoch nicht völlig objektiv, sondern es existiert ein gewisser subjektiver Entscheidungsspielraum. Eine Überprüfung der Reliabilität der Berufskodierung ist deshalb angebracht.

Häufig werden professionelle Berufskodierer für die Kodierung von ISCO und ISEI beauftragt. In der vorliegenden Studie erfolgte die Kodierung dagegen durch zwei trainierte Studentinnen des Hauptstudiums der Sonderpädagogik. Maaz, Trautwein, Gresch, Lüdtke und Watermann (2009) überprüften die Reliabilität solcher studentischen Angaben. Die Intercoder-Reliabilität für den ISEI geben sie mit Werten zwischen $r = .74$ und $r = .86$ an, was genauso hoch ausfällt wie die Reliabilität von professionellen Kodieren (Maaz et al., 2009). Aus diesem Grund lässt sich die Verwendung studentischer Rater rechtfertigen. Beide studentischen Rater nahmen blind am Ratingverfahren teil: Sie wussten weder, welcher Proband zu den Analphabeten bzw. zu den lesekundigen Erwachsenen gehörte, noch wie der andere Rater den jeweiligen Probanden eingeschätzt hatte.

Im Folgenden wird die Güte der Übereinstimmungen zwischen den zwei Ratern durch Intraklassenkorrelationen (ICC, *intra class correlation*) überprüft. Die ICC rechnet denjenigen Varianzanteil aus der Gesamtvarianz des Urteils heraus, der auf die unterschiedlichen Rater entfällt und damit nicht Teil der zu erklärenden Varianz ist. Zusätzlich kann die ICC auch Mittelwertunterschiede und Interaktionseffekte zwischen den Ratern und den zu beurteilenden Personen berechnen. Hierdurch lässt sich überprüfen, ob die zwei Rater die Probanden jeweils milder oder strenger beurteilt haben. Aus diesen zwei Gründen (Möglichkeit der Mittelwertvergleiche und die Berechnung der Interaktion) wurden die Kennwerte der zweifaktoriellen unjustierten ICC für die zwei studentischen Mitarbeiter berechnet (Wirtz & Caspar, 2002).

Nur für 25 von 54 Analphabeten und 49 von 54 lesekundigen Erwachsenen konnte ein ISEI-Wert berechnet werden, weil sehr viele Probanden entweder arbeitslos, im eigenen Haushalt tätig oder Studenten waren. Bei diesen Antwortkategorien ist eine Kodierung nicht möglich, so dass sich kein sozioökonomischer Status anhand des ISEI schätzen lässt (Ganzeboom, 2009; Ganzeboom & Treiman, 2003; Treiman & Ganzeboom, 2000). Bei den verbleibenden Personen konnte der ISEI durch die beiden studentischen Rater bestimmt werden.

Die Ergebnisse zeigen, dass Rater 1 den sozioökonomischen Status etwas schlechter einschätzte als Rater 2 ($F[1, 73] = 11.230$; $p = .001$; $d = -0.30$), aber es liegt keine Interaktion zwischen den Ratern und den Probanden vor ($F[1, 72] = 0.831$; $p = .365$). Die Intraklassenkorrelation beträgt letztendlich ICC = .804 (Cronbachs $\alpha = .824$), was als eine sehr gute Reliabilität des Urteils zu bezeichnen ist. Der endgültige ISEI wurde berechnet, indem der Mittelwert von beiden studentischen Urteilen gebildet wurde.

Der ISEI der Analphabeten beträgt 30.1 ($s = 10.7$) und der der lesekundigen Erwachsenen 50.8 ($s = 13.8$). Damit weisen die Analphabeten einen deutlich schlechteren sozioökonomischen Status als die lesekundigen Erwachsenen auf ($t[72] = 6.587$; $p < .001$; $d = -1.68$). Der Mittelwert des ISEI in Deutschland betrug im Jahr 2000 49.2 ($s = 15.2$) (Baumert et al., 2003). Die lesekundigen Erwachsenen sind mit dieser deutschen Norm vergleichbar (t-Test für eine Stichprobe $t[48] = 0.826$; $p = .413$; $d = 0.11$). Dagegen sind die Analphabeten sozioökonomisch deutlich schlechter gestellt ($t[24] = -8.978$; $p < .001$; $d = 1.45$).

Früherer sozioökonomischer Status in der Kindheit
Die Probanden wurden nicht nur zu ihrem aktuellen sozioökonomischen Status, sondern auch zu ihrem früheren sozioökonomischen Status befragt. Zur Erhebung der sozioökonomischen Herkunft gaben die Probanden den Beruf von Vater und Mutter in ihrer Kindheit an. Die beiden studentischen Rater wiesen auch diesen Angaben den ISCO und ISEI zu.

Nur 24 von 54 Analphabeten und 27 von 54 lesekundigen Erwachsenen konnten ihrer Mutter einen Beruf zuordnen. Die geringe Fallzahl ergibt sich dadurch, dass die meisten Mütter der Probanden nie berufstätig waren und sich somit kein Schätzwert für den ISEI ergibt. Die verbleibenden Angaben wurden von den Ratern eingeschätzt. Die Rater unterscheiden sich wieder im Mittelwert

$(F[1, 50] = 7.462; p = .009; d = -0.29)$: Rater 1 schätzte den ISEI leicht schlechter ein als Rater 2. Zusätzlich liegt eine signifikante Interaktion zwischen den Ratern und den zu beurteilenden Personen vor $(F[1, 49] = 7.946; p = .007)$. Dennoch beträgt die Intraklassenkorrelation der Einschätzungen der zwei Rater für den ISEI der Mutter ICC = .817 (Cronbachs α = .834). Die Auswertung der ISEI-Werte für die Mutter lässt sich demnach trotz der zwei signifikanten Effekte rechtfertigen.

Für den Beruf des Vaters konnten bei den Analphabeten 45 und bei den lesekundigen Erwachsenen 52 gültige von jeweils 54 Werten zugeordnet werden. Folgende Angaben wurden errechnet: Es liegt ein signifikanter, aber sehr geringer Mittelwertunterschied zwischen den Ratern vor $(F[1, 96] = 5.085; p = .026; d = -0.15)$. Es liegt kein Interaktionseffekt vor $(F[1, 95] = 0.634; p = .428)$. Die Intraklassenkorrelation beträgt letztendlich ICC = .867 (Cronbachs α = .871). Dieser Wert ist genügend hoch, so dass von einem gelungenen Ratingverfahren gesprochen werden kann.

Um nun den ISEI während der Kindheit zu bestimmen, wurde wie folgt vorgegangen.

- Es wurde der Mittelwert der zwei Rater-Angaben getrennt für Vater und Mutter berechnet.
- Waren für einen Probanden sowohl Angaben zum Vater wie auch zur Mutter vorhanden, wurde wie in der Literatur üblich (Ehmke & Siegle, 2005) der jeweilige höchste ISEI zur Bildung des sozioökonomischen Status festgesetzt (HISEI = *highest international socioeconomic index*).
- Fehlte ein Wert, wurde nur der jeweils andere Wert verwendet.
- Fehlten beide Angaben (sowohl Mutter als auch Vater), ließ sich der sozioökonomische Status in der Kindheit nicht bilden.

Insgesamt konnte so zu einer validen Schätzung des früheren sozioökonomischen Status von 47 von 54 Analphabeten und 52 von 54 lesekundigen Erwachsenen gelangt werden. Fehlende Werte ergaben sich, wenn beide Eltern während der Kindheit des Probanden arbeitslos oder im eigenen Haushalt tätig waren oder aber der Proband den Beruf seiner Eltern nicht kannte oder für eine Kodierung nicht ausreichend genau beschreiben konnte.

Nach dieser Auswertung betrug der frühere sozioökonomische Status in der Kindheit bei den Analphabeten 32.6 (s = 10.1) und bei den lesekundigen Erwachsenen 47.2 (s = 13.0). Der Unterschied ist signifikant $(t[97] = 6.209; p < .001; d = -1.26)$. Damit kommen lesekundige Erwachsene aus einem sozioökonomisch deutlich besser gestellten Elternhaus.

Der sozioökonomische Status hat sich von der Kindheit bis zum Erhebungszeitpunkt kaum geändert: Die Analphabeten rutschten zwar mit 3.0 Punkten

(s = 15.6) etwas ab, während sich die lesekundigen Erwachsenen mit 3.5 Punkten (s = 18.0) leicht verbesserten. Die Veränderung ist jedoch weder bezüglich des Abstiegs der Analphabeten (t-Test für gepaarte Stichproben t[23] = -0.932; p = .361; d = -0.26) noch hinsichtlich des sozialen Aufstiegs der lesekundigen Erwachsenen signifikant (t[47] = 1.343; p = .186; d = 0.26). Auch der Unterschied in den Differenzwerten ist zwischen den Gruppen nicht signifikant (t[70] = -1.498; p = .139; d = -0.38).

Elterliche Schulbildung

Zur Erfassung der bildungsbezogenen Herkunft der Analphabeten und lesekundigen Erwachsenen wurde der höchste Schulabschluss der Eltern erfragt. Die Angaben ließen sich anhand Tabelle 2 auf S. 153 in Bildungsjahre umrechnen. Leider kannten nur 44.4 % der Analphabeten den Schulabschluss ihrer Eltern (im Gegensatz zu 100 % der lesekundigen Erwachsenen). Die Anzahl der fehlenden Werte ist so hoch mit der Gruppenzugehörigkeit konfundiert, dass es sich verbietet, die fehlenden Werte zu ersetzen oder gar zu imputieren (Lüdtke et al., 2007; Rost, 2005; Wuttke, 2008). Diese Variable ist deshalb bei der folgenden Berechnung sehr vorsichtig zu interpretieren.

6.1.3 Korrelate des Lesens in den Erwachsenengruppen

Nicht erst seit der PISA-Studie ist bekannt, dass soziale Hintergrundvariablen mit der Lesekompetenz korreliert sind (Baumert et al., 2003). Das sollte sich auch in der vorliegenden Studie bestätigen lassen. Um die Zusammenhänge der sozialen und bildungsbezogenen Variablen mit der Leseleistung zu überprüfen, wurden bivariate Korrelationen mit zweiseiter Testung zwischen den schulischen bzw. sozialen Variablen und der Leseleistung in der WLLP gerechnet. Die Ergebnisse finden sich in Tabelle 7, aufgeschlüsselt nach Gruppenzugehörigkeit. Bei der Wiederholung der Berechnungen mit dem SLS ergaben sich aufgrund der hohen Korrelation zwischen SLS und WLLP (r = .966) bis auf leichte nominale Abweichungen dieselben Resultate. Aus diesem Grund wird auf eine Darstellung der Berechnungen mit dem SLS verzichtet.

Tabelle 7: Korrelationen zwischen der WLLP und der sozialen und bildungsbezogenen Herkunft

	Gesamtgruppe			Funktionale Analphabeten			Lesekundige Erwachsene		
	r	p	n	r	p	n	r	p	n
Schulabschluss der Eltern in Bildungsjahren	.299	.008	78	-.348	.096	24	.220	.111	54
Sozioökonomischer Status in der Kindheit	.521	<.001	99	.152	.307	47	.091	.522	52
Eigener Schulabschluss in Bildungsjahren	.825	<.001	108	.526	<.001	54	.020	.884	54
Aktueller sozioökonomischer Status	.525	<.001	74	.229	.270	25	-.183	.207	49

Alle sozialen und schulischen Variablen korrelieren in der Gesamtgruppe signifikant mit den Leseleistungen. Je besser das Elternhaus der Probanden gestellt ist, desto höher ist ihre Lesekompetenz. Und je höher ihr aktueller sozialer und schulischer Hintergrund ist, desto besser ist ihre Leseleistung. Die Korrelationen sind zumeist deutlich höher als die in Kap. 2.4.1 angeführten Metaanalysen zum Zusammenhang der sozialen Herkunft mit der Lesekompetenz. Das könnte daran liegen, dass hier zwei Extremgruppen verglichen werden (Erwachsene mit sehr guter vs. sehr schlechter Lesekompetenz) und die Mittelgruppe fehlt. Das wird als Stichprobenfehler bezeichnet und überschätzt die wahre Korrelation (Bortz & Döring, 2006).

Es ergeben sich bedeutsame Veränderungen, wenn man die entsprechenden Korrelationen jeweils getrennt für die Stichprobe der lesekundigen Erwachsenen und der funktionalen Analphabeten berechnet. Nur bei den Analphabeten bleibt der Zusammenhang zwischen dem eigenen Schulabschluss und der WLLP signifikant. Alle anderen Korrelationen verlieren ihre Signifikanz.

Das kann sich allerdings auch als statistisches Artefakt erweisen. In der grafischen Analyse der Residuen sind drei Ausreißerwerte zu identifizieren (zwei in der soziökonomischen Herkunft und einer im Schulabschluss) sowie sieben Werte, die mehr als zwei Standardabweichungen von der Modellgleichung abweichen, die in den kleinen Stichproben die Korrelationen stark verzerren können. Die Ausreißerwerte werden deshalb entfernt. Es darf nicht vergessen werden, dass die zwei Substichproben im Vergleich zur Gesamtgruppe eine viel geringere Varianz in den Variablen aufweisen. Tabachnick und Fidell (2007) empfehlen daher die Schätzung der adjustierten Korrelation aufgrund der Varianzen in der Gesamtstichprobe und den Teilstichproben durch Formel (3):

$$\tilde{r}_{xy} = \frac{r_{t(xy)}\left[\frac{s_x}{s_{t(x)}}\right]}{\sqrt{1 + r_{t(xy)}^2\left[s_x^2/s_{t(x)}^2\right] - r_{t(xy)}^2}} \tag{3}$$

mit $\tilde{r}_{xy}$ als geschätzte adjustierte Korrelation, $r_{t(xy)}$ als die Korrelation in der restriktierten Stichprobe und s_x bzw. $s_{t(x)}$ als die Standardabweichungen der Variablen in der Gesamtgruppe bzw. der restriktierten Stichprobe.

Die Korrelationen könnten auch abgeschwächt werden, weil die Messinstrumente eine geringe Reliabilität aufweisen. Deshalb wird die Reliabilität des Messinstrumentes minderungskorrigiert, indem die beobachtete Korrelation durch die Wurzel aus dem Produkt der Reliabilitäten der beiden Messinstrumente geteilt wird (Rost, 2009). Für die Reliabilität der WLLP wurde eine Angabe aus dem Testheft entnommen ($r = .88$); für die Reliabilität des sozioökonomischen Status wurde der ICC für den ISEI aus Kap. 6.1.2 verwendet ($r = .87$); die Reliabilität der bildungsbezogenen Herkunft ist unbekannt, so dass sie nicht korrigiert werden kann. Die so adjustierten Korrelationen finden sich in Tabelle 8.

Tabelle 8: Varianz- und minderungskorrigierte Korrelationen zwischen der WLLP und der sozialen und bildungsbezogenen Herkunft

	Funktionale Analphabeten			Lesekundige Erwachsene		
	r	p	n	r	p	n
Schulabschluss der Eltern in Bildungsjahren	-.377	.084	22	.520	<.001	50
Sozioökonomischer Status in der Kindheit	.098	.537	42	.394	.006	48
Eigener Schulabschluss in Bildungsjahren	.914	<.001	49	.034	.815	50
Aktueller sozioökonomischer Status	.270	.237	21	-.265	.079	45

Für die Analyse der Korrelationen nach der Minderungs- und Varianzkorrektur gilt folgendes: Bei den Analphabeten bleibt die Korrelation zwischen dem eigenen Schulabschluss und der WLLP signifikant. Bei den lesekundigen Erwachsenen korrelieren nun zusätzlich der Schulabschluss der Eltern (bildungsbezogene Herkunft) sowie die sozioökonomische Herkunft signifikant mit der WLLP. Das liegt daran, dass die lesekundigen Erwachsenen eine geringere Varianz in diesen Variablen aufwiesen, die hier ausgeglichen wird und so einen signifikanten Zusammenhang ermöglicht. Alle anderen Korrelationen verfehlen dagegen weiterhin das Signifikanzniveau.

Als letztes wird überprüft, wie sehr die Leseleistung der Analphabeten mit der Länge des Alphabetisierungskurses korreliert. Es kann angenommen werden, dass die Leseleistungen umso höher sind, je länger ein Grundbildungskurs besucht wird. Allerdings korreliert der Kursbesuch weder mit der WLLP ($r = -.117$; $p = .414$) noch mit dem SLS ($r = -.039$; $p = .788$). Zwar gaben zwei Probanden sehr unrealistische Werte an (150 und 250 Monate Kursbesuch). Aber selbst wenn diese Kursteilnehmer aus den Analysen ausgeschlossen werden, gibt es keinen Zusammenhang zur WLLP ($r = -.064$; $p = .662$) oder zum SLS ($r = -.006$; $p = .968$).

6.2 Modellierung latenter phonologischer Variablen

Insgesamt bearbeiteten die Probanden zu jedem der drei Konstrukte der phonologischen Informationsverarbeitung (phonologische Bewusstheit, verbales Arbeitsgedächtnis und lexikalischer Abruf) jeweils drei Aufgaben. Diese neun manifesten Testleistungen sollen nun zu den drei latenten Variablen der phonologischen Informationsverarbeitung zusammengefasst werden. Dazu wird die Korrelationsmatrix durch eine Hauptachsenanalyse mit obliquer Rotation faktorisiert (siehe Kap. 5.6.1). Die Korrelationsmatrix der Gesamtstichprobe findet sich in Tabelle 9.

Tabelle 9: Korrelationsmatrix der neun abhängigen Variablen zur phonologischen Informationsverarbeitung

Konstrukt	Variable	1	2	3	4	5	6	7	8
Phonologische Bewusstheit	1 Vokalersetzung	-							
	2 Lautkategorisierung	.79	-						
	3 Vokallängenbestimmung	.74	.69	-					
Verbales Arbeitsgedächtnis	4 Wortspanne einsilbig	.61	.61	.66	-				
	5 Wortspanne dreisilbig	.52	.52	.58	.67	-			
	6 Pseudowortwiederholung	.65	.63	.59	.57	.52	-		
Lexikalischer Abruf	7 Farbflächenbenennen	.55	.58	.62	.56	.50	.38	-	
	8 Ziffernbenennen	.61	.63	.67	.61	.47	.43	.88	-
	9 Buchstabenbenennen	.68	.67	.71	.64	.49	.50	.83	.95

Anmerkung. $N = 162$; alle Korrelationen sind signifikant bei $p < .001$.

Es folgt die Analyse der Voraussetzungen zur Durchführung einer Faktorenanalyse.

- Für eine Faktorenanalyse müssen die Ausgangsvariablen korreliert sein. Wie an Tabelle 9 abzulesen ist, treten ausschließlich mittlere bis hohe Korrelationen auf ($.38 \leq r \geq .95$).

- Ebenfalls sind nach dem signifikanten Bartlett-Test die Variablen in der Grundgesamtheit korreliert ($\chi^2[36]$ = 1352.923; $p < .001$).
- Das Kaiser-Meyer-Olkin-Kriterium (KMO) überprüft, in welchem Umfang die Ausgangsvariablen zusammengehören. Nach Kaiser und Rice (1974, zitiert nach Backhaus et al., 2008) sind Werte von mindestens .80 wünschenswert. In diesem Fall beträgt das KMO-Kriterium der Korrelationsmatrix .90, was als „marvelous" bezeichnet werden kann (ebd.). Ebenso weist jede Variable ein KMO-Kriterium von mindestens .80 auf.
- Nach Dziuban und Shirkey (1974, zitiert nach Backhaus et al., 2008) ist eine Korrelationsmatrix zur Faktorisierung geeignet, wenn höchstens 25 % der Elemente einer Anti-Image-Kovarianz-Matrix größer als 0.09 sind. In der Anti-Image-Kovarianz-Matrix der Ausgangsvariablen übersteigen lediglich zwei von 36 Kovarianzen diesen Wert (entspricht 5.6 %).

Damit ist die Korrelationsmatrix aus Tabelle 9 für eine Faktorenanalyse sehr gut geeignet. Insgesamt sollten durch eine Hauptachsenanalyse mit obliquer Rotation drei Faktoren gewonnen werden (siehe Kap. 5.6.1). Als Startwerte für die Kommunalitäten wurde Cronbachs α auf Grundlage der vorliegenden Stichprobe festgesetzt (siehe Kap. 5.2), da dies die Untergrenze der Reliabilität darstellt.

Die Eigenwerte der ersten drei Faktoren betragen 5.985, 0.991 und 0.641; sie können 66.5, 11.1 und 7.1 % der gesamten Varianz aufklären. In der Regel werden ausschließlich die Faktoren extrahiert, die einen Eigenwert von mindestens 1 aufweisen, denn nur so kann die Komplexität der Daten reduziert werden. Das würde aber dafür sprechen, nur einen einzigen Faktor zu extrahieren. Da aber das Ziel dieser Analyse nicht die Dimensionsreduzierung, sondern die Modellierung latenter Variablen ist, rechtfertigt sich die Extraktion von drei Faktoren. Gorsuch (1997) gibt dieser Annahme recht: „it is better to overfactor than to underfactor" (S. 546). Danach kann sich die Extraktion eines Faktors zuwenig bedeutsam auf die Ergebnisse niederschlagen; dagegen ändert sich kaum etwas, wenn ein Faktor zu viel extrahiert wird.

Als nächstes wird der Scree-Plot analysiert, in dem die Anzahl der Faktoren gegen die Eigenwerte geplottet wird (Abbildung 24). Der Scree-Test spricht für die Extraktion von ein bis vier Faktoren: Es zeigen sich zwei Knicke, einer bei zwei Faktoren, einer bei vier Faktoren. Der Scree-Test liefert nicht immer eindeutige Lösungen, da die Grafik nur visuell und damit subjektiv ausgewertet wird. Zudem wird in der Literatur kontrovers diskutiert, ob der Faktor im Knick des Graphen noch mit extrahiert werden soll (Backhaus, Erichson, Plinke & Weiber, 2008; Bandalos & Boehm-Kaufman, 2008; Costello & Osborne, 2005; Gorsuch, 1983, 1997, 2003; Jolliffe, 2002; Pett, Lackey & Sullivan, 2003;

Tabachnick & Fidell, 2007). Es rechtfertigt sich in jedem Fall, drei Faktoren zu extrahieren.

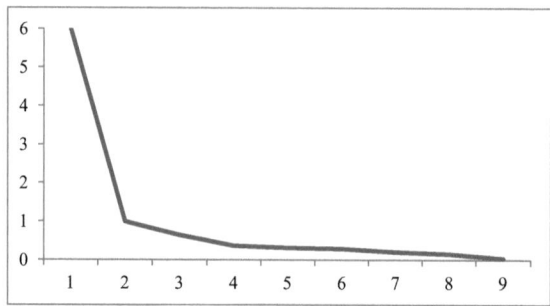

Abbildung 24: Scree-Plot der Eigenwerte der neun Ausgangsvariablen; auf der X-Achse sind die Faktorenanzahl und auf der Y-Achse die Eigenwerte abgetragen

In Tabelle 10 finden sich die Faktorladungen der Mustermatrix sowie die zugehörigen Kommunalitäten der Hauptachsenanalyse mit schiefwinkliger Rotation. Die Werte können als β-Gewichte einer Regression gedeutet werden. Die Mustermatrix hat über der Strukturmatrix den Vorteil, dass die Interkorrelationen der Faktoren nicht berücksichtigt werden. Das führt zu einer leichteren Interpretation der Faktorwerte.

Die Faktorenmatrix ist gut zu interpretieren, da jede Variable nur auf einem Faktor hoch und auf den anderen Faktoren niedrig lädt. Die Interpretation findet sich im Kopf der Tabelle 10. Der erste Faktor kann als phonologische Bewusstheit gedeutet werden, obwohl sich ebenfalls die Aufgabe zur Pseudowortwiederholung hier wiederfindet. Dies erklärt sich durch den gemeinsamen Varianzanteil der Pseudowortwiederholung, der mit der phonologischen Bewusstheit höher als mit den Wortspannenaufgaben ist. Vermutlich werden aufgrund der Aufgabenstruktur für die Tests zur phonologischen Bewusstheit auch Arbeitsgedächtnisressourcen benötigt (Savage et al., 2007). Ebenfalls enthalten alle Aufgaben zur phonologischen Bewusstheit Pseudowörter.

Der zweite Faktor kann als die Geschwindigkeit des lexikalischen Abrufs gedeutet werden. Da die Werte alle negativ sind, sollte lieber von der *Langsamkeit* des lexikalischen Abrufs gesprochen werden. Für die weiteren Analysen wird die Polung jedoch umgekehrt, um weitere Interpretationen als *Schnelligkeit* des Abrufs zu erleichtern. Das Ziffernbenennen lädt auf diesem Faktor mit einem β-Gewicht von über 1. Das ist möglich, da die Mustermatrix keine Korrelationen enthält, die in der Tat nicht über 1 werden können. Stattdessen nehmen β-Gewichte durchaus Werte > 1 an.

Der dritte Faktor ist als verbales Arbeitsgedächtnis zu bezeichnen. Die Modellierung beruht ausschließlich auf den beiden Wortspannenaufgaben. Die Pseudowortwiederholung scheint dagegen eine andere Arbeitsgedächtniskomponente zu reflektieren.

Tabelle 10: Faktorwerte und Kommunalitäten der Hauptachsenanalyse mit Oblimin-Rotation

Variable	Faktor 1 Phonologische Bewusstheit	Faktor 2 Lexikalischer Abruf	Faktor 3 Verbales Arbeitsgedächtnis	Kommunalitäten h^2
1 Vokalersetzung	**.934**	-.053	-.083	.833
2 Lautkategorisierung	**.780**	-.126	-.009	.743
3 Vokallängenbestimmung	**.509**	-.251	.180	.701
4 Wortspanne einsilbig	.195	-.177	**.559**	.688
5 Wortspanne dreisilbig	.004	-.032	**.824**	.713
6 Pseudowortwiederholung	**.670**[1]	.125	.213	.586
7 Farbflächenbenennen	-.057	**-.848**	.124	.780
8 Ziffernbenennen	-.012	**-1.010**[2]	-.008	.997
9 Buchstabenbenennen	.205	**-.830**	-.034	.915

Anmerkungen. Die Extraktion benötigte 16 Iterationen, die Rotation konvergierte in sieben Iterationen. Werte über .4 sind hervorgehoben. [1] Die Variable Pseudowortwiederholung lädt auf dem Faktor der phonologischen Bewusstheit und unterscheidet sich damit deutlich von den anderen Arbeitsgedächtnisaufgaben. [2] Da es sich bei den angegeben Werten um standardisierte β-Gewichte und nicht etwa um Korrelationen handelt, können Werte von > 1 auftreten.

Als nächstes interessiert, wie hoch die einzelnen Faktoren miteinander korrelieren und wie stark sie mit den Leseleistungen in der WLLP und im SLS zusammenhängen. Es finden sich die folgenden Korrelationen in Tabelle 11.

Tabelle 11: Korrelationsmatrix der Faktoren und der Lesekompetenz

	1	2	3	4
1 Phonologische Bewusstheit	-			
2 Lexikalischer Abruf	.656	-		
3 Verbales Arbeitsgedächtnis	.696	.551	-	
4 Würzburger Leise-Leseprobe	.820	.870	.687	-
5 Salzburger Lesescreening	.851	.862	.711	.966

Anmerkung. $N = 162$; für diese Analyse wurde der Faktor des lexikalischen Abrufs bereits positiv gepolt; alle Korrelationen sind signifikant mit $p < .001$.

Die phonologische Bewusstheit, der lexikalische Abruf und das verbale Arbeitsgedächtnis sind stark miteinander korreliert und spiegeln zwischen 30 und 48 % gemeinsamer Varianz wieder. Da die Faktoren unter denselben theoretischen Rahmen der phonologischen Informationsverarbeitung zu subsumieren sind, ist ein solcher Zusammenhang auch zu erwarten. Die Korrelationen zwischen den phonologischen Faktoren und der Leseleistung fallen erwartungsgemäß hoch aus. Insgesamt reflektieren die Korrelationen zwischen 47 und 76 % gemeinsamer Varianz. Je stärkere phonologische Kompetenzen ein Proband hat, desto besser ist seine Leseleistung ausgeprägt et vice versa.

Zuletzt muss bedacht werden, dass hier drei wahrscheinlich extrem unterschiedliche Stichproben untersucht wurden. Die Modellierung *gemeinsamer* Variablen ist nur zu rechtfertigen, wenn sich die Ergebnisse der Faktorenanalysen auch in den Substichproben replizieren lassen. Erst dann kann auf eine entwicklungs- und altersstufenübergreifende Äquivalenz der Untersuchungsinstrumente geschlossen werden. Allerdings haben die Substichproben nur eine Zellgröße von $n = 54$. Bei neun Variablen und drei zu extrahierenden Faktoren sind diese Stichprobengrößen viel zu klein, weshalb die Ergebnisse nicht besonders aussagekräftig sind. Prinzipiell konnte jedoch die dreifaktorielle Struktur der phonologischen Informationsverarbeitung bei allen drei Stichproben repliziert werden, wenn natürlich auch mit anderen Schwerpunktsetzungen. Die Ergebnisse der Hauptachsenanalysen finden sich in Tabelle 37 bis Tabelle 39 im Anhang auf S. 288 und 289.

6.3 Störungen in der phonologischen Informationsverarbeitung

6.3.1 Explanative Testung der Hypothesen

Nachdem nun die neun manifesten Variablen zu drei latenten Faktoren modelliert wurden, sollen an dieser Stelle die psychologischen Hypothesen PH-1 bis PH-3 explanativ (erklärend; im Gegensatz zu explorativ) getestet werden. Es wurde davon ausgegangen, dass funktionale Analphabeten im Vergleich mit lesekundigen Erwachsenen *und* Grundschülern schlechtere Leistungen in der phonologischen Bewusstheit (PH-1), im verbalen Arbeitsgedächtnis (PH-2) und in der Geschwindigkeit des lexikalischen Abrufs (PH-3) aufweisen. Die deskriptiven Statistiken für die Gruppenvergleiche finden sich in Tabelle 12 (S. 180). Zur Interpretation ist zu beachten, dass die aufgeführten latenten Variablen aufgrund der Faktorisierung standardisiert sind und deshalb in der Gesamtgruppe einen Mittelwert von 0 und eine Standardabweichung von 1 aufweisen. Die Unterschiede zwischen den Gruppen werden nochmals in Abbildung 25a bis c visualisiert.

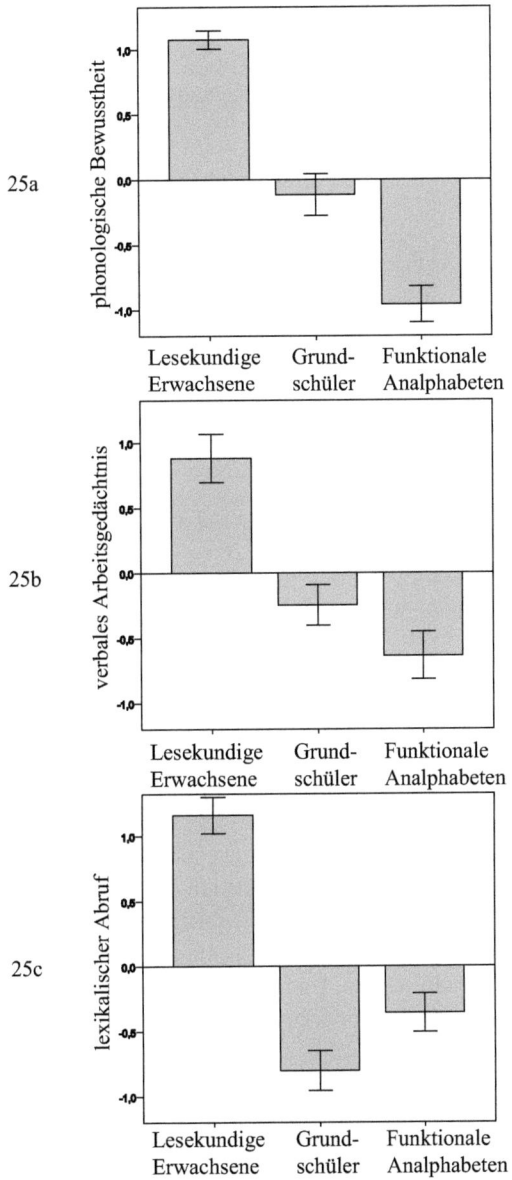

Abbildung 25a,b,c: Vergleich (a) der phonologischen Bewusstheit, (b) des verbalen Arbeitsgedächtnisses und (c) der Geschwindigkeit des lexikalischen Abrufs zwischen den Gruppen; hohe Werte = hohe Kompetenz; Fehlerbalken sind Konfidenzintervalle (95 %)

Tabelle 12: Deskriptive Statistiken der drei Faktoren der phonologischen Informationsverarbeitung zwischen den Gruppen

	Phonologische Bewusstheit	Verbales Arbeitsgedächtnis	Lexikalischer Abruf
Lesekundige Erwachsene	1.08 (0.26)	0.88 (0.67)	1.16 (0.52)
Grundschüler	-0.12 (0.58)	-0.25 (0.57)	-0.80 (0.57)
Funktionale Analphabeten	-0.96 (0.51)	-0.63 (0.67)	-0.36 (0.54)

Anmerkung. Angaben in Mittelwerten (Standardabweichung in Klammern).

Es folgt die Hypothesentestung in Tabelle 13. Dazu werden zwei Kontrasttests pro Hypothese gerechnet. Der erste Kontrast vergleicht die funktionalen Analphabeten mit den lesekundigen Erwachsenen und der zweite Kontrast die funktionalen Analphabeten mit den Grundschülern. Die Hypothesen sind so geplant, dass sie nur anzunehmen sind, wenn beide Tests signifikant werden. Durch diese konjunktive Verknüpfung findet keine α-Fehler-Kumulierung statt, weshalb der α-Fehler nicht adjustiert wird.

Tabelle 13: Ergebnisse der Kontrasttests zur Überprüfung der Hypothesen

Abhängige Variable	Kontrast	T	p	d
Phonologische Bewusstheit	Analphabeten vs. Erwachsene	22.488	<.001	5.04
	Analphabeten vs. Grundschüler	9.313	<.001	1.54
Verbales Arbeitsgedächtnis	Analphabeten vs. Erwachsene	12.277	<.001	2.25
	Analphabeten vs. Grundschüler	3.142	<.001	0.61
Lexikalischer Abruf	Analphabeten vs. Erwachsene	14.594	<.001	2.87
	Analphabeten vs. Grundschüler	-4.271[1]	<.001	-0.79[1]

Anmerkung. Die Freiheitsgrade betragen jeweils 159. [1]Der Kontrast zum lexikalischen Abruf zwischen Analphabeten und Grundschülern wird zur anderen Seite hin signifikant: Entgegen der Erwartung haben Analphabeten einen schnelleren Abruf als Grundschüler.

Beide Kontraste sind hinsichtlich der phonologischen Bewusstheit und des verbalen Arbeitsgedächtnisses signifikant. Von allen drei Gruppen zeigen die Analphabeten in diesen Bereichen die schlechtesten Leistungen. Die lesekundigen Erwachsenen sind sowohl im Arbeitsgedächtnis als auch in der phonologischen Bewusstheit besser als Analphabeten. Und obwohl Analphabeten deutlich erfahrener und älter als Grundschüler sind, haben sie schlechtere Kompetenzen hinsichtlich der phonologischen Bewusstheit und im Arbeitsgedächtnis. Die Effektstärken sind als sehr groß bis mittelgroß zu bezeichnen.

Bezüglich der Geschwindigkeit des lexikalischen Abrufs gilt, dass der erste Kontrast wie erwartet signifikant ist, aber der zweite Kontrast hypothesenkonträr zur entgegengesetzten Seite hin signifikant wird. Die Analphabeten haben hypothesenkonform einen langsameren lexikalischen Abruf als lesekundige Erwachsene, aber hypothesenkonträr einen schnelleren Abruf als Grundschüler. Obwohl die Grundschüler auf demselben Leseniveau wie die Analphabeten lesen, können sie phonologische Informationen nur langsamer abrufen. Dagegen bleibt ein großer Unterschied zu den lesekundigen Erwachsenen bestehen.

Der Levene-Test indiziert eine Verletzung der Voraussetzung der Varianzhomogenität bei der phonologischen Bewusstheit ($F[2, 159] = 14.029$, $p < .001$), nicht jedoch beim Arbeitsgedächtnis ($F < 1$) oder beim lexikalischen Abruf ($F < 1$). Obwohl der verwendete t-Test bei gleichgroßen Gruppen sehr robust ist (Kubinger, Rasch & Moder, 2008), soll der Test zur phonologischen Bewusstheit auf diese Verletzung hin korrigiert werden. In den Kontrasttests kann auf solche Verletzungen durch Adaption der Standardfehler und Freiheitsgrade reagiert werden. Trotz Korrektur bleibt sowohl der Unterschied zwischen Analphabeten und Erwachsenen ($t[78.392] = 26.274$; $p < .001$), als auch der Unterschied zwischen Analphabeten und Grundschülern ($t[104.075] = 8.012$; $p < .001$) signifikant.

Die psychologischen Hypothesen PH-1 und PH-2 können damit angenommen werden: Funktionale Analphabeten weisen sowohl im Vergleich mit gleichaltrigen lesekundigen Erwachsenen, als auch im Vergleich mit normallesenden Grundschülern derselben Leseentwicklungsstufe eine schlechtere phonologische Bewusstheit und ein schwächeres verbales Arbeitsgedächtnis auf. Dagegen muss PH-3 zurückgewiesen werden: Zwar sind lesekundige Erwachsene im lexikalischen Abruf schneller als Analphabeten, aber Grundschüler sind entgegen der Erwartung langsamer als funktionale Analphabeten. Durch die konjunktive Verknüpfung der zwei Kontraste zur Hypothesenprüfung muss die gesamte Hypothese abgelehnt werden. Analphabeten haben also Defizite in der phonologischen Bewusstheit und im verbalen Arbeitsgedächtnis, aber nicht im lexikalischen Abruf.

Weil die Testung über Kontraste relativ untypisch ist und stattdessen meist Varianzanalysen verwendet werden (Hager, 2005), sollen die Ergebnisse der multivariaten Varianzanalysen (mit der Gruppenzugehörigkeit als Faktor und den drei latenten Variablen als abhängige Variablen) der Vollständigkeit halber angegeben werden: Das Gesamtmodell ist signifikant ($F[6, 316] = 90.449$; $p < .001$; $\eta^2 = .632$). Ebenso findet sich ein Haupteffekt der Gruppe bei allen drei abhängigen Variablen:

- Phonologische Bewusstheit
  ($F[2, 159] = 255.342$; $p < .001$; $\eta^2 = .763$)
- Verbales Arbeitsgedächtnis
  ($F[2, 159] = 81.353$; $p < .001$; $\eta^2 = .506$)
- Lexikalischer Abruf
  ($F[2, 159] = 195.706$; $p < .001$; $\eta^2 = .711$)

Ebenfalls werden im Omnibus-Test alle (hier nicht dargestellten) post-hoc-Vergleiche mit Bonferroni-Korrektur mit jeweils $p < .001$ signifikant. Lediglich der post-hoc-Test im verbalen Arbeitsgedächtnis zwischen Analphabeten und Grundschülern ist mit $p = .006$ signifikant. Auch hier sind entgegen der Erwartung Grundschüler langsamer im lexikalischen Abruf als Analphabeten. Demnach wären auch in einer multivariaten Varianzanalyse die Hypothesen PH-1 und PH-2 zu bestätigen, aber die PH-3 zu falsifizieren.

6.3.2 Explorative Replikationen mit manifesten Variablen

Die oben angeführten Signifikanztests beruhen auf modellierten latenten Variablen. Es kann nun eingewendet werden, dass der Grund für die Signifikanz nicht in den Variablen selbst, sondern in der Modellierung liegt. Daher sollen die Analysen im explorativen Sinne mit den neun manifesten, d.h. nicht-modellierten Variablen wiederholt werden. Die eigentliche *explanative* Hypothesentestung erfolgte bereits im vorherigen Kapitel. Die vorliegende Studie wurde für diese Kontraste geplant. Die folgenden Analysen sind daher unabhängig von der eigentlichen Hypothesentestung lediglich *explorativ* zu verstehen (Bortz & Döring, 2006; Hager, 2004). Tabelle 14 enthält die deskriptiven Statistiken.

Tabelle 14: Deskriptive Statistiken der manifesten Variablen (Rohwerte)

	Funktionale Analphabeten	Lesekundige Erwachsene	Grundschüler
1 Vokalersetzung[1]	1.41 (2.28)	11.31 (1.06)	5.83 (4.09)
2 Lautkategorisierung[2]	3.04 (2.09)	7.78 (0.50)	5.10 (1.92)
3 Vokallängenbestimmung[3]	2.50 (2.01)	8.78 (1.79)	3.41 (2.60)
4 Wortspanne einsilbig	3.02 (0.68)	4.50 (0.70)	3.44 (0.59)
5 Wortspanne dreisilbig	2.83 (0.46)	3.50 (0.50)	2.94 (0.36)
6 Pseudowortwiederholung[3]	4.07 (1.91)	7.26 (0.91)	6.09 (1.25)
7 Farbflächenbenennen[4]	26.14 (6.42)	38.23 (5.46)	21.67 (5.39)
8 Ziffernbenennen[4]	37.37 (8.86)	61.42 (8.42)	30.08 (9.25)
9 Buchstabenbenennen[4]	35.72 (9.59)	64.07 (10.35)	31.87 (7.76)

Anmerkungen. Angaben als Mittelwerte (Standardabweichungen in Klammern); [1] max. 12 Punkte; [2] max. 8 Punkte; [3] max. 10 Punkte; [4] X-transformierte Werte nach Formel (1) auf S. 145.

An den Rohwerten und den reduzierten Standardabweichungen ist zu sehen, dass die lesekundigen Erwachsenen in den Aufgaben 1 bis 3 und 6 einen Deckeneffekt zeigen. Der Levene-Test indiziert bei diesen Aufgaben und der Aufgabe 5 eine Verletzung der Varianzgleichheit (die genauen F-Statistiken können Tabelle 40 im Anhang auf S. 289 entnommen werden). Trotz großer Robustheit der folgenden Tests (Kubinger et al., 2008), wird bei diesen Aufgaben eine Korrektur vorgenommen. Die Ergebnisse der Kontraste finden sich in Tabelle 15:

Tabelle 15: Ergebnisse der einseitigen Kontrasttests bezüglich der manifesten Variablen

Abhängige Variable	Kontrast	T	df	p	d
1 Vokalersetzung[1]	Analphabeten vs. Erwachsene	28.972	74.96	< .001	5.57
	Analphabeten vs. Grundschüler	6.950	83.03	< .001	1.34
2 Lautkategorisierung[1]	Analphabeten vs. Erwachsene	16.195	59.07	< .001	3.12
	Analphabeten vs. Grundschüler	5.345	105.26	< .001	1.03
3 Vokallängen- bestimmung[1]	Analphabeten vs. Erwachsene	17.165	104.61	< .001	3.30
	Analphabeten vs. Grundschüler	2.029	99.57	.023	0.39
4 Wortspanne einsilbig	Analphabeten vs. Erwachsene	11.656	159	< .001	2.14
	Analphabeten vs. Grundschüler	3.325	159	< .001	0.66
5 Wortspanne dreisilbig[1]	Analphabeten vs. Erwachsene	7.291	105.27	< .001	1.40
	Analphabeten vs. Grundschüler	1.337	100.53	.092	0.26
6 Pseudowort- wiederholung[1]	Analphabeten vs. Erwachsene	11.044	76.07	< .001	2.19
	Analphabeten vs. Grundschüler	6.497	91.23	< .001	1.25
7 Farbflächenbenennen	Analphabeten vs. Erwachsene	10.885	159	< .001	2.03
	Analphabeten vs. Grundschüler	-4.022	159	< .001	-0.75[2]
8 Ziffernbenennen	Analphabeten vs. Erwachsene	14.124	159	< .001	2.78
	Analphabeten vs. Grundschüler	-4.276	159	< .001	-0.80[2]
9 Buchstabenbenennen	Analphabeten vs. Erwachsene	15.852	159	< .001	2.84
	Analphabeten vs. Grundschüler	-2.150	159	.017	-0.44[2]

Anmerkungen. [1] Adaption der Freiheitsgrade aufgrund der Verletzung der Varianzhomogenität. [2] Die Kontraste zum lexikalischen Abruf zwischen Analphabeten und Grundschülern werden zur anderen Seite hin signifikant: Entgegen der Erwartung haben Analphabeten einen schnelleren Abruf als Grundschüler.

Prinzipiell werden alle Ergebnisse der Kontraste mit den latenten Variablen repliziert. Es werden alle Kontraste signifikant, lediglich der Unterschied zwischen Analphabeten und Grundschülern in der fünften Aufgabe (Wortspanne dreisilbig) verfehlt das Signifikanzniveau ($p = .092$). Dagegen sind Analphabeten schlechter als lesekundige Erwachsene und Grundschüler in allen drei Aufgaben zur phonologischen Bewusstheit und in den zwei verbleibenden Arbeitsgedächtnistests. Auch die Ergebnisse zu den X-transformierten Reaktionszeiten des lexikalischen Abrufs bestätigen sich erneut: Analphabeten sind in allen drei manifesten Variablen des lexikalischen Abrufs langsamer als lesekundige Erwachsene, aber entgegen der Hypothese schneller als Grundschüler.

Bei dieser Art der Hypothesen-Testung kommt es zu einer α-Fehler-Kumulierung, da jede Hypothese durch drei disjunktive Signifikanztests (über die drei Rohwerte der jeweiligen Konstrukte) getestet wird. Doch auch bei einer konservativen Bonferroni-Korrektur könnten die psychologischen Hypothesen PH-1 und PH-2 angenommen werden. Die PH-3 muss dagegen auch hier abgelehnt werden. Diese Auswertungsmethode mit den Rohwerten der manifesten Variablen zeigt ebenfalls, dass Analphabeten Defizite in der phonologischen Bewusstheit und im verbalen Arbeitsgedächtnis aufweisen. Aber wieder ist entgegen der Erwartung ihr lexikalischer Abruf schneller als bei Grundschülern.

Auch hier sollen wieder die Ergebnisse der multivariaten Varianzanalyse (mit der Gruppenzugehörigkeit als Faktor und den neun manifesten Tests als abhängige Variablen) angegeben werden. Das Gesamtmodell ist signifikant ($F[24, 298] = 29.223$; $p < .001$; $\eta^2 = .702$). Der Haupteffekt der Gruppe findet sich in jeder der neun abhängigen Variablen:

- Vokalersetzung
  ($F[2, 159] = 173.327$; $p < .001$; $\eta^2 = .686$)
- Lautkategorisierung
  ($F[2, 159] = 109.915$; $p < .001$; $\eta^2 = .580$)
- Vokallängenbestimmung
  ($F[2, 159] = 133.239$; $p < .001$; $\eta^2 = .626$)
- Wortspanne einsilbig
  ($F[2, 159] = 72.112$; $p < .001$; $\eta^2 = .476$)
- Wortspanne dreisilbig
  ($F[2, 159] = 35.863$; $p < .001$; $\eta^2 = .311$)
- Pseudowortwiederholung
  ($F[2, 159] = 69.543$; $p < .001$; $\eta^2 = .467$)
- Farbenbenennen
  ($F[2, 159] = 118.962$; $p < .001$; $\eta^2 = .599$)
- Ziffernbenennen
  ($F[2, 159] = 185.441$; $p < .001$; $\eta^2 = .700$)
- Buchstabenbenennen
  ($F[2, 159] = 193.323$; $p < .001$; $\eta^2 = .709$)

In den (hier nicht aufgeführten) post-hoc-Tests mit Bonferroni-Korrektur sind alle Unterschiede bis auf die folgenden mit mindestens $p < .05$ signifikant: Es finden sich keine Unterschiede zwischen Analphabeten und Grundschülern in den Aufgaben zur Vokallängenbestimmung ($p = .092$), zur dreisilbigen Wortspanne ($p = .645$) und zum schnellen Benennen von Buchstaben ($p = .099$).

Hier zeigt sich deutlich, warum sich multivariate Analysemethoden nicht zur Testung von Hypothesen eignen (Hager, 2004). Da die post-hoc-Tests alle möglichen statt nur die aufgestellten Hypothesen testen, muss der α-Fehler konservativer adjustiert werden und die obigen drei Tests verfehlen diese korrigierte Signifikanzgrenze. Da aber die Verknüpfung der Tests in der multivariaten Varianzanalyse disjunktiv statt konjunktiv erfolgt, reicht die Signifikanz eines einzelnen Tests, um auf die Hypothesen zu schließen. Demnach müssen die psychologischen Hypothesen PH-1 und PH-2 angenommen und die PH-3 wie gehabt abgelehnt werden: Analphabeten zeigen Defizite in der phonologischen Bewusstheit und im verbalen Arbeitsgedächtnis, nicht aber in der Geschwindigkeit des lexikalischen Abrufs.

Als letztes könnte nun eingewendet werden, dass die PH-3 nur deshalb abgelehnt werden musste, da die X-transformierten Werte statt der Rohwerte der Reaktionszeiten zum lexikalischen Abruf verwendet wurden. Um dies zu überprüfen, werden die Rohwerte ohne X-Transformation auf Unterschiede zwischen den Gruppen überprüft. Die deskriptiven Statistiken können Tabelle 16 entnommen werden.

Tabelle 16: Deskriptive Statistiken (Rohwerte in Sekunden) zum lexikalischen Abruf

	Farbenbenennen			Ziffernbenennen			Buchstabenbenennen		
	M	s	Median	M	s	Median	M	s	Median
Funktionale Analphabeten	40.93	11.64	37.47	28.35	7.09	26.93	30.23	8.91	27.89
Lesekundige Erwachsene	26.66	3.65	26.42	16.57	2.19	17.11	16.02	2.64	15.50
Grundschüler	49.07	12.55	47.07	36.20	10.52	34.70	33.32	8.50	32.13

Anmerkung. Niedrigere Werte indizieren bessere Leistungen, d.h. einen schnelleren lexikalischen Abruf.

Es soll daran erinnert werden, dass die X-Transformation deshalb durchgeführt wurde, weil Reaktionszeiten in der Regel nicht normalverteilt sind (siehe Kap. 5.2.1). Um die Rohwerte der Reaktionszeiten in Sekunden auf Gruppenunterschiede zu testen, müssen deshalb verteilungsfreie Signifikanztests benutzt werden. Bortz, Lienert und Boehnke (2008) empfehlen dazu den Kolmogoroff-Smirnov-Test. Es finden sich folgende Ergebnisse in Tabelle 17:

Tabelle 17: Ergebnisse der einseitigen Kolmogoroff-Smirnov-Tests bezüglich der Benennungsaufgaben

Abhängige Variable	Kontrast	Z	p
Farbenbenennen	Analphabeten vs. Erwachsene	3.945	< .001
	Analphabeten vs. Grundschüler	2.021	< .001
Ziffernbenennen	Analphabeten vs. Erwachsene	4.523	< .001
	Analphabeten vs. Grundschüler	2.117	< .001
Buchstabenbenennen	Analphabeten vs. Erwachsene	4.330	< .001
	Analphabeten vs. Grundschüler	1.443	.016

Auch in den absoluten Benennungszeiten nehmen die Analphabeten eine intermediäre Stellung zwischen den schnelleren lesekundigen Erwachsenen und den langsameren Grundschülern ein. Die psychologische Hypothese PH-3 muss demnach auch hier abgelehnt werden: Analphabeten sind im lexikalischen Abruf zwar langsamer als lesekundige Erwachsene, aber entgegen der PH-3 schneller als Grundschüler.

6.3.3 Explorative Replikation mit Kovariaten

Vorgehen

Die Ergebnisse der explanativen Kontraste (Kap. 6.3.1) wurden durch die Resultate der explorativen multivariaten Analysen bestätigt (Kap. 6.3.2). An dieser Stelle kann jedoch eingewendet werden, dass in dem hier vorliegenden Quasi-Experiment sicherlich einige Störvariablen die Ergebnisse erklären können, die bislang noch gar nicht in der statistischen Analyse berücksichtigt wurden. Zu diesen Variablen mögen das Alter, das Leselevel, der sozioökonomische Status, die Schulbesuchsjahre, der Schulabschluss und die Intelligenz zählen. Es könnte nun sein, dass ausschließlich die genannten Störvariablen für die oben gefundenen Gruppenunterschiede verantwortlich sind. In den folgenden explorativ zu verstehenden Analysen werden diese potentiellen Störvariablen als Kovariaten in Regressionsanalysen verwendet. Gegen die Verwendung von Kovarianzanalysen und für die Berechnung von Regressionsanalysen spricht, dass in Regressionsanalysen die Effekte der einzelnen Kovariaten besser miteinander verglichen werden können (Foorman et al., 1996; Stanovich & Siegel, 1994).

Für jede latente abhängige Variable (verbales Arbeitsgedächtnis, phonologische Bewusstheit und Geschwindigkeit des lexikalischen Abrufs) wurden zwei hierarchische Regressionsanalysen gerechnet. Das erste Regressionsmodell sollte Analphabeten und lesekundige Erwachsene miteinander vergleichen. Als Prädiktoren gingen im ersten Schritt das Intelligenzlevel als der Rohwert im ZVT ein; im zweiten Schritt der elterliche sozioökonomische Status (ISEI) sowie die Schulbesuchs- und Bildungsjahre; im dritten Schritt die Leseleistungen in der WLLP; und letztendlich im vierten Schritt nach der Idee von Stanovich und Siegel (1994) eine Kontrastvariable, die den Unterschied zwischen den Gruppen kodierte (–1 = Analphabeten; +1 = lesekundige Erwachsene).

In der zweiten Regressionsanalyse wurden die Grundschüler und Analphabeten miteinander verglichen. Bei den Grundschülern konnten keine sozialen Variablen erhoben werden. Dafür ist in diesem Vergleich aufgrund der großen Altersunterschiede die Rolle des Lebensalters besonders relevant. Dazu gingen als Prädiktoren in die Modellgleichung die Intelligenz, das Lebensalter, die WLLP und der Kontrast zwischen den funktionalen Analphabeten (–1) und den Grundschülern (+1) ein.

Vor jeder Berechnung erfolgte die Analyse der Voraussetzungen. In keiner der grafischen Residuenanalysen fand sich ein Hinweis auf Heteroskedastizität.

Ebenso lag in keinem der Regressionsmodelle eine Multikollinearität unter den Variablen vor: Die Toleranz der Variablen war immer über 10 % und der Varianz-Inflations-Faktor überschritt niemals den Wert 10 (Urban & Mayerl, 2006). Die Analysen wurden sowohl mit den Rohwerten als auch mit den T-Werten des ZVT durchgeführt. Die Ergebnisse waren (bis auf leichte nominale Abweichungen) jedoch identisch. Ebenso wurde die WLLP durch das SLS ausgetauscht; auch hier ergaben sich keine neuen Resultate. Auf eine Darstellung der Berechnungen mit den T-Werten des ZVT und den Leseleistungen im SLS wird deshalb verzichtet. Die den Analysen zugrundeliegenden Korrelationsmatrizen finden sich für die lesekundigen Erwachsenen in Tabelle 18 und für die Grundschüler in Tabelle 19.

Tabelle 18: Korrelationsmatrix bei Analphabeten und lesekundigen Erwachsenen

	1	2	3	4	5	6	7	8
1 Phon. Bewusstheit	-							
2 Arbeitsgedächtnis	.828	-						
3 Lexikalischer Abruf	.852	.694	-					
4 WLLP	.916	.742	.865	-				
5 ISEI	.491	.344	.503	.492	-			
6 Schulbesuchsjahre	.730	.553	.665	.720	.403	-		
7 Bildungsjahre	.818	.659	.717	.825	.534	.772	-	
8 ZVT	-.732	-.567	-.733	-.781	-.399	-.642	-.687	-
9 Kontrast	.931	.750	.824	.892	.512	.725	.830	-.673

Anmerkungen. WLLP = Würzburger Leise-Leseprobe; ISEI = International Socioeconomic Index; ZVT = Zahlenverbindungstest als Maß der Intelligenz; Kontrast = Gruppenunterschied zwischen funktionalen Analphabeten und lesekundigen Erwachsenen; alle Korrelationen sind mit $p < .01$ signifikant.

Tabelle 19: Korrelationsmatrix bei Analphabeten und Grundschülern

	1	2	3	4	5	6
1 Phon. Bewusstheit	-					
2 Arbeitsgedächtnis	.590**	-				
3 Lexikalischer Abruf	.056^{ns}	.076^{ns}	-			
4 WLLP	.439**	.252**	.583**	-		
5 Alter	-.571**	-.281**	.294**	-.030^{ns}	-	
6 ZVT	-.231*	-.119^{ns}	-.476**	-.608**	-.095^{ns}	-
7 Kontrast	.614**	.299**	-.376**	-.017^{ns}	-.924**	.168^{ns}

Anmerkungen. WLLP = Würzburger Leise-Leseprobe; Alter in Monaten; ZVT = Zahlenverbindungstest als Maß der Intelligenz; Kontrast = Gruppenunterschied zwischen funktionalen Analphabeten und lesekundigen Erwachsenen; ^{ns} nicht signifikant, *$p < .05$, **$p < .01$.

In den beiden Erwachsenenstichproben fällt auf, dass alle Variablen miteinander korreliert sind. Da der ZVT (im Gegensatz zu den RAN-Daten) nicht umgepolt wurde, stehen hier höhere Werte für schlechtere Leistungen; deshalb ergibt sich bei dieser Variablen immer eine negative Korrelation.

In der Korrelationsmatrix mit den Analphabeten und den Grundschülern hängen deutlich weniger Variablen miteinander zusammen. Aufgrund der Parallelisierung an der Leseleistung sind die Korrelationen der WLLP mit dem Alter und dem Kontrast nicht signifikant. Das Alter hängt negativ mit dem Arbeitsgedächtnis und der phonologischen Bewusstheit zusammen. Das liegt an der Stichprobenzusammensetzung, denn die älteren Probanden (Analphabeten) weisen schlechtere phonologische Leistungen auf. Überraschenderweise korreliert das Alter dagegen *positiv* mit der Benennungsgeschwindigkeit: Je älter ein Proband ist, desto schneller ist seine Abrufgeschwindigkeit. Gleiches gilt für den ZVT, denn die kognitive Informationsverarbeitungsgeschwindigkeit (als Maß der Intelligenz) steigt stark mit dem Alter an (Rost, 2009). Diese positiven Korrelationen laufen auf eine post-hoc-Erklärung der Befunde hinaus (siehe dazu Kap. 6.4 ab S. 195).

Unterschiede in der phonologischen Bewusstheit

In Tabelle 20 sind die Ergebnisse der hierarchischen Regressionsanalyse mit den Analphabeten und den lesekundigen Erwachsenen als Kontrollgruppe sowie der phonologischen Bewusstheit als abhängiger Variable abzulesen.

Tabelle 20: Ergebnisse der Regressionsanalyse mit der phonologischen Bewusstheit als Kriterium, den Analphabeten als Experimentalgruppe und den lesekundigen Erwachsenen als Kontrollgruppe

	Schritt 1		Schritt 2		Schritt 3		Schritt 4	
	β	p	β	p	β	p	β	p
ZVT	-.711	< .001	-.274	< .001	.011	.863	-.039	.382
ISEI			.070	.292	.017	.731	-.008	.824
Schulbesuchsjahre			.156	.089	.093	.163	.028	.554
Bildungsjahre			.466	< .001	.134	.103	-.044	.475
WLLP					.741	< .001	.298	< .001
Kontrast							.678	< .001
	$R^2 = .506$		$R^2 = .722$		$R^2 = .855$		$R^2 = .927$	
	$p < .001$		$p < .001$		$p < .001$		$p < .001$	
	$\Delta R^2 = .506$		$\Delta R^2 = .216$		$\Delta R^2 = .133$		$\Delta R^2 = .072$	
	$p < .001$		$p < .001$		$p < .001$		$p < .001$	

Anmerkungen. ZVT = Zahlenverbindungstest als Maß der Intelligenz; ISEI = International Socioeconomic Index; WLLP = Würzburger Leise-Leseprobe; Kontrast = Gruppenunterschied zwischen funktionalen Analphabeten und lesekundigen Erwachsenen.

Die Intelligenz kann ein großes Maß an Varianz in der phonologischen Bewusstheit erklären. Je schneller die kognitive Verarbeitungsgeschwindigkeit ist, desto besser ist man in Aufgaben zur phonologischen Bewusstheit. Die sozialen und schulischen Einflussvariablen können darüber hinaus einen bedeutsamen zusätzlichen Teil der Varianz aufklären (21.6 %), was sich vor allem durch den sozialen Status ergibt. Mit der Berücksichtigung der Leseleistung in der WLLP verliert die Intelligenz ihre Signifikanz und spielt in diesem Vergleich keine Rolle mehr. Die signifikante Kontrastvariable im letzten Schritt indiziert, dass auch bei Kontrolle dieser vielen potentiellen Störvariablen die lesekundigen Erwachsenen besser als funktionale Analphabeten in Aufgaben zur phonologischen Bewusstheit sind.

Der Vergleich mit den Grundschülern folgt in Tabelle 21:

Tabelle 21: Ergebnisse der Regressionsanalyse mit der phonologischen Bewusstheit als Kriterium, den Analphabeten als Experimentalgruppe und den Grundschülern als Kontrollgruppe

	Schritt 1		Schritt 2		Schritt 3		Schritt 4	
	β	p	β	p	β	p	β	p
ZVT	-.231	.016	-.288	< .001	-.045	.611	-.111	.178
Alter			-.599	< .001	-.564	< .001	.142	.396
WLLP					.395	< .001	.390	< .001
Kontrast							.771	< .001
	$R^2 = .053$		$R^2 = .409$		$R^2 = .506$		$R^2 = .589$	
	$p = .016$		$p < .001$		$p < .001$		$p < .001$	
	$\Delta R^2 = .053$		$\Delta R^2 = .355$		$\Delta R^2 = .097$		$\Delta R^2 = .083$	
	$p = .016$		$p < .001$		$p < .001$		$p < .001$	

Anmerkungen. ZVT = Zahlenverbindungstest als Maß der Intelligenz; Alter in Monaten; WLLP = Würzburger Leise-Leseprobe; Kontrast = Gruppenunterschied zwischen funktionalen Analphabeten und lesekundigen Erwachsenen.

In diesem Vergleich kann die Intelligenz nur wenig Varianz in der phonologischen Bewusstheit aufklären (5.3 %). Das Lebensalter spielt eine größere Rolle: Je älter jemand ist, desto schlechter ist er in der phonologischen Bewusstheit. Das erklärt sich dadurch, dass die älteren Probanden alle Analphabeten mit phonologischen Defiziten sind. Die WLLP kann darüber hinaus sehr viel zusätzlich Varianz aufklären; die Intelligenz verliert dadurch ihre prädiktive Kraft. Im letzten Schritt wird der Kontrast signifikant; im Gegenzug verliert der Einfluss des Alters seine Signifikanz. Damit sind Grundschüler, obwohl sie deutlich jünger sind, besser in den Aufgaben zur phonologischen Bewusstheit als Analphabeten.

Unterschiede im verbalen Arbeitsgedächtnis

Die Ergebnisse des Vergleichs der Analphabeten mit den lesekundigen Erwachsenen bezüglich des Arbeitsgedächtnisses finden sich in Tabelle 22:

Tabelle 22: Ergebnisse der Regressionsanalyse mit dem verbalen Arbeitsgedächtnis als Kriterium, den Analphabeten als Experimentalgruppe und den lesekundigen Erwachsenen als Kontrollgruppe

	Schritt 1		Schritt 2		Schritt 3		Schritt 4	
	β	p	β	p	β	p	β	p
ZVT	-.523	< .001	-.164	.129	.105	.339	.061	.560
ISEI			-.013	.892	-.063	.456	-.085	.288
Schulbesuchsjahre			.015	.907	-.044	.704	-.102	.356
Bildungsjahre			.533	< .001	.218	.130	.059	.675
WLLP					.702	< .001	.306	.075
Kontrast							.606	< .001
	$R^2 = .274$		$R^2 = .434$		$R^2 = .554$		$R^2 = .612$	
	$p < .001$		$p < .001$		$p < .001$		$p < .001$	
	$\Delta R^2 = .274$		$\Delta R^2 = .160$		$\Delta R^2 = .120$		$\Delta R^2 = .058$	
	$p < .001$		$p < .001$		$p < .001$		$p < .001$	

Anmerkungen. ZVT = Zahlenverbindungstest als Maß der Intelligenz; ISEI = International Socioeconomic Index; WLLP = Würzburger Leise-Leseprobe; Kontrast = Gruppenunterschied zwischen funktionalen Analphabeten und lesekundigen Erwachsenen.

Auch im Arbeitsgedächtnis kann der ZVT ein großes Maß an Varianz binden. Die sozialen Variablen können darüber hinaus noch 16.0 % mehr zur Varianzaufklärung beitragen, während die Intelligenz ihre prädiktive Kraft verliert. In Schritt 3 ist die Leseleistung der beste Prädiktor. Der Kontrast zwischen den Gruppen ist auch hier signifikant: Lesekundige Erwachsene haben auch bei Kontrolle potentieller Störvariablen ein besseres verbales Arbeitsgedächtnis als funktionale Analphabeten.

Als nächstes folgt die Überprüfung des verbalen Arbeitsgedächtnisses bei Grundschülern und Analphabeten in Tabelle 23:

Tabelle 23: Ergebnisse der Regressionsanalyse mit dem verbalen Arbeitsgedächtnis als Kriterium, den Analphabeten als Experimentalgruppe und den Grundschülern als Kontrollgruppe

	Schritt 1		Schritt 2		Schritt 3		Schritt 4	
	β	p	β	p	β	p	β	p
ZVT	-.119	.220	-.147	.117	.005	.964	-.025	.830
Alter			-.296	.002	-.274	.004	.053	.826
WLLP					.247	.034	.245	.035
Kontrast							.356	.144
	$R^2 = .014$		$R^2 = .101$		$R^2 = .139$		$R^2 = .157$	
	$p = .220$		$p = .004$		$p = .001$		$p = .001$	
	$\Delta R^2 = .014$		$\Delta R^2 = .087$		$\Delta R^2 = .038$		$\Delta R^2 = .018$	
	$p = .220$		$p = .002$		$p = .034$		$p = .144$	

Anmerkungen. ZVT = Zahlenverbindungstest als Maß der Intelligenz; Alter in Monaten; WLLP = Würzburger Leise-Leseprobe; Kontrast = Gruppenunterschied zwischen funktionalen Analphabeten und lesekundigen Erwachsenen.

Die Intelligenz (ZVT) kann diesmal keinen Teil der Varianz des verbalen Arbeitsgedächtnisses binden. Das Alter spielt eine große Rolle: Je älter jemand ist, desto schlechter ist sein Arbeitsgedächtnis, was wieder durch die weite Altersspanne zwischen den zwei Gruppen und den phonologischen Defiziten der Analphabeten zu erklären ist. Die WLLP klärt 3.8 % zusätzliche Varianz im Arbeitsgedächtnis auf. Der Kontrast trägt zur Varianzaufklärung bei (1.8 %), sein hohes β-Gewicht ist aber nicht signifikant. Die Analyse der Korrelationsmatrix in Tabelle 19 (S. 187) liefert den Grund. Da das Alter und der Kontrastkoeffizient mit $r = -.924$ korreliert sind, sind beide Variablen nahezu durch eine lineare Funktionen der anderen darstellbar. (Das ist theoretisch auch zu erwarten, denn der Kontrast bezieht sich ja auf zwei unterschiedlich alte Gruppen.) Das führt dazu, dass die Variablen multikollinear sind, obwohl weder der Toleranzwert (14 %) noch der Varianz-Inflations-Faktor (7.1) extrem hoch ist und die kritischen Werte bei Urban und Mayerl (2006) nicht überschreitet. (Das erkennt man auch an den Konfidenzintervallen der Regressionsgewichte in Tabelle 41 im Anhang auf S. 289.) Damit darf das Modell nicht ausgewertet werden, weil aufgrund der Multikollinearität die Voraussetzungen der Regressionstheorie verletzt sind (Urban & Mayerl, 2006). Stattdessen wird das Alter aus der Analyse ausgeschlossen und die Regressionsanalyse wiederholt. Hierbei wird der Kontrastkoeffizient signifikant (siehe Tabelle 42 im Anhang auf S. 290). Damit haben Analphabeten ein schlechter ausgeprägtes Arbeitsgedächtnis als Grundschüler, auch wenn die Leseleistung und die Intelligenz konstant gehalten werden.

Unterschiede in der Geschwindigkeit im lexikalischen Abruf
In folgender Tabelle 24 sind die Ergebnisse des Vergleichs der Abrufgeschwindigkeit für phonologische Informationen bei Analphabeten und lesekundigen Erwachsenen zu finden. Auch hinsichtlich der Geschwindigkeit des lexikalischen Abrufs finden wir einen großen Einfluss der Intelligenz. Die sozialen Variablen haben genauso wie die WLLP einen zusätzlichen und von der Intelligenz unabhängigen Einfluss auf die Geschwindigkeit des lexikalischen Abrufs. Im letzten Schritt ist der Kontrast signifikant. Damit sind selbst nach der Kontrolle der potentiellen Störvariablen lesekundige Erwachsene im lexikalischen Abruf phonologischer Informationen schneller als funktionale Analphabeten.

Es folgt der Vergleich hinsichtlich des lexikalischen Abrufs bei Grundschülern und Analphabeten in Tabelle 25. Die Intelligenz kann 22.6 % der Varianz im lexikalischen Abruf aufklären. Das Alter liefert 6.2 % zusätzliche Varianzaufklärung. Mit Berücksichtigung der WLLP verliert die Intelligenz ihren Einfluss. Im letzten Schritt wird der Kontrast zwischen den Gruppen signifikant, jedoch ist das β-Gewicht negativ. Das bedeutet, dass auch bei Kontrolle der

Störvariablen Grundschüler langsamer im lexikalischen Abruf als Analphabeten sind.

Tabelle 24: Ergebnisse der Regressionsanalyse mit der Geschwindigkeit des lexikalischen Abrufs als Kriterium, den Analphabeten als Experimentalgruppe und den lesekundigen Erwachsenen als Kontrollgruppe

	Schritt 1		Schritt 2		Schritt 3		Schritt 4	
	β	p	β	p	β	p	β	p
ZVT	-.719	< .001	-.398	< .001	-.120	.134	-.147	.057
ISEI			.164	.030	.112	.068	.099	.093
Schulbesuchsjahre			.175	.093	.114	.178	.078	.337
Bildungsjahre			.213	.066	-.112	.279	-.210	.046
WLLP					.724	< .001	.481	< .001
Kontrast							.373	.003
	$R^2 = .516$		$R^2 = .625$		$R^2 = .755$		$R^2 = .776$	
	$p < .001$		$p < .001$		$p < .001$		$p < .001$	
	$\Delta R^2 = .516$		$\Delta R^2 = .123$		$\Delta R^2 = .128$		$\Delta R^2 = .022$	
	$p < .001$		$p < .001$		$p < .001$		$p = .003$	

Anmerkungen. ZVT = Zahlenverbindungstest als Maß der Intelligenz; ISEI = International Socioeconomic Index; WLLP = Würzburger Leise-Leseprobe; Kontrast = Gruppenunterschied zwischen funktionalen Analphabeten und lesekundigen Erwachsenen.

Tabelle 25: Ergebnisse der Regressionsanalyse mit der Geschwindigkeit des lexikalischen Abrufs als Kriterium, den Analphabeten als Experimentalgruppe und den Grundschülern als Kontrollgruppe

	Schritt 1		Schritt 2		Schritt 3		Schritt 4	
	β	p	β	p	β	p	β	p
ZVT	-.476	< .001	-.452	< .001	-.139	.137	-.095	.299
Alter			.251	.003	.296	< .001	-.168	.370
WLLP					.508	< .001	.512	< .001
Kontrast							-.507	.008
	$R^2 = .226$		$R^2 = .288$		$R^2 = .449$		$R^2 = .485$	
	$p < .001$		$p < .001$		$p < .001$		$p < .001$	
	$\Delta R^2 = .226$		$\Delta R^2 = .062$		$\Delta R^2 = .161$		$\Delta R^2 = .036$	
	$p < .001$		$p = .003$		$p < .001$		$p = .008$	

Anmerkungen. ZVT = Zahlenverbindungstest als Maß der Intelligenz; Alter in Monaten; WLLP = Würzburger Leise-Leseprobe; Kontrast = Gruppenunterschied zwischen funktionalen Analphabeten und lesekundigen Erwachsenen.

Zusammenfassung der Analysen mit Kovariaten

In diesem Kapitel wurde nachgewiesen, dass selbst bei Kontrolle von Störvariablen (Alter, soziale Herkunft, Leseleistung und Intelligenz) die Ergebnisse identisch bleiben. Es sollte besonders betont werden, dass die Intelligenzunterschiede zwischen den Gruppen keinerlei Erklärungswert für die Unterschiede in den abhängigen Variablen haben. Damit können auch in dieser regressionsanalytischen Auswertung die psychologischen Hypothesen PH-1 und PH-2 angenommen werden: Sowohl im Vergleich mit lesekundigen Erwachsenen als auch mit Grundschülern zeigen funktionale Analphabeten Defizite in der phonologischen Bewusstheit und im verbalen Arbeitsgedächtnis. In der Geschwindigkeit des lexikalischen Abrufs (PH-3) sind Analphabeten zwar schlechter als lesekundige Erwachsene, aber schneller als Grundschüler. Diese Hypothese ist also auch hier wieder abzulehnen.

6.3.4 Explorative Replikation mit orthogonalen Faktoren

Nachdem die Hypothesen mit den latenten Variablen (Kap. 6.3.1) bestätigt und mit den manifesten Variablen (Kap. 6.3.2) bzw. Kovariaten (Kap. 6.3.3) repliziert werden konnten, muss Folgendes bedacht werden: Die abhängigen Variablen waren in jedem Fall korreliert, im Falle der Modellierung der latenten Variablen sogar explizit zugelassen. Das ist auf Grundlage der Theorie der globalen phonologischen Informationsverarbeitung und den darunter zu subsummierenden drei Konstrukten der phonologischen Bewusstheit, des verbalen Arbeitsgedächtnisses und des lexikalischen Abrufs auch zu erwarten. Allerdings beinhalten die Variablen aufgrund der Interkorrelation gemeinsame Varianz und die einzelnen Signifikanztests sind deshalb nicht völlig voneinander unabhängig. Gegen die Unabhängigkeit spricht jedoch, dass die Ergebnisse selbst bei der konservativen Bonferroni-Korrektur bestehen blieben und hinsichtlich des lexikalischen Abrufs trotz Interkorrelation mit den anderen beiden phonologischen Konstrukten ein anderes Ergebnismuster gefunden wurde. Dennoch sollen im Folgenden nochmals drei latente Faktoren aus den neun manifesten phonologischen Variablen extrahiert werden. Im Gegensatz zur vorherigen obliquen Rotation wird nun aber eine orthogonale Varimax-Rotation durchgeführt, die zu voneinander unabhängigen Faktoren führt, obwohl die Theorie dies eigentlich verbietet. Es ergibt sich die Ladungsmatrix in Tabelle 26 (nächste Seite).

Die Faktoren sind nicht leicht zu interpretieren, da einige Variablen auf mehr als einem Faktor laden. Insbesondere das Arbeitsgedächtnis lädt zusätzlich auf dem Faktor der phonologischen Bewusstheit. Aber wenn jeweils die höchsten Ladungen als Indikator verwendet werden, ist der erste Faktor als lexikalischer Abruf, der zweite als phonologische Bewusstheit und der dritte als verbales Arbeitsgedächtnis zu bezeichnen.

Als nächstes wurden die Faktorwerte gebildet und auf Unterschiede zwischen den Gruppen überprüft. Die Faktorwerte finden sich in Tabelle 27 und die Ergebnisse der Kontrasttests in Tabelle 28.

Tabelle 26: Faktorwerte und Kommunalitäten der Hauptachsenanalyse mit Varimax-Rotation

Variable	Faktor 1 Lexikalischer Abruf	Faktor 2 Phonologische Bewusstheit	Faktor 3 Verbales Arbeitsgedächtnis	Kommu-nalitäten h^2
1 Vokalersetzung	.346	**.809**	.245	.835
2 Lautkategorisierung	.380	**.721**	.279	.742
3 Vokallängenbestimmung	**.452**	**.587**	.390	.701
4 Wortspanne einsilbig	.371	**.422**	**.613**	.691
5 Wortspanne dreisilbig	.239	.307	**.745**	.706
6 Pseudowortwiederholung	.166	**.627**	.384	.568
7 Farbflächenbenennen	**.796**	.248	.293	.780
8 Ziffernbenennen	**.929**	.289	.227	.998
9 Buchstabenbenennen	**.829**	**.417**	.233	.914
Aufgeklärte Varianz	31.93 %	27.82 %	17.31 %	

Anmerkungen. Ladungen über .40 sind hervorgehoben.

Tabelle 27: Deskriptive Statistiken der drei orthogonalen Faktoren der phonologischen Informationsverarbeitung zwischen den Gruppen

	Lexikalischer Abruf	Phonologische Bewusstheit	Verbales Arbeitsgedächtnis
Lesekundige Erwachsene	0.91 (0.64)	0.70 (0.34)	0.45 (0.83)
Grundschüler	-0.92 (0.69)	0.27 (0.72)	-0.12 (0.66)
Funktionale Analphabeten	0.01 (0.61)	-0.97 (0.55)	-0.33 (0.77)

Anmerkung. Angaben in Mittelwerten (Standardabweichung in Klammern).

Tabelle 28: Ergebnisse der Kontrasttests zur Überprüfung der Hypothesen bezüglich der orthogonalen Variablen

Abhängige Variable	Kontrast	T	p	d
Phonologische Bewusstheit	Analphabeten vs. Erwachsene	15.598	<.001	3.65
	Analphabeten vs. Grundschüler	12.591	<.001	1.94
Verbales Arbeitsgedächtnis	Analphabeten vs. Erwachsene	5.269	<.001	0.97
	Analphabeten vs. Grundschüler	1.398	.082	0.29
Lexikalischer Abruf	Analphabeten vs. Erwachsene	7.272	<.001	1.44
	Analphabeten vs. Grundschüler	-7.509[1]	<.001	-1.43[1]

Anmerkung. Die Freiheitsgrade betragen jeweils 159. [1]Der Kontrast zum lexikalischen Abruf zwischen Analphabeten und Grundschülern wird zur anderen Seite hin signifikant: Entgegen der Erwartung haben Analphabeten einen schnelleren Abruf als Grundschüler.

Auch bei völliger Unabhängigkeit der Faktoren sind fast alle Kontraste signifikant. Und ebenso sind Analphabeten im lexikalischen Abruf schneller als Grundschüler. Hinsichtlich des verbalen Arbeitsgedächtnisses ergibt sich jedoch ein nicht-signifikanter Kontrast. Ein großer Teil der Varianz der Arbeitsgedächtnisleistungen entfällt auf den Faktor der phonologischen Bewusstheit (siehe Tabelle 26). Die Varianz, die unabhängig von der phonologischen Bewusstheit ist, unterscheidet sich nicht zwischen diesen beiden Gruppen, auch wenn das Signifikanzniveau nur knapp verfehlt ist.

Wenn also die Theorie der phonologischen Informationsverarbeitung vernachlässigt wird und das Arbeitsgedächtnis zur Unabhängigkeit von der phonologischen Bewusstheit gezwungen wird, unterscheiden sich die Mittelwerte nicht mehr signifikant voneinander. Es darf jedoch nicht vergessen werden, dass die Aufgaben zur phonologischen Bewusstheit nicht ohne Arbeitsgedächtnisbelastung ausgeführt werden können. Vielleicht reflektiert der Faktor der phonologischen Bewusstheit eher den phonologischen Teil des Arbeitsgedächtnisses. Es ist deshalb zu fragen, ob die orthogonale Rotation nicht die phonologische Komponente aus dem Arbeitsgedächtnis entfernt hat, denn vermutlich wurde die für die Hypothesentestung entscheidende Varianz zur phonologischen Bewusstheit zugeschlagen. Da aber ein Defizit in genau diesem Teil des Arbeitsgedächtnisses überprüft werden sollte, scheint sich die orthogonale Rotation nicht zur Hypothesentestung zu eignen.

6.4 Post-hoc-Hypothese zur Geschwindigkeit des lexikalischen Abrufs

6.4.1 Theoretische Herleitung der Post-hoc-Hypothese

Funktionale Analphabeten wiesen hypothesenkonform schlechtere Leistungen in den Aufgaben zum lexikalischen Abruf als lesekundige Erwachsene auf. Jedoch zeigte sich entgegen der Erwartung, dass Analphabeten nicht langsamer, sondern *schneller* in der Benennungsgeschwindigkeit als Grundschüler waren. Dieser Sachverhalt ist erklärungsbedürftig. Hier soll deshalb eine kurze theoretische Auseinandersetzung über die Entwicklung von Reaktionsgeschwindigkeiten im Laufe der Lebensspanne erfolgen, um eine Post-hoc-Hypothese aufzustellen und zu testen. Es ist ungewöhnlich, eine theoretische Herleitung im Ergebnis-Teil einer empirischen Arbeit zu beschreiben. Da aber vor der Untersuchung die noch anzuführenden Sachverhalte nicht bekannt waren, wäre eine Einspeisung dieses Kapitels in frühere Teile sinnfrei gewesen. Würde die theoretische Auseinandersetzung dagegen erst im Diskussionsteil erfolgen, könnte keine statistische Überprüfung des Gesagten mehr erfolgen. Deshalb soll an dieser Stelle von der üblichen Gliederung kurz abgewichen werden, um eine theoretische Erklärung für das hypothesenkonträre Ergebnis zu finden.

Im Vergleich der beiden Stichproben der Grundschüler und Analphabeten hing das Lebensalter negativ mit dem Arbeitsgedächtnis und der phonologischen Bewusstheit zusammen. Die älteren Analphabeten zeigten in den betreffenden Aufgaben schlechtere Leistungen, was die Korrelation erklärt. Dagegen korrelierte das Alter positiv mit der Geschwindigkeit des lexikalischen Abrufs. Es könnte an dieser Stelle eine Konfundierung von Alter und Leselevel auf die Abrufgeschwindigkeit vorliegen: Die Geschwindigkeit des lexikalischen Abrufs hängt sowohl eng mit der Leseleistung als auch mit dem chronologischen Alter zusammen. Wenn Analphabeten eine Störung in diesem Bereich aufweisen, dann müssten sie eigentlich schlechtere Leistungen im lexikalischen Abruf zeigen. Aber das höhere chronologische Lebensalter überdeckt die Leistung stärker, als die phonologische Störung sie abschwächen kann. Es könnte deshalb möglich sein, dass sich aufgrund eines durch das Forschungsdesign hervorgerufenen Artefaktes die Hypothese PH-3 des lexikalischen Abrufs nicht bestätigt hat.

Diese Erklärung ist mit den theoretischen Annahmen im *Reading Level Match Design* konsistent. Nach Goswami (2003) könnte es sein, dass ein in der Kindheit vorhandenes Defizit in der Benennungsgeschwindigkeit zwar Dyslexie hervorruft. Aber aufgrund der allgemeinen neurologischen Reifung (*neurological maturation*) kann das Defizit später selbst nicht mehr diagnostiziert werden. Es ist damit zwar ursächlich für die Entwicklungsstörung Dyslexie verantwortlich, wird aber durch die mit der neurologischen Reifung assoziierten Zunahme der kognitiven Informationsverarbeitungsgeschwindigkeit überdeckt.

Es wird daher für möglich gehalten, dass sich die Kompetenz zum schnellen Benennen nicht nur mit der Lesekompetenz, sondern in Abhängigkeit vom chronologischen Alter entwickelt. Diese Interpretation deckt sich mit den Forschungsergebnissen zur Entwicklung der kognitiven Verarbeitungsgeschwindigkeit: In jungen Jahren entwickelt sich die Informationsverarbeitungsgeschwindigkeit über die Lebensjahre hinweg sehr schnell und flacht dann allmählich immer weiter ab, bis keine Steigerung der Geschwindigkeit mehr beobachtet werden kann (Fry & Hale, 1996, 2000; Kail, 2007; Kail & Ferrer, 2007; Nettelbeck & Burns, 2010; Weiler, Forbes, Kirkwood & Waber, 2003). Damit folgt die Entwicklung der kognitiven Verarbeitungsgeschwindigkeit einer negativ beschleunigten Wachstumskurve, die sich ausschließlich durch das Lebensalter errechnen lässt. Ein aus der Literatur entnommenes Beispiel findet sich in Abbildung 26.

In dieser Abbildung ist die Entwicklung von Reaktionszeiten in kognitiven Aufgaben über das Alter abgetragen. Dazu wird durch eine nicht-lineare Gleichung ein Koeffizient (*RT [reaction time] Ratio* = Reaktionszeitverhältnis) aufgrund des Lebensalters errechnet. Die Geschwindigkeit von Erwachsenen wird dabei willkürlich auf 1 transformiert. Der Koeffizient reflektiert dann das Ausmaß der Geschwindigkeitsveränderung im Vergleich zu den Erwachsenen. Ein Wert von 2 bzw. 3 kennzeichnet damit eine Verdopplung bzw. Verdreifachung der adulten Reaktionszeit. Die kognitive Verarbeitungsgeschwindigkeit ist bei Kindern sehr langsam, entwickelt sich dann sehr rasch und erreicht mit etwa 20 Jahren ein Plateau.

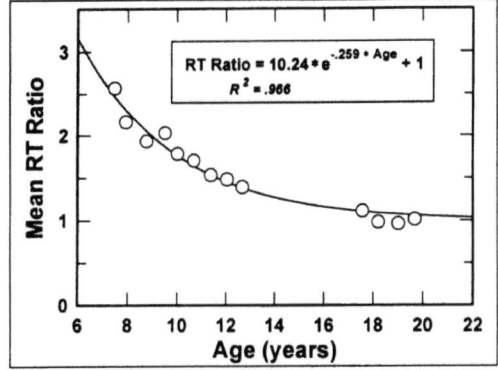

Abbildung 26: Entwicklung der kognitiven Informationsverarbeitungsgeschwindigkeit. Abgetragen sind auf der Y-Achse (Mean RT Ratio) das Verhältnis der Reaktionszeiten (RT = reaction times) zum Erwachsenenalter; entnommen aus Fry und Hale, 1996, S. 238

Die Wachstumskurve folgt einer Exponentialfunktion, die einen einzelnen, unabhängigen und globalen Mechanismus der Entwicklung von Reaktionszeiten darstellt (Fry & Hale, 1996). Sie gilt demnach für alle Reaktionszeiten bei verschiedensten Aufgaben und beschreibt konstant die kognitive Informationsverarbeitungsgeschwindigkeit. Sie sollte deshalb nicht nur die allgemeine Verarbeitungsgeschwindigkeit, sondern auch die Abrufgeschwindigkeit für lexikalische Informationen erklären.

Es wird nun angenommen, dass diese reifungsbedingte Entwicklung bei Analphabeten eingeschränkt verläuft. Ein Defizit im lexikalischen Abruf könnte damit ursächlich für die Leseprobleme von Analphabeten verantwortlich zu sein. Dieses wird aber durch die alters- und reifungsbedingte Zunahme der Verarbeitungsgeschwindigkeit überdeckt, so dass das *Reading Level Match Design* nicht geeignet war, ein solches Defizit aufzudecken. Nach den hier angeführten Überlegungen lässt sich folgende psychologische Post-hoc-Hypothese (PPHH) aufstellen, die im Folgenden als Reifungshypothese bezeichnet wird:

- PPHH: Die nicht-lineare Entwicklung der Geschwindigkeit des lexikalischen Abrufs verläuft bei funktionalen Analphabeten langsamer als bei lesekundigen Erwachsenen und Grundschülern.

6.4.2 Methode zur Überprüfung der Post-hoc-Hypothese

An dieser Stelle hat sich die Erhebung der kognitiven Informationsverarbeitungsgeschwindigkeit durch den ZVT als außerordentlich glücklich erwiesen, da so die Reifungshypothese nicht nur mit den Aufgaben zum lexikalischen Abruf, sondern auch mit den Ergebnissen des ZVT getestet werden kann. Dadurch lässt sich die gewählte Methode illustrieren und überprüfen, um sie anschließend mit den Abruf-Aufgaben zu wiederholen. Die folgenden Analysen waren nicht geplant und sind deshalb nicht in die Untersuchungsplanung eingegangen. Im wissenschaftstheoretischen Sinne können nun keine Hypothesen explanativ getestet werden (Bortz & Döring, 2006). Die inferenzstatistische Auswertung ist deshalb eher explorativ zu verstehen.

Zuerst wird jedem Probanden ein einzelner Rohwert der kognitiven und der lexikalischen Verarbeitungsgeschwindigkeit zugeordnet (gemessen durch den ZVT und RAN-Aufgaben). Da dem ZVT viermal dieselbe Aufgabe zugrundeliegt, kann der Mittelwert über alle vier Matrizen verwendet werden. Dagegen waren die RAN-Aufgaben alle unterschiedlich, so dass der Median benutzt wird. Dem Mittel aller Reaktionszeitwerte der lesekundigen Erwachsenen wird nun der Wert 1 zugeordnet. Die Ergebnisse der Analphabeten und Grundschüler werden dahingehend transformiert.

Die Wachstumsfunktion der Informationsverarbeitungsgeschwindigkeit kann z.B. Fry und Hale (1996) entnommen werden:

$$Y = 1 + be^{-c \times Alter} \tag{4}$$

Mit Formel (4) wird die Reaktionszeit Y als Funktion des Alters bestimmt. Dabei ist b der Intercept (Y-Achsenabschnitt), e ist die Basis des natürlichen Logarithmus (Eulersche Zahl), und c ist der Abschwächungsparameter der Wachstumskurve. Je älter die Probanden werden, desto näher approximiert der Term $be^{-c \times Alter}$ an 0 und die Reaktionszeit nähert sich 1. Das entspricht dem Wert, den nicht beeinträchtigte Erwachsene erreichen. Wenn Y beispielsweise 2 bzw. 3 wird, dann ist damit eine doppelt bzw. dreifach so langsame Reaktionszeit wie bei einem nicht beeinträchtigten Erwachsenen gemeint.

Die Hypothese wird durch nicht-lineare Regressionen mit Formel (4) getestet (Backhaus et al., 2008). Die Startwerte der Parameterschätzung der nichtlinearen Regression wurden aus der Literatur entnommen und nicht etwa anhand der vorliegenden Stichproben berechnet. Der Vorteil dieses Verfahrens ist, dass nicht ein Modell zu den erhobenen Daten gesucht und passend gemacht wird, sondern dass das vorgegebene Modell auf Anpassung zu den erhobenen Daten untersucht wird. Der Nachteil ist sicherlich, dass die aus der Literatur entnommen Daten jeweils aufgaben- und stichprobenspezifisch sind und niemals vollständig repliziert werden können. Im Regressionsmodell lassen sich jedoch Konfidenzintervalle der Parameter errechnen. Liegen die in der Literatur mitgeteilten Werte innerhalb der Intervallgrenzen, können die Werte als repliziert gelten. Das eigene Modell ist dann mit den aus der Literatur entnommenen Modellen kompatibel (Cumming & Fidler, 2009). Folgende Werte wurden aus den Publikationen extrahiert (Tabelle 29):

Tabelle 29: Aus der Literatur entnommene Parameter zum exponentiellen Modell, siehe Formel (4)

	b	c
Kail, 1991[a,b]	5.16	-.21
Kail & Park, 1992[b]	11.87	-.30
Fry & Hale, 1996	10.24	-.26
Miller & Vernon, 1997[b]	6.81	-.21
Weiler et al., 2003, Aufg. 1	4.1	-.26
Weiler et al., 2003, Aufg. 2	8.8	-.27
Weiler et al., 2003, Aufg. 3	15.0	-.34

Anmerkungen. [a] Ergebnisse einer Metaanalyse aus 72 Studien; [b] zitiert nach Weiler et al., 2003.

In die nicht-linearen Regressionsanalysen wurden die Werte von Kail (1991, zitiert nach Weiler et al., 2003) als Startwerte eingegeben, da sie aufgrund der metaanalytischen Technik besonders robust sind. Es soll nun folgender statistischer Test (ST) der psychologischen Post-hoc-Hypothese (PPHH) über die statistische Vorhersage (SV) gerechnet werden:

- PPHH: Die nicht-lineare Entwicklung der Geschwindigkeit des lexikalischen Abrufs verläuft bei funktionalen Analphabeten langsamer als bei lesekundigen Erwachsenen und Grundschülern.
- SV-PPHH: $\rho_{Alter:RAN;Erw+GS} > \rho_{Alter:RAN;Erw+GS+FA}$
- ST-PPHH: $\rho_{Alter:RAN;Erw+GS} - \rho_{Alter:RAN;Erw+GS+FA} > 0$

mit RAN = Rapid Automatized Naming, Erw = lesekundige Erwachsene, GS = Grundschüler, FA = funktionale Analphabeten und ρ = Korrelation. Es werden zwei nicht-lineare Regressionsmodelle gerechnet: Ein sogenanntes *restringiertes Modell* ($\rho_{Alter:RAN;Erw+GS}$) für die lesekundigen Erwachsenen und Grundschüler und ein sogenanntes *vollständiges Modell* ($\rho_{Alter:RAN;Erw+GS+FA}$) für die gesamte Stichprobe der lesekundigen Erwachsenen, Grundschüler und funktionalen Analphabeten. Die PPHH besagt, dass die Varianzaufklärung bei den lesekundigen Erwachsenen und Grundschülern größer sein soll (restringiertes Modell) als bei lesekundigen Erwachsenen, Grundschülern *und* funktionalen

Analphabeten (vollständiges Modell). Zur Testung der Hypothese wird das Bestimmtheitsmaß R^2 verwendet. Es lässt sich durch das Ziehen der Quadratwurzel in eine Korrelation verrechnen, die durch Fishers Z-Transformation in eine z-Statistik überführt und anschließend auf Signifikanz getestet wird (Bortz, 2005). Die Effektgröße q lässt sich dann durch die Differenz beider z-Werte bestimmen. Die Grenzen zur Interpretation kleiner, mittlerer und großer Effekte lauten $q = .10$, $q = .30$ und $q = .50$ (Cohen, 1987).

6.4.3 Ergebnisse der Testung der Post-hoc-Hypothese

Entwicklung der kognitiven Verarbeitungsgeschwindigkeit

Zuerst soll überprüft werden, ob die geplante Auswertung für die Überprüfung der Reifungshypothese adäquat ist. Denn wenn die theoretische Herleitung korrekt ist, dann müsste sich die Hypothese nicht nur in den Reaktionszeiten für den lexikalischen Abruf zeigen. Sie müsste ebenso die Entwicklung der allgemeinen kognitiven Informationsverarbeitungsgeschwindigkeit erklären, die durch den ZVT erhoben wurde. Die Punktewolke sowie die Ergebnisse der nicht-linearen Regression sind in Abbildung 27 und Tabelle 30 abgetragen. In Abbildung 27 sind die Regressionskurven für das restringierte (lesekundige Erwachsene und Grundschüler) sowie für das vollständige Modell (lesekundige Erwachsene, Grundschüler und funktionale Analphabeten) eingezeichnet, die anhand der Parameter der Tabelle 30 errechnet wurden.

Tabelle 30: Ergebnisse der nicht-linearen Regression hinsichtlich der Geschwindigkeit der kognitiven Informationsverarbeitung (ZVT)

Modell	Konstante	b	c	R^2
Restringiertes Modell mit lesekundigen Erwachsenen und Grundschülern	1.00 ± 0.15	8.6 ± 6.88	-0.22 ± 0.10	.674
Vollständiges Modell mit zusätzlicher Berücksichtigung der Analphabeten	1.59 ± 0.16	16.15 ± 37.50	-0.36 ± 0.31	.232

Anmerkung. Angaben der Parameterschätzungen ± 95 % Konfidenzintervalle.

In Abbildung 27 ist zu erkennen, dass die Regressionskurve des restringierten Modells unterhalb der des vollständigen Modells verläuft. Das entspricht der Vorhersage. Eine Analyse der Konfidenzintervalle offenbart, dass die aus der Literatur entnommenen Parameter mit den hier vorliegenden Daten bestätigt wurden.

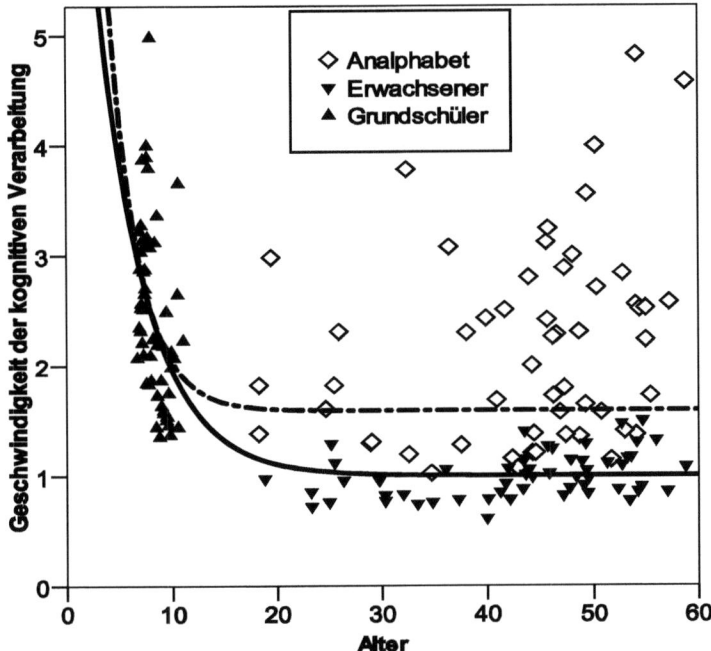

Abbildung 27: Punktewolke der Geschwindigkeit der kognitiven Informationsverarbeitung (ZVT), abgetragen auf das Lebensalter. Die durchgezogene Linie stellt die Regressionskurve des restringierten Modells (lesekundige Erwachsene und Grundschüler) und die gestrichelte Linie die vollständige Regressionskurve (lesekundige Erwachsene, Grundschüler und funktionale Analphabeten) dar

Allerdings indizieren die Konfidenzintervalle im vollständigen Modell, dass die Parameterschätzung durch die zusätzliche Berücksichtigung der Analphabeten um einiges ungenauer wird. Die Konstante ist größer und die Steigung wird flacher. Die Varianzaufklärung sinkt bedeutsam ab (von 67 auf 23 %). Nach dieser Auswertung kann das restringierte Modell die Daten viel besser erklären als das vollständige Modell ($z = 4.98$, $p < .001$, $q = 0.63$). Damit folgt der Entwicklungsverlauf der kognitiven Verarbeitungsgeschwindigkeit bei Analphabeten nicht demselben Verlauf der beiden unbeeinträchtigten Kontrollgruppen. Die Wachstumskurve des vollständigen Modells verläuft langsamer als bei einer unbeeinträchtigten Entwicklung und erreicht zu keinem Zeitpunkt das für das Alter erwartbare Level. Mit derselben Logik soll nun die oben aufgestellte Post-hoc-Hypothese überprüft werden.

Entwicklung der lexikalischen Abrufgeschwindigkeit

Nun folgt die Testung der psychologischen Post-hoc-Hypothese PPHH, nach der sich die Geschwindigkeit des lexikalischen Abrufs bei funktionalen Analphabeten langsamer entwickelt als bei lesekundigen Erwachsenen und Grundschülern. Analog zur obigen Auswertung werden wieder zwei nicht-lineare Regressionsmodelle gerechnet: Eins für die lesekundigen Erwachsenen und Grundschüler (*restringiertes Modell*), und eins für die gesamte Stichprobe der lesekundigen Erwachsenen, Grundschüler und funktionalen Analphabeten (*vollständiges Modell*). Die Punktewolke sowie die Ergebnisse der nicht-linearen Regression sind in Abbildung 28 und Tabelle 31 abgetragen.

Tabelle 31: Ergebnisse der nicht-linearen Regression hinsichtlich der Geschwindigkeit des lexikalischen Abrufs

Modell	Konstante	b	c	R^2
Restringiertes Modell mit lesekundigen Erwachsenen und Grundschülern	1.00 ± 0.10	13.10 ± 8.73	-0.29 ± 0.09	.789
Vollständiges Modell mit Berücksichtigung der funktionalen Analphabeten	1.40 ± 0.10	29.13 ± 49.38	-0.45 ± 0.23	.417

Anmerkung. Angaben der Parameterschätzungen ± 95 % Konfidenzintervalle.

Wie in der obigen Auswertung verläuft die Regressionskurve in Abbildung 28 mit Berücksichtigung der Analphabeten höher als die Kurve des restringierten Modells. Die aus der Literatur entnommenen Parameter liegen mit einer 95-%igen Wahrscheinlichkeit innerhalb der Konfidenzintervalle der geschätzten Parameter: Die Parameter können damit als repliziert gelten.

Wieder wird die Parameterschätzung durch die Berücksichtigung der Analphabeten deutlich unsicherer, was an den bedeutsam größeren Konfidenzintervallen abzulesen ist. Ebenso sinkt die Varianzaufklärung des vollständigen Modells stark ab (von 79 auf 42 %). Das restringierte Modell kann die Daten viel besser erklären, als das vollständige Modell ($z = 5.06$, $p < .001$, $q = 0.64$). Nach dieser Analyse kann die psychologische Post-hoc-Hypothese PPHH angenommen werden: Die Entwicklung des lexikalischen Abrufs verläuft bei Analphabeten deutlich langsamer als bei den beiden unbeeinträchtigten Kontrollgruppen. Damit erreichen Analphabeten zu keinem Zeitpunkt das für ihr Alter erwartbare Schnelligkeitsniveau (Reifungshypothese).

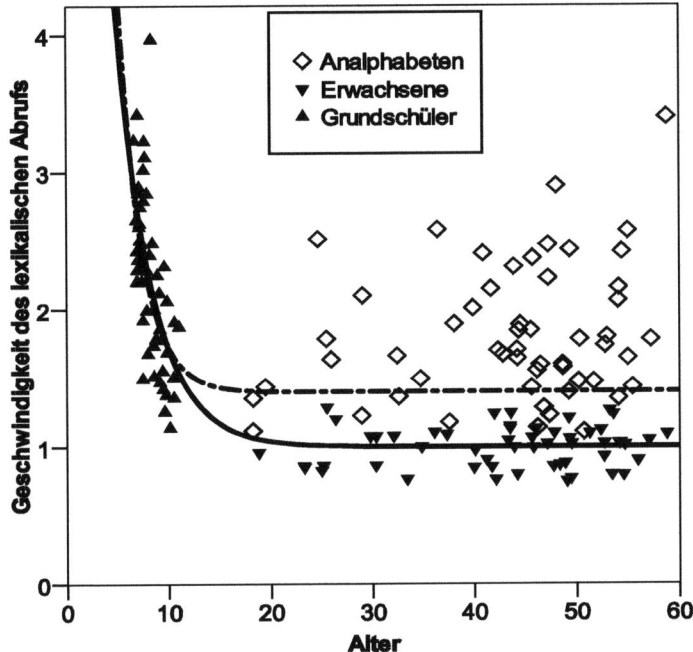

Abbildung 28: Punktewolke der Geschwindigkeit des lexikalischen Abrufs (rapid automatized naming), abgetragen auf das Lebensalter. Die durchgezogene Linie stellt die Regressionsgerade des restringierten Modells (lesekundige Erwachsene und Grundschüler) und die gestrichelte Linie die vollständige Regressionsgerade (lesekundige Erwachsene, Grundschüler und funktionale Analphabeten) dar

6.5 Abweichungsanalysen phonologischer Defizite

6.5.1 Rationalität der Abweichungsanalysen

In den bisherigen Gruppenvergleichen wurde so getan, als ob funktionale Analphabeten eine homogene Stichprobe darstellen. Dadurch ließ sich feststellen, dass die Gruppe der Analphabeten sehr schlechte Leistungen im verbalen Arbeitsgedächtnis und in der phonologischen Bewusstheit zeigen, und dass sich ihre lexikalische Abrufgeschwindigkeit deutlich langsamer entwickelt, ohne jemals das Niveau unbeeinträchtigter Erwachsener zu erreichen. Diese Schlüsse erscheinen in dieser Verallgemeinerung jedoch ungerechtfertigt: Wahrscheinlich sind Analphabeten keine homogene, sondern eine stark heterogene Stichprobe (z.b. Egloff, 1997). So könnten einzelne Individuen vom Gruppenmittel der Analphabeten mehr oder weniger deutlich abweichen. Aus diesem Grund sollen nun die von Ramus et al. (2003) entwickelten Abweichungsanalysen (*deviance analysis*) nach der in Kap. 5.6.5 beschriebenen Prozedur durchgeführt werden. Abweichungsanalysen schlüsseln die Ergebnisse in einer Art multipler Einzelfallstudie grafisch auf, um die Analyse heterogener Stichproben zu ermöglichen. Dazu werden die phonologischen Kompetenzen der Analphabeten anhand der statistischen Verteilung bei lesekundigen Erwachsenen bzw. bei Grundschülern standardisiert. Die Leistungen der Analphabeten können dann als standardisierte z-Werte abgelesen werden. Die individuellen z-Werte der Probanden werden anschließend in einer Grafik abgetragen, um die Stärke und das Ausmaß an phonologischen Defiziten zu visualisieren. Ramus et al. (2003) schlagen bei einem Vergleich mit lesekundigen Erwachsenen vor, bei der Gruppe mit Leseproblemen ab einem z-Wert von -1.65 von einem Defizit zu sprechen. Wenn also Analphabeten so schlechte phonologische Kompetenzen aufweisen, dass sie im Vergleich mit lesekundigen Erwachsenen unterhalb dieser Grenze liegen, dann sollte von einer Störung der phonologischen Informationsverarbeitung gesprochen werden. Die Abweichungsanalysen wurden bislang noch nicht in einem *Reading Level Match Design* angewendet. Da der Vergleich mit Grundschülern im Gegensatz zu dem vorherigen mit lesekundigen Erwachsenen deutlich konservativer ist, soll als Vorschlag bei den Kindern ein z-Wert von -1.5 als Grenze zu einem Defizit gelten.

6.5.2 Abweichungsanalysen mit lesekundigen Erwachsenen

Die latente Variable der phonologischen Bewusstheit wird verwendet, um die Stärke eventueller Defizite bei funktionalen Analphabeten im Vergleich zu lesekundigen Erwachsenen zu bestimmen. In Abbildung 29 finden sich die Ergebnisse der Berechnungen in Bezug zu lesekundigen Erwachsenen. Auf der Y-Achse sind die z-Werte abgetragen. Die Abweichungsgrenze von -1.65 Standardabweichungen ist als horizontale Linie eingezeichnet.

Die Abbildung ist folgendermaßen zu interpretieren: Die lesekundigen Erwachsenen stellen eine relativ homogene Stichprobe dar. Sie haben alle eine ähnliche phonologische Bewusstheit. Jedoch zeigen drei von ihnen so schlechte Leistungen in der phonologischen Bewusstheit, dass sie unter die a priori definierte Defizitgrenze fallen. Ihre Kompetenzen in der phonologischen Bewusstheit weichen dabei deutlich vom Gruppenmittel ab. Dass drei Erwachsene aus dieser Stichprobe Defizite in der phonologischen Bewusstheit aufweisen, ist zu erwarten, da der hier verwendete Wert von -1.65 Standardabweichungen exakt 5 % der Stichprobe umfassen müsste (entspricht 2.7 von 54 Probanden). Die Tatsache, dass drei Erwachsene ein Defizit in der phonologischen Bewusstheit zeigen, ist deshalb lediglich ein Artefakt der hier verwendeten Methode.

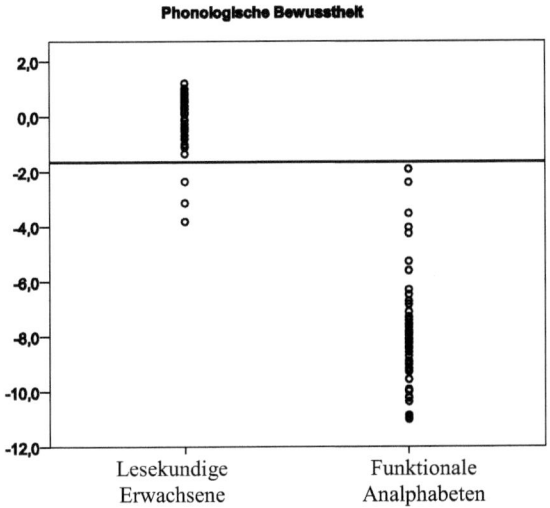

Abbildung 29: Abweichungsanalyse der phonologischen Bewusstheit bei lesekundigen Erwachsenen und funktionalen Analphabeten

Dieser Analyse entgegengesetzt weisen alle Analphabeten (100 %) so schlechte Leistungen in der phonologischen Bewusstheit auf, dass sie unterhalb des Abweichungswertes von $z < -1.65$ zu finden sind. Demnach haben alle hier untersuchten Analphabeten Defizite in der phonologischen Bewusstheit. Das Ausmaß der Defizite offenbart, dass der „beste" Analphabet im Vergleich mit lesekundigen Erwachsenen einen z-Wert von ungefähr 2 und der „schlechteste" Analphabet sogar ein Defizit von ungefähr 11 Standardabweichungen aufweist.

Dieselbe Analyse wurde nun mit der latenten Variable des Arbeitsgedächtnisses durchgeführt (Abbildung 30). Wieder sind die z-Werte auf der Y-Achse eingezeichnet, der Abweichungswert wird durch die horizontale Linie indiziert.

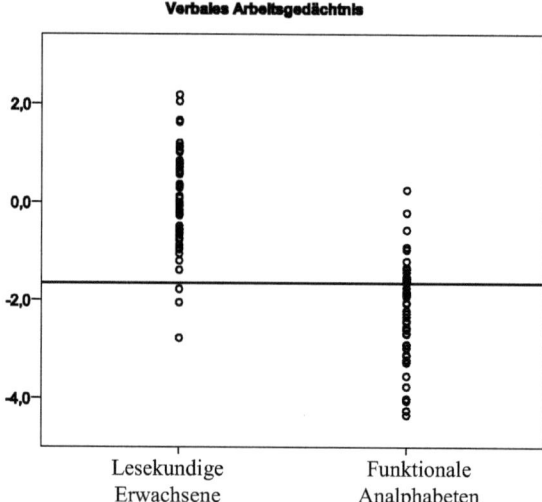

Abbildung 30: Abweichungsanalyse des verbalen Arbeitsgedächtnisses bei lesekundigen Erwachsenen und funktionalen Analphabeten

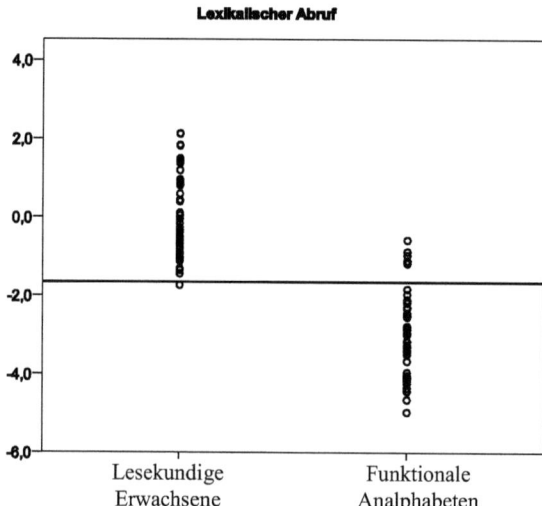

Abbildung 31: Abweichungsanalyse des lexikalischen Abrufs bei lesekundigen Erwachsenen und funktionalen Analphabeten

Drei lesekundige Erwachsene (5.6 %) fallen unter die a priori festgelegte Abweichungsgrenze, was sich durch die Schwelle von -1.65 Standardabweichungen erklärt. Sie weisen damit ein Defizit im verbalen Arbeitsgedächtnis auf. Dennoch überrascht das Ausmaß der Abweichung: Die drei Probanden sind mit ca. 2 bis 3 Standardabweichungen deutlich eingeschränkter als die restliche Gruppe der lesekundigen Erwachsenen.

Dagegen zeigen 36 Analphabeten (66.7 %) ein Defizit im verbalen Arbeitsgedächtnis von mindestens -1.65 Standardabweichungen. Dagegen liegen die Leistungen von einem Drittel der hier untersuchten Analphabeten oberhalb des Grenzwertes. Sie weisen demnach kein Defizit in diesem Bereich auf. Drei Probanden befinden sich sogar vollständig im normalen Bereich und sind demnach nicht in ihrem Arbeitsgedächtnis eingeschränkt. Für den Rest der Analphabetengruppe gilt hingegen, dass sie deutliche Minderleistungen in diesem Bereich zeigen.

Als nächstes erfolgt die Analyse des Vergleiches zur Geschwindigkeit des lexikalischen Abrufs (Abbildung 31). Nur ein einziger lesekundiger Erwachsener (1.9 %) weist ein Defizit in diesem Bereich der phonologischen Informationsverarbeitung auf. Seine Leistungen liegen jedoch nur knapp unterhalb der vorher festgelegten Defizitschwelle.

Im Gegensatz dazu sind bei 48 Analphabeten (88.9 %) Defizite in der Benennungsgeschwindigkeit zu konstatieren. Die allermeisten Analphabeten liegen unterhalb der Defizitgrenze, wonach ein solches Defizit besonders häufig vorhanden zu sein scheint. Die sechs Analphabeten, die oberhalb der Schwelle liegen, weisen alle einen z-Wert von < 0 auf. Damit haben sie dennoch geringere Kompetenzen als das Mittel der Vergleichsgruppe der lesekundigen Erwachsenen.

In der folgenden Tabelle 32 finden sich die Ergebnisse der Abweichungsanalysen mit den lesekundigen Erwachsenen als Kontrollgruppe noch einmal zusammengefasst. Angegeben ist jeweils das Ausmaß an Defiziten in der jeweiligen Stichprobe.

Tabelle 32: Zusammenfassung der Abweichungsanalysen im Vergleich von lesekundigen Erwachsenen und funktionalen Analphabeten

	Phonologische Bewusstheit	Verbales Arbeitsgedächtnis	Lexikalischer Abruf
Lesekundige Erwachsene	5.6 % (3/54)	5.6 % (3/54)	1.9 % (1/54)
Funktionale Analphabeten	100.0 % (54/54)	66.7 % (36/54)	88.9 % (48/54)
χ^2	149.576	80.848	132.069
df	2	2	2
p	< .001	< .001	< .001

Im Vergleich mit lesekundigen Erwachsenen weisen zwischen 66.7 und 100.0 % aller Analphabeten starke Defizite in der phonologischen Informationsverarbeitung auf. Damit haben signifikant mehr Analphabeten Defizite in der phonologischen Bewusstheit, im verbalen Arbeitsgedächtnis und im lexikalischen Abruf als lesekundige Erwachsene. Die Analyse der grafisch aufbereiteten Abweichungsanalysen offenbarte, dass Analphabeten in ihrer phonologischen Informationsverarbeitung eine recht homogene Stichprobe darstellen: Zwar liegen ihre phonologischen Kompetenzen häufig weit auseinander. Aber sie sind zu einem sehr großen Teil homogen unterhalb der Leistungen der lesekundigen Erwachsenen zu finden. Die angenommene Heterogenität von Analphabeten gilt damit zumindest nicht für phonologische Kompetenzen.

Es stellt sich nun die Frage, ob die hier als defizitär identifizierten Probanden nur ein einzelnes phonologisches Defizit aufweisen, oder aber ob sie Doppel- oder sogar Triple-Defizite in zwei oder drei Bereichen der phonologischen Informationsverarbeitung zeigen (Wimmer et al., 2000; Wolf & Bowers, 1999). Es könnte nämlich sein, dass die durch die Abweichungsanalysen identifizierten Probanden in allen drei oder aber nur in einer oder zwei Grafiken Abweichungen zeigten. Sind die Defizite für einige Probanden also spezifisch oder deuten die Ergebnisse eher auf allgemeine Defizite hin?

Auch hier kann in der Abweichungsanalyse der Sachverhalt grafisch aufgeschlüsselt werden. Dazu lässt sich jedem der drei phonologischen Bereiche ein Kreis zuordnen, der sich teilweise mit den anderen Bereichen überschneidet. Jeder Proband kann dann anhand seiner Defizite als Punkt in den Kreisen verortet werden. In Abbildung 32 sind die phonologischen Defizite der funktionalen Analphabeten abgetragen.

Es ist deutlich zu erkennen, dass kein einziger Analphabet außerhalb des Kreisgebildes zu finden ist. Jeder der hier untersuchten Analphabeten hat mindestens ein einzelnes Defizit in der phonologischen Informationsverarbeitung. Nur fünf Probanden zeigen ausschließlich ein Defizit in der phonologischen Bewusstheit. Ein einziger hat ein Doppeldefizit in der phonologischen Bewusstheit und im Arbeitsgedächtnis. Der überwiegende Teil der Analphabeten weist entweder ein Doppeldefizit in der phonologischen Bewusstheit und im lexikalischen Abruf ($n = 15$) oder ein Tripel-Defizit in allen drei phonologischen Bereichen ($n = 33$) auf. Damit sind bei den meisten Analphabeten mehrere phonologische Kompetenzen bzw. die gesamte phonologische Informationsverarbeitung betroffen. Das spricht bei einem Großteil der Stichprobe für das Vorhandensein von generellen und domänenübergreifenden Defiziten in der phonologischen Informationsverarbeitung.

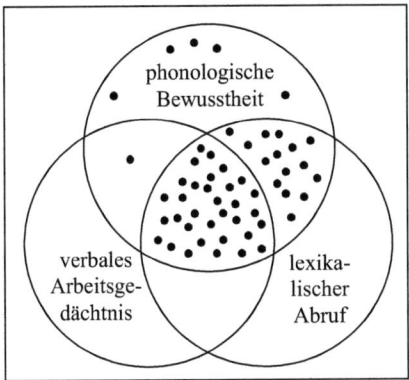

Abbildung 32: Ausmaß einzelner phonologischer Defizite bei Analphabeten im Vergleich zu lesekundigen Erwachsenen; jeder schwarze Punkt steht für einen Probanden; innerhalb der Kreise liegt ein Defizit vor

In Abbildung 33 sind die drei Bereiche der phonologischen Informationsverarbeitung und die jeweiligen Defizite bzw. Kompetenzen von lesekundigen Erwachsenen abgetragen.

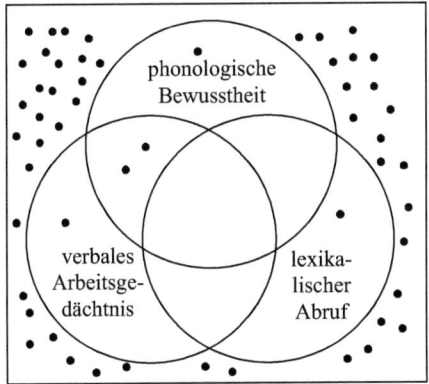

Abbildung 33: Ausmaß einzelner phonologischer Defizite bei lesekundigen Erwachsenen; jeder schwarze Punkt steht für einen Probanden; innerhalb der Kreise liegt ein Defizit vor

Der überwiegende Teil der lesekundigen Erwachsenen ($n = 49$) findet sich außerhalb des Kreisanordnung wieder und hat folglich keinerlei Defizite in der phonologischen Informationsverarbeitung. Jedoch zeigen drei Probanden ein alleiniges Defizit in jeweils einem der drei phonologischen Bereiche, und zwei lesekundige Erwachsene haben darüber hinaus ein Doppel-Defizit in der phonologischen Bewusstheit und im verbalen Arbeitsgedächtnis. Eine individuelle Aufstellung der Kompetenzen der so identifizierten Probanden steht in Tabelle 33.

Tabelle 33: Einzelwerte der fünf lesekundigen Erwachsenen, die phonologische Defizite aufweisen

Pro-band	Phonologische Bewusstheit (z-Wert)	Verbales Arbeitsgedächtnis (z-Wert)	Lexikalischer Abruf (z-Wert)	WLLP (Items/min)	SLS (Items/min)
1	**-2.35**	-1.06	-0.67	28.46	20.67
2	-1.07	**-1.78**	-0.50	30.50	28.00
3	-0.36	-0.25	**-1.74**	27.20	26.43
4	**-3.82**	**-2.05**	-0.89	30.04	21.67
5	**-3.14**	**-2.77**	0.05	36.08	25.20

Anmerkung. Defizite von $z < -1.65$ sind hervorgehoben.

Die fünf lesekundigen Erwachsenen zeigen große Defizite in einem oder zwei Bereichen. Dennoch sind die anderen Bereiche normal ausgeprägt und damit unauffällig. Wie sind ihre Leseleistungen zu beurteilen (siehe Tabelle 3 auf S. 165)? Der Mittelwert in der WLLP beträgt bei lesekundigen Erwachsenen 34.5 ($s = 4.3$) und bei funktionalen Analphabeten 12.9 ($s = 6.5$). Der Mittelwert im SLS liegt in der Stichprobe der lesekundigen Erwachsenen bei 28.6 ($s = 4.0$) und in der Gruppe der funktionalen Analphabeten bei 7.8 ($s = 5.3$). Damit sind die fünf lesekundigen Erwachsenen alle deutlich bessere Leser als funktionale Analphabeten. Dennoch lesen die Probanden 1, 3 und 4 in der WLLP mehr als eine Standardabweichung langsamer als die Gesamtgruppe der lesekundigen Erwachsenen. Im SLS lesen Proband 1 und 4 mehr als eine Standardabweichung schlechter als die lesekundigen Erwachsenen. Sie gehören damit zu den eher langsamen Lesern. Die Probanden 2 und 5 sind dagegen trotz ihrer Defizite im Arbeitsgedächtnis bzw. im Arbeitsgedächtnis und in der phonologischen Bewusstheit im Lesen im Normalbereich. Ihre phonologischen Defizite sind nicht stark genug, um eine Lesestörung zu evozieren.

6.5.3 Abweichungsanalysen mit Grundschülern

Die Analphabeten werden im nächsten Schritt mit den Grundschülern verglichen. Hier wurde a priori ein z-Wert von -1.5 als Defizitgrenze angelegt. In der Auswertung zeigen sich ähnliche Ergebnisse wie im Vergleich mit lesekundigen Erwachsenen, wenn auch nicht ganz so prägnant. In Abbildung 34 sind die Abweichungsanalysen von -1.5 Standardabweichungen vom Mittelwert der Grundschüler in der phonologischen Bewusstheit zu finden.

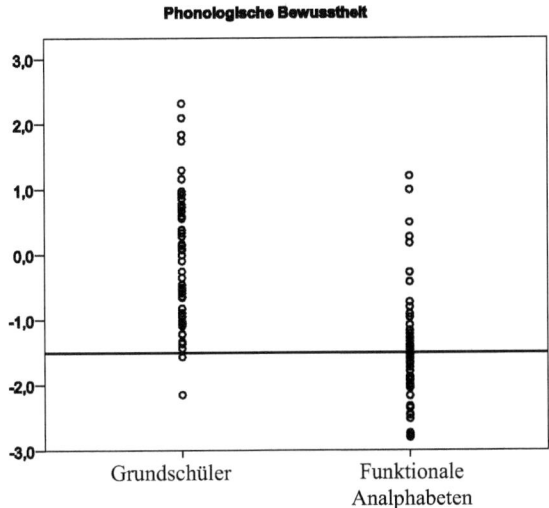

Abbildung 34: Abweichungsanalyse der phonologischen Bewusstheit bei Grundschülern
und funktionalen Analphabeten

Es gibt einige wenige Kinder, die sehr gute Kompetenzen in der phonologischen Bewusstheit zeigen, teilweise mit Leistungen von über +1.5 Standardabweichungen. Lediglich zwei Grundschüler (3.7 %) fallen unter den Wert von 1.5 Standardabweichungen. Sie zeigen damit klare Einschränkungen in ihrer phonologischen Bewusstheit. Nur ein einziger Schüler liegt unterhalb von -2 Standardabweichungen und weist damit ein starkes Defizit in der phonologischen Bewusstheit auf.

Dagegen haben im Vergleich mit dem a priori festgelegten Grenzwert 31 funktionale Analphabeten (57.4 %) so schlechte Kompetenzen in der phonologischen Bewusstheit, dass diese als defizitär zu bezeichnen wären. Ein großer Teil der Analphabeten liegt mit Werten von bis zu 3 Standardabweichungen erstaunlich weit vom Mittelwert der Grundschüler entfernt. Die guten Leistungen einiger Probanden dürfen aber nicht vergessen werden: Fünf Analphabeten zeigen in der phonologischen Bewusstheit mindestens so gute Leistungen wie die Gesamtgruppe der Grundschüler ($z \geq 0$). Ihre phonologische Bewusstheit ist mit ihrem Leseentwicklungsstand vergleichbar ausgeprägt. Die restlichen Analphabeten sind dagegen schlechter als das Mittel der Grundschüler ($z < 0$).

Als nächstes folgt die Gegenüberstellung von Grundschülern und funktionalen Analphabeten hinsichtlich der erreichten Leistungen im verbalen Arbeitsgedächtnis (Abbildung 35). Es zeigen sich nur bei zwei Kindern (2.7 %) Defizite im verbalen Arbeitsgedächtnis. Ein Grundschüler weicht jedoch erheblich vom Mittelwert der Gesamtgruppe ab. Sein Defizit ist mit ungefähr 3 Standardabweichungen sehr stark ausgeprägt. Die restliche Stichprobe ist hinsichtlich ihrer Arbeitsgedächtnisleistungen homogen.

Im Gegensatz zu den Kindern haben 14 Analphabeten (25.9 %) ein schwaches verbales Arbeitsgedächtnis. Einige von ihnen zeigen sogar Abweichungen von über 3 Standardabweichungen. Dagegen ist bei mindestens drei Analphabeten das verbale Arbeitsgedächtnis so gut ausgeprägt, dass es im Vergleich mit den Grundschülern sehr hohe Leistungen von über einer Standardabweichung vollbringen kann. Außerdem liegen viele Analphabeten im normalen Bereich ihrer Leseentwicklung. Das phonologische Defizit in diesem Bereich ist damit nur für einen geringeren Teil der Analphabeten zu postulieren.

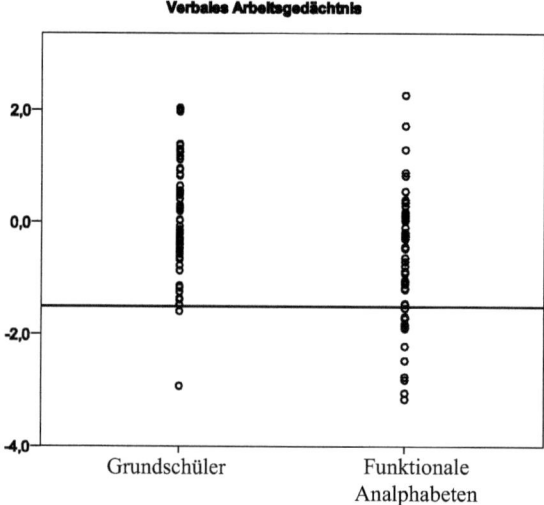

Abbildung 35: Abweichungsanalyse des verbalen Arbeitsgedächtnisses bei Grundschülern und funktionalen Analphabeten

Als letztes folgt nun der Vergleich hinsichtlich der Geschwindigkeit des lexikalischen Abrufs in Abbildung 36. Hier hat nur ein einziges Kind ein Defizit im lexikalischen Abruf. Seine Kompetenzen sind viel schlechter als die der Grundschulgruppe. Dagegen zeigt kein Analphabet ein Defizit in der Benennungsgeschwindigkeit. Zu beachten ist, dass die Analphabeten auch im oben durchgeführten inferenzstatistischen Gruppenvergleich einen schnelleren lexikalischen Abruf als Grundschüler hatten (Kap. 6.3). Aber obwohl dort die Analphabeten statistisch signifikant bessere Kompetenzen als Grundschüler zeigten, liegen in den Abweichungsanalysen die meisten Probanden im normalen Bereich der Vergleichsstichprobe. Lediglich fünf Analphabeten haben einen z-Wert von über +2.

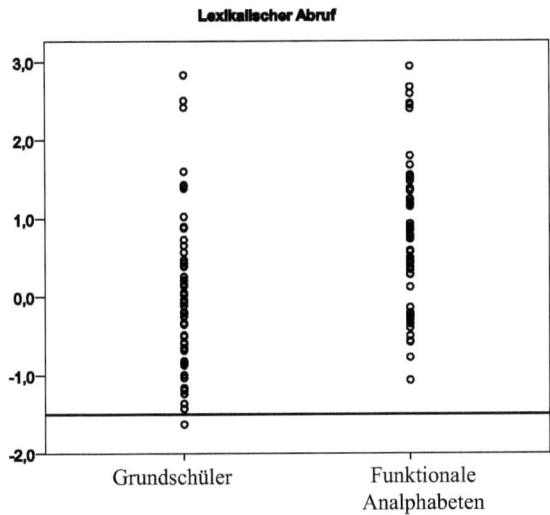

Abbildung 36: Abweichungsanalyse des lexikalischen Abrufs bei Grundschülern und funktionalen Analphabeten

Die Ergebnisse der Abweichungsanalysen mit den Grundschülern als Kontrollgruppe und mit -1.5 Standardabweichungen als Defizitgrenze sind noch einmal in Tabelle 34 zusammengefasst.

Tabelle 34: Zusammenfassung der Abweichungsanalysen im Vergleich von Grundschülern und funktionalen Analphabeten

	Phonologische Bewusstheit	Verbales Arbeitsgedächtnis	Lexikalischer Abruf
Grundschüler	3.7 % (2/54)	3.7 % (2/54)	1.9 % (1/54)
Funktionale Analphabeten	57.4 % (31/54)	25.9 % (14/54)	0
χ^2	68.727	23.856	2.012
df	2	2	2
p	< .001	< .001	.366

Zwischen 25.9 und 57.4 % der Analphabeten weisen deutlich schlechtere Leistungen in der phonologischen Bewusstheit und im verbalen Arbeitsgedächtnis als Grundschüler auf. Damit haben Analphabeten im Vergleich mit Grundschülern signifikant häufiger Defizite in diesen beiden Bereichen. Damit werden die Ergebnisse der Abweichungsanalysen mit lesekundigen Erwachsenen teilweise bestätigt. Die Unterschiede sind im Vergleich mit Grundschülern dagegen weniger deutlich, aber immer noch vorhanden. Hingegen sind die Analphabeten zumindest in dieser Abweichungsanalyse nicht in der Geschwindigkeit des lexikalischen Abrufs beeinträchtigt.

Auch hier stellt sich wieder die Frage, wie denn die einzelnen Defizite innerhalb der drei Bereiche der phonologischen Informationsverarbeitung verteilt sind. Sind es immer dieselben Analphabeten, die phonologische Defizite zeigen? Oder ist das Ausmaß der Defizite über verschiedene Analphabeten verteilt? Die Zusammenfassung der grafischen Abweichungsanalysen finden sich in Abbildung 37.

Diesmal sind 20 Analphabeten von keinem Defizit betroffen. Ebenso viele haben ausschließlich eine schlechtere phonologische Bewusstheit als Grundschüler; drei haben ein alleiniges Defizit im Arbeitsgedächtnis und elf zeigen ein Doppel-Defizit in der phonologischen Bewusstheit und im verbalen Arbeitsgedächtnis. Es sind also ca. 63 % der Analphabeten von mindestens einem Defizit betroffen. Es kann deshalb festgehalten werden, dass auch in diesem eher konservativen Vergleich die Analphabeten zu einem großen Teil phonologische Defizite zeigen. Ein Defizit im lexikalischen Abruf hat dagegen kein Analphabet. Wie in Kap. 6.4 diskutiert, liegt das vermutlich an einer Konfundierung von chronologischem Alter und Leseleistung: Der lexikalische Abruf ist defizitär, kann aber durch die allgemeine neurologische Reifung zumindest auf das Niveau des Leselevels erhoben werden.

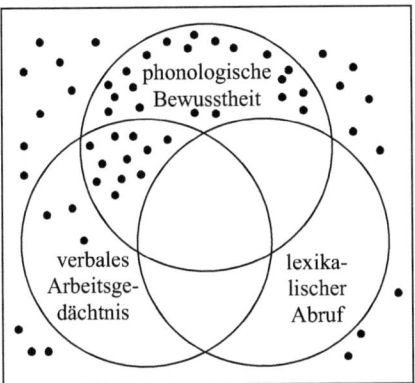

Abbildung 37: Ausmaß einzelner phonologischer Defizite bei Analphabeten im Vergleich zu Grundschülern; jeder schwarze Punkt steht für einen Probanden; innerhalb der Kreise liegt ein Defizit vor

Die Ergebnisse der Abweichungsanalysen der phonologischen Defizite bei Grundschülern finden sich in Abbildung 38. Es gibt nur fünf Grundschüler, die ein Defizit in einem einzelnen Bereich haben. Zwei haben ein Defizit in der phonologischen Bewusstheit, zwei im verbalen Arbeitsgedächtnis und ein Grundschüler zeigt ein Defizit im lexikalischen Abruf. Ihre individuellen Werte finden sich in Tabelle 35 (nächste Seite).

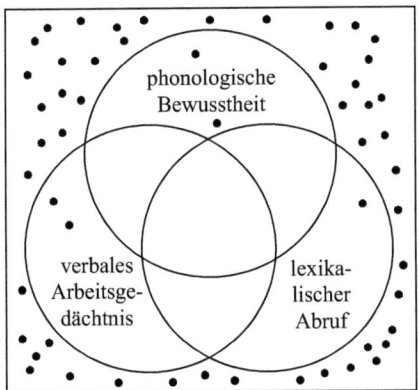

Abbildung 38: Ausmaß einzelner phonologischer Defizite bei Grundschülern; jeder schwarze Punkt steht für einen Probanden; innerhalb der Kreise liegt ein Defizit vor

Tabelle 35: Einzelwerte der fünf Grundschüler, die phonologische Defizite aufweisen

Pro-band	Phonologische Bewusstheit (z-Wert)	Verbales Arbeitsgedächtnis (z-Wert)	Lexikalischer Abruf (z-Wert)	WLLP (Items/min)	SLS (Items/min)
1	**-2.15**	-1.24	-0.65	9.40	5.00
2	**-1.57**	-0.38	-1.16	8.60	4.67
3	-0.01	**-1.59**	0.88	17.20	12.67
4	-1.05	**-2.92**	0.90	7.40	8.33
5	0.07	-0.40	**-1.63**	6.00	1.00

Anmerkung. Defizite von $z < -1.5$ sind hervorgehoben.

Zur Interpretation müssen die Leseleistungen in das Verhältnis zur Gesamtstichprobe gesetzt werden (siehe Tabelle 3 auf S. 165). Der Mittelwert in der WLLP beträgt bei Grundschülern 12.7 ($s = 5.3$) und bei funktionalen Analphabeten 12.9 ($s = 6.5$). Im SLS lasen die Grundschüler im Mittel 8.7 Items pro Minute ($s = 4.4$) und die funktionalen Analphabeten 7.8 Items pro Minute ($s = 5.3$). Proband 3 ist ein Drittklässler, der ein relativ schlechtes Arbeitsgedächtnis hat, aber dennoch durchschnittlich lesen kann. Seine Einschränkungen im Arbeitsgedächtnis stören anscheinend nicht seinen Leselernprozess. Alle anderen Probanden sind junge Erstklässler. Sie sind natürlich noch nicht so weit entwickelt wie das Mittel aller Grundschüler der ersten bis vierten Klasse, weshalb sie geringere phonologische Kompetenzen zeigen. Das lässt aber nicht auf ein eingeschränktes Lesen schließen, denn die Leseleistungen sind außer bei Proband 5 in der WLLP und im SLS im normalen Bereich. Proband 5 hat keinerlei Einschränkungen in der phonologischen Bewusstheit oder im verbalen Arbeitsgedächtnis. Aber sein Defizit in der lexikalischen Abrufgeschwindigkeit könnte seine Leseleistungen beeinträchtigen.

7 Diskussion

7.1 Defizite in phonologischer Bewusstheit und Arbeitsgedächtnis

7.1.1 Beantwortung der Fragestellung

Mit dieser Untersuchung sollte herausgefunden werden, ob funktionale Analphabeten in Deutschland eine Störung in der phonologischen Informationsverarbeitung aufweisen. Die phonologische Informationsverarbeitung besteht aus den drei Prozessen der phonologischen Bewusstheit, des verbalen Arbeitsgedächtnisses und der Geschwindigkeit des lexikalischen Abrufs. Aus der selbst entwickelten Interaktionstheorie des funktionalen Analphabetismus (IT-FA) ließen sich Hypothesen ableiten, die von phonologischen Minderleistungen der Analphabeten im Vergleich mit lesekundigen Erwachsenen und Grundschülern ausgehen. Zur Überprüfung wurden die phonologischen Kompetenzen von Analphabeten, normallesenden Grundschülern auf demselben Leseentwicklungsstand und lesekundigen Erwachsenen im selben chronologischen Alter verglichen. An dieser Stelle sollen vorerst die hypothesenkonformen Ergebnisse hinsichtlich der phonologischen Bewusstheit und des verbalen Arbeitsgedächtnisses interpretiert werden. Die Diskussion der hypothesenkonträren Ergebnisse bezüglich der Geschwindigkeit des lexikalischen Abrufs folgt in Kap. 7.2.

Die Auswertung der Hypothesentestung offenbarte, dass Analphabeten eine deutlich schlechter ausgeprägte phonologische Bewusstheit als lesekundige Erwachsene ($d = 5.04$) und Grundschüler ($d = 1.54$) zeigen. Die hohen Effektstärken lassen auf starke Defizite in diesem phonologischen Bereich schließen. Auch im Arbeitsgedächtnis sind Analphabeten deutlich schlechter als lesekundige Erwachsene ($d = 2.25$) und Kinder ($d = 0.61$). Die Unterschiede sind als mittelgroß bis sehr groß zu bezeichnen (Cohen, 1987). Diese Ergebnisse wurden mit modellierten latenten Variablen errechnet und mit den individuellen Rohwerten der Probanden, Kovariaten und orthogonalen Faktoren weitgehend repliziert. Eine Analyse aller Einzelfälle gab bei sehr vielen Analphabeten starke Einschränkungen in beiden phonologischen Domänen zu erkennen. Die psychologischen Hypothesen sind in diesem Fall anzunehmen: Funktionale Analphabeten weisen Defizite im verbalen Arbeitsgedächtnis und in der phonologischen Bewusstheit auf, die sie am einfachen und effektiven Lesenlernen hindern.

Aber sind die phonologischen Minderleistungen wirklich als Störungen zu bezeichnen oder reflektieren sie lediglich eine bei Analphabeten verzögerte Leseentwicklung? Die phonologische Bewusstheit und die verbale Speicherkomponente des Arbeitsgedächtnisses entwickeln sich vor allem mit der Lesekompetenz (Castles & Coltheart, 2004; Castro-Caldas & Reis, 2000). Besonders relevant ist deshalb der Vergleich mit Grundschülern, die anhand der Leseleistungen der Analphabeten gematcht wurden. Es lassen sich nun zwei gegensätzliche Interpretationen der Einflussrichtung unterscheiden.

Zum einen könnten die Leseprobleme von Analphabeten zu Einschränkungen in der phonologischen Informationsverarbeitung führen. Sollte eine solche Schlussfolgerung zutreffen, so müssten die phonologischen Kompetenzen bei Analphabeten ihrem Leseentwicklungsstand entsprechend ausgeprägt sein. Das lässt sich durch die Stichprobe der Grundschüler überprüfen: Weil Grundschüler sowohl im Lesen als auch in der phonologischen Bewusstheit für ihren Entwicklungsstand als normal zu bezeichnen sind, müssten Analphabeten und Grundschülern vergleichbare phonologische Kompetenzen zeigen. Das aber ist laut den Ergebnissen dieser Untersuchung nachweislich nicht der Fall. Obwohl Analphabeten und Kinder gleich gut lesen, schneiden Analphabeten in phonologischen Tests deutlich schlechter ab. Damit können die Defizite nicht Ausdruck der Leseprobleme sein (Goswami, 2003; Jackson & Butterfield, 1989; Vellutino & Scanlon, 1989).

Stattdessen scheint die umgekehrte Einflussrichtung vorzuliegen: Die Einschränkungen in der phonologischen Informationsverarbeitung führen zu den Leseproblemen von Analphabeten. Die Defizite in der phonologischen Bewusstheit und im verbalen Arbeitsgedächtnis hindern sie am leichten, schnellen und effektiven Lesenlernen. Damit könnten die phonologischen Minderleistungen als ursächliche Störungen in der phonologischen Informationsverarbeitung interpretiert werden (Backman et al., 1984; Bryant & Goswami, 1986; Goswami, 2003; Mamen et al., 1986). Phonologische Entwicklungsstörungen des Lesens sind als eine Ursache für funktionalen Analphabetismus in Deutschland zu bezeichnen.

Ist damit ein Beweis geliefert, dass phonologische Störungen als Ursache für funktionalen Analphabetismus zu bezeichnen sind? Die Frage muss verneint werden. Der vorliegenden Arbeit liegt die Wissenschaftstheorie des kritischen Rationalismus nach Popper (2002, zitiert nach Hager, 2004) zugrunde. Beweise und Verifikationen sind im kritischen Rationalismus nicht möglich. Stattdessen kann nur ausgeschlossen (falsifiziert) werden, dass phonologische Defizite durch Leseprobleme hervorgerufen werden. Deshalb bleibt die entgegengesetzte Hypothese bestehen, nach der phonologische Defizite zu den Leseproblemen der Analphabeten führen. Damit „liegt ein gutes empirisches Argument dafür vor, dass es sich bei dem Defizit um eine Ursache der Störung handelt" (Hasselhorn et al., 2007, S. 902). Die vorliegende Untersuchung liefert ein solches Argument. Es ist aber nicht als Beweis phonologischer Störungen und ihrer kausalen Rolle im Leselernprozess bei Analphabeten zu interpretieren. Die Verursachung durch phonologische Defizite ist jedoch sehr wahrscheinlich.

Deshalb sollten Analphabeten zu einem großen Prozentsatz zu den Dyslektikern gehören. Es muss jedoch bedacht werden, dass in der vorliegenden Arbeit ausschließlich Tests zur Erfassung der phonologischen Informationsverarbeitung verwendet wurden. Auf der Grundlage dieser Tests kann zwar auf phonologische Defizite bei Analphabeten geschlossen werden, die mit Dyslexie gleichzusetzen sind (siehe die Definition der Dyslexie in Kap. 2.2). Aber eine Diagnose der Dyslexie ist durch diese phonologischen Störungen nicht zwingend (Swanson et al., 2003; Torgesen, 2002).

Die korrekte Interpretation der Ergebnisse dieser Studie lautet demnach: Analphabeten haben zu einem großen Teil starke Defizite in der phonologischen Bewusstheit und im verbalen Arbeitsgedächtnis, die wahrscheinlich ursächlich für ihre Leseprobleme verantwortlich sind. Es kann deshalb vermutet werden, dass viele Analphabeten Dyslektiker sind. Damit scheint eine sehr große Überschneidung zwischen den Phänomenen Dyslexie und funktionalem Analphabetismus in Deutschland vorzuliegen.

7.1.2 Ausschluss weiterer Erklärungsansätze

Unter der Wissenschaftstheorie des kritischen Rationalismus kann durch die vorliegende Arbeit falsifiziert werden, dass Analphabeten aufgrund von Leseproblemen Schwierigkeiten in der phonologischen Bewusstheit und im verbalen Arbeitsgedächtnis haben. Stattdessen scheinen die phonologischen Defizite ursächlich für die schlechten Leseleistungen der Analphabeten verantwortlich zu sein. Diese hier gelieferte Interpretation muss aber nicht zwingend richtig sein, denn im kritischen Rationalismus gilt sie lediglich als *vorläufig nicht falsifiziert*. Im Folgenden sollen deshalb alternative Erklärungen diskutiert werden.

Könnten für die gefundenen phonologischen Einschränkungen nicht fehlende Förderangebote in Elternhaus und Schule verantwortlich zeichnen? Die Logik des hier verwendeten Forschungsdesigns versucht, solche Effekte zu minimieren. Die Förderung durch das Elternhaus und die Schule sowie durch selbstgesteuertes Lernen brachte beide Gruppen auf denselben Leselevel, wenn auch in unterschiedlichen Zeiträumen. Bedenkt man das deutlich höhere Lebensalter, die viel längere Schulbesuchszeit und die stärkere Exposition an Schrift, so sollten Analphabeten sogar viel länger und stärker im Lesen und in phonologischen Kompetenzen gefördert worden sein als Grundschüler. Dann müssten sie aber bessere phonologische Leistungen zeigen, was nicht der Fall ist. Die Interpretation der schlechten Förderung kann deshalb ausgeschlossen werden.

Sicherlich werden mit Kindern viel mehr Übungen zur phonologischen Bewusstheit als mit Analphabeten im Grundbildungskurs gemacht. Könnten also die Ergebnisse nicht durch das fehlende Üben solcher phonologischer Aufgaben erklärt werden? Gegen diese Vermutung spricht folgender Sachverhalt: Obwohl die lesekundigen Erwachsenen solche Übungen ebenfalls nicht gewöhnt sind, haben sie trotzdem eine deutlich stärkere phonologische Bewusstheit ($d = 5.04$). Würde die obige Annahme zutreffen, dann sollten lesekundige Erwachsene jedoch vergleichbare Leistungen wie Analphabeten zeigen. Ebenfalls müssten Analphabeten dann einen langsameren lexikalischen Abruf als Grundschüler zeigen, denn solche Aufgaben sind sie ebenfalls nicht gewohnt. Die fehlende Übung in den Testaufgaben zur phonologischen Bewusstheit kann also nicht zur Interpretation der Ergebnisse herangezogen werden.

Vermutlich haben Analphabeten früher einen völlig anderen Leseunterricht als heutige Grundschüler besucht. Könnten diese Unterschiede nicht die Minderleistungen von Analphabeten erklären? In der Tat gab es seit Ende der 1960er Jahre einen Methodenstreit zwischen synthetischen und ganzheitlich-analytischen Leselehrgängen (Schneider, 2006). Mit einem Durchschnittsalter von etwa 43 Jahren hat ein Großteil der Analphabeten die Volksschule in diesem Zeitraum besucht. Es ist deshalb möglich, dass die Analphabeten eher durch die analytische Methode unterrichtet wurden, die weniger die phonologische Bewusstheit fördert als synthetische Methoden. Stimmt diese Interpretation, dann konnten Analphabeten die phonologische Bewusstheit nur ungenügend ausbauen. Gegen diese Interpretation spricht jedoch die größere Verbreitung des synthetischen Ansatzes (Wimmer, 1993) und vor allem die wesentlich stärkeren Leistungen der lesekundigen Erwachsenen in diesem Bereich. Denn da die lesekundigen Erwachsenen genauso alt wie die Analphabeten sind und folglich einen vergleichbaren Leseunterricht besucht haben sollten, müssten sie eigentlich in ihren phonologischen Leistungen vergleichbar sein. Das trifft jedoch nicht zu. Damit können auch unterschiedliche Leselehrgänge die phonologischen Defizite der funktionalen Analphabeten kaum erklären. Jedoch kommen die Analphabeten zu einem großen Prozentsatz von der Sonder- bzw. Förderschule. Hier könnte also in der Tat ein anderer Unterricht erfolgt sein. Zwar gibt es keine spezielle Didaktik für Lernbehinderte und es werden sogar explizit dieselben didaktischen

Prinzipien wie an der Allgemeinen Schule gefordert (Schröder, 2005), aber dennoch liegen sicherlich einige Unterschiede hinsichtlich der Intensität der Anwendung derselben Prinzipien vor. Vor diesem Hintergrund ist aber trotzdem zu konstatieren, dass die Gemeinsamkeiten in den Unterrichtserfahrungen der beiden Erwachsenengruppen sicherlich deutlich größer sind als die Unterschiede.

Könnten die schlechten Ergebnisse in phonologischer Bewusstheit und Arbeitsgedächtnis nicht auch die Folge von Testangst sein? Wir meinen zu wissen, dass Analphabeten sehr große Angst vor Tests haben (Grotlüschen & Bonna, 2008), auch wenn zu dieser Annahme noch keine systematischen Studien vorliegen. Die Testangst der Analphabeten könnte die Ergebnisse systematisch verzerren, indem sie schlechtere Testleistungen zeigen, als sie eigentlich imstande wären. Drei Argumente sprechen jedoch gegen diese Interpretation: Erstens sollte in der Testsituation der eventuell vorhanden Angst präventiv begegnet werden. Alle Aufgaben wurden vorher detailliert besprochen und drohende Misserfolge auf externale Ursachen attribuiert. Die Versuchsleiter teilten den Probanden mit, dass die Aufgaben immer schwerer werden, so dass sie irgendwann kein einziger Mensch mehr lösen kann. Vorhandene Testangst sollte dadurch reduziert worden sein.

Zweitens war die Teilnahme an der Studie freiwillig. Die freiwilligen Probanden waren vermutlich relativ wenig testängstlich, da sie einer wildfremden Person ihr schambesetztes Lesedefizit für etwa eine Stunde offenbarten. Es ist nur schwer vorstellbar, dass eine Person mit großer Testangst an dieser Untersuchung teilgenommen hat. Deshalb sollten die Resultate der vorliegenden Studie nicht durch Angst der Analphabeten verzerrt sein.

Drittens kann neben diesen pragmatischen Gründen auch eine Theorie der Testangst wertvolle Hinweise zur Interpretation liefern. Die Aufmerksamkeitskontrolltheorie (Eysenck, Derakshan, Santos & Calvo, 2007) wurde entwickelt, um den Einfluss von Angst auf die kognitive Leistung in Laborexperimenten zu erklären. Angst verlagert automatisch die Aufmerksamkeit weg vom Aufgabenziel und hin zu aufgaben- und angstrelevanten Stimuli. Folglich können kognitive Ressourcen weniger effizient genutzt werden, so dass die Bearbeitungsgeschwindigkeit der Aufgabe viel stärker eingeschränkt ist als die Gesamtleistung. Speed-Tests sollten deshalb stärker von Angst beeinflusst sein als Power-Tests (Eysenck et al., 2007). Die Aufgaben zur Benennungsgeschwindigkeit und zum Zahlenverbinden sind Speed-Tests, die Aufgaben zur phonologischen Bewusstheit und zum Arbeitsgedächtnis stellen dagegen Power-Tests dar. Es wurde jedoch genau das entgegengesetzte Befundmuster entdeckt: Die Differenzen zwischen Analphabeten und den beiden Kontrollgruppen waren in Speed-Tests geringer als in Power-Tests, was gegen die Beeinflussung durch Testangst spricht.

Könnten denn die Leseprobleme von Analphabeten nicht auch durch eine Intelligenzminderung hervorgerufen werden? Im ICD-10 wird dann von einer Intelligenzminderung (Ziffer F70) gesprochen, wenn der IQ unter 70 liegt (Dilling et al., 2008). Zwar ist der in dieser Studie verwendete Intelligenzschnelltest ZVT weniger mit der allgemeinen Intelligenz gesättigt als herkömmliche Intelligenztests (Rost & Hanses, 1993). Dennoch erlaubt er eine vorsichtige Schätzung der Intelligenzleistung von Analphabeten. Nach den vorliegenden Ergebnissen haben Analphabeten einen mittleren IQ von 77 (s = 15). Bislang liegen nur zwei weitere Studien zur Intelligenzleistung von Analphabeten vor, in denen ein IQ von 74 (s = 11) bzw. ein IQ von 81 (s = 12) festgestellt wurde (Burgund & Abernathy, 2008; Gottesman et al., 1996). Zwar weist damit die Mehrheit der Analphabeten keine Intelligenzminderung nach ICD-10 auf. Dennoch gilt für die meisten Analphabeten, dass ihr IQ im Vergleich zur Normierungsstichprobe des ZVT reduziert ist. Es ist deshalb durchaus möglich, dass Analphabeten aufgrund von Intelligenzschädigungen nur eingeschränkt das Lesen und Schreiben gelernt haben. Dagegen spricht jedoch die bisherige Befundlage von Unterschieden zwischen schlechten Lesern mit und ohne reduzierter Intelligenz: Intelligenz ist für die hier abgeprüfte basale Lesefertigkeit nur in einem sehr frühen Lesestadium verantwortlich (Kap. 2.6.1).

Wenn zwei Kinder mit identischen phonologischen Kompetenzen die Schrift zum ersten Mal lernen, dann wird das intelligentere Kind bessere Lernleistungen zeigen. Hat ein Kind jedoch eine schwache Intelligenz, aber gute phonologische Kompetenzen, dann werden sich anfängliche intelligenzabhängige Schwierigkeiten mit dem Schriftspracherwerb auswachsen und die starken phonologischen Leistungen übernehmen die Führung im Leselernprozess (Kap. 2.2.1 und 2.5.1).

Aufgrund der reduzierten Intelligenz und der schwachen phonologischen Kompetenzen bei Analphabeten sollten deshalb sowohl der frühe als auch der spätere Leseerwerbsprozess eingeschränkt sein. Da sie aber über das frühe Stadium des Lesenlernens hinaus sind, sollten die Intelligenzleistungen die Unterschiede zwischen den verschiedenen Stichproben nicht mehr erklären können. Diese Interpretation wurde in der vorliegenden Studie durch die kovarianzanalytische Auswertung bestätigt: Selbst wenn die Unterschiede des ZVT kontrolliert wurden, waren Analphabeten in ihrer phonologischen Bewusstheit und in ihrem verbalen Arbeitsgedächtnis schlechter als lesekundige Erwachsene und Grundschüler. Demnach hat die reduzierte Intelligenz keinen Erklärungswert für die hier überprüften phonologischen Bereiche. Die Intelligenzminderung sollte aber langfristig zu einem schlechten Leseverständnis von Analphabeten führen, denn anders als basale Lesefertigkeiten ist das Leseverstehen deutlich mit der allgemeinen Intelligenz korreliert (Rost, 2009; Rost & Schilling, 2006).

Jedoch gibt es einen starken Zusammenhang zwischen Intelligenz und Arbeitsgedächtnis. Nach Rost (2009) sind Intelligenz und Arbeitsgedächtnis sogar sehr ähnliche Konstrukte, wofür die hohen Interkorrelationen und die Arbeitsgedächtnisaufgaben in Intelligenztests (z.B. HAWIK) sprechen. Ebenso führen entwicklungsbedingte Verbesserungen der kognitiven Informationsverarbeitungsgeschwindigkeit zu größeren Arbeitsgedächtniskapazitäten, was wiederum die Intelligenzleistung positiv beeinflusst (Kail, 2007). Das Gesagte gilt jedoch vor allem für komplexe Gedächtnisanforderungen, die die zentrale Exekutive des Arbeitsgedächtnisses belasten (Baddeley, 2003). In solchen komplexen Arbeitsgedächtnisaufgaben werden kognitiv anstrengende Aufgaben gestellt und der Proband soll sich zusätzlich ein Element der Aufgabe merken. Im Anschluss folgen die nächste Aufgabe und das nächste zu merkende Element. Am Ende soll der Proband die memorierten Elemente aus seinem Arbeitsgedächtnis abrufen (Conway et al., 2005; Savage et al., 2007). Die zentrale Exekutive des Arbeitsgedächtnisses muss diese verschiedenen Anforderungen koordinieren. Der Vorgang selbst benötigt zahlreiche Arbeitsgedächtnisressourcen, die dann nicht mehr zur Speicherung zur Verfügung stehen. Es ist einleuchtend, dass solche Anforderungen mit Intelligenz korreliert sind (Kail, 2007). Die Intelligenzabhängigkeit der Tests steigt dabei mit der Belastung der zentralen Exekutive (Conway et al., 2005).

In der vorliegenden Untersuchung wurden hingegen nur einfache Spannenaufgaben verwendet. Sie stellen kaum Anforderungen an die zentrale Exekutive, sondern sollen vor allem die phonologischen Anteile des Arbeitsgedächtnisses messen (Hasselhorn et al., 2000). Ebenso wurde in komplexen Spannenaufgaben ein leichter Leistungsabfall ab dem frühen Erwachsenenalter gefunden, während in einfachen Buchstabenspannen kein Einbruch zu verzeichnen war (Siegel, 1994). Ein altersbedingter Abbau findet auch bezüglich der kognitiven Informationsverarbeitungsgeschwindigkeit statt (Nettelbeck & Burns, 2010), wie sie durch den ZVT gemessen wird. Die Leistungen im ZVT und in den komplexen Spannen könnten nun aufgrund der hohen Korrelation absinken, während einfache Spannenaufgaben nicht vom altersbedingten Leistungsabfall betroffen sind. Sie sollten deshalb deutlich weniger mit der Intelligenz assoziiert sein. Diese theoretische Interpretation wird durch die regressionsanalytische Auswertung unterstützt, in der die Defizite im Arbeitsgedächtnis bei Analphabeten selbst bei Kontrolle des ZVT bestehen blieben. Es ist deshalb sowohl theoretisch als auch empirisch unwahrscheinlich, dass die bei Analphabeten festgestellte reduzierte Intelligenz die Unterschiede im Arbeitsgedächtnis erklären kann.

Es könnte jedoch sein, dass als Ursache für Analphabetismus nicht Dyslexie sondern Lernbehinderungen verantwortlich sind, denn immerhin besuchte ein

großer Teil der Stichprobe der Analphabeten früher die Sonder- bzw. Förderschule (siehe Tabelle 4 auf S. 167). Allerdings ist eine Lernbehinderung keine
trennscharfe Kategorie. Im Modell von Klauer und Lauth (1997) bezeichnen
Lernbehinderung und Dyslexie sowohl *schwerwiegende* als auch *langandauern-
de* Lernstörungen. Neben diesen offensichtlichen Gemeinsamkeiten sind Lernbehinderungen *umfänglich* (betreffen mehrere Schulfächer), Dyslexie dagegen
spezifisch angelegt (betrifft nur den Bereich Schriftsprache). Die Bezeichnung
Lernbehinderung ist ein schulorganisatorischer Begriff und findet sich weder in
einem der gängigen Klassifikationssysteme, noch existiert im internationalen
Sprachgebrauch ein entsprechender Parallelbegriff (Grünke, 2004). Häufig wird
der Begriff synonym für Personen verwendet, die eine spezielle Förderschule
besuchen (ebd.). Die Förderschule für Lernbehinderte ist vor allem eine Schule
der sozialen Grundschicht: So kommen etwa 80 bis 90 % der Lernbehinderten
aus sozialschwachen Familien; ausländische Kinder sind stark überrepräsentiert
(Koch, 2007; Kornmann & Kornmann, 2003). Die Diagnose einer Lernbehinderung ist genauso unsicher und uneindeutig wie das zugehörige Konstrukt: Zum
Beispiel waren es in einer Studie von Mand (2002) ausschließlich die Unterrichtserfahrungen der Gutachter, nicht aber der IQ, die Schreibleistung oder das
Sozialverhalten der Kinder, die zu einer Überweisung von Lernbehinderten auf
eine Förderschule führten. Bei Wocken (2000) unterschied sich der IQ von
Lernbehinderten und durchschnittlichen Hauptschülern nur mit einer kleinen
Effektstärke. In einer Diskriminanzanalyse konnten aufgrund von Intelligenz
und Schreibleistung nur 60 % der Lernbehinderten korrekt der Förderschule zugeordnet werden (die Ratewahrscheinlichkeit lag bei 50 %). Damit kann das
wenig trennscharfe Konstrukt Lernbehinderung nichts zur Interpretation der
phonologischen Defizite beitragen. Vermutlich trifft sogar das Gegenteil zu:
Wahrscheinlich sind viele nicht-diagnostizierte Dyslektiker auf der Schule für
Lernbehinderte. Deren zusätzlich Intelligenzminderung ist für die hier untersuchten basalen Leseprozesse jedoch weitgehend irrelevant (siehe die Diskrepanzdefinition der Dyslexie). Für die Annahme einer Dyslexie bei Analphabeten
ist es daher egal, ob die untersuchten Probanden auf einer Sonderschule waren.
Betrachtet man diese Ausführungen im Gesamtrückblick, dann bleibt eigentlich
nur noch die Hypothese bestehen, nach der die Einschränkungen in den beiden
phonologischen Bereichen ursächlich für die Leseprobleme der Analphabeten
verantwortlich sind. Alle anderen Annahmen können dagegen nahezu ausgeschlossen werden.

7.1.3 Ursache der phonologischen Defizite

Durch die vorliegende Untersuchung wurde bestätigt, dass viele Analphabeten phonologische Minderleistungen aufweisen. Diese sind als phonologische Defizite zu interpretieren, die Analphabeten am einfachen und effektiven Lesenlernen hindern. Aber wie entstehen diese Defizite? Selbstverständlich kann diese Frage nicht durch die vorliegende Studie beantwortet werden, denn Ursachen für phonologische Defizite wurden nicht erhoben.

Dagegen macht die hier empirisch bestätigte IT-FA dazu eine Aussage. Die Grundlage der IT-FA stellt die neurobiologische Entwicklungstheorie der Dyslexie nach Ramus (2004) dar (siehe Kap. 2.4.1 und 3.2.2). Danach liegen genetische Abweichungen vor, die zu Anomalien (Ektopien und Microgyri) in der frühkindlichen neuronalen Migration (Hirnentwicklung) führen. Solche Anomalien können verstärkt im perisylvischen Temporallappen auftreten, der mit der phonologischen Informationsverarbeitung bzw. mit phonologischen Defiziten assoziiert ist. Trifft eine solche Interpretation auch für Analphabeten zu, dann werden sie durch die neurobiologisch-bedingte Entwicklungsstörung des Lesens namens Dyslexie vom Lesenlernen abgehalten. Deshalb sollten die bei Analphabeten nachgewiesenen Störungen in der phonologischen Informationsverarbeitung vor allem durch neurobiologische Gründe zu erklären sein.

Es muss jedoch vor falschen Interpretationen gewarnt werden. Die genetisch-biologischen Gründe determinieren niemals eine Dyslexie oder gar Analphabetismus, denn das Ablesen der Gene und die Hirnentwicklung laufen nicht im sozialen Vakuum ab. Stattdessen interagieren diese Prozesse ganz eindeutig mit sozialen Variablen (Blakemore & Frith, 2006; Buss, 2004; Pinel, 2007). Genau das sagt auch die IT-FA voraus, nach der die phonologischen Defizite der Analphabeten nicht durch eine verstärkte Förderung aufgefangen wurden. Eine neurobiologische Interpretation ist deshalb ausdrücklich mit sozialen Theorien zur Ätiologie von funktionalem Analphabetismus vereinbar.

7.2 Defizite in der Geschwindigkeit des lexikalischen Abrufs

7.2.1 Beantwortung der Fragestellung

Die vorliegende Studie sollte untersuchen, ob Analphabeten Störungen in ihrer phonologischen Informationsverarbeitung aufweisen. Im vorherigen Kapitel wurden Defizite in der phonologischen Bewusstheit und im verbalen Arbeitsgedächtnis als eine Ursache für Analphabetismus identifiziert. Es wurde davon ausgegangen, dass bei Analphabeten auch die Geschwindigkeit des lexikalischen Abrufs eingeschränkt sei. Aber entgegen der Erwartung konnten keine Defizite in der dritten Komponente der phonologischen Informationsverarbeitung nachgewiesen werden: Analphabeten waren zwar hypothesenkonform langsamer als lesekundige Erwachsene ($d = 2.87$), aber hypothesenkonträr schneller als Grundschüler ($d = -0.79$). Die vorher aufgestellte psychologische Hypothese PH-3 muss deshalb zurückgewiesen werden: Funktionale Analphabeten weisen keine Defizite im lexikalischen Abruf auf.

Auf der anderen Seite kann jedoch auch ausgeschlossen werden, dass bei Analphabeten der lexikalische Abruf für ihr Lebensalter normal entwickelt ist. Denn sonst hätten Analphabeten nicht langsamere, sondern vergleichbare Reaktionszeiten wie lesekundige Erwachsene zeigen müssen. Es kann auch nicht zutreffen, dass ihr lexikalischer Abruf für ihren Leseentwicklungsstand normal ausgeprägt ist. Dann müssten Analphabeten und Grundschüler ähnliche Leistungen in der Abrufgeschwindigkeit aufweisen und nicht wie hier schnellere Reaktionszeiten.

Leider kann nicht überprüft werden, ob die hier gefundenen Resultate konsistent oder inkonsistent mit anderen Forschungsergebnissen sind, denn bislang existiert weder bei Erwachsenen mit Dyslexie noch bei funktionalen Analphabeten eine *Reading Level Match*-Untersuchung zur lexikalischen Abrufgeschwindigkeit (Wolff & Lundberg, 2003). Jedoch liegt eine Studie zur allgemeinen kognitiven Reaktionsschnelligkeit von Analphabeten und Kindern vor. Burgund und Abernathy (2008) ließen Analphabeten und am Lesestand gematchte Grundschüler Wahrnehmungsaufgaben lösen, in denen funktionale Analphabeten in der Tat schneller als Grundschüler waren (713 ms vs. 1005 ms, leider ohne Angaben von Standardabweichungen oder Effektstärken). Die Autoren fanden also dasselbe Befundmuster, allerdings ohne es zu diskutieren.

Dagegen gibt es natürlich zahlreiche *Reading-Level-Match*-Arbeiten mit dyslektischen Kindern. In einem diesbezüglichen Forschungsüberblick werden deren Ergebnisse als nicht sonderlich konsistent beurteilt (Wolf & Bowers, 1999): Im Vergleich mit jüngeren Kontrollgruppen ist der lexikalische Abruf der Heranwachsenden mit Dyslexie teils langsamer und teils vergleichbar ausgeprägt. Pennington, Cardoso-Martins, Green und Lefly (2001) versuchen diese Inkonsistenz zu erklären. Sie postulieren, dass Abruf-Defizite vor allem bei jüngeren Kindern beobachtet werden können, und dass sich die Leistungen im lexikalischen Abruf zwischen Kindern mit und ohne Dyslexie im Laufe der Entwicklung annähern. Ab dem Jugendalter könnten Dyslektiker dann einen schnelleren Abruf als jüngere Kontrollgruppen zeigen.

Pennington et al. (2001) verglichen dazu zum ersten Mal dyslektische *Jugendliche* mit einer normallesenden jüngeren Gruppe auf demselben Leselevel. Die lesebeeinträchtigten Jugendlichen waren in allen Abrufaufgaben signifikant schneller als ihre jüngere Kontrollgruppe (Effektstärken je nach abhängiger Variable zwischen -0.17 und -0.72). Trotzdem ist die Abrufgeschwindigkeit nicht normal ausgeprägt, denn im Vergleich mit chronologisch gleichaltrigen Probanden schneiden Menschen mit Dyslexie fast immer schlechter ab (Übersicht bei Vukovic & Siegel, 2006; Wolf & Bowers, 1999).

Diese Befunde werden durch die vorliegende Studie repliziert, wenn auch mit einer deutlich älteren Versuchsgruppe. Der lexikalische Abruf von Analphabeten ist für ihr chronologisches Alter zu langsam, aber für ihr Leseentwicklungsalter zu schnell. Dieses Ergebnismuster ist vor dem Hintergrund eines *Reading Level Match Designs* kaum interpretierbar. Es stellt sich deshalb die Frage, wie die hypothesenkonträren Ergebnisse außerhalb eines solchen Forschungsdesigns zu deuten sind.

7.2.2 Ausschluss weiterer Erklärungsansätze

Es lassen sich eine Unzahl an möglichen Hypothesen zur Erklärung dieses Befundmusters anführen, die im Folgenden kurz diskutiert werden sollen.

- Nullhypothese: Da die psychologische Hypothese PH-3 zurückgewiesen werden muss, ist die Nullhypothese anzunehmen. Demnach ist der lexikalische Abruf nicht beeinträchtigt und stellt folglich keine spezifische Ursache für Analphabetismus dar. Allerdings ist die Abrufgeschwindigkeit auch nicht normal ausgeprägt, denn sonst müssten Analphabeten und lesekundige Erwachsene vergleichbare Leistungen zeigen. Deshalb scheint auch die Nullhypothese falsch zu sein.

- Unabhängigkeitshypothese: An die Nullhypothese anknüpfend könnte die Frage gestellt werden, ob der lexikalische Abruf überhaupt einen phonologischen Prozess darstellt. Zwar subsummieren Wagner und Torgesen (1987) die Abrufgeschwindigkeit unter den gemeinsamen theoretischen Deckmantel der phonologischen Informationsverarbeitung (Kap. 2.5.1). Folgt man jedoch Wolf und Bowers (1999), dann stellt der lexikalische Abruf einen extraphonologischen Prozess dar. Analphabeten könnten deshalb ein allgemeines phonologisches Defizit haben (in der phonologischen Bewusstheit und im verbalen Arbeitsgedächtnis), aber die Benennungsgeschwindigkeit ist nicht beeinträchtigt. Allerdings müssten auch in diesem Fall bei beiden Erwachsenengruppen vergleichbare Abrufgeschwindigkeiten zu beobachten sein. Dass die drei Bereiche der phonologischen Informationsverarbeitung miteinander korreliert sind, konnte auch durch die Faktorisierung nachgewiesen werden. Damit kann die Unabhängigkeitshypothese die hier gefundenen Ergebnisse nicht erklären.

* Diskrepanzhypothese: Die Ergebnisse könnten sich deshalb ergeben haben, weil funktionale Analphabeten keine „echte" Dyslexie aufweisen. Durch ihre reduzierte Intelligenz gehören sie vermutlich zu den nicht-diskrepanten schlechten Lesern, die einige Autoren von Dyslektikern mit einer normalen Intelligenz abgrenzen (siehe Kap. 2.2.1): „nondiscrepant readers may be more similar in the development of naming speed to average readers than to dyslexic readers for automatized, alphanumeric symbols" (Wolf et al., 2002, S. 48). Wenn das zutreffen sollte, dann müssten Analphabeten aber dieselbe Reaktionszeit in den Aufgaben zum lexikalischen Abruf zeigen wie die unbeeinträchtigten lesekundigen Erwachsenen. Dies ist hier offenkundig nicht der Fall, weshalb die Diskrepanzhypothese abzulehnen ist.

* Kompensationshypothese: Der lexikalische Abruf könnte einen Kompensationsmechanismus für die Defizite in der phonologischen Bewusstheit und im verbalen Arbeitsgedächtnis darstellen. Analphabeten könnten versuchen, Wörter eher über den lexikalischen Abruf als durch das eingeschränkte phonologische Dekodieren zu lesen. Dagegen sind lesekundige Erwachsene in diesem Bereich unbeeinträchtigt und sollten deshalb keine Kompensationsprozesse zeigen. Folglich müssten Analphabeten bei Gültigkeit der Kompensationshypothese *bessere* Abrufleistungen als lesekundige Erwachsene zeigen. Auch diese Annahme kann deshalb zurückgewiesen werden.

* Spezifikationshypothese: Durch die längere Lebens- und Leseerfahrung, die stärkere Exposition an Schrift und die Verwendung vielfältiger Hilfsstrategien könnte das mentale Lexikon von Analphabeten stärker spezifiziert und besser vernetzt sein. Aus diesem Grund werden sie in die Lage versetzt, die angeforderten Informationen schneller abzurufen. Jedoch sollten auch im mentalen Lexikon der lesekundigen Erwachsenen viele Einträge spezifiziert und untereinander vernetzt sein. Deshalb müssten Analphabeten unter der Spezifikationshypothese eigentlich vergleichbare Leistungen wie lesekundige Erwachsene zeigen. Da dies aber nicht der Fall ist, kann auch diese Annahme zurückgewiesen werden.

* Artikulationshypothese: Kinder haben sicherlich eine niedrigere Artikulationsgeschwindigkeit als Erwachsene, da sie diese komplexen motorischen Kompetenzen noch nicht voll entwickelt haben. Es könnte deshalb lediglich so aussehen, als ob Grundschüler einen langsameren lexikalischen Abruf zeigen; aber in Wirklichkeit können sie die abgerufenen Informationen nur noch nicht so schnell aufsagen. Wenn die Artikulationshypothese zutreffen sollte, dann müssten Analphabeten die Informationen genauso schnell aussprechen

können wie lesekundige Erwachsene. Das ist aber nicht der Fall, was diese Annahme falsifiziert.

- Matchinghypothese: Die Grundschüler wurden an der Lesegeschwindigkeit der funktionalen Analphabeten gematcht. Die WLLP und das SLS mussten unter Zeitdruck durchgeführt werden. Es könnte sein, dass durch diese Speed-Tests ein großer Teil der Unterschiede in der Verarbeitungsgeschwindigkeit zwischen Kindern und Erwachsenen nivelliert oder maskiert wurde. Beim Zutreffen dieser Betrachtung müssten Analphabeten aber eigentlich einen vergleichbaren lexikalischen Abruf wie Grundschüler zeigen.

- Reifungshypothese: Schnelles Benennen könnte eher an die allgemeine neurologische Reifung als an die Leseentwicklung gekoppelt sein (*neurological maturation*, vgl. Goswami, 2003). Durch diese Reifung können Neuronen schneller Informationen austauschen, wodurch die kognitive Informationsverarbeitungsgeschwindigkeit ansteigt. Bei Analphabeten scheint deshalb eine Konfundierung von chronologischem Alter und Benennungsdefizit vorliegen: Ein Defizit im lexikalischen Abruf könnte ursächlich für die Leseprobleme von Analphabeten verantwortlich sein. Dieses wird aber durch die mit dem chronologischen Alter assoziierten Zunahme der allgemeinen Verarbeitungsgeschwindigkeit überdeckt (Goswami, 2003; Sabatini, 2002). Die Abrufdefizite wachsen sich aber trotzdem nicht aus, sondern bleiben auch nach vielen Jahren bestehen (Korhonen, 1995). Analphabeten haben deshalb ein Defizit in der lexikalischen Abrufgeschwindigkeit, aber das *Reading Level Match Design* war für den Nachweis dieses Defizits nicht geeignet. Wenn diese Hypothese zutreffen sollte, dann müsste die Abrufgeschwindigkeit von Analphabeten zwar langsamer als bei lesekundigen Erwachsenen, aber schneller als bei Kinder sein. Genau das trifft auf die vorliegende Studie zu.

Nahezu alle Hypothesen können ausgeschlossen werden, wenn auch sicherlich verschiedenste Kombinationen der selbigen zutreffen könnten. Die Reifungshypothese ist dagegen die einzige Annahme, die nicht zurückgewiesen werden muss. Nach dieser Hypothese verläuft die Entwicklung des lexikalischen Abrufs bei Analphabeten deutlich langsamer als bei den beiden unbeeinträchtigten Kontrollgruppen. Damit erreichen Analphabeten zu keinem Zeitpunkt das für ihr Alter erwartbare Schnelligkeitsniveau. Diese Interpretation wurde in der Testung der psychologischen Post-hoc-Hypothese PPHH durch nicht-lineare Regressionsanalysen überprüft.

7.2.3 Defizite in der Entwicklung der Abrufgeschwindigkeit

Wolf und Bowers (1999) nehmen an, dass eine Steigerung der Benennungsgeschwindigkeit durch eine Zunahme der Lesefähigkeit erklärt werden kann, indem die Buchstaben mit ihrer Aussprache verschmelzen (*amalgamation*). Durch
die allmählich fester werdende Verknüpfung von orthografischen und phonologischen Informationen wird der lexikalische Abruf immer schneller. Diese Annahme wurde auch in der Konzeption der empirischen Studie bedacht, kann aber
durch die Ergebnisse der selbigen widerlegt werden: Obwohl Grundschüler und
Analphabeten vergleichbare Leseleistungen zeigten, riefen Analphabeten phonologische Informationen schneller ab.

Vielmehr scheint folgende Hypothese zur Benennungsgeschwindigkeit zuzutreffen: Die lexikalische Abrufgeschwindigkeit ist nicht für das Lesen spezifisch, sondern reflektiert zu einem großen Teil die Geschwindigkeit der allgemeinen kognitiven Informationsverarbeitung. Für einen solchen Zusammenhang
spricht die Querschnittsstudie von Catts, Gillispie, Leonard, Kail und Miller
(2002), in der die allgemeine Verarbeitungsgeschwindigkeit bei dyslektischen
Kindern zusätzliche Varianz im Wortlesen aufklären konnte, wenn die Unterschiede im lexikalischen Abruf konstant gehalten wurden. Bei Powell, Stainthorp, Stuart, Garwood und Quinlan (2007) wiesen Benennungsaufgaben, aber
nicht allgemeine Reaktionszeitaufgaben eine inkrementelle Validität in Lesetests
auf.

Die lebenszeitliche Entwicklung der kognitiven Informationsverarbeitung verläuft exponentiell (Fry & Hale, 1996, 2000). Wenn die Benennungsgeschwindigkeit mit dieser Komponente assoziiert sein sollte, dann müsste auch der lexikalische Abruf dieser nicht-linearen Zunahme folgen. Die Schlussfolgerung
kann durch einige Untersuchungen unterstützt werden: In der Studie von Kail,
Hall und Caskey (1999) entwickelte sich der lexikalische Abruf in exponentieller Abhängigkeit von der altersbedingten Zunahme der Informationsverarbeitungsgeschwindigkeit. Van den Bos, Zijlstra und Spelberg (2002) fanden nur in
den frühen Lebensjahren stetige und schnelle Verbesserungen der Abrufgeschwindigkeit; danach verlangsamte sich die Verbesserung, während die Lesegeschwindigkeit noch weiter zunahm. In einer achtjährigen Längsschnittstudie
replizierten Meyer, Wood, Hart und Felton (1998) die nicht-lineare Zunahme
der Benennungsgeschwindigkeit. Die schlechtesten Schüler zeigten dabei stets
den langsamsten lexikalischen Abruf (Abbildung 39). Die Unterschiede in der
lexikalischen Abrufgeschwindigkeit zwischen schlechten, mittleren und guten
Lesern näherten sich zwar im Laufe der Entwicklung immer weiter an, blieben
aber grundsätzlich bestehen (Meyer et al., 1998).

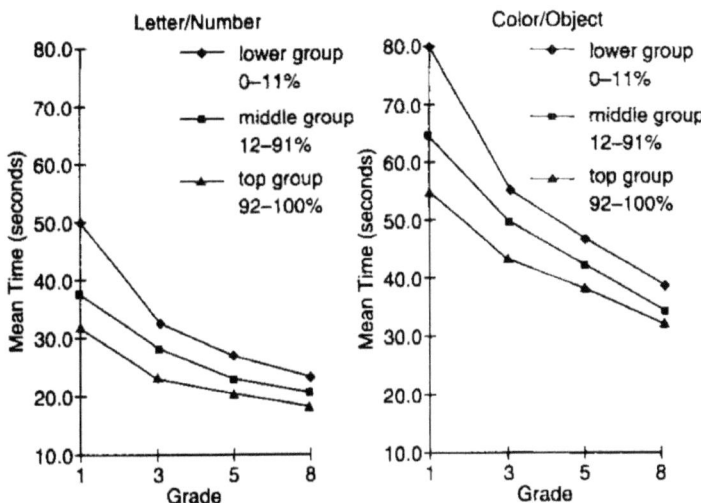

Abbildung 39: Wachstumskurven für das schnelle Benennen von Ziffern/Buchstaben (links) und Farben/Objekten (rechts) in Abhängigkeit vom Lebensalter und der Lesegruppe (schlechte, mittlere und gute Leser); entnommen aus Meyer et al., 1998, S. 103

Durch eine nicht-lineare Regression mit dem chronologischen Alter als unabhängiger Variable konnten bei Grundschülern und lesekundigen Erwachsenen 79 % der Varianz in der Abrufgeschwindigkeit aufgeklärt werden. Damit verläuft die Wachstumskurve der lexikalischen Abrufgeschwindigkeit in der Kindheit sehr steil, flacht dann allmählich ab und erreicht im Jugend- bzw. frühen Erwachsenenalter ein Plateau. Gleiches galt für das allgemeine Denktempo (gemessen durch den ZVT), das durch eine nicht-lineare Regression zu 67 % aufgeklärt werden konnte.

Dies ist mit der Theorie von Fry und Hale (1996, 2000) konsistent, nach der sich die allgemeine kognitive Informationsverarbeitungsgeschwindigkeit über das Lebensalter hinweg nicht linear, sondern exponentiell entwickelt (siehe Abbildung 26 auf S. 197). Die Ergebnisse der durchgeführten Regressionsanalysen bestätigen, dass diese Theorie auch für die Geschwindigkeit des lexikalischen Abrufs zutrifft. Die aus der Literatur entnommenen allgemeinen Wachstumsparameter konnten in der nicht-linearen Modellierung repliziert werden (siehe Tabelle 29 auf S. 199). Deshalb scheint sich die lexikalische Abrufgeschwindigkeit der Grundschüler und lesekundigen Erwachsenen vergleichbar wie die allgemeine kognitive Informationsverarbeitungsgeschwindigkeit zu entwickeln.

In der Reifungshypothese wird davon ausgegangen, dass Analphabeten eine verzögerte Entwicklung des lexikalischen Abrufs zeigen und deshalb nur schwerlich eine normal ausgeprägte Abrufgeschwindigkeit erreichen können. Die Ergebnisse der vorliegenden Studie bestätigen diese Annahme. Bei zusätzlicher Berücksichtigung der funktionalen Analphabeten sank die Modellaufklärung des lexikalischen Abrufs signifikant von 79 auf 42 % ab. Die Parameterschätzungen wurden deutlich unsicherer; die Entwicklungskurve wies eine reduzierte Beschleunigung und ein höheres Plateau auf. Damit ist die Entwicklung des lexikalischen Abrufs bei Analphabeten stark verlangsamt und erreicht niemals das für ihr Lebensalter zu erwartende Niveau. Gleiches gilt auch für die allgemeine kognitive Informationsverarbeitungsgeschwindigkeit, deren Varianzaufklärung durch die Berücksichtigung der funktionalen Analphabeten von 67 auf 23 % signifikant absank. Folglich sollte nicht nur der lexikalische Abruf, sondern die gesamte Speedleistung der Analphabeten betroffen sein.

Diese Interpretation wurde auch in der einzigen längsschnittlichen Reaktionszeitstudie mit dyslektischen Probanden bestätigt. Weiler et al. (2003) fanden in jeder untersuchten Alterskohorte mit Dyslexie Minderleistungen in allgemeinen Reaktionszeittests. Der Entwicklungsverlauf der kognitiven Verarbeitungsgeschwindigkeit über die Altersstufen war jedoch für Menschen mit und ohne Dyslexie gleich: Er folgte einem nicht-linearen Verlauf, der in der Jugend ein Plateau erreichte. Die Entwicklung bei Dyslektikern war im Vergleich zur unbeeinträchtigten Kontrollgruppe verlangsamt und erreichte niemals deren Niveau. Es ist deshalb sehr wahrscheinlich, dass bei Analphabeten ein Defizit in der Abrufgeschwindigkeit vorliegt. Im nächsten Abschnitt wird nun der Grund für diese Beeinträchtigungen zu klären sein.

Zuletzt muss jedoch konstatiert werden, dass gewisse Einschränkungen die Interpretation erschweren. Die Testung der psychologischen Post-hoc-Hypothese PPHH erfolgte im wissenschaftstheoretischen Sinne nicht explanativ. Die Hypothese wurde post-hoc aufgestellt, also nachdem die Daten erhoben waren und die PH-3 zurückgewiesen werden musste. Um gesicherte Aussagen machen zu können, müsste die Testung an einer neuen Stichprobe von Analphabeten überprüft werden. Ebenso fehlen leider Probanden im Alter zwischen 10 und 20 Jahren. Sie wären zur Prüfung der Nicht-Linearität besonders bedeutsam, da die Reaktionsgeschwindigkeit in diesem Entwicklungsabschnitt die stärkste negative Beschleunigung aufweist. Ebenfalls können die gemachten Aussagen zum Entwicklungsverlauf sicherlich nur durch längsschnittliche Daten unterstützt werden. Durch die hier angeführten Analysen konnte jedoch ein gutes empirisches Argument für die Reifungshypothese gefunden werden.

7.2.4 Ursache der Einschränkungen im lexikalischen Abruf

Auf neurobiologischer Ebene ermöglicht die zunehmende Myelinisierung von Neuronen, Axonen und Dendriten (Ummantelung durch eine Fettscheide) eine deutliche Verschnellerung der Informationsübertragung bzw. Weiterleitung von Aktionspotentialen (neuronale Effizienz; Jung & Haier, 2007; Pinel, 2007). Für die bei Analphabeten verlangsamte Abruf- und Denkgeschwindigkeit könnte deshalb eine beeinträchtigte Myelinisierung verantwortlich sein.

Die oben angeführte exponentielle Wachstumskurve wird üblicherweise mit sogenannten Austauschmodellen des Lernens (*replacement models of learning*) assoziiert, in denen ineffiziente Verhaltensweisen graduell durch effizientes Verhalten ersetzt werden (Kail & Ferrer, 2007). Eine solche Lernkurve steigt zuerst stark an, um dann allmählich abzuflachen. Zu Beginn herrschen ineffiziente Verhaltensantworten vor, die mehr und mehr (multiplikativ über die Zeit) durch effizientere ersetzt werden, so dass der gesamte Organismus effizienter wird. Die Lernkurve nähert sich asymptotisch einer Ebene an, wenn entweder alle ineffizienten Elemente durch effiziente ausgetauscht wurden oder aber ein Gleichgewicht zwischen dem Auf- und Abbau effizienter Elemente hergestellt wurde.

Übertragen auf die Hirnentwicklung stellen die ineffizienten Elemente nicht-myelinisierte Neuronen und die effizienten Elemente myelinisierte Neuronen dar (Kail & Ferrer, 2007). Im Laufe der allgemeinen kognitiven Entwicklung werden zunehmend mehr Neuronen mit dieser Fettschicht überzogen, bis keine nicht-myelinisierten Neurone mehr vorhanden sind und sich die Wachstumskurve nach einer exponentiellen Entwicklung einem Nullwachstum annähert.

Diese Annahmen lassen sich mit zwei Längsschnittstudien mit bildgebenden Verfahren bei gesunden Probanden verknüpfen, nach denen die Hirnentwicklung zumindest in Teilen exponentiell verläuft. In der ersten Untersuchung (Giedd et al., 1999) wurde eine nicht-lineare Volumenzunahme der grauen Hirnsubstanz nachgewiesen. Das galt besonders für den Temporallappen (Abbildung 40 auf S. 234).

Die graue Substanz im Temporallappen könnte deshalb zunehmen, weil zunehmend neue Axone und Dendriten aufgebaut und anschließend durch Myelin umgeben werden (Kail & Ferrer, 2007). Diese Interpretation ist hier besonders vielversprechend, da im Temporallappen die mit Dyslexie assoziierte phonologische Informationsverarbeitung verortet ist (Ramus, 2004).

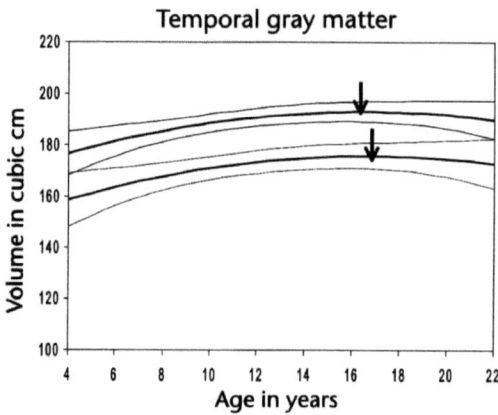

Abbildung 40: Entwicklung des Volumens der grauen Substanz des Temporallappens über die Lebenszeit. Die obere Linie (oberer Pfeil) stellt Jungen, die untere Linie Mädchen (unterer Pfeil) dar. Die dünnen Linien sind die Konfidenzintervalle (95 %); entnommen aus Giedd et al., 1999, S. 862

Die zweite Studie (Shaw et al., 2006) überprüfte die Veränderung der Dicke des Cerebralkortex über die Lebensspanne. Die Änderungen folgten einer nicht-linearen Verdickung des Cortex, die jedoch zwischen unterschiedlich intelligenten Probanden differierte (Abbildung 41).

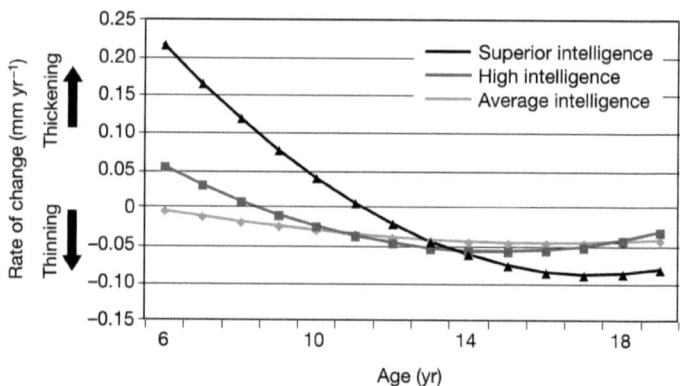

Abbildung 41: Die Dicke des Cerebralkortex im Laufe der Entwicklung; entnommen aus Shaw et al., 2006, S. 677

Abgetragen ist die jeweilige Zunahme der kortikalen Dicke. Werte über 0 indizieren, dass eine Zunahme stattfindet; Werte unter 0 zeigen einen Abbau an.

Danach werden über die Entwicklung immer mehr Axone myelinisiert, bis irgendwann nach einer vollständigen Ummantelung keine weitere Zunahme mehr stattfinden kann.

Wenn sich diese Studien auf den vorliegenden Sachverhalt übertragen lassen, dann könnten Anomalien im Temporallappen die Entwicklung der Hirnreifung verzögern und den lexikalischen Abruf verlangsamen. Im Modell von Ramus (2004) wird Dyslexie durch solche Anomalien in der frühkindlichen Entwicklung des Temporallappens hervorgerufen. Sie könnten dazu führen, dass die weitere Zunahme der Myelinisierung über die Lebenszeit verlangsamt verläuft und niemals das aufgrund des Lebensalters zu erwartende Niveau erreicht. Die zunehmende Myelinisierung führt trotzdem zu einer drastischen Steigerung in der Informationsweiterleitung und damit zu einer stetigen Zunahme der Reaktionszeiten. Defizite im lexikalischen Abruf bei Analphabeten könnten dann von der allgemeinen neurologischen Reifung überdeckt werden.

Diese theoretischen Erklärungen der post-hoc aufgestellten Reifungshypothese sind allerdings noch sehr spekulativ. Einschränkend muss z.B. erwähnt werden, dass in den Studien von Giedd et al. (1999) und Shaw et al. (2006) nur quadratische und nicht etwa höhere nicht-lineare Modelle berechnet wurden. Ebenso wurde der Zusammenhang der nicht-linearen Hirnentwicklungen zu Reaktionszeiten nicht untersucht. Zusätzlich fanden sich auch relativ frühzeitig altersbedingte Abbauprozesse (Nettelbeck & Burns, 2010). Die hier vorgestellte Interpretation bedarf also noch weiterer Forschung, bevor endgültige Konklusionen erfolgen können.

7.3 Korrelate des Lesens in den beiden Erwachsenengruppen

Bedeutet das Gesagte, dass soziale Einflüsse für die Ausbildung von funktionalem Analphabetismus in Deutschland völlig irrelevant sind? Die Antwort auf diese Frage ist ein klares Nein. In der IT-FA wird ganz eindeutig davon ausgegangen, dass soziale Ursachen für die Ätiologie des Analphabetismus ebenso bedeutsam wie phonologische Defizite sind: Aufgrund sozialer Problemlagen und sozial-induzierter Stressbelastungen können die phonologischen Kompetenzen nicht genügend gefördert werden, so dass die ursächlichen phonologischen Defizite bestehen bleiben. Die vorliegende Untersuchung ist allerdings nicht darauf ausgelegt, diese Aussage der IT-FA zu überprüfen.

Jedoch sind die Analysen des sozioökonomischen Status durchaus mit dieser Annahme konsistent. Analphabeten besuchten zu einem großen Prozentsatz die

Sonder- bzw. Förderschule und erreichten nur zu einem Teil einen Schulab-schluss. Die lesekundigen Erwachsenen gingen dagegen auf höhere Schulfor-men und schlossen diese mit einem höheren Schulabschluss ab. Analphabeten kommen darüber hinaus aus einem sozioökonomisch deutlich schlechter gestell-ten Elternhaus als lesekundige Erwachsene. Der sozioökonomische Status hat sich von der Kindheit bis zum heutigen Erhebungszeitraum kaum verändert. Die angenommene soziale Bildungsbenachteiligung der Analphabeten konnte durch diese Ergebnisse repliziert werden. Wie in mehreren Studien gefunden und in der IT-FA postuliert, kommen funktionale Analphabeten zu einem großen Teil aus der sozialen Grundschicht (Egloff, 1997; Linde, 2008; H. Wagner & Eulen-berger, 2008; H. Wagner & Schneider, 2008).

Man darf jedoch nicht vergessen, dass die lesekundigen Erwachsenen aus dem Bekannten- und Freundeskreis der Versuchsleiter rekrutiert wurden. Selbstverständlich stellt diese angefallene Stichprobe keine geeignete Kontroll-gruppe hinsichtlich der sozialen Variablen dar. Dennoch konnte gezeigt werden, dass die lesekundigen Erwachsenen einen für Deutschland normalen sozioöko-nomischen Status aufweisen, die Analphabeten dagegen deutlich darunter lie-gen.

Allerdings wurden die in vielen Studien gefundenen Korrelationen zwischen der sozialen Herkunft und der Leseleistung (Helmke & Schrader, 2006; Helmke & Weinert, 1997; Jeynes, 2003; Senechal, 2006; Senechal & Young, 2008) in dieser empirischen Überprüfung repliziert. Durch das querschnittliche For-schungsdesign können sie jedoch kaum kausal interpretiert werden. Es lassen sich prinzipiell vier Wirkrichtungen unterscheiden, wie am Beispiel des aktuel-len sozioökonomischen Status duchgespielt:

- Der niedrige sozioökonomische Status der Analphabeten könnte zu deren schlechten Lesekompetenz geführt haben. Im Mittel haben die Kulturtechni-ken in der sozialen Grundschicht weniger Bedeutung, es wird weniger gelesen und mehr auf einfache Massenmedien zurückgegriffen (Arnold & Doctoroff, 2003; Bradley & Corwyn, 2002; Conger & Donnellan, 2007). Danach wäre Analphabetismus sozial verursacht.
- Es könnte aber auch sein, dass die schlechte Lesekompetenz zu dem niedrigen Sozialstatus beiträgt. Weil Lesen und Schreiben in unserer Gesellschaft ext-rem hoch bewertet wird, können Analphabeten kaum in höhere soziale Schichten aufsteigen. Damit wäre das Leben in der Grundschicht als Folge der schlechten Leseleistungen zu deuten.
- Vielleicht beeinflussen sich die beiden Variablen aber auch gegenseitig. Die mit dem niedrigen sozialen Status assoziierte Bildungsbenachteiligung führt

zu niedrigen Lesekompetenzen und diese führt wiederum zu Problemen mit dem sozialen Aufstieg.

- Letztendlich könnte auch eine Drittvariable (z.b. Dyslexie) den Zusammenhang erklären. Es könnte sein, dass soziale Faktoren mit dem Lesen korreliert sind, weil Analphabeten zu einem großen Teil aus der Grundschicht stammen und eine Dyslexie aufweisen, lesekundige Erwachsene aus höheren sozialen Schichten kommen und gute phonologische Kompetenzen haben. Die signifikante Korrelation könnte sich nun ausschließlich durch die Dyslexie ergeben. Die soziale Variable ist damit lediglich assoziiert, trägt aber nichts zur kausalen Erklärung der Leseleistung bei.

Keine dieser Annahmen kann durch die vorliegende Studie ausgeschlossen werden. Gleiches gilt für den Zusammenhang der Leseleistung mit dem erreichten Schulabschluss. Führt das Nichterreichen eines Schulabschlusses zu schlechten Leseleistungen oder führen die schlechten Leseleistungen zum Verfehlen der Schulziele? Auf eine kausale Interpretation der Korrelation zwischen der Leseleistung und dem aktuellen sozioökonomischen Status bzw. dem erreichten Schulabschluss muss deshalb verzichtet werden.

Bezüglich der sozialen Herkunft (sozioökonomischer Status in der Kindheit) und der Bildungsabschlüsse der Eltern kann dagegen ausgeschlossen werden, dass die aktuellen Leseleistungen die frühere soziale Herkunft erklären können bzw. dass sich beide Variablen gegenseitig beeinflussen. Es könnte nun sein, dass die soziale Herkunft die Leseleistung kausal beeinflusst oder eine dritte Variable diesen Zusammenhang erklärt. Welche Interpretation zutrifft, kann jedoch auch hier nicht bestimmt werden. Die Korrelationen sind zwar mit der Annahme einer sozialen Verursachung konsistent. Aber eine Drittvariable könnte auch immer noch den Zusammenhang erklären.

Allerdings entstammen die Stichproben sicherlich nicht einer gemeinsamen Grundgesamtheit, sondern sie stellen Extremgruppen dar. Die Korrelationen können deshalb den wahren Zusammenhang überschätzen (Bortz, 2005). Aus diesem Grund wurden Korrelationen in den jeweiligen Substichproben gerechnet, die auf Ausreißerwerte, Varianzeinschränkungen und Unreliabilität der Messinstrumente korrigiert wurden.

Bei den lesekundigen Erwachsenen hingen der Schulabschluss der Eltern (bildungsbezogene Herkunft) sowie die sozioökonomische Herkunft signifikant mit der Lesekompetenz zusammen. Die Korrelationen bezüglich dieser Variablen bei den Analphabeten verfehlten dagegen das Signifikanzniveau. Es könnte für möglich gehalten werden, dass die soziale Herkunft bei lesekundigen Erwachsenen die aktuelle Lesekompetenz beeinflusst, aber bei Analphabeten eine Konfundierung durch Dyslexie vorliegt. Die reichhaltigen Bildungsangebote, mit denen die lesekundigen Erwachsenen früher gefördert wurden, konnten ihren positiven Einfluss geltend machen. Bei den Analphabeten lagen dagegen starke phonologische Defizite vor, die knapp bemessenen Bildungsangebote konnten daran nicht mehr viel ändern. Diese Interpretation ist jedoch hochgradig spekulativ. Falls sie zutreffen sollte, wäre es möglich, dass bislang die sozialen Ursachen für Analphabetismus überschätzt werden.

Die fehlenden Korrelationen könnten allerdings auch durch die Methodik der Befragung zu erklären sein. Es wurden relativ unspezifische und breite retrospektive Selbsteinschätzungen erhoben. Die Probanden wurden z. B zum Beruf der Eltern in der Kindheit befragt. Welcher Zeitabschnitt mit der Kindheit gemeint war, blieb allerding unspezifiziert. Es ist aber gerade bei Analphabeten möglich, dass deren Eltern zum erfragten Zeitraum wechselnde Jobs hatten. Zudem war der fokussierte Zeitraum im Schnitt etwa 30 bis 40 Jahre vor der Befragung, was natürlich zu Lasten der Validität dieser Angaben gehen sollte.

Zu den überraschenden Ergebnissen gehört, dass bei den Analphabeten die Länge des Kursbesuches nicht mit der Leseleistung zusammenhing. Selbst bei Ausschluss von unrealistischen Werten (zwei Teilnehmer gaben an, sie hätten den Grundbildungskurs seit 150 bzw. 250 Monaten besucht) konnte kein Zusammenhang zur Lesekompetenz gefunden werden. Aber auch dieser Befund kann nicht kausal interpretiert werden:

- Wahrscheinlich sind Analphabeten mit sehr unterschiedlichen Lernvoraussetzungen in den Grundbildungskurs gestartet.
- Vielleicht sind Alphabetisierungskurse aber auch wenig effektiv und es ist irrelevant, wie lange erwachsene Lerner ihn besuchen.
- Oder aber Analphabeten können durch starke phonologische Defizite nur schwerlich Lesen lernen.

Eine Korrelation wäre unter allen drei Interpretationen nicht zu erwarten, jedoch kann aufgrund des Studiendesigns keine dieser Annahmen ausgeschlossen werden. Es muss aber noch einmal betont werden, dass das Ziel der vorliegenden Untersuchung die Analyse phonologischer Kompetenzen war. Zur kausalen Absicherung dieser Korrelationen muss sich also weitere Forschung anschließen.

7.4 Limitationen der Untersuchung und Forschungsdesiderata

Um die Aussagekraft der diskutierten Aspekte richtig bewerten zu können, sind einige einschränkende Bemerkungen hinsichtlich der internen und externen Validität der durchgeführten Studie anzumerken. Viele Einschränkungen wurden bereits in den vorherigen Kapiteln genannt. Sofern sie nur auf spezifische Bereiche zutreffen, sollen sie hier nicht wiederholt werden. Stattdessen gehen drei sehr allgemeine Probleme zu Lasten der Aussagekraft der empirischen Erhebung:

- Weil die vorliegende Untersuchung kein echtes Experiment ist, können keine gesicherten Kausalaussagen getroffen werden.

- Weil die drei verschiedenen Stichproben nicht repräsentativ für die jeweilige Grundgesamtheit sind, können die Schlüsse nicht auf die Populationen verallgemeinert werden.

- Weil die untersuchten Alterskohorten auf einem jeweils anderen Entwicklungsstand sind, könnten die Messinstrumente je nach Substichprobe etwas anderes messen.

Der erste Punkt betrifft die bereits mehrfach angesprochene interne Validität des *Reading Level Match Designs*. Es sollte die Aussage überprüft werden, ob Analphabeten Defizite in der phonologischen Informationsverarbeitung aufweisen, die sie ursächlich im Lesenlernen beeinträchtigen. Echte Kausalaussagen können nur durch ein experimentelles Design getroffen werden, indem die Probanden per Zufall den einzelnen Bedingungen zugewiesen werden. Ein solches Design ist aber hinsichtlich der hier untersuchten Fragestellung nicht durchführbar. Ein provokantes Beispiel möge dies verdeutlichen: Ein der Fragestellung angemessenes Experiment müsste in der randomisiert zugeordneten Experimentalgruppe in frühester Kindheit Störungen in der phonologischen Informationsverarbeitung induzieren. Wenn dann im Erwachsenenalter (also etwa 20 bis 40 Jahre später) die Experimentalgruppe deutlich schlechter lesen kann als die Kontrollgruppe, dann ist die in der Theorie angenommene Kausalrichtung bestätigt. Die Durchführung eines solchen Experiments ist jedoch aus ethischen (und sicherlich auch aus forschungsökonomischen) Gründen nicht möglich.

Hier können quasi-experimentelle Versuchspläne aushelfen, die auf die randomisierte Zuweisung verzichten (Bentler, 2007; Hasselhorn et al., 2007). In ihnen werden die Probanden anhand einer organismischen Variable den Versuchsbedingungen zugeordnet: „Studien also, bei denen Probandengruppen untersucht werden, die den interessierenden Bedingungen im echten Leben ausgesetzt waren" (Pinel, 2007, S. 11). Die fehlende Randomisierung hat dann zur Folge, dass aufgrund geringerer interner Validität durch konfundierende Variablen Kausalaussagen nur noch eingeschränkt möglich sind (Süß, 2005). Durch quasi-experimentelle Versuchspläne können die zugrundeliegenden Theorien niemals vollständig falsifiziert oder gar verifiziert werden. Die hier entwickelte und überprüfte IT-FA stellt da sicherlich keine Ausnahme dar: „In psychology, all of our causal theories are incomplete, and in the ‚soft fields' (e.g., psychopa-

thology, personality theory, social psychology), they are always partially false"
(Meehl & Waller, 2002, S. 284).

Der Vorteil eines solchen quasi-experimentellen Vorgehens ist jedoch, dass
die Logik eines echten, aber nicht durchführbaren Experiments auf eine geeignete Situation übertragen werden kann. Im *Reading Level Match Design* wurden
die Gruppen hinsichtlich potentieller Störvariablen (chronologisches Alter und
Leseleistung) parallelisiert. Durch die Parallelisierung können diese Variablen
die Unterschiede in den phonologischen Kompetenzen zwischen den Gruppen
nicht mehr erklären.

Auf der anderen Seite muss bedacht werden, dass Lesen ein sehr komplexer
Prozess ist. In der vorliegenden Untersuchung wurde die Lesekompetenz nur
durch Lesegeschwindigkeitstests auf Wort- und Satzebene erhoben. „Given the
complexity of reading and the heterogeneity of the reading-disabled population,
it seems unrealistic to expect that one could match on reading level in any absolute sense" (Backman et al., 1984, S. 565). Die hier angeführten Interpretationen
können demnach nur für die Lesegeschwindigkeit aufrechterhalten werden,
nicht aber für höhere Aspekte des Leseverständnisses oder gar für die Rechtschreibkompetenz. Aus ökonomischen Gründen wurde in der vorliegenden Studie ausschließlich die Leseleistung, aber keine Schreibleistung erfasst. In Replikationsstudien sollte nun an anderen Aspekten der Lesekompetenz sowie an der
Rechtschreibkompetenz gematcht werden. Besonders sollte in Zukunft auf das
Leseverständnis statt auf die Lesegeschwindigkeit fokussiert werden.

Die ökonomisch produktive Matchingstrategie des *Reading Level Match Designs* ist viel praktikabler als Längsschnitt- und Interventionsstudien. Dieses Design stellt damit das beste zur Verfügung stehende Mittel dar, die obige Fragestellung zu untersuchen. Bezüglich der Ergebnisse der phonologischen Bewusstheit und des verbalen Arbeitsgedächtnisses kann bestätigt werden, dass
Analphabeten ein Defizit in diesem Bereich zeigen. Anhand der Wissenschaftstheorie des kritischen Rationalismus kann plausibel ausgeschlossen werden, dass
die phonologischen Minderleistungen der Analphabeten die Folge ihrer Leseprobleme sind. Nach Hasselhorn et al. (2007) liegt dann „ein gutes empirisches
Argument dafür vor, dass es sich bei dem Defizit um eine Ursache der Störung
handelt" (S. 902) – nicht mehr und nicht weniger!

Sicherlich können dennoch Störvariablen vorliegen, die zu Lasten der internen Validität gehen (siehe hierzu Kap. 7.1.2, 7.2.2 und 7.3). Aufgrund des *guten
empirischen Argumentes* scheinen die gemachten Aussagen sehr wahrscheinlich
gültig zu sein; sie lassen sich aber niemals als absolut gesichert bestätigen. Weitere Studien müssen also weiterhin Störvariablen wie das Alter und die Leseleistung kontrollieren, um einigermaßen gesicherte Interpretationen liefern zu kön-

nen. Die Hinzunahme einer Stichprobe von Erwachsenen oder Kindern mit Dyslexie würde sich vor diesem Hintergrund ebenfalls anbieten.

Hinsichtlich des lexikalischen Abrufs kann dagegen nicht bestätigt werden, dass dieser bei Analphabeten eingeschränkt ist und sie dadurch am einfachen und effektiven Lesenlernen gehindert werden. Bezüglich der Post-hoc-Hypothese wurde zwar eine alternative Annahme überprüft (der lexikalische Abruf ist defizitär, er entwickelt sich langsamer und erreicht zu keinem Zeitpunkt das normale Ausmaß). Jedoch erfolgte die Testung erst, nachdem die Daten erhoben und analysiert worden waren (ex post facto). Durch ein solches Vorgehen können im wissenschaftstheoretischen Sinne die Hypothesen nicht explanativ überprüft werden. Stattdessen sollte die obige Annahme in einer folgenden, unabhängigen Studie erneut untersucht werden.

Die zweite oben angeführte Implikation betrifft die Art der Stichprobenziehung, die zu nichtrepräsentativen Stichproben führte. Repräsentative Stichproben können nur gezogen werden, wenn die Population bekannt ist (Hager, 2004). Aber zur Population der Analphabeten liegen kaum Informationen vor: Es gibt keine genaue allgemeingültige Definition, die Größenordnung ist unbekannt und die Populationscharakteristika kennen wir fast ausschließlich aus unsystematischen Praxisreflexionen (siehe Kap. 2). Das macht die Ziehung einer repräsentativen Stichprobe von Analphabeten unmöglich (Venezky & Sabatini, 2002).

Die Einschlusskriterien der Untersuchung verzerrten die Stichprobe weiterhin: Es wurden nur Probanden untersucht, die in einem Alphabetisierungskurs das Lesen und Schreiben lernten und freiwillig an der Testung teilnahmen, sowie deren Muttersprache deutsch war. Vermutlich ist ein Großteil der Analphabeten nicht in Alphabetisierungskursen zu finden (auch wenn noch keine Studie zu dieser Annahme vorliegt). Das in dieser Arbeit verwendete Sample ist damit eindeutig nicht repräsentativ für alle Analphabeten. Die hier gezogenen Schlüsse der phonologischen Defizite sind damit nicht auf die Grundgesamtheit der funktionalen Analphabeten in Deutschland, sowie der erwachsenen Lerner in Alphabetisierungskursen für Migranten und Migrantinnen zu übertragen.

Eine Lösung dieses Problems liefert Hager (2004). Er geht davon aus, dass in der psychologischen Forschung fast nie mit Zufallsstichproben, sondern immer mit anfallenden Stichproben operiert wird. Nun wird die Inferenzstatistik aber üblicherweise dazu verwendet, um von der Stichprobe auf die Population zu schließen. Wenn allerdings die anfallende Stichprobe gar keine Grundgesamtheit repräsentiert, dann kann auch nicht auf eine fiktive Population geschlossen werden. Das stellt einen Widerspruch zwischen Stichprobenziehung und Inferenzstatistik dar. Hager (2004) löst diese scheinbare Unvereinbarkeit auf, indem er die Inferenzstatistik nur zur Schlussfolgerung auf Theorien, nicht aber auf Populationen zulässt:

> „[D]ie in der psychologischen Forschung Tätigen sind gar nicht so sehr an Schlüssen auf reale oder fiktive Populationen interessiert oder sollten zumindest nicht daran interessiert sein, sondern vielmehr an psychischen Prozessen, Merkmalen, Phänomenen, Variablen usw., die zum Gegenstandsbereich der Psychologie gehören, und an kausalen und anderen Zusammenhängen zwischen diesen Prozessen etc. sowie an psychologischen Hypothesen und Theorien, die über diese Zusammenhänge formuliert werden [...]. Diese Hypothesen bzw. Theorien können valide aber auch an Gelegenheitsstichproben geprüft werden" (S. 33, im Original hervorgehoben).

Genau dieser Ansatzpunkt wurde für die vorliegende Arbeit gewählt: Es wurde eine Interaktionstheorie des funktionalen Analphabetismus (IT-FA) aufgestellt, nach der Analphabeten phonologische Störungen aufweisen. Die an einer anfallenden Stichprobe durchgeführten inferenzstatistischen Tests ließen dann Rückschlüsse auf die IT-FA zu, ohne auf die unbekannte Population der funktionalen Analphabeten verallgemeinern zu müssen. Demnach gelten die Ergebnisse nicht für die Grundgesamtheit der Analphabeten, sondern für die hier aufgestellte IT-FA. Die Nichtrepräsentativität der verwendeten Stichproben ist vor diesem Hintergrund kein großes Problem. Dennoch müssen die oben diskutierten Ergebnisse unbedingt in unabhängigen Untersuchungen repliziert werden.

Es ist vor diesem Hintergrund sicherlich erklärungsbedürftig, warum die beiden Kontrollgruppen der lesekundigen Erwachsenen und die Grundschüler einen relativ hohen Intelligenzquotienten von jeweils 113 aufwiesen. Zwar ist die Intelligenz in beiden Gruppen zum größten Teil normal ausgeprägt, doch sicherlich liegen zahlreiche Probanden mehr als eine Standardabweichung von der Normierungsstichprobe entfernt und gelten damit als überdurchschnittlich intelligent (wenn auch nicht als hochbegabt). Bestanden die Kontrollgruppen also überwiegend aus sehr privilegierten Teilnehmern?

Es darf nicht vergessen werden, dass der hier verwendete relativ untypische Intelligenzschnelltest ZVT weniger mit der allgemeinen Intelligenz g gesättigt ist als klassischere Intelligenztests (Rost & Hanses, 1993). Er wurde nur verwendet, um einen sehr kurzen Test applizieren zu können, um eine möglichst große Stichprobe an Analphabeten zu erhalten. Ebenso sind die Normen noch aus den 70er Jahren (Oswald & Roth, 1978) und damit völlig veraltet. Gerade in den letzten Jahrzehnten konnte eine Zunahme der Intelligenz in der Allgemeinbevölkerung beobachtet werden, was wahrscheinlich mit der immer besser werdenden Beschulung, Erziehung und Ernährung zusammenhängt (Lynn-Flynn-Effekt, vgl. Rost, 2009). Trifft dies auch auf den ZVT zu, dann könnten die hier untersuchten Kontrollgruppen durchaus normal intelligent sein. Allerdings müssten dann die Analphabeten sogar einen noch geringeren als den hier festgestellten IQ von 77 haben. Weitere Untersuchung mit Analphabeten sollten deshalb unbedingt allgemeinere, *g*-nähere und aktuell-normierte Intelligenztests verwenden.

Der niedrige IQ der Analphabeten könnte sich jedoch auch aus folgendem Sachverhalt ergeben: Vielleicht ist es ihnen im ZVT schwer gefallen, die Ziffern von 1 bis 90 zu verbinden, weil die Zählkompetenz noch nicht genügend automatisiert entwickelt war. Zwar betonen Oswald und Roth (1978), dass die einzige Voraussetzung zur Durchführung des Tests die Zählkompetenz von 1 bis 90 ist. Nach eigener Aussage konnten dies alle Analphabeten. Aber mit Sicherheit spielt der Aspekt der Automatisierung auch eine große Rolle. Es könnte ebenfalls zutreffen, dass Analphabeten zusätzlich zur Dyslexie eine komorbide Rechenstörung (Dyskalkulie) haben und deshalb die Zahlenverarbeitung (*basic number processing deficit*) nur eingeschränkt funktioniert (Landerl, Bevan & Butterworth, 2004). Auch deshalb sollte der IQ der Analphabeten in einer unabhängigen Studie nochmals mit einer größeren Intelligenztestbatterie überprüft und auf komorbide Entwicklungsstörungen getestet werden.

Zum Aspekt der Stichprobe lässt sich noch deren geringe Größe anführen. Jede Forscherin und jeder Forscher möchte natürlich über größere Stichproben verfügen. Die Rekrutierung der funktionalen Analphabeten ist jedoch sehr schwierig, denn sie wollen ja zu einem großen Teil nicht identifiziert werden und an Testungen teilnehmen (Grotlüschen & Bonna, 2008). Es ist deshalb ein großer Verdienst der sieben Versuchsleiter, insgesamt 70 Analphabeten zur Teilnahme zu bewegen. Durch die harten Einschlusskriterien mussten leider 16 von ihnen ausgeschlossen werden. Dennoch überragen die 54 aufgenommenen Analphabeten die optimale Stichprobengröße, die durch eine a priori durchgeführte Poweranalyse berechnet wurde (Kap. 5.6.4). Ebenfalls sind die Stichprobengrößen für Studien mit Analphabeten nach dem *Reading Level Match Design* mit den bereits vorliegenden Untersuchungen vergleichbar: Burgund und Abernathy (2008), Thompkins und Binder (2003), bzw. Greenberg et al. (1997) untersuchten 30, 60 bzw. 72 funktionale Analphabeten aus Alphabetisierungskursen. Die Stichprobengröße ist vor diesem Hintergrund als ausreichend zu bezeichnen.

Neun Analphabeten wurden ausgeschlossen, weil sie unterhalb des Niveaus der ersten Grundschulklasse lasen. Sie konnten deshalb nicht mit einem Grundschüler parallelisiert werden. Folglich kann die vorliegende Studie leider keine Aussagen über die Ätiologie der schlechtesten erwachsenen Leser machen. Vielleicht ist es gerade bei diesen Analphabeten eine sehr starke Dyslexie, oder aber eine enorme Bildungsbenachteiligung. Weitere Studien könnten für das Vorschulalter normierte phonologische Testbatterien verwenden (z.b. das Bielefelder Screening von Jansen, Mannhaupt, Marx & Skowronek, 2002).

Der dritte Punkt der Limitationen betrifft die altersstufenübergreifende Äquivalenz der eingesetzten Untersuchungsinstrumente. Die Kohorten der Erwachsenen und Grundschüler befinden sich je auf einem anderen Entwicklungsniveau. Es könnte nun sein, dass die phonologischen Tests bei den Grundschülern etwas anderes messen als bei lesekundigen Erwachsenen oder bei Analphabeten.

Für die kohortenübergreifende Eignung der phonologischen Messinstrumente spricht zum einen die zufriedenstellende interne Konsistenz der Testbatterien zur phonologischen Bewusstheit und zum lexikalischen Abruf zwischen $\alpha = .67$ und $\alpha = .91$. Die Tests zum verbalen Arbeitsgedächtnis fallen mit Werten zwischen .57 und .69 etwas schlechter aus. Die internen Konsistenzen sind für die jeweilige Substichprobe vergleichbar wie für die Gesamtgruppe.

Zum anderen wurden Messfehler durch die Modellierung latenter Variablen minimiert. Die Reliabilität der latenten Variablen sollte sich deshalb durchweg erhöht haben. Die Modellierung wurde nicht nur kohortenübergreifend, sondern auch für jede Substichprobe einzeln durchgeführt (siehe Tabelle 37 bis Tabelle 39 im Anhang auf S. 288 und 289). Die dreifaktorielle Struktur der phonologischen Informationsverarbeitung lässt sich in allen drei Stichproben aufrechterhalten. Lediglich bei den Grundschülern scheinen die Arbeitsgedächtnisfunktionen und die phonologische Bewusstheit noch nicht deutlich genug voneinander getrennt zu sein, was an den hohen gemeinsamen Ladungen deutlich wird. Eine solche Dissoziation wird wohl erst in den nächsten Entwicklungsjahren zu erwarten sein. Auf der anderen Seite könnten sich diese Unterschiede in den Faktorladungen auch durch die kleinen Substichproben von jeweils 54 Probanden erklären, denn für die zuverlässige Durchführung einer Faktorenanalyse ist diese Stichprobengröße zu gering.

Bezüglich der Modellierung lässt sich ferner überlegen, warum das Pseudowortnachsprechen meistens auf einem anderen Faktor als die zwei Wortspannenaufgaben lud. Alle drei Tests sollten eigentlich das verbale Arbeitsgedächtnis überprüfen. Während aber das Pseudowortnachsprechen besonders die Erstellung einer korrekten phonologischen Repräsentation im Arbeitsgedächtnis misst, erfassen Wortspannen eher dessen Gesamtkapazität (Hasselhorn et al., 2000). Anscheinend unterscheiden sich diese beiden Aspekte deutlicher, als theoretisch zu erwarten war. Es könnte aber auch sein, dass die Reliabilität der Arbeitsgedächtnistests deswegen geringer ausfiel, weil in der Pseudowortwiederholung mit insgesamt acht Items leicht ein Deckeneffekt erreicht wurde. Die Varianzeinschränkung könnte dann erklären, warum diese Aufgabe nicht auf dem Arbeitsgedächtnisfaktor lud und die interne Konsistenz nicht hoch genug ausfiel. Beide Interpretationen könnten zutreffen. Eine endgültige Entscheidung wird sich nur durch Replikationsstudien mit größeren Testbatterien anbahnen lassen.

Obwohl Analphabeten in der einsilbige Wortspanne Minderleistungen im Vergleich zu den Grundschülern zeigten, gab es im Vergleich der Rohwerte in der dreisilbigen Wortspanne keinen signifikanten Unterschied. Das deutet auf einen Wortlängeneffekt hin: Kinder haben noch keine automatische Aktivierung des Rehearsal-Prozesses und können deshalb die dreisilbige Wortspanne nicht besser als Erwachsene nachsprechen (Hasselhorn & Mähler, 2007; Mähler & Hasselhorn, 2003; Schuchardt et al., 2006). Wenn dies zutrifft, dann dürfte es nach der Entwicklung der automatischen Aktivierung des Rehearsals einen großen Entwicklungssprung in den Arbeitsgedächtnisleistungen für dreisilbige Wörter bei Grundschülern geben. Das Arbeitsgedächtnis der Analphabeten für dreisilbige Wörter sollte spätestens dann signifikant schlechter als das der Kinder ausfallen.

Zuletzt kann durch die Ergebnisse hinsichtlich des verbalen Arbeitsgedächtnisses folgende Annahme ausgeschlossen werden: „Eine weitere Strategie, die von ‚funktionalen Analphabeten' häufig angewendet wird, ist erhöhte Merkfähigkeit" (Egloff, 1997, S. 162). Zumindest der hier überprüfte verbale Teil des Arbeitsgedächtnisses ist nicht besser als bei lesekundigen Erwachsenen ausgeprägt und kann keine Ausgleichsstrategie der mangelnden Lesefähigkeit darstellen: Die Merkfähigkeit von rein verbalen Informationen ist eingeschränkt und nicht etwa erhöht.

7.5 Praktische Implikationen der Ergebnisse

7.5.1 Konsequenzen aus dem Zusammenhang von Dyslexie und Analphabetismus

Wichtigkeit von Interventionen

In dieser Arbeit wurden phonologische Defizite bei Analphabeten nachgewiesen, durch die auf das Vorliegen einer Dyslexie geschlossen werden kann. Der Interaktionstheorie des funktionalen Analphabetismus (IT-FA) zufolge, sind diese zu einem größeren Teil auf neurobiologische Ursachen zu attribuieren. Von Kritikern mag angeführt werden, dass die Annahme von neurobiologischen Gründen zur Verhinderung sozialer Hilfen beiträgt. In diesem Sinne könnten gesellschaftliche Vertreter, Grundbildungslehrer und Analphabeten vorbringen: „Das ist neurobiologisch bedingt, da können wir eh nichts gegen tun!"

Dieser Vorwurf ist ganz klar zurückzuweisen, da er durch eine falsche Vorstellung über das Anlage-Umwelt-Denken gekennzeichnet ist. Während biologische Gründe zwar wichtig für die Ätiologie der Dyslexie sind, kommt sozialen Faktoren eine größere Bedeutung in der Förderung zu (Frith, 1999). Dass Dyslexie behandelbar ist, wurde eindeutig in den zahlreichen Trainingsstudien nachgewiesen (Torgesen, 2005; Vellutino & Fletcher, 2005). Einige Grundsätze der Behandlung lassen sich deshalb nach Warnke et al. (2002) zusammenfassen:

- „Hilfe ist wichtig und sie ist notwendig; fast alle Personen mit Legasthenie lernen ausreichend zu lesen und verständlich zu schreiben. […]
- Therapieverfahren, die eine systematische Einübung von Lesen und Rechtschreiben beinhalten, können grundsätzlich Lesen und Rechtschreiben verbessern […].
- In der Regel jedoch erreichen Personen mit Legasthenie trotz optimaler schulischer Unterrichtung und auch Lese-Rechtschreibtherapie nicht die gleiche Lese-Rechtschreibfähigkeit wie Personen, die nicht von einer Legasthenie betroffen sind" (S. 86).

Förderung, Therapie und Unterricht sind damit sehr wichtig, um Analphabeten beim Lesenlernen zu unterstützen. Wenn Dyslexie wirklich auf neurobiologische Gründe attribuiert werden kann, darf dies nicht zum Einstellen jeglicher Hilfen führen. Stattdessen sollte die genaue Kenntnis der Ursachen für Analphabetismus eine gezielte Förderung und ein gesamtgesellschaftliches Verständnis für die Belange und Bedürfnisse von Analphabeten erst ermöglichen (vgl. Rudolph, Roesch, Greitemeyer & Weiner, 2004). Deshalb ergeben sich an dieser Stelle gerade aufgrund einer vermeintlich neurobiologischen Verursachung besondere praktische Implikationen und eine hohe gesellschaftliche Verantwortung: Funktionale Analphabeten in Deutschland benötigen so viel Förderung wie nur irgendwie möglich.

Prävention von Analphabetismus

Der bedeutendste Auftrag für die Prävention von funktionalem Analphabetismus geht sicherlich an Kindergarten und Schule. Denn obwohl alle Kinder in Deutschland die Schule durchlaufen müssen, hat sie es offensichtlich bislang nicht geschafft, sämtlichen Lernern adäquat Lesen und Schreiben beizubringen. Folgende Strategien erscheinen diesbezüglich Erfolg versprechend:

- Kindergartenpflicht: Besonders diejenigen Familien, die am meisten von einem Kindergartenbesuch profitieren könnten, schicken ihre Kinder häufig nicht in den Kindergarten (Schröder, 2005). Die Kindergartenpflicht wird deshalb besonders sozioökonomisch schlechter gestellten Familien zugutekommen. Vermutlich sind Analphabeten zu einem großen Teil früher nicht in den Kindergarten gegangen (auch wenn dazu keine systematischen Erhebungen vorliegen). Sie mussten dann mit einem Lernrückstand in der Schule starten, den sie nie wieder aufgeholt haben. Durch eine Kindergartenpflicht könnte man die Rückstände solcher Kinder reduzieren. Um den Zugang zum Kindergarten auch für weniger reiche Familien hürdenfrei zu gestalten, muss der Kindergartenbesuch kostenlos sein.

- Verminderung von Schulabsentismus: In Deutschland besteht eine Schulpflicht, in der jedes Kind und jeder Jugendliche die Schule besuchen muss. Dennoch fallen einige Schülerinnen und Schüler durch das Raster und fehlen kurz- oder langfristig von der Schule (M. Wagner, Dunkake & Weiß, 2004). Es könnte nun für möglich gehalten werden, dass Schulabsentismus die Gefahr für Analphabetismus im Erwachsenenalter erhöht, oder aber dass frühe Probleme mit dem Lesenlernen zu Schulabsentismus führen. Zwar wurde die Art der Einflussrichtung noch nicht kausalanalytisch überprüft, aber eine frühe Prävention und Intervention bei Schulabsentismus erscheint bei beiden Interpretationen wichtig (Grosche, 2009b). Schulische Handlungs- und Ansatzpunkte bei Schulabsentismus finden sich z.B. bei Ricking (2005, 2007) und Hintz, Grosche und Grünke (2009).

- Unausgelesene Diagnostik: Um Risikoschüler möglichst frühzeitig zu identifizieren, sollten alle Schülerinnen und Schüler möglichst mehrmals im Jahr mit Lese-Screenings (z.B. SLS oder WLLP) getestet werden. Solche Gruppentests benötigen in der Regel nur wenige Minuten und sind einfach und praktikabel. Die Kinder, die geringe Werte in diesen Tests aufweisen, erhalten dann einen längeren Individualtest zur Testung ihrer Lesekompetenz. Im Falle von Leseproblemen muss sich dann (sonder)pädagogische Unterstützung anbieten. Einzelheiten zur Früherkennung von Leseproblemen bietet z.B. v. Suchodoletz (2005).

- Kontinuierliche Erfassung von Lernfortschritten: Die Lernergebnisse der Schüler im Lesen müssen über die gesamte Grundschulzeit überwacht werden. Wenn Schüler keinen oder nur einen ungenügenden Lernfortschritt zeigen, dann müssen unmittelbar (sonder)pädagogische Hilfen angeboten werden. Das unter dem Namen curriculum-basiertes Messen bekannt gewordene Verfahren kann z.B. bei Klauer (2006b) und Walter (2008, 2009, 2010) nachgelesen werden.

- Förderung basaler Lesekompetenzen: Zu Beginn ihrer Schullaufbahn lernen Kinder das Lesen. Später lesen sie, um zu lernen. Für die Prävention von Analphabetismus ist dafür zu plädieren, den erstgenannten Aspekt ebenfalls in den weiterführenden Schulen zu berücksichtigen. Nur durch die Vermittlung von basalen Lesefähigkeiten, auch in den höheren Klassen, kann Analphabetismus im Erwachsenenalter verhindert werden (Nickel, 2004b).

- Einbezug der Eltern: Die Konzepte der *family literacy* (Nickel, 2007a, 2007b) bzw. der familiären Bildungserziehung (Hurrelmann, 2004) machen es vor. Eltern müssen zusammen mit ihren Kindern zu einer hohen gemeinsamen Wertschätzung und gemeinsamen Lesezeit kommen. Es sollte insbesondere eine effektive Prävention von Analphabetismus sein, wenn Kinder ihren Eltern viel vorlesen (Senechal, 2006; Senechal & Young, 2008).

- Sozialpädagogische Hilfen: Wenn die Vorhersagen der IT-FA zur Bildungsbenachteiligung und psychosozialen Stressbelastungen zutreffen, sollten diese durch sozialpädagogische Hilfen vermindert werden. Familien könnten durch Sozialpädagogen von Alltagsaufgaben entlastet werden, so dass mehr gemeinsame positive Familien-, Spiel- und Lernzeit bleibt. Ebenfalls können die Pädagogen verpasste Lerngelegenheiten der Kinder nachholen.

- Psychotherapie bei Angst- und Entwicklungsstörungen: Wenn die Stressbelastungen zu groß geworden sind und sich Angst- und Entwicklungsstörungen anbahnen oder bereits vorliegen, müssen Eltern und Kinder dem psychotherapeutischen Hilfesystem zugeführt werden. Dies könnte durch behutsame Gespräche mit dem Klassenlehrer oder dem Schulpsychologen angebahnt werden.

- In jedem Fall gelten die im Folgenden anzuführenden Aspekte der Professionalisierung des Personals (Kap. 7.5.2) und der direkt-instruktiven Förderung sowie der Förderung der phonologischen Bewusstheit (Kap. 7.5.3) ebenso für die Prävention von funktionalem Analphabetismus in Kindergarten und Schule (siehe dort).

7.5.2 Professionalisierung und politische Konsequenzen

Aus den Ergebnissen der vorliegenden Arbeit ergeben sich vor allem zwei Konsequenzen auf organisatorischer Ebene. Zum einen müssen sehr gut qualifizierte, professionelle Grundbildungslehrer die Förderung von Analphabeten übernehmen (Nickel, 2007a). Die meisten Lehrerinnen und Lehrer im Bereich der Grundbildung bei Erwachsenen sind nicht für ihren Beruf ausgebildet. Aufgrund der schlechten Bezahlung und der befristeten Arbeitsverträge werden die am besten ausgebildeten Lehrkräfte wohl nicht den Beruf des Grundbildungslehrers aufnehmen, sondern stattdessen eine verbeamtete Stelle an einer Allgemeinen Schule annehmen. Der Beruf des Alphabetisierungspädagogen muss deshalb durch den Nachweis eines grundständigen Alphabetisierungs- oder Sonderpädagogikstudiums legitimiert und auch entsprechend entlohnt werden.

Zum anderen benötigen beeinträchtige Lerner über viele Jahre hinweg intensive Förderung im Lesenlernen (Torgesen, 2000). Mit einem einmal oder zweimal wöchentlich stattfindenden 90 minütigen Abendkursus ist es bei Analphabeten nicht getan. Auch unbeeinträchtigte Kinder lernen das Lesen nicht innerhalb weniger Tage, sondern auch bei ihnen braucht es mehrere Jahre. Analphabeten, die bereits schon einmal im Schulsystem gescheitert sind, benötigen nicht einfach nur einen kurzen Auffrischungskurs ihrer vermeintlich eingeschlafenen Lesekenntnisse. Stattdessen muss sich explizit eine intensive Förderung anbieten, die damals in der Schule nicht oder nur ungenügend durchgeführt wurde.

Die Politik muss deshalb für niederschwellige, kostenfreie, zeitintensive, massive, langfristige, stabile und effektive Grundbildungskurse aufkommen und die universitäre und praktische Ausbildung der Alphabetisierungspädagogen bezahlen, um „für entgangene bzw. nicht erbrachte Leistungen des Schulsystems durch moderate Zusatzförderung der Weiterbildung nachzukommen" (Schlutz, 2007, S. 21). Das ist zwar teuer, aber „[v]olkswirtschaftlich betrachtet ist ihr Finanzbedarf [...] sicherlich geringer als die entstehenden Folgekosten. Die übliche Frage, wie viel Bildung kosten dürfe, ist somit falsch gestellt. Die eigentliche Frage müsste lauten, wie viel geringe Grundbildung man sich leisten kann bzw. leisten will" (Nickel, 2007a, S. 32). Sicherlich muss vor diesem Hintergrund eine vertiefende theoretische Analyse erfolgen, ob und wie der Staat ein Grundrecht auf Grundbildung finanziell und rechtlich absichern kann.

7.5.3 Grundbildungsunterricht mit Analphabeten

Direkte Unterrichtung basaler Lesekompetenzen

Provokant gesagt können nach Schätzungen von Gildroy und Deshler (2005) etwa 20 % aller Schülerinnen und Schüler durch keine Unterrichtsmethode vom Lesenlernen abgehalten werden. Weitere 60 % lernen relativ problemlos lesen, wenn sie den regulären Leseunterricht besuchen. Die restlichen 20 % benötigen dagegen wesentlich mehr als den normalen Unterricht, weshalb bei diesen Schülern einer Beliebigkeit der Lehrmethode strikt zu widersprechen ist. Sie profitieren am ehesten von einem intensiven, expliziten, redundanzreichen und systematischen Leseunterricht (Foorman & Torgesen, 2001; Grosche & Grünke, 2008; Grünke, 2006; Lauth & Grünke, 2005). Ihnen sind diejenigen Kenntnisse und Fähigkeiten explizit zu vermitteln, die sich unbeeinträchtigte Lerner zumindest in Teilbereichen relativ automatisch und ungelenkt aneignen. Ein solcher Unterricht sollte auf der Annahme basieren, „dass Schüler zunächst grundlegende Fertigkeiten beherrschen und über eine gewisse Wissensbasis verfügen müssen, bevor sie höherwertige kognitive Fähigkeiten erwerben können" (Grünke &

Greisbach, 2008, S. 685). Eine nach diesem Prinzip ausgerichtete Lernförderung hat sich als wesentlich wirksamer erwiesen als ungelenkte, freie und entdecken-lassende Unterrichtsprinzipien (Grünke, 2006). Es ist deshalb dafür zu plädieren, selbstregulierte und konstruktivistische Lernformen durch eine starke Lehrer-steuerung des Lernprozesses zu ersetzen.

Grundbestandteile einer solchen als direkten Instruktion bezeichneten Unter-richtsmethode sind (a) die vertiefte Vermittlung reduzierter Inhalte, (b) das Überwachen des Lernfortschritts der Lerner, (c) die Unterrichtung von Transfer und Anwendung geeigneter Strategien und (d) explizites korrigierendes Feed-back (Rupley, Blair & Nichols, 2009; Swanson, 1999a; Watkins & Slocum, 2004). Der Lehrer ist in der direkten Instruktion für den Lernprozess seiner Ler-ner verantwortlich, er muss seine Schüler ständig am Lernen halten und darf möglichst wenig Zeit für nicht-akademische Aktivitäten im Unterricht aufwen-den. Die Lernaufgaben sind auf kleinste Teilmengen herunterzubrechen und Schritt für Schritt sequentiell im Unterricht zu trainieren. Im Grundbildungsun-terricht sollten deshalb die Graphem-Phonem-Zuordnungen, das Zusammen-schleifen der Buchstaben und die Lesegenauigkeit ganz intensiv so lange trai-niert werden, bis alle Buchstaben korrekt benannt und alle deutschen Wörter gelesen werden können, sowie das Zusammenschleifen jeglicher im Deutschen möglichen Buchstabenkombinationen gelingt.

Bislang liegen keine umfassenden und systematischen Aufarbeitungen des Forschungsstandes der direkten Instruktion auf Deutsch vor. Empfehlenswert sind dennoch die kurzen einführenden Artikel von Wember (2007a, 2007b, 2008). Bei Grosche et al. (2011) findet sich darüber hinaus folgende Aufstellung direkt-instruktiver Prinzipien für den Grundbildungsunterricht:

- Lerngruppen: Für die Förderung werden kleine Lerngruppen von etwa drei bis fünf Personen mit ähnlichen Lernvoraussetzungen gebildet.
- Dauer: Einzelne direkt-instruktive Episoden dauern nur etwa 15 Minuten, sollten aber täglich mehrmals wiederholt werden.
- Unterrichtsphasen: Zuerst werden das Lernziel und der zu lernende Inhalt er-läutert. Anschließend macht der Lehrer die geistige Operation mit dem Inhalt vor; der Lerner macht dies unter Anleitung nach. Zuletzt übt der Lerner die Operation bis zur Erreichung einer sehr sicheren Verhaltensantwort.
- Informationsgabe: 90 % des Unterrichtsinhalts sollte der Lerner bereits voll-ständig beherrschen. Es werden also immer nur 10 % neue Informationen ge-geben, die der Lerner bereits nach kurzer Zeit vollends richtig anwenden kann.

• Korrigierendes Feedback: Lehrer sollen die Fehler des Lernenden unmittelbar korrigieren, anstatt sie die Fehler selber suchen zu lassen. Anschließend soll die richtige Verhaltensantwort vom Lerner wiederholt werden.

Ein solcher Unterricht maximiert die Erfolgserlebnisse des Lerners und sollte durch die kleinschrittige Vermittlung besonders effektiv sein (Grünke, 2006). Kritiker mögen jedoch einwenden, dass Erwachsene den Zugang zur Schrift nur über geeignete motivationale Strategien erwerben und insbesondere selbstreguliertes Lernen bevorzugen. Im Gegenteil konnte aber Linde (2008) zeigen, dass zu Beginn des Alphabetisierungsunterrichts die selbständige „Auswahl und Bestimmung der zu bearbeitenden Inhalte zunächst nachrangig ist" (S. 172). Die allermeisten Analphabeten wünschen sich sogar vor allem eine gezielte Unterrichtung in Lesen und Schreiben (APOLL, 2003). Ebenso geht Geißler (2006) von einer starken Erwartung erwachsener Lerner zu rezeptivem Lernen aus. Die direkte Instruktion sollte deshalb die Lernbedürfnisse von funktionalen Analphabeten optimal bedienen.

Jedoch könnten Gegner des Ansatzes entgegnen, dass die direkte Instruktion vielleicht bei Kindern, aber nicht bei erwachsenen Analphabeten umsetzbar ist. An diesem Argument ist richtig, dass Erwachsene nicht wie Kinder behandelt werden dürfen, denn *Erwachsene sind nicht einfach nur große Kinder*. Allerdings wünschten sich in den Interviews von H. Wagner und Schneider (2008) viele Analphabeten im Unterricht vor allem klare Ansprachen und realistische Ziele, aber kein freundliches Übersehen von Fehlern. Deshalb ist es nicht überraschend, dass die Methode der direkten Instruktion bei erwachsenen Lernern in Alphabetisierungskursen grundsätzlich umsetzbar ist (Grosche et al., 2011; Hintz & Grosche, 2010). An dieser Stelle ist deshalb für die Erforschung dieses didaktischen Prinzips sowie ihre Anwendung im Unterricht zu plädieren.

Phonologische Bewusstheit

Die in der vorliegenden Studie nachgewiesenen Defizite in der phonologischen Bewusstheit sollten durch den Grundbildungsunterricht ausgeglichen werden, denn das Trainieren der phonologischen Bewusstheit verbessert langfristig das Lesen- und Schreibenlernen. In einer großen Metaanalyse konnten Ehri et al. (2001) einige bedeutsame Aspekte der Vermittlung von phonologischer Bewusstheit identifizieren. Besonders erfolgversprechend scheinen demnach das alleinige Üben des Zusammenziehens von Einzellauten (Synthese) sowie das Segmentieren von Einzellauten im Wort (Analyse) zu sein. Vor allem diese zwei Aspekte sollten intensiv und redundanzreich mit Analphabeten trainiert werden, um das Lesenlernen zu erleichtern. Durch die gleichzeitige Vermittlung von Buchstabenwissen lässt sich der Lerneffekt dann noch einmal steigern.

Der Lehrer könnte dazu Einzellaute eines kurzen Wortes vorsprechen und sie vom Lerner zusammenschleifen lassen. Oder er spricht ein Wort vor und lässt den Lerner die einzelnen hörbaren Laute nennen. Gelingt dies nicht, muss der Lehrer ihm die Operation nach Prinzipien der direkten Instruktion vormachen. Es darf aber nicht vergessen werden, dass viele Laute unserer Schriftsprache unhörbar sind. Ein „überdeutliches" Aussprechen von unhörbaren Buchstaben ist unbedingt zu vermeiden. Der Lehrer sollte z.b. zur Phonemanalyse die Endung „er" von Vater nicht betonen, denn bei der Aussprache von Vater kommt in der Tat weder ein „e" noch ein „r" vor. Stattdessen ist die Lernerantwort „V-a-t-a" vor dem Hintergrund der Phonemanalyse als korrekt zu bewerten. Wie effektiv solche Maßnahmen bei funktionalen Analphabeten jedoch sind, kann zum gegenwärtigen Zeitpunkt aufgrund mangelnder Studien nicht beantwortet werden. Zwei Studien mit primären Analphabeten kommen jedenfalls zu positiven Befunden (Durgunoglu & Öney, 2002; Morais et al., 1988).

Verbales Arbeitsgedächtnis
Das in dieser Studie identifizierte Defizit im verbalen Arbeitsgedächtnis muss auf zwei Arten im Unterricht berücksichtig werden. Zum einen wird durch komplexe Lernsettings das ohnehin schon schwache Arbeitsgedächtnis noch weiter überlastet. Dadurch kann kein Lernen (im Sinne einer langfristigen Speicherung von Informationen im Langzeitgedächtnis) stattfinden. Die Komplexität des Lerngegenstandes sollte deshalb stets minimiert werden (Gathercole, 2004; Gathercole et al., 2006):

- Das Lernmaterial muss reizarm sein.
- Es sollten immer nur kleine Schritte vermittelt werden, die explizit vorgemacht und unter Anleitung nachgemacht werden.
- Die Anleitungen und Instruktionen des Lehrers sollten stets kurz und syntaktisch einfach gehalten werden.
- Alle Lernschritte sollten oft wiederholt werden.

Zum anderen könnte eine Förderung der Gedächtnisfunktionen erfolgen, um die Defizite der Analphabeten zu überwinden. Die absolute Kapazität des Arbeitsgedächtnisses lässt sich durch Trainings vermutlich nicht steigern (Büttner & Hasselhorn, 2007; Neidhart, 2006; Witruk, 2003). Jedoch führt die Vermittlung von Gedächtnisstrategien zu besseren Leistungen, in dem die bei Dyslexie reduzierte Arbeitsgedächtniskapazität deutlich effizienter ausgenutzt werden kann (Hasselhorn & Grube, 2006; Turley-Ames & Whitfield, 2003; Witruk, 2003). Die Gedächtnisstrategien entlasten dann das Arbeitsgedächtnis und erleichtern die Wissensspeicherung. Gedächtnisstrategien entwickeln sich in der Regel nur zu einem gewissen Teil spontan. Hier könnte deshalb ein Training zur Förderung von Gedächtnisleistungen ansetzen.

Es lassen sich verschiedene Lern- und Gedächtnisstrategien unterscheiden (Mandl & Friedrich, 2006), wozu insbesondere Wiederholungs-, Elaborations- und Organisationsstrategien des Aufgabenmaterials zählen (Hasselhorn & Grube, 2006). Bei Wiederholungsstrategien werden die zu lernenden Informationen einfach häufig wiederholt (*rehearsal*), Elaborierungsstrategien verknüpfen neue Informationen mit Vorwissen und erweitern die ursprüngliche Information und Organisationsstrategien bündeln die Informationen nach Konzepten, Ideen oder Oberbegriffen. Diese drei Strategien können durch drei generelle Schritte vermittelt werden (Büttner & Mähler, 2004):

- Die Gedächtnisstrategie wird vom Lehrer beschrieben und vorgemacht.
- Die Strategie wird schrittweise eingeübt und nachgeahmt. Sie wird vom Lerner am Anfang laut kommentiert. Die innere Stimme wird allmählich zurückgefahren, bis die Strategie internalisiert ist.
- Im letzten Schritt wird dem Lerner die Selbstbeobachtung, Selbstkontrolle und Lernregulation während der Strategieanwendung beigebracht.

Durch die Verwendung geeigneter Gedächtnisstrategien können also Lerner ihre reduzierten verbalen Arbeitsgedächtnisressourcen effizienter nutzen und gegebenenfalls überwinden. Es ist aber zu beachten, dass im Gegensatz zur Wiederholungsstrategie die Elaborations- und Organisationsstrategien zuerst einmal kognitive Ressourcen von der Aufgabe abziehen, weshalb die Aufgabenleistungen absinken und erst nach wiederholter Nutzung und Automatisierung der Strategie mit positiven Lernergebnisse zu rechnen ist (sogenanntes Nutzungsdefizit, vgl. Hasselhorn & Grube, 2006; Schneider & Büttner, 2008).

Geschwindigkeit des lexikalischen Abrufs

Durch die oben beschriebenen Maßnahmen können Analphabeten relativ genaue und akkurate Leser werden. Allerdings wäre es möglich, dass das Defizit in der Geschwindigkeit des lexikalischen Abrufs sie daran hindert, flüssig und schnell zu lesen (Wimmer, 2006; Wimmer et al., 2000; Wolf & Bowers, 1999). Das ist ein großes Problem, denn bislang ist unbekannt, ob ein Defizit im lexikalischen Abruf überwunden werden kann. Erste Interventionsstudien zeigen, dass durch eine besondere Betonung der Leseflüssigkeit gute Fortschritte in der Lesegeschwindigkeit zu erwarten sind (Wolf et al., 2009). Ob allerdings jemals eine normale Leseflüssigkeit erreicht werden kann, bleibt fraglich (Thaler et al., 2004).

Darüber hinaus offenbarte eine Analyse der kognitiven Informationsverarbeitungsgeschwindigkeit, dass auch diese bei Analphabeten verlangsamt ist. Aus diesem Grund sollten Analphabeten langsamere Lernfortschritte zeigen. Außerdem benötigen sie mehr Übungsdurchgänge, um Teilkompetenzen zu konsolidieren (Sabatini, 2002). Auch hier ist nicht bekannt, ob die Geschwindigkeitskomponenten auf ein Training ansprechen können (Wolf et al., 2002). In diesem Bereich muss sich deshalb dringend weitere Forschung anschließen, um praktische Konsequenzen zum Training der Verarbeitungsgeschwindigkeit geben zu können.

Weitere Förderansätze

Wenn aber auch phonologische Trainings nicht den gewünschten Erfolg liefern und Analphabeten weiterhin starke Probleme mit dem Lesen und Lesenlernen haben, dann lohnt sich vielleicht eine andere Art, die phonologischen Defizite zu kompensieren oder auszugleichen:

- Zum Beispiel könnte eine intensive Sprachtherapie angebahnt werden, um die phonologische Bewusstheit zu trainieren.
- Vielleicht hilft auch ein Training, in dem phonetische Aspekte des Lesens vermittelt werden. Zum Beispiel könnte die phonologische Bewusstheit für Phoneme durch die Wahrnehmung der Lippenstellung und -spannung, der Stimmbänder, des Kehlkopfes etc. vermittelt werden.
- Man könnte auch anstatt der phonologischen Lesefertigkeiten syntaktische, kontextbezogene, orthographische und lexikalische Erlesestrategien trainieren, um phonologische Defizite zu kompensieren (Bergmann & Wimmer, 2008; Brunsdon, Hannan, Coltheart & Nickels, 2002; Cunningham, Perry & Stanovich, 2001; Leinonen et al., 2001; Lundberg, 2002; Shaywitz et al., 2008). Hierbei ist allerdings unklar, ob und wie dies am besten gelingen kann (Burt, 2006). Zum Beispiel lassen sich nur etwa ein Fünftel aller Wörter aus dem Kontext erschließen, was zudem viel länger dauert, als das Wort einfach zu erlesen (Tacke, 2007). Um gesicherte Empfehlungen für die Praxis geben zu können, muss sich also erst weitere Forschung anschließen.
- Das mit der Intelligenz korrelierte Hörverstehen muss wahrscheinlich ebenfalls trainiert werden. Diese könnte durch die direkte Vermittlung von Hör- und Leseverstehensstrategien erfolgen (Demmrich & Brunstein, 2004; Grünke & Strathmann, 2007; Klicpera et al., 2007), wobei diese auf dem gleichen Wege wie die oben beschriebenen Gedächtnisstrategien unterrichtet werden. Ebenfalls könnte die Intelligenz durch das induktive Denktraining von Klauer (2004; Klauer & Phye, 2008) gefördert werden. Aber es darf dabei nicht vergessen werden, dass ein solches Training nur das Leseverstehen fördern kann, wenn die Kompetenz zum Wortlesen bereits gut entwickelt ist.

- Ebenfalls sollte über eine Kompensation durch neue Medien nachgedacht werden, denn bei erwachsenen Dyslektikern haben sich verschiedene technologische Unterstützungssysteme bewährt. Dazu zählen vor allem Hörbücher, Spracherkennungssoftware, Vorleseprogramme, Textproduktionssoftware und Aufnahmegeräte als temporäre „Notizblöcke" (Butler, 2004; Shaywitz et al., 2008).

Resilienzförderung

Ein sehr wichtiger Förderansatz darf bei allen Mitteln der oben beschriebenen kognitiven Lernförderung nicht übersehen werden: Die besten Prädiktoren für die *Lebenszufriedenheit* von Erwachsenen mit Lernstörungen sind eben nicht die Schwere der Lernstörung oder deren Lesefähigkeiten, sondern eine große Selbstwirksamkeit und starke internale Kontrollüberzeugungen (Butler, 2004). Diese Aspekte lassen sich unter den Begriff der Resilienz unterordnen, der allgemein die Widerstandskraft gegenüber widrigen Umweltbedingungen bezeichnet (Fingerle, 2008). Es bieten sich vor allem zwei Ansätze der Resilienzförderung an:

- Rational-emotive Therapie/Erziehung: Ausgangspunkt dieser Förderansätze ist die Annahme, dass psychische Probleme eher durch dysfunktionale Kognitionen als durch aversive äußere Umstände hervorgerufen werden. Es wird deshalb versucht, diejenigen subjektiven Gedanken zu verändern, die die psychischen Auffälligkeiten verursachen. Dazu werden die Betroffenen mit ihren eigenen häufig überzogenen Überzeugungen konfrontiert und neue, rationale und adaptive Kognition trainiert (Grünke, 2003, 2008a). Zum Beispiel könnten Analphabeten üben, eine gewisse Gelassenheit für ihre Leseprobleme zu entwickeln. Vielleicht ließen sich so insbesondere das Stigma-Management verbessern und die wahrgenommene Notwendigkeit der anstrengenden Verschleierung der Leseprobleme vermindern.
- Attributionstraining: Mit Attributionen sind Ursachenzuschreibungen für Erfolge und Misserfolge gemeint (Rudolph et al., 2004). Menschen, die sich selbst als Verursacher für faktisch unkontrollierbare Ereignisse ansehen, sind in ihrer Lebensführung besonders gefährdet. Zwei Arten der gezielten Einflussnahme sind dabei zu unterscheiden: Im direkten Attributionstraining verbalisiert der Lehrer die Attributionen für die Lernergebnisse des Lerners; im indirekten Training wird der Lerner zur Ursachenzuschreibung angeleitet (Grünke, 2008b; Grünke & Castello, 2004). Es ist sehr wichtig, dass Analphabeten ihre Leseprobleme nicht internal und stabil auf ihre mangelnde Begabung attribuieren. Denn dann fehlt ihnen wahrscheinlich die Kraft, um den anstrengenden und langwierigen Leselernprozess zu durchlaufen. Erfolge

beim Lesenlernen, die sich der Lerner selbst zuzuschreiben hat, sind dagegen unbedingt auf internale Gründe zurückzuführen. Der Lehrer sollte jeden Lernerfolg positiv zurückmelden und ihn auf die Lernanstrengungen und Strategieanwendungen der Lerner attribuieren. Durch diese zwei Maßnahmen werden sich die schriftsprachlichen Leistungen von Analphabeten nur wenig verbessern lassen (Valentine, DuBois & Cooper, 2004) – im Gegensatz zu den oben beschriebenen Mitteln der kognitiven Lernförderung. Aber sicherlich entwickeln sie so ein deutlich günstigeres Bild von sich selbst, was zu einem zufriedenen und erfüllten Leben beitragen dürfte. Dennoch sollte die Hauptaufgabe des Alphabetisierungsunterrichts die Vermittlung von Lese- und Schreibkompetenzen bleiben.

7.6 Ausblick

Die vorliegende Studie hat erstmalig das Phänomen des funktionalen Analphabetismus in Deutschland vor dem Hintergrund eines (sonder)pädagogisch- und entwicklungspsychologischen Paradigmas untersucht. Zusätzlich ist es die erste Untersuchung, die deutschsprachige Analphabeten quantitativ und hypothesengeleitet mit geeigneten Kontrollgruppen verglichen hat. Durch die empirische Überprüfung der Interaktionstheorie des funktionalen Analphabetismus (IT-FA) sollten sich unsere Einstellungen und unser gesamtes Denken über Analphabeten und Analphabetismus in Deutschland verändern. Denn nur wenn das Phänomen verstanden wird, kann Analphabetismus durch Politik und Grundbildung effektiv vorgebeugt und bekämpft werden.

Die IT-FA ist die erste Version dieser Theorie. Wie alle anderen psychologischen Theorien ist sie unvollständig und wird in Zukunft erweitert und umgeschrieben (Anderson et al., 2004). Die Inkonsistenz der Befunde hinsichtlich der Ergebnisse zum lexikalischen Abruf, die fehlenden Replikationen durch andere Untersuchungen und das Testen einer einzigen Aussage der Theorie zeigen auf, dass die IT-FA in weiten Teilen noch nicht empirisch abgesichert ist. Insbesondere die psychosozialen und soziokulturellen Verursachungsfaktoren müssen besser als in dieser Studie berücksichtigt werden.

Zusätzlich sollte die soziale Seite der IT-FA mit weiterem Inhalt gefüllt werden. Zum Beispiel könnten wie im Analphabetismusmodell von H. Wagner (2008) Bindungsstörung berücksichtigt werden. Unsicher und desorganisiert gebundene Kinder finden sich vermehrt in niedrigen Sozialschichten und weisen vermehrt Stresshormone im Speichel auf (Brisch, 2005). Es ist deshalb sehr gut möglich, dass Bindungsstörungen auch einen wichtigen Aspekt zur sozialen

Ätiologie (Bildungsbenachteiligung und psychosoziale Stressbelastungen) von Analphabetismus beitragen.

Ein sicherlich ebenfalls lohnenswerter Aspekt der Weiterentwicklung der IT-FA gilt der Art der Interaktion zwischen sozialen und phonologischen Risikofaktoren. In der Visualisierung der Theorie in Abbildung 16 auf S. 126 wurde ein linearer Zusammenhang postuliert. Dies entspricht dem *lex parsimoniae* bzw. *Occam's razor*: Wenn mehrere Annahmen einen Sachverhalt erklären können, dann sollte der einfachsten Erklärung der Vorzug gegeben werden (Bortz & Döring, 2006; Sarris & Reiß, 2005). Die Interaktion könnte jedoch auch kurvilinear verlaufen. Ein hohes Risiko auf einer der zwei Dimensionen könnte mehr zur Ausprägung von Analphabetismus beitragen, als ein mittleres Risiko. Ebenfalls sind noch komplexere Zusammenhänge denkbar. Dazu muss auch herausgefunden werden, wie die kritischen Schwellenwerte der Interaktionstheorie zu definieren wären.

Die IT-FA wird sich demnach durch die empirische Forschung und theoretische Analyse von funktionalem Analphabetismus noch häufig ändern. Der Autor dieser Arbeit wünscht sich, dass viele unabhängige Forscher daran teilhaben werden.

8 Zusammenfassung

Schätzungen zufolge leben in Deutschland etwa vier Millionen Erwachsene, die trotz Erfüllung der Schulpflicht nicht richtig lesen und schreiben können. Bislang wird meist davon ausgegangen, dass vor allem soziale Gründe zu den mangelnden Schriftsprachleistungen dieser sogenannten funktionalen Analphabeten führen. Bisher ist nicht untersucht worden, ob Dyslexie (synonym: Lese-Rechtschreib-Störung oder Legasthenie) als Entwicklungsstörung phonologischer Kompetenzen ein zusätzliches Verursachungsmoment darstellt.

Durch einen ersten systematischen Forschungsüberblick konnten mehrere Parallelen zwischen Analphabetismus und Dyslexie nachgewiesen werden: Die Definitionen und Größenordnungen überschneiden sich stark; das Lesenlernen findet vor dem Hintergrund erschwerter Bedingungen statt; die Interventionen scheinen schwierig und langwierig zu sein. Dagegen sind Defizite in der phonologischen Informationsverarbeitung (schwache phonologische Bewusstheit, reduziertes verbales Arbeitsgedächtnis und langsamer lexikalischer Abruf phonologischer Informationen) die Hauptursache für Dyslexie, während Analphabetismus eher durch soziale Gründe (Bildungsbenachteiligung und durch psychosoziale Stressbelastungen beeinträchtigte Lernprozesse) bedingt zu sein scheint.

Zur Klärung dieses scheinbaren Widerspruchs wird in der vom Autor aufgestellten *Interaktionstheorie des funktionalen Analphabetismus* postuliert, dass sich funktionaler Analphabetismus erst durch die Kumulation und Interaktion dieser sozialen und phonologischen Risikofaktoren ergibt. Funktionaler Analphabetismus in Deutschland wäre demnach eine Entwicklungsstörung phonologischer Kompetenzen, die bedingt durch soziale Problemlagen nicht adäquat behandelt wurde.

Im zweiten Teil der Arbeit sollte ein Aspekt dieser Interaktionstheorie empirisch getestet werden. Es wurde überprüft, ob funktionale Analphabeten Entwicklungsstörungen in der phonologischen Bewusstheit, im verbalen Arbeitsgedächtnis und im lexikalischen Abruf aufweisen, die sie am einfachen und effizienten Lesenlernen hindern. Auf Grundlage der Interaktionstheorie ließ sich vermuten, dass Analphabeten in allen drei Bereichen der phonologischen Informationsverarbeitung solche Defizite zeigen. Diese drei Hypothesen wurden durch das sogenannte *Reading Level Match Design* überprüft. In einem solchen Forschungsdesign werden Analphabeten erstens mit lesekundigen Erwachsenen anhand ihres Alters parallelisiert. Allerdings kann bei phonologischen Minderleistungen der Analphabeten aufgrund der besseren Leseleistung der lesekundigen Erwachsenen nicht bestimmt werden, ob die phonologischen Defizite eine Ursache oder die Folgen ihrer Leseprobleme darstellen. Zweitens werden daher Analphabeten mit deutlich jüngeren aber normallesenden Grundschülern im selben Leseentwicklungsalter parallelisiert. Erst wenn Analphabeten auch in einem solchen Vergleich phonologische Beeinträchtigungen zeigen, können diese Einschränkungen nicht mehr die Folgen ihrer Leseprobleme reflektieren, weil beide Gruppen gleich gut lesen können. Stattdessen müsste es sich dann bei den Defiziten um eine Ursache für Analphabetismus handeln.

In der vorliegenden Arbeit sollten diese Annahmen erstmalig überprüft werden. Dazu wurden 54 deutschsprachige funktionale Analphabeten aus Alphabetisierungskursen rekrutiert und zum einen mit 54 lesekundigen Erwachsenen anhand ihres Alters und zum anderen mit 54 Grundschülern anhand ihrer Leseleistung parallelisiert. Alle drei Stichproben bearbeiteten eine phonologische Testbatterie, bestehend aus jeweils drei Tests zur phonologischen Bewusstheit, zum verbalen Arbeitsgedächtnis und zum lexikalischen Abruf.

Die Rohwerte wurden durch eine Hauptachsenanalyse zu den drei latenten Faktoren der phonologischen Informationsverarbeitung modelliert. Wie erwartet zeigten Analphabeten im Vergleich zu beiden Kontrollgruppen eine schwächere phonologische Bewusstheit und ein schlechteres verbales Arbeitsgedächtnis. Zwar konnten Analphabeten phonologische Informationen langsamer als lesekundige Erwachsene abrufen, entgegen der Erwartung allerdings schneller als Grundschüler. Durch nicht-lineare Regressionsmodelle wurde allerdings bestätigt, dass der lexikalische Abruf bei Analphabeten ebenfalls defizitär ist, aber durch das *Reading Level Match Design* nicht nachgewiesen werden konnte.

Die Ergebnisse lassen sich folgendermaßen interpretieren: Funktionale Analphabeten haben Defizite im verbalen Arbeitsgedächtnis und in der phonologischen Bewusstheit, die sie am einfachen und effektiven Lesenlernen hindern. Die Entwicklung des lexikalischen Abrufs ist bei Analphabeten stark verlangsamt und erreicht niemals das für ihr Lebensalter zu erwartende Niveau. Phonologische Entwicklungsstörungen des Lesens sind damit als eine Ursache für funktionalen Analphabetismus in Deutschland zu bezeichnen. Weil Dyslektiker ganz ähnliche phonologische Einschränkungen haben, legt dies die Vermutung nahe, dass viele Analphabeten Dyslektiker sind, deren phonologische Defizite aufgrund von sozialen Problemlagen in ihrer Schulzeit nicht bemerkt und behandelt wurden. Sie profitieren wahrscheinlich am ehesten von einem expliziten, redundanzreichen und systematischen Leseunterricht. Solche direkt-instruktiven Unterrichtsmethoden sollten deshalb verstärkt in Alphabetisierungskursen, sowie zur Prävention von Analphabetismus in der Schule angewendet werden.

Literatur

Adler, N. E. & Ostrove, J. M. (1999). Socioeconomic status and health: what we know and what we don't. *Annals of the New York Academy of Sciences, 896* (Dec), 3-15.

Adrián, J. A., Alegria, J. & Morais, J. (1995). Metaphonological abilities of Spanish illiterate adults. *International Journal of Psychology, 30* (3), 329-353.

ALL (2005). Grundkompetenzen von Erwachsenen. Erste Ergebnisse der Erhebung Adult Literacy and Lifeskills. Neuchâtel: Bundesamt für Statistik.

Ambroz, K. L. (1990). Alphabetisierungskurse – Legasthenietherapie für Erwachsene? *Vierteljahreszeitschrift für Heilpädagogik und ihre Nachbargebiete, 59* (1), 100-109.

Anderson, J. R., Bothell, D., Byrne, M. D., Douglass, S., Lebiere, C. & Qin, Y. (2004). An integrated theory of the mind. *Psychological Review, 111* (4), 1036-1060.

APOLL (2003). Ergebnisse der LuTA-Studie (Lebenssituation und Technikausstattung funktionaler Analphabeten). Abgerufen am 30. August 2010 von http:// www.zweite-chance-online.de/fileadmin/inhalte/pdf/LuTA-Studie.pdf.

Arnold, D. H. & Doctoroff, G. L. (2003). The early education of socioeconomically disadvantaged children. *Annual Review of Psychology, 54* (1), 517-545.

Aronson, E., Wilson, T. D. & Akert, R. (2008). *Sozialpsychologie* (6. Aufl.). München: Pearson.

Artelt, C., Baumert, J., Klieme, E., Neubrand, M., Prenzel, M., Schiefele, U., et al. (2001). *PISA 2000. Zusammenfassung zentraler Befunde.* Berlin: Max-Planck-Institut für Bildungsforschung.

Backhaus, K., Erichson, B., Plinke, W. & Weiber, R. (2008). *Multivariate Analysemethoden* (12. Aufl.). Heidelberg: Springer.

Backman, J. E., Mamen, M. & Ferguson, H. B. (1984). Reading level design: conceptual and methodological issues in reading research. *Psychological Bulletin, 96* (3), 560-568.

Baddeley, A. D. (2002). Is working memory still working? *European Psychologist, 7* (2), 85-97.

Baddeley, A. D. (2003). Working memory: looking back and looking forward. *Nature Reviews Neuroscience, 4* (10), 829-839.

Bakker, D. J. (2006). Treatment of developmental dyslexia: a review. *Pediatric Rehabilitation, 9* (1), 3-13.

Bandalos, D. L. & Boehm-Kaufman, M. R. (2008). Four common misconceptions in exploratory factor analysis. In C. E. Lance & R. J. Vandenberg (Eds.), *Statistical and methodological myths and urban legends* (pp. 61-87). Hove (UK): Psychology Press.

Baum, A., Garofalo, J. P. & Yali, A. M. (1999). Socioeconomic status and chronic stress. Does stress account for SES effects on health? *Annals of the New York Academy of Sciences, 896* (Dec), 131-144.

Baumert, J., Watermann, R. & Schümer, G. (2003). Disparitäten der Bildungsbeteiligung und des Kompetenzerwerbs. *Zeitschrift für Erziehungswissenschaft, 6* (1), 46-72.

Bentler, P. M. (2007). Can scientifically useful hypotheses be tested with correlations? *American Psychologist, 62* (8), 772-782.

Bergmann, J. & Wimmer, H. (2008). A dual-route perspective on poor reading in a regular orthography: evidence from phonological and orthographic lexical decisions. *Cognitive Neuropsychology, 25* (5), 653-676.

Berk, L. E. (2005). *Entwicklungspsychologie* (3. Aufl.). München: Pearson.

Beutelspacher, A. (2007). *Kryptologie* (8. Aufl.). Wiesbaden: Vieweg+Teubner.

Binder, K. S. & Borecki, C. (2008). The use of phonological, orthographic, and contextual information during reading: a comparison of adults who are learning to read and skilled adult readers. *Reading and Writing, 21* (8), 843-858.

Binder, K. S., Chace, K. H. & Manning, M. C. (2007). Sentential and discourse context effects: adults who are learning to read compared with skilled readers. *Journal of Research in Reading, 30* (4), 360-378.

Blakemore, S. & Frith, U. (2006). *Wie wir lernen – Was die Hirnforschung darüber weiß.* München: Deutsche Verlags-Anstalt.

Bollen, K. A. (2002). Latent variables in psychology and the social sciences. *Annual Review of Psychology, 53* (1), 605-634.

Bortz, J. (2005). *Statistik für Human- und Sozialwissenschaftler* (6. Aufl.). Heidelberg: Springer.

Bortz, J. & Döring, N. (2006). Forschungsmethoden und Evaluation für Human- und Sozialwissenschaftler (4. Aufl.). Heidelberg: Springer.

Bortz, J., Lienert, G. A. & Boehnke, K. (2008). *Verteilungsfreie Methoden in der Biostatistik* (3. Aufl.). Heidelberg: Springer.

van den Bos, K. P., Zijlstra, B. J. H. & Spelberg, H. C. L. (2002). Life-span data on continuous-naming speeds of numbers, letters, colors, and pictured objects and word-reading speed. *Scientific Studies of Reading, 6* (1), 25-49.

Boudett, K. P. & Friedlander, D. (1997). Does mandatory basic education improve achievement test scores of AFDC recipients? *Evaluation Review, 21* (5), 568-588.

Bowey, J. A. (2005). Predicting individual differences in learning to read. In M. J. Snowling & C. Hulme (Eds.), *The science of reading* (pp. 155-172). Malden: Blackwell.

Bradley, R. H. & Corwyn, R. F. (2002). Socioeconomic status and child development. *Annual Review of Psychology, 53* (1), 371-399.

Brisch, K. H. (2005). Bindungsstörungen als frühe Marker für emotionale Störungen. In W. von Suchodoletz (Hrsg.), *Früherkennung von Entwicklungsstörungen* (S. 23-43). Göttingen: Hogrefe.

Bruck, M. (1990). Word-recognition skills of adults with childhood diagnoses of dyslexia. *Developmental Psychology, 26* (3), 439-454.

Brügelmann, H. (2004). Lese-/ Schreibförderung nach PISA, IGLU und LUST: Was heißt eigenlich „funktional alphabetisiert"? *Alfa-Forum, 18* (54-55), 16-18.

Brunsdon, R. K., Hannan, T. J., Coltheart, M. & Nickels, L. (2002). Treatment of lexical processing in mixed dyslexia: a case study. *Neuropschological Rehabilitation, 12* (5), 385-418.

Bryant, P. & Goswami, U. (1986). Strengths and weaknesses of the reading level design: a comment on Backman, Mamen, and Ferguson. *Psychological Bulletin, 100* (1), 101-103.

Bühner, M. & Ziegler, M. (2009). *Statistik für Psychologen und Sozialwissenschaftler.* München: Pearson.

Bulmahn, E. (2004). Wie viel Lesen und Schreiben braucht der Mensch? *Alfa-Forum, 18* (54-55), 40.

Burgund, E. D. & Abernathy, A. E. (2008). Letter-specific processing in children and adults matched for reading level. *Acta Psychologica, 129* (1), 66-71.

Burt, J. S. (2006). What is orthographic processing skill and how does it relate to word identification in reading? *Journal of Research in Reading, 29* (4), 400-417.

Bus, A. G. & van Ijzendoorn, M. H. (1999). Phonological awareness and early reading: a meta-analysis of experimental training studies. *Journal of Educational Psychology, 91* (3), 403-414.

Buss, D. M. (2004). *Evolutionäre Psychologie* (2. Aufl.). München: Pearson.

Butler, D. L. (2004). Adults with learning disabilities. In B. Y. Wong (Eds.), *Learning about learning disabilities* (3rd ed., pp. 565-598). San Diego: Elsevier.

Büttner, G. & Hasselhorn, M. (2007). Förderung von Lern- und Gedächtnisleistungen. In J. Walter & F. B. Wember (Hrsg.), *Sonderpädagogik des Lernens* (S. 281-292). Göttingen: Hogrefe.

Büttner, G. & Mähler, C. (2004). Förderung von Gedächtnisprozessen (Gedächtnistraining). In G. W. Lauth, M. Grünke & J. C. Brunstein (Hrsg.), *Interventionen bei Lernstörungen* (S. 209-218). Göttingen: Hogrefe.

Caravolas, M. (2005). The nature and causes of dyslexia in different languages. In M. J. Snowling & C. Hulme (Eds.), *The science of reading* (pp. 336-355). Malden: Blackwell.

Castles, A. & Coltheart, M. (2004). Is there a causal link from phonological awareness to success in learning to read? *Cognition, 91* (1), 77-111.

Castro-Caldas, A. (2004). Targeting regions of interest for the study of the illiterate brain. *International Journal of Psychology, 39* (1), 5-17.

Castro-Caldas, A. & Reis, A. (2000). Neurobiological substrates of illiteracy. *The Neuroscientist, 6* (6), 475-482.

Catts, H. W., Gillispie, M., Leonard, L. B., Kail, R. V. & Miller, C. A. (2002). The role of speed of processing, rapid naming, and phonological awareness in reading achievement. *Journal of Learning Disabilities, 35* (6), 510-525.

Chall, J. S. (1994). Patterns of adult reading. *Learning Disabilities, 5* (1), 29-33.

Chard, D. J., Vaughn, S. & Tyler, B. (2002). A synthesis of research on effective interventions for building reading fluency with elementary students with learning disabilities. *Journal of Learning Disabilities, 35* (5), 386-406.

Chiappe, P., Hasher, L. & Siegel, L. S. (2000). Working memory, inhibitory control, and reading disability. *Memory & Cognition, 28* (1), 8-17.

Cholewa, J., Heber, S., Hollweg, W. & Mantey, S. (2008). Die kognitive Neuropsychologie der Störungen des Schriftspracherwerbs. *Heilpädagogische Forschung, 34* (4), 174-191.

Cohen, J. (1987). *Statistical power analysis for the behavioral sciences* (2nd ed.). Hillsdale, New Jersey: Lawrence Erlbaum Associates.

Cohen, J. (1995). The earth is round (p < .05). *American Psychologist, 49* (12), 997-1003.

Cohen-Mimran, R. & Sapir, S. (2007). Deficits in working memory in young adults with reading disabilities. *Journal of Communication Disorders, 40* (2), 168-183.

Coltheart, M. (2005). Modeling Reading: the dual-route approach. In M. J. Snowling & C. Hulme (Eds.), *The science of reading* (pp. 6-23). Malden: Blackwell.

Coltheart, M., Rastle, K., Perry, C., Langdon, R. & Ziegler, J. C. (2001). DRC: a dual route cascaded model of visual word recognition and reading aloud. *Psychological Review, 108* (1), 204-256.

Conger, R. D. & Donnellan, M. B. (2007). An interactionist perspective on the socioeconomic context of human development. *Annual Review of Psychology, 58* (1), 175-199.

Conway, A. R. A., Kane, M. J., Bunting, M. F., Hambrick, D. Z., Wilhelm, O. & Engle, R. (2005). Working memory span tasks: a methodological review and user's guide. *Psychonomic Bulletin & Review, 12* (5), 769-786.

Costello, A. B. & Osborne, J. W. (2005). Best practices in exploratory factor analysis: four recommendations for getting the most from your analysis. *Practical Assessment, Research & Evaluation, 10* (7), 1-9.

Cowan, N. (2000). The magical number 4 in short-term memory: a reconsideration of mental storage capacity. *Behavioral and Brain Sciences, 24* (1), 87-185.

Cumming, G. & Fidler, F. (2009). Confidence intervals. Better answers to better questions. *Journal of Psychology, 217* (1), 15-26.

Cunningham, A. E., Perry, K. E. & Stanovich, K. E. (2001). Converging evidence for the concept of orthographic processing. *Reading and Writing: An Interdisciplinary Journal, 13* (5-6), 549-568.

Danthiir, V., Roberts, R. D., Schulze, R. & Wilhelm, O. (2004). Mental speed. In O. Wilhelm & R. Engle (Eds.), *Handbook of understanding and measuring intelligence* (pp. 27-46). Thousand Oaks, CA: Sage.

Davidson, R. K. & Strucker, J. (2002). Patterns of word-recognition errors among adult basic education native and nonnative speakers of English. *Scientific Studies of Reading, 6* (3), 299-316.

Demmrich, A. & Brunstein, J. C. (2004). Förderung sinnverstehenden Lesens durch reziprokes Lehren. In G. W. Lauth, M. Grünke & J. C. Brunstein (Hrsg.), *Interventionen bei Lernstörungen* (S. 279-290). Göttingen: Hogrefe.

Denckla, M. B. & Cutting, L. E. (1999). History and significance or rapid automatized naming. *Annals of Dyslexia, 49* (1), 29-42.

Deutsche Gesellschaft für Psychologie. (2007). *Richtlinien zur Manuskriptgestaltung* (3. Aufl.). Göttingen: Hogrefe.

Dilling, H., Mombour, W. & Schmidt, M. H. (2008). *Internationale Klassifikation psychischer Störungen*. ICD-10 Kapitel V (F) – Klinisch-diagnostische Leitlinien (6. Aufl.). Bern: Hans Huber.

Dilling, H., Mombour, W., Schmidt, M. H. & Schulte-Markwort, E. (2006). *Internationale Klassifikation psychischer Störungen*. ICD-10 Kapitel V (F) – Diagnostische Kriterien für Forschung und Praxis (4. Aufl.). Bern: Hans Huber.

Döbert, M. & Hubertus, P. (2000). *Ihr Kreuz ist die Schrift. Analphabetismus und Alphabetisierung in Deutschland*. Stuttgart: Klett.

Durgunoglu, A. Y. & Öney, B. (2002). Phonological awareness in literacy acquisition: it's not only for children. *Scientific Studies of Reading, 6* (3), 245-266.

Eckert, M. (2004). Neuroanatomical markers for dyslexia: a review of dyslexia structural imaging studies. *Neuroscientist, 10* (4), 362-371.

Egloff, B. (1997). Biographische Muster „funktionaler Analphabeten": eine biographieanalytische Studie zu Entstehungsbedingungen und Bewältigungsstrategien von „funktionalem Analphabetismus". Bonn: Deutsches Institut für Erwachsenenbildung. Abgerufen am 30. August 2010 von http://www.die-bonn.de/esprid/dokumente/doc-1997/egloff97_01.pdf.

Egloff, B. (2007). Biografieforschung und Literalität. Ursachen und Bewältigung von funktionalem Analphabetismus aus erziehungswissenschaftlicher Perspektive. In A. Grotlüschen & A. Linde (Hrsg.), *Literalität, Grundbildung oder Lesekompetenz?* (S. 70-80). Münster: Waxmann.

Egloff, B., Grosche, M., Hubertus, P. & Rüsseler, J. (2011). Funktionaler Analphabetismus: Eine aktuelle Definition. In Projektträger im DLR e.V. (Hrsg.), *Zielgruppen in Alphabetisierung und Grundbildung Erwachsener* (S. 11-31). Bielefeld: Bertelsmann.

Ehmke, T. & Siegle, T. (2005). ISE, ISCED, HOMEPOS, ESCS. Indikatoren der sozialen Herkunft bei der Quantifizierung von sozialen Disparitäten. *Zeitschrift für Erziehungswissenschaft, 8* (4), 521-540.

Ehri, L. C. (1995). Phases of development in learning to read words by sight. *Journal of Research in Reading, 18* (2), 116-125.

Ehri, L. C. (2005). Development of sight word reading: phases and findings. In M. J. Snowling & C. Hulme (Eds.), *The science of reading* (pp. 135-154). Malden: Blackwell.

Ehri, L. C., Nunes, S. R., Stahl, S. A. & Willows, D. M. (2001). Systematic phonics instruction helps students learn to read: evidence from the national reading panel's meta-analysis. *Review of Educational Research, 71* (3), 393-447.

Ehri, L. C., Nunes, S. R., Willows, D. M., Schuster, B. V., Yaghoub-Zadeh, Z. & Shanahan, T. (2001). Phonemic awareness instruction helps children learn to read: evidence from the national reading panel's meta-analysis. *Reading Research Quarterly, 36* (3), 250-287.

Einsiedler, W., Frank, A., Kirschhock, E., Martschinke, S. & Treinies, G. (2002). Der Einfluss verschiedener Unterrichtsmethoden auf die phonologische Bewusstheit sowie auf Lese- und Rechtschreibleistungen im 1. Schuljahr. *Psychologie in Erziehung und Unterricht, 49* (3), 194-209.

Engle, R. (2002). Working memory capacity as executive attention. *Current Directions in Psychological Science, 11* (1), 19-23.

Ericsson, K. A. & Kintsch, W. (1995). Long-term working memory. *Psychological Review, 102* (2), 211-245.

Evans, G. W. & Schamberg, M. A. (2009). Childhood poverty, chronic stress, and adult working memory. *Proceedings of the National Academy of Science, 106* (16), 6545-6549.

Eysenck, M. W., Derakshan, N., Santos, R. & Calvo, M. G. (2007). Anxiety and cognitive performance: attentional control theory. *Emotion, 7* (2), 336-353.

Faul, F., Erdfelder, E., Lang, A. & Buchner, A. (2007). G*Power 3: A flexible statistical power analysis program for the social, behavioral, and biomedical sciences. *Behavior Research Methods, 39* (2), 175-191.

Fingerle, M. (2008). Risiko- und Schutzfaktoren innerhalb der Schule. In J. Borchert, B. Hartke & P. Jogschies (Hrsg.), *Frühe Förderung entwicklungsauffälliger Kinder und Jugendlicher* (S. 206-217). Stuttgart: Kohlhammer.

Fitzgerald, N. B. & Young, M. B. (1997). The influence of persistence on literacy learning in adult education. *Adult Education Quarterly, 47* (2), 78-91.

Fleischmann, U. M. (1991). Gedächtnis. In W. D. Oswald, W. M. Herrmann, U. M. Kanowski, U. M. Lehr & H. Thomae (Hrsg.), *Gerontologie* (S. 168-176). Stuttgart: Kohlhammer.

Foorman, B. R., Francis, D. J., Fletcher, J. M. & Lynn, A. (1996). Relation of phonological and orthographic processing to early reading: comparing two approaches to regression-based, reading-level-match designs. *Journal of Educational Psychology, 88* (4), 639-652.

Foorman, B. R. & Torgesen, J. K. (2001). Critical elements of classroom and small-group instruction promote reading success in all children. *Learning Disabilities Research & Practice, 16* (4), 203-212.

Fricke, S., Stackhouse, J. & Wells, B. (2007). Phonologische Bewusstheitsfähigkeiten deutschsprachiger Vorschulkinder - eine Pilotstudie. *Forum Logopädie, 21* (3), 14-19.

Friederici, A. D. & Lachmann, T. (2002). From language to reading and reading disability. In E. Witruk, A. D. Friederici & T. Lachmann (Eds.), *Basic functions of language reading and reading disability* (pp. 9-21). Boston: Kluwer Academic Publishers.

Friedlander, D. & Martinson, K. (1996). Effects of mandatory basic education for adult AFDC recipients. *Educational Evaluation and Policy Analysis, 18* (4), 327-337.

Friend, A., DeFries, J. C. & Olson, R. K. (2008). Parental education moderates genetic influences on reading disability. *Psychological Science, 19* (11), 1124-1130.

Frith, U. (1999). Paradoxes in the definition of dyslexia. *Dyslexia, 5* (4), 192-214.

Fry, A. F. & Hale, S. (1996). Processing speed, working memory, and fluid intelligence. *Psychological Science, 7* (4), 237-241.

Fry, A. F. & Hale, S. (2000). Relationship among processing speed, working memory, and fluid intelligence in children. *Biological Psychology, 54* (1), 1-34.

Fuchs, D., Fuchs, L. S., Mathes, P. G., Lipsey, M. W. & Roberts, P. H. (2002). Is "learning disabilities" just a fancy term for low achievement? A meta-analysis of reading differences between low achievers with and without the label. In R. Bradley, L. Danielson & D. P. Hallahan (Eds.), *Identification of learning disabilities: research to practice* (pp. 737-790). New Jersey: Lawrence Erlbaum Associates.

Gabrieli, J. D. (2009). Dyslexia: a new synergy between education and cognitive neuroscience. *Science, 325* (17 Juli), 280-283.

Galaburda, A. M., LoTurco, J., Ramus, F., Fitch, R. H. & Rosen, G. D. (2006). From genes to behavior in developmental dyslexia. *Nature Neuroscience, 9* (10), 1213-1217.

Ganzeboom, H. B. G. (2009). Do's and Dont's of Occupation Coding. Working Paper Department of Social Research Methodology, Free University Amsterdam.

Ganzeboom, H. B. G. & Treiman, D. J. (2003). Three internationally standardised measures for comparative research on occupational status. In J. H. P. Hoffmeyer-Zlotnik & C. Wolf (Eds.), *Advances in cross-national comparison. A European working book for demographic and socio-economic variables* (pp. 159-193). New York: Kluwer Academic Press.

Gasteiger-Klicpera, B. & Klicpera, C. (2004). Lese-Rechtschreib-Schwäche. In G. W. Lauth, M. Grünke & J. C. Brunstein (Hrsg.), *Interventionen bei Lernstörungen* (S. 46-54). Göttingen: Hogrefe.

Gathercole, S. E. (2004). Working memory and learning during the school years. *Proceedings of the British Academy, 125* (1), 365-380.

Gathercole, S. E., Alloway, T. P., Willis, C. & Adams, A. (2006). Working memory in children with reading disabilities. *Journal of Experimental Child Psychology, 93* (3), 265-281.

Geißler, K. A. (2006). Pädagogische Interaktion in der Erwachsenenbildung. In A. Krapp & B. Weidenmann (Hrsg.), *Pädagogische Psychologie* (5. Aufl., S. 412-419). Weinheim: Beltz.

Georgiewa, P., Grünling, C., Ligges, C., Filz, C., Möller, U. & Blanz, B. (2004). Lebensalterspezifische Veränderungen phonologischer Defizite bei Lese-Rechtschreibstörung. *Zeitschrift für Klinische Psychologie und Psychotherapie, 33* (4), 281-289.

Giedd, J. N., Blumenthal, J., Jeffries, N. O., Castellanos, F. X., Liu, H., Zijdenbos, A., et al. (1999). Brain development during childhood and adolescence: a longitudinal MRI study. *Nature Neuroscience, 2* (10), 861-863.

Gildroy, P. & Deshler, D. D. (2005). Reading development and suggestions for teaching reading to students with learning disabilities. *Insights on Learning Disabilities, 2* (2), 1-10.

Gnahs, D. (2007). Kompetenzmessung bei Erwachsenen - zum Stand von PIAAC. In A. Grotlüschen & A. Linde (Hrsg.), *Literalität, Grundbildung oder Lesekompetenz?* (S. 25-30). Münster: Waxmann.

Gorsuch, R. L. (1983). *Factor analysis.* Lawrence Erlbaum Associates.

Gorsuch, R. L. (1997). Exploratory factor analysis: its role in item analysis. *Journal of Personality Assessment, 68* (3), 532-560.

Gorsuch, R. L. (2003). Factor analysis. In J. A. Schinka & W. F. Velicer (Eds.), *Research methods in psychology*, Handbook of psychology (vol. 2, pp. 143-164). Hoboken, New Jersey: Wiley.

Goswami, U. (2003). Why theories about developmental dyslexia require developmental designs. *Trends in Cognitive Sciences, 7* (12), 534-540.

Goswami, U. (2006). Sensorimotor impairments in dyslexia: getting the beat. *Developmental Science, 9* (3), 257-259.

Goswami, U. & Bryant, P. (1989). The interpretation of studies using the reading level design. *Journal of Reading Behavior, 21* (4), 413-424.

Gottesman, R. L., Bennett, R. E., Nathan, R. G. & Kelly, M. S. (1996). Inner-city adults with severe reading difficulties: a closer look. *Journal of Learning Disabilities, 29* (6), 589-597.

Gough, P. B. & Tunmer, W. E. (1986). Decoding, reading, and reading disability. *Remedial and Special Education, 7* (1), 6-10.

Grant, K. E. & McMahon, S. D. (2005). Conceptualizing the role of stressors in the development of psychopathology. In B. L. Hankin & J. R. Z. Abela (Eds.), *Development of psychopathology* (pp. 3-31). London: Sage.

Greenberg, D., Ehri, L. C. & Perin, D. (1997). Are word-reading processes the same or different in adult literacy students and third-fifth graders matched for reading level? *Journal of Educational Psychology, 89* (2), 262-275.

Greenberg, D., Ehri, L. C. & Perin, D. (2002). Do adult literacy students make the same word-reading and spelling errors as children matched for word-reading age? *Scientific Studies of Reading, 6* (3), 221-243.

Grigorenko, E. L. (2005). A conservative meta-analysis of linkage and linkage-association studies of developmental dyslexia. *Scientific Studies of Reading, 9* (3), 285-316.

Grosche, M. (2009a). Zur Rolle der phonologischen Bewusstheit bei Analphabetismus. *Alfa-Forum, 72* , 18-20.

Grosche, M. (2009b). Die Interaktion von Schulleistungsproblemen und Schulabsentismus und deren langfristige Auswirkungen. In H. Ricking, G. Schulze & M. Wittrock (Hrsg.), *Schulabbruch - eine Herausforderung für die Schule oder warum Heranwachsende nicht mehr in die Schule gehen* (S. 84-95). Oldenburg: DIZ.

Grosche, M. (2011). Effekte einer direkt-instruktiven Förderung der Lesegenauigkeit. *Empirische Sonderpädagogik, 3* (2), 147-161.

Grosche, M. (in Druck). Barrieren beim Lesenlernen durch Strategie-Interferenzen. In Projektträger im DLR e.V. (Hrsg.), *Lernprozesse in Alphabetisierung und Grundbildung Erwachsener*. Bielefeld: Bertelsmann.

Grosche, M. & Grünke, M. (2008). Das sonderpädagogische Lehramtsstudium wissenschaftlicher gestalten. *Vierteljahreszeitschrift für Heilpädagogik und ihre Nachbargebiete, 77* (3), 190-197.

Grosche, M. & Hintz, A. M. (2010). Überprüfung von Verfahren zur Evaluation von Alphabetisierungskursen durch eine Einzelfallstudie. *Heilpädagogische Forschung, 36* (4), 177-185.

Grosche, M., Hintz, A. M. & Grünke, M. (2011). Direkte Instruktion in der Grundbildung. In A. Scholz & K. Ratzke (Hrsg.), *Alphabetisierung - Beratung - Chancen. Abschlussbericht zu einem Forschungs- und Entwicklungsprojekt* (S. 57-80). Oldenburg: DIZ.

Grotlüschen, A. & Bonna, F. (2008). German-language literature review. In OECD (Ed.), *Teaching, learning and assessment for adults: improving foundation skills*. Abgerufen am 30. August 2010 von http://dx.doi.org/10.1787/172255303131.

Grünke, M. (2003). *Resilienzförderung bei Kindern und Jugendlichen in Schulen für Lernbehinderte: Eine Evaluation dreier Programme zur Steigerung der psychischen Widerstandsfähigkeit*. Lengerich: Pabst.

Grünke, M. (2004). Lernbehinderung. In G. W. Lauth, M. Grünke & J. C. Brunstein (Hrsg.), *Interventionen bei Lernstörungen* (S. 65-77). Göttingen: Hogrefe.

Grünke, M. (2006). Zur Effektivität von Fördermethoden bei Kindern und Jugendlichen mit Lernstörungen. *Kindheit und Entwicklung, 15* (4), 239-253.

Grünke, M. (2008a). Rational-emotive Erziehung. In B. Gasteiger-Klicpera, H. Julius & C. Klicpera (Hrsg.), *Sonderpädagogik der sozialen und emotionalen Entwicklung* (S. 486-496). Göttingen: Hogrefe.

Grünke, M. (2008b). Förderung realistischer Attributionen mit Hilfe des Trainingsprogramms von Julius und Goetze. In B. Gasteiger-Klicpera, H. Julius & C. Klicpera (Hrsg.), *Sonderpädagogik der sozialen und emotionalen Entwicklung* (S. 856-869). Göttingen: Hogrefe.

Grünke, M. & Castello, A. (2004). Attributionstraining. In G. W. Lauth, M. Grünke & J. C. Brunstein (Hrsg.), *Interventionen bei Lernstörungen* (S. 382-390). Göttingen: Hogrefe.

Grünke, M. & Greisbach, M. (2008). Sonderpädagogische Förderung. In F. Petermann (Hrsg.), *Lehrbuch der Klinischen Kinderpsychologie* (S. 677-691). Göttingen: Hogrefe.

Grünke, M. & Strathmann, A. (2007). Förderung des Lesens. In F. Linderkamp & M. Grünke (Hrsg.), *Lern- und Verhaltensstörungen* (S. 198-209). Weinheim: Beltz.

Haeberlin, U. (2003). Wissenschaftstheorie für die Heil- und Sonderpädagogik. In A. Leonhardt & F. B. Wember (Hrsg.), *Grundfragen der Sonderpädagogik* (S. 58-80). Weinheim: Beltz.

Hagendorf, H. (2006). Arbeitsgedächtnis. In J. Funke & P. Frensch (Hrsg.), *Handbuch der Allgemeinen Psychologie - Kognition* (S. 340-345). Göttingen: Hogrefe.

Hager, W. (2004). *Testplanung zur statistischen Prüfung psychologischer Hypothesen.* Göttingen: Hogrefe.

Hager, W. (2005). Vorgehensweisen in der deutschsprachigen psychologischen Forschung. *Psychologische Rundschau, 56* (3), 191-200.

Hager, W. (2006). Die Fallibilität empirischer Daten und die Notwendigkeit der Kontrolle der Wahrscheinlichkeiten falscher Entscheidungen. *Zeitschrift für Psychologie, 214* (1), 10-23.

Haier, R. J. (2009). What does a smart brain look like? *Scientific American Mind, 20* (6), 26-33.

Hammill, D. D. (2004). What we know about correlates of reading. *Exceptional Children, 70* (4), 454-468.

Harden, K. P., Turkheimer, E. & Loehlin, J. C. (2007). Genotype by environment interaction in adolescents' cognitive aptitude. *Behavior Genetics, 37* (2), 273-283.

Harlaar, N., Spinath, F. M., Dale, P. S. & Plomin, R. (2005). Genetic influences on early word recognition abilities and disabilities: a study of 7-year-old twins. *Journal of Child Psychology and Psychiatry, 46* (4), 373-384.

Hasselhorn, M. & Grube, D. (2006). Gedächtnisentwicklung (Grundlagen). In W. Schneider & B. Sodian (Hrsg.), *Enzyklopädie der Psychologie: Kognitive Entwicklung - Entwicklungspsychologie* (S. 271-325). Göttingen: Hogrefe.

Hasselhorn, M., Grube, D. & Mähler, C. (2000). Theoretisches Rahmenmodell für ein Diagnostikum zur differentiellen Funktionsanalyse des phonologischen Arbeitsgedächtnisses. In *Diagnostik von Lese-Rechtschreibschwierigkeiten* (S. 175-190). Göttingen: Hogrefe.

Hasselhorn, M., Grube, D., Mähler, C. & Roick, T. (2007). Experimentelle Forschung: Was leistet sie für die Sonderpädagogik? In J. Walter & Wember (Hrsg.), *Sonderpädagogik des Lernens* (S. 897-910). Göttingen: Hogrefe.

Hasselhorn, M. & Körner, K. (1997). Nachsprechen von Kunstwörtern: Zum Zusammenhang zwischen Arbeitsgedächtnis und syntaktischen Sprachleistungen bei Sechs- und Achtjährigen. *Zeitschrift für Entwicklungspsychologie und Pädagogische Psychologie, 29* (4), 212-224.

Hasselhorn, M. & Mähler, C. (2007). Phonological working memory of children in two German special schools. *International Journal of Disability, Development and Education, 54* (2), 225-244.

Hasselhorn, M. & Schuchardt, K. (2006). Lernstörungen - eine kritische Skizze zur Epidemiologie. *Kindheit und Entwicklung, 15* (4), 208-215.

Hasselhorn, M., Schumann-Hengsteler, R., Grube, D., König, J., Mähler, C., Schmid, I., et al. (in Vorb.). *Arbeitsgedächtnistestbatterie für Kinder von 5 bis 12 Jahren (AGTB 5-12).* Göttingen: Hogrefe.

Hasselhorn, M., Seidler-Brandler, U. & Körner, K. (2000). Ist das "Nachsprechen von Kunstwörtern" für die Entwicklungsdiagnostik des phonologischen Arbeitsgedächtnisses geeignet? In *Diagnostik von Lese-Rechtschreibschwierigkeiten* (S. 127-142). Göttingen: Hogrefe.

Helmke, A. & Schrader, F. (2006). Determinanten der Schulleistung. In D. H. Rost (Hrsg.), *Handwörterbuch Pädagogische Psychologie* (3. Aufl., S. 83-94). Weinheim: Beltz.

Helmke, A. & Weinert, F. E. (1997). Bedingungsfaktoren schulischer Leistungen. In F. E. Weinert (Hrsg.), *Psychologie des Unterrichts und der Schule* (S. 71-176). Göttingen: Hogrefe.

Herman, K. C., Lambert, S. F., Reinke, W. M. & Ialongo, N. S. (2008). Low academic competence in first grade as a risk factor for depressive cognitions and symptoms in middle school. *Journal of Counseling Psychology, 55* (3), 400-410.

Herrmann, J. A., Matyas, T. & Pratt, C. (2006). Meta-analysis of the nonword reading deficit in specific reading disorder. *Dyslexia, 12* (3), 195-221.

Hintz, A. M. & Grosche, M. (2010). Förderung basaler Lesekompetenzen von erwachsenen Analphabeten nach Prinzipien der direkten Instruktion. *Empirische Sonderpädagogik, 2* (2), 25-33.

Hintz, A. M., Grosche, M. & Grünke, M. (2009). Schulmeidendes Verhalten bei Kindern und Jugendlichen mit Migrationshintergrund. In H. Ricking, G. Schulze & M. Wittrock (Hrsg.), *Schulabsentismus und Dropout* (S. 49-73). Stuttgart: UTB.

Hock, M. (2009). Teaching methods: instructional methods and arrangements effective for adults with learning disabilities. In National Institute for Literacy (Ed.), *Learning to achieve: a review of the research literature on serving adults with learning disabilities* (pp. 183-208). Washington, DC: National Institute for Literacy.

Hoover, W. A. & Gough, P. B. (1990). The simple view of reading. *Reading and Writing: An Interdisciplinary Journal, 2* (2), 127-160.

Hoskyn, M. & Swanson, H. L. (2000). Cognitive processing of low achievers and children with reading disabilities: a selective meta-analytic review of the published literature. *School Psychology Review, 29* (1), 102-119.

Hurrelmann, B. (2004). Informelle Sozialisationsinstanz Familie. In N. Groeben & Hurrelmann (Hrsg.), *Lesesozialisation in der Mediengesellschaft* (S. 169-201). Weinheim: Juventa.

Ingram, R. E. & Luxton, D. D. (2005). Vulnerability-stress models. In B. L. Hankin & J. R. Z. Abela (Eds.), *Development of psychopathology* (pp. 32-46). London: Sage.

Ingvar, M., Trampe, P., Greitz, T., Eriksson, L., Stone-Elander, S. & von Euler, C. (2002). Residual differences in language processing in compensated dyslexics revealed in simple word reading tasks. *Brain and Language, 83* (2), 249-267.

Jackson, N. E. & Butterfield, E. C. (1989). Reading-level-match designs: myths and realities. *Journal of Reading Behavior, 21* (4), 387-412.

Jansen, H., Mannhaupt, G., Marx, H. & Skowronek, H. (2002). *Bielefelder Screening zur Früherkennung von Lese-Rechtschreibschwierigkeiten (BISC)* (2. Aufl.). Göttingen: Hogrefe.

Jeffries, S. & Everatt, J. (2004). Working memory: its role in dyslexia and other specific learning difficulties. *Dyslexia, 10* (3), 196-214.

Jeynes, W. H. (2002). The challenge of controlling for SES in social science and education research. *Educational Psychology Review, 14* (2), 205-221.

Jeynes, W. H. (2003). A meta-analysis: the effects of parental involvement on minority children's academic achievement. *Education and Urban Society, 35* (2), 202-218.

Jeynes, W. H. (2007). The relationship between parental involvement and urban secondary school student academic achievement. *Urban Education, 42* (1), 82-110.

Joels, M., Pu, Z., Wiegert, O., Oitzl, M. S. & Krugers, H. J. (2006). Learning under stress: how does it work? *Trends in Cognitive Sciences, 10* (4), 152-158.

Jolliffe, I. T. (2002). *Principal component analysis.* Berlin: Springer.

Jung, R. E. & Haier, R. J. (2007). The parieto-frontal integration theory (P-FIT) of intelligence: converging neuroimaging evidence. *Behavioral and Brain Sciences, 30* (2), 135-187.

Kail, R. V. (2007). Longitudinal evidence that increases in processing speed and working memory enhance children's reasoning. *Psychological Science, 18* (4), 312-313.

Kail, R. V. & Ferrer, E. (2007). Processing speed in childhood and adolescence: longitudinal models for examining developmental change. *Child Development, 78* (6), 1760-1770.

Kail, R. V., Hall, L. K. & Caskey, B. J. (1999). Processing speed, exposure to print, and naming speed. *Applied Psycholinguistics, 20* (2), 303-314.

Kamper, G. (1997). *Wenn Lesen und Schreiben und Lernen schwerfallen.* Münster: Schreibwerkstatt für neue Leser und Schreiber.

Kanter, G. O. (1973). Sonderpädagogische Maßnahmen für Lernbehinderte in einer prospektiven Bildungsplanung. *Zeitschrift für Heilpädagogik, 24* (4), 273-284.

Kanter, G. O. (1977). Lernbehinderungen und die Personengruppe der Lernbehinderten. In G. O. Kanter & O. Speck (Hrsg.), *Pädagogik der Lernbehinderten*, Handbuch der Sonderpädagogik (Bd. 4, S. 24-64). Berlin: Marhold.

Kanter, G. O. (2007). Gegenstand und Aufgaben einer Pädagogik und Psychologie bei Beeinträchtigungen des Lernens. In J. Walter & F. B. Wember (Hrsg.), *Sonderpädagogik des Lernens* (S. 33-59). Göttingen: Hogrefe.

Kemeny, M. E. (2003). The psychobiology of stress. *Current Directions in Psychological Science, 12* (4), 124-129.

Kirby, J. R., Desrochers, A., Roth, L. & Lai, S. S. V. (2008). Longitudinal predictors of word reading development. *Canadian Psychology, 49* (2), 103-110.

Kirschner, P. A., Sweller, J. & Clark, R. E. (2006). Why miminal guidance during instruction does not work: an analysis of the failure of constructivist, discovery, problem-based, experiential, and inquiry-based teaching. *Educational Psychologist, 41* (2), 75-86.

Klauer, K. J. (2000). Forschungsmethoden der Sonderpädagogischen Psychologie. In J. Borchert (Hrsg.), *Handbuch der Sonderpädagogischen Psychologie* (S. 993-999). Göttingen: Hogrefe.

Klauer, K. J. (2004). Förderung des induktiven Denkens und Lernens. In G. W. Lauth, M. Grünke & J. C. Brunstein (Hrsg.), *Interventionen bei Lernstörungen* (S. 187-196). Göttingen: Hogrefe.

Klauer, K. J. (2006a). Intelligenz und Begabung. In D. H. Rost (Hrsg.), *Handwörterbuch Pädagogische Psychologie* (3. Aufl., S. 275-280). Weinheim: Beltz.

Klauer, K. J. (2006b). Erfassung des Lernfortschritts durch curriculumbasierte Messung. *Heilpädagogische Forschung, 32* (1), 16-26.

Klauer, K. J. & Lauth, G. W. (1997). Lernbehinderungen und Leistungsschwierigkeiten bei Schülern. In F. W. Weinert (Hrsg.), *Psychologie des Unterrichts und der Schule* (S. 701-738). Göttingen: Hogrefe.

Klauer, K. J. & Phye, G. D. (2008). Inductive reasoning: A training approach. *Review of Educational Research, 78* (1), 85-123.

Klicpera, C., Schabmann, A. & Gasteiger-Klicpera, B. (2006). Die mittelfristige Entwicklung von Schülern mit Teilleistungsschwierigkeiten im Bereich der Lese- und Rechtschreibschwierigkeiten. *Kindheit und Entwicklung, 15* (4), 216-227.

Klicpera, C., Schabmann, A. & Gasteiger-Klicpera, B. (2007). *Legasthenie* (2. Aufl.). München: UTB.

Klieme, E., Döbert, H., Baethge, M., Füssel, H., Hetmeier, H., Rauschenbach, T., et al. (2008). *Bildung in Deutschland 2008.* Bielefeld: Bertelsmann.

KMK (2005a). *Bildungsstandards im Fach Deutsch für den Primarbereich.* Neuwied: Luchterhand.

KMK (2005b). *Bildungsstandards im Fach Deutsch für den Hauptschulabschluss.* Neuwied: Luchterhand.

Koch, K. (2007). Soziokulturelle Benachteiligung. In J. Walter & F. B. Wember (Hrsg.), *Sonderpädagogik des Lernens* (S. 104-116). Göttingen: Hogrefe.

Korhonen, T. T. (1995). The persistence of rapid naming problems in children with reading disabilities: a nine-year follow-up. *Journal of Learning Disabilities, 28* (4), 232-239.

Kornmann, R. & Kornmann, A. (2003). Erneuter Anstieg der Überrepräsentation ausländischer Kinder in Schulen für Lernbehinderte. *Zeitschrift für Heilpädagogik, 54* (7), 286-289.

Krapp, A. & Weidenmann, B. (Hrsg.). (2006). *Pädagogische Psychologie* (5. Aufl.). Weinheim: Beltz.

Kruidenier, J. R. (2002). *Research-based principles for adult basic education reading instruction.* Washington, DC: National Institute for Literacy.

Kubinger, K. D., Rasch, D. & Moder, K. (2008). Zur Legende der Voraussetzungen des t-Tests für unabhängige Stichproben. *Psychologische Rundschau, 60* (1), 26-27.

Küspert, P. & Schneider, W. (1998). *Würzburger Leise Leseprobe (WLLP).* Göttingen: Hogrefe.

Landerl, K. (2001). Word recognition deficits in German: more evidence from a representative sample. *Dyslexia, 7* (4), 183-196.

Landerl, K., Bevan, A. & Butterworth, B. (2004). Developmental dyscalculia and basic numerical capacities: a study of 8-9-year-old students. *Cognition, 93* (2), 99-125.

Landerl, K. & Wimmer, H. (2000). Deficits in phoneme segmentation are not the core problem of dyslexia: evidence from German and English children. *Applied Psycholinguistics, 21* (2), 243-262.

Landerl, K. & Wimmer, H. (2006). Lese-Rechtschreib-Schwächen. In *Handwörterbuch Pädagogische Psychologie* (3. Aufl., S. 441-450). Weinheim: Beltz.

Landerl, K. & Wimmer, H. (2008). Development of word reading fluency and spelling in a consistent orthography: an 8-year follow-up. *Journal of Educational Psychology, 100* (1), 150-161.

Landerl, K., Wimmer, H. & Frith, U. (1997). The impact of orthographic consistency on dyslexia: A German-English comparison. *Cognition, 63* (3), 315-334.

Lauth, G. W. & Grünke, M. (2005). Interventionen bei Lernstörungen. *Monatsschrift Kinderheilkunde, 153* (7), 640-648.

Lauth, G. W. & Heubeck, B. G. (2006). *Kompetenztraining für Eltern sozial auffälliger Kinder (KES).* Göttingen: Hogrefe.

Lauth, G. W. & Mackowiak, K. (2006). Lernstörungen. *Kindheit und Entwicklung, 15* (4), 199-207.

Lauth, G. W. & Raven, H. (2009). Aufmerksamkeitsdefizit/Hyperaktivitätsstörungen (ADHS) im Erwachsenenalter. Ein Review. *Psychotherapeutenjournal, 8* (1), 17-30.

Lauth, G. W. & Schlottke, P. F. (2002). *Training mit aufmerksamkeitsgestörten Kindern* (5. Aufl.). Weinheim: Beltz.

Leinonen, S., Müller, K., Leppänen, P. H. T., Aro, M., Ahonen, T. & Lyytinen, H. (2001). Heterogeneity in adult dyslexic readers: relating processing skills to the speed and accuracy of oral text reading. *Reading and Writing: An Interdisciplinary Journal, 14* (3-4), 265-296.

Lenhard, W. & Schneider, W. (2006). *ELFE 1-6. Ein Leseverständnistest für Erst- bis Sechstklässler.* Göttingen: Hogrefe.

Lienert, G. A. & Raatz, U. (1998). *Testaufbau und Testanalyse* (6. Aufl.). Weinheim: Beltz.

Ligges, C. & Blanz, B. (2007). Übersicht über Bildgebungsbefunde zum phonologischen Defizit der Lese-Rechtschreibstörung bei Kindern und Erwachsenen: Grundlegende Defizite oder Anzeichen von Kompensation? *Zeitschrift für Kinder- und Jugendpsychiatrie und Psychotherapie, 35* (2), 107-117.

Linde, A. (2004). Sind Sie funktional alphabetisiert? Auf der Suche nach geeigneten Begriffen und Konzepten. *Alfa-Forum, 18* (54-55), 27-29.

Linde, A. (2007). Alphabetisierung, Grundbildung oder Literalität? In A. Grotlüschen & A. Linde (Hrsg.), *Literalität, Grundbildung oder Lesekompetenz?* (S. 90-99). Münster: Waxmann.

Linde, A. (2008). *Literalität und Lernen.* Münster: Waxmann.

Loehlin, J. C., Harden, K. P. & Turkheimer, E. (2009). The effect of assumptions about parental assortative mating and genotype-income correlation on estimates of genotype-environment interaction in the national merit twin study. *Behavior Genetics, 39* (2), 165-169.

Löffler, C. (2002). *Analphabetismus in Wechselwirkung mit gesprochener Sprache.* Aachen: Alfa Zentaurus.

Loureiro, C. D. S., Braga, L. W., Souza, L. D. N., Filho, G. N., Queiroz, E. & Dellatolas, G. (2004). Degree of illiteracy and phonological and metaphonological skills in unschooled adults. *Brain and Language, 89* (3), 499-502.

Lüdtke, O., Robitzsch, A., Trautwein, U. & Köller, O. (2007). Umgang mit fehlenden Werten in der psychologischen Forschung. *Psychologische Rundschau, 58* (2), 103-117.

Lundberg, I. (2002). The child's route into reading and what can go wrong. *Dyslexia*, *8* (1), 1-13.

Lyon, G. R., Shaywitz, S. E. & Shaywitz, B. A. (2003). A definition of dyslexia. *Annals of Dyslexia*, *53* (1), 1-14.

Maaz, K., Trautwein, U., Gresch, C., Lüdtke, O. & Watermann, R. (2009). Intercoder-Reliabilität bei der Berufscodierung nach der ISCO-88 und Validität des sozioökonomischen Status. *Zeitschrift für Erziehungswissenschaft*, *12* (2), 281-301.

Mähler, C. & Hasselhorn, M. (2003). Automatische Aktivierung des Rehearsalprozesses im phonologischen Arbeitsgedächtnis bei lernbehinderten Kindern und Erwachsenen. *Zeitschrift für Pädagogische Psychologie*, *17* (3/4), 255-260.

Mamen, M., Ferguson, H. B. & Backman, J. E. (1986). No difference represents a significant finding: the logic of the reading level design. A response to Bryant and Goswami. *Psychological Bulletin*, *100* (1), 104-106.

Mand, J. (2002). Sonderschule oder Gemeinsamer Unterricht? *Zeitschrift für Heilpädagogik*, *53* (1), 8-13.

Mandl, H. & Friedrich, H. F. (Hrsg.). (2006). *Handbuch Lernstrategien*. Göttingen: Hogrefe.

Marx, H. & Jungmann, T. (2000). Abhängigkeit der Entwicklung des Leseverstehens von Hörverstehen und grundlegenden Lesefertigkeiten im Grundschulalter: Eine Prüfung des Simple View of Reading-Ansatzes. *Zeitschrift für Entwicklungspsychologie und Pädagogische Psychologie*, *32* (2), 81-93.

Mayringer, H. & Wimmer, H. (1999). Kognitive Defizite lese-rechtschreibschwacher Kinder. *Kindheit und Entwicklung*, *8* (3), 141-146.

Mayringer, H. & Wimmer, H. (2005). *Salzburger Lese-Screening für die Klassenstufen 1-4 (SLS 1-4)* (2. Aufl.). Bern: Hans Huber.

McEwen, B. S. (2000). Allostasis and allostatic load: implications for neuropsychopharmacology. *Neuropsychopharmacology*, *22* (2), 108-124.

McEwen, B. S. (2007). Physiology and neurobiology of stress and adaptation: central role of the brain. *Physiological Reviews*, *87* (3), 873-904.

McGrew, K. S. (2009). CHC theory and the human cognitive abilities project: standing on the shoulders of the giants of psychometric intelligence research. *Intelligence*, *37* (1), 1-10.

Meehl, P. E. & Waller, N. G. (2002). The path analysis controversy: a new statistical approach to strong appraisal of verisimilitude. *Psychological Methods*, *7* (3), 283-300.

Mellard, D. & Scanlon, D. (2006). Feasability of explicit instruction in adult basic education: instructor-learner interaction patterns. *Adult Basic Education*, *16* (1), 21-37.

Metz, U., Marx, P., Weber, J. & Schneider, W. (2003). Overachievement im Lesen und Rechtschreiben: Folgerungen für die Diskrepanzdefinition der Legasthenie. *Zeitschrift für Entwicklungspsychologie und Pädagogische Psychologie*, *35* (3), 127-134.

Meyer, M. S., Wood, F. B., Hart, L. A. & Felton, R. H. (1998). Longitudinal course of rapid naming in disabled and nondisabled readers. *Annals of Dyslexia*, *48* (1), 91-114.

Morais, J., Content, A., Bertelson, P., Cary, L. & Kolinsky, R. (1988). Is there a critical period for the acquisition of segmental analysis? *Cognitive Neuropsychology*, *5* (3), 347-352.

Morais, J. & Kolinsky, R. (2002). Literacy effects on language and cognition. In L. Bäckman & C. V. Hofsten (Eds.), *Psychology at the turn of the millennium. Cognitive, biological, and health perspectives* (pp. 507-530). New York: Taylor & Francis.

Morais, J. & Kolinsky, R. (2005). Literacy and cognitive change. In M. J. Snowling & C. Hulme (Eds.), *The science of reading* (pp. 188-203). Malden: Blackwell.

Nation, K. (2005). Children's reading comprehension difficulties. In M. J. Snowling & C. Hulme (Eds.), *The science of reading* (pp. 248-265). Malden: Blackwell.

National Reading Panel. (2000a). *Report of the national reading panel: teaching children to read - reports of the subgroups.* Washington, DC: National Institute of Child Health and Human Development.

National Reading Panel. (2000b). *Report of the national reading panel: teaching children to read.* Washington, DC: National Institute of Child Health and Human Development.

Neidhart, E. (2006). Gedächtnistraining. In D. H. Rost (Hrsg.), *Handwörterbuch Pädagogische Psychologie* (3. Aufl., S. 206-211). Weinheim: Beltz.

Nettelbeck, T. & Burns, N. R. (2010). Processing speed, working memory and reasoning ability from childhood to old age. *Personality and Individual Differences, 48* (4), 379-384.

Neubauer, A. C. (2005). Intelligenz. In H. Weber & T. Rammsayer (Hrsg.), *Handbuch der Persönlichkeitspsychologie und Differentiellen Psychologie* (S. 321-332). Göttingen: Hogrefe.

Neubauer, A. C., Spinath, F. M., Riemann, R., Angleitner, A. & Borkenau, P. (2000). Genetic and environmental influences on two measures of speed of information processing and their relation to psychometric intelligence: evidence from the German observational study of adult twins. *Intelligence, 28* (4), 267-289.

Nickel, S. (1998). Zugriffe funktionaler Analphabeten auf Schrift. Eine Untersuchung von Schreibstrategien mit der Hamburger Schreib-Probe. *Alfa-Forum, 38,* 20-24.

Nickel, S. (2000). Wie lernen Erwachsene lesen und schreiben? In M. Döbert & P. Hubertus (Hrsg.), *Ihr Kreuz ist die Schrift* (S. 86-98). Stuttgart: Klett.

Nickel, S. (2004a). Was heißt „funktional alphabetisiert"? [Themenheft]. *Alfa-Forum, 18* (54-55).

Nickel, S. (2004b). Schriftspracherwerb von Kindern, Jugendlichen und Erwachsenen unter massiv erschwerten Bedingungen. In G. Thomé (Hrsg.), *Lese-Rechtschreib-Schwierigkeiten (LRS) und Legasthenie* (S. 86-106). Weinheim: Beltz.

Nickel, S. (2007a). Familienorientierte Grundbildung im Sozialraum als Schlüsselstrategie zur breiten Teilhabe an Literalität. In A. Grotlüschen & A. Linde (Hrsg.), *Literalität, Grundbildung oder Lesekompetenz?* (S. 31-41). Münster: Waxmann.

Nickel, S. (2007b). Family Literacy in Deutschland. In M. Elfert & G. Rabkin (Hrsg.), *Gemeinsam in der Sprache baden: Family Literacy. Internationale Konzepte zur familienorientierten Schriftsprachförderung* (S. 65-84). Stuttgart: Klett.

OECD (1995). Grundqualifikationen, Wirtschaft und Gesellschaft. Ottawa: Statistics Canada.

OECD (2008). *The OECD programme for the international assessment of adult competencies (PIAAC).* Paris: OECD Publications. Abgerufen am 30. August 2010 von http://www.oecd.org/dataoecd/13/45/41690983.pdf.

Oerter, R. (2000). Implizites Lernen beim Sprechen, Lesen und Schreiben. *Unterrichtswissenschaft, 28* (3), 239-256.

Olson, R. K. (2002). Dyslexia: nature and nurture. *Dyslexia, 8* (3), 143-159.

Ostrosky-Solís, F., Ardila, A., Rosselli, M., Lopez-Arango, G. & Uriel-Mendoza, V. (1998). Neuropsychological test performance in illiterate subjects. *Archives of Clinical Neuropsychology, 13* (7), 645-660.

Ostrosky-Solís, F., García, M. A. & Pérez, M. (2004). Can learning to read and write change the brain organization? An electrophysiological study. *International Journal of Psychology, 39* (1), 27-35.

Oswald, W. D. & Roth, E. (1978). *Der Zahlen-Verbindungs-Test (ZVT). Ein sprachfreier Intelligenz-Schnell-Test.* Göttingen: Hogrefe.

Pauen, S. & Elsner, B. (2008). Neurologische Grundlagen der Entwicklung. In R. Oerter & L. Montada (Hrsg.), *Entwicklungspsychologie* (6. Aufl., S. 67-84). Weinheim: Beltz.

Paulesu, E., Démonet, J., Fazio, F., McCrory, E., Chanoine, V., Brunswick, N., et al. (2001). Dyslexia: cultural diversity and biological unity. *Science, 291* (16 März), 2165-2167.

Penke, M. & Schrader, K. (2008). The role of phonology in visual word recognition. *Written Language & Literacy, 11* (2), 167-190.

Pennington, B. F. (1999). Toward an integrated understanding of dyslexia: genetic, neurological, and cognitive mechanisms. *Development and Psychopathology, 11* (3), 629-654.

Pennington, B. F., Cardoso-Martins, C., Green, P. A. & Lefly, D. L. (2001). Comparing the phonological and double deficit hypotheses for developmental dyslexia. *Reading and Writing: An Interdisciplinary Journal, 14* (7-8), 707-755.

Pennington, B. F. & Olson, R. K. (2005). Genetics of dyslexia. In M. J. Snowling & C. Hulme (Eds.), *The science of reading* (pp. 453-472). Malden: Blackwell.

Perry, C., Ziegler, J. C. & Zorzi, M. (2007). Nested incremental modeling in the development of computational theories: the CDP+ model of reading aloud. *Psychological Review, 114* (2), 273-315.

Petermann, F. (2003). Legasthenie und Rechenstörung. *Kindheit und Entwicklung, 12* (4), 193-196.

Petersson, K. M., Reis, A., Askelöf, S., Castro-Caldas, A. & Ingvar, M. (2000). Language processing modulated by literacy: a network analysis of verbal repetition in literate and illiterate subjects. *Journal of Cognitive Neuroscience, 12* (3), 364-382.

Petersson, K. M., Silva, C., Castro-Caldas, A., Ingvar, M. & Reis, A. (2007). Literacy: a cultural influence on functional left-right differences in the inferior parietal cortex. *European Journal of Neuroscience, 26* (3), 791-799.

Petrill, S. A., Deater-Deckard, K., Thompson, L. A., DeThorne, L. S. & Schatschneider, C. (2006). Genetic and environmental effects of serial naming and phonological awareness on early reading outcomes. *Journal of Educational Psychology, 98* (1), 112-121.

Petrill, S. A., Pike, A., Price, T. & Plomin, R. (2004). Chaos in the home and socioeconomic status are associated with cognitive development in early childhood: environmental mediators identified in a genetic design. *Intelligence, 32* (5), 445-460.

Pett, M. A., Lackey, N. R. & Sullivan, J. J. (2003). *Making sense of factor analysis.* Thousand Oaks, CA: Sage.

Philliber, W. W., Spillman, R. E. & King, R. E. (1996). Consequences of family literacy for adults and children: some preliminary findings. *Journal of Adolescent & Adult Literacy, 39* (7), 558-565.

Phillips, B. M. & Lonigan, C. J. (2005). Social correlates of emergent literacy. In M. J. Snowling & C. Hulme (Eds.), *The science of reading* (pp. 173-187). Malden: Blackwell.

Pihl, R. O. & Nantel-Vivier, A. (2005). Biological vulnerabilities to the development of psychopathology. In B. L. Hankin & J. R. Z. Abela (Eds.), *Development of psychopathology* (pp. 75-103). London: Sage.

Pinel, J. P. J. (2007). *Biopsychologie* (6. Aufl.). München: Pearson.

Plaut, D. C. (2005). Modeling Reading: the dual-route approach. In M. J. Snowling & C. Hulme (Eds.), *The science of reading* (pp. 24-38). Malden: Blackwell.

Plomin, R. & DeFries, J. C. (1998). The genetics of cognitive abilities and disabilities. *Scientific American, 278* (5), 62-70.

Plomin, R. & Kovas, Y. (2005). Generalist genes and learning disabilities. *Psychological Bulletin, 131* (4), 592-617.

Powell, D., Stainthorp, R., Stuart, M., Garwood, H. & Quinlan, P. (2007). An experimental comparison between rival theories of rapid automatized naming performance and its relationship to reading. *Journal of Experimental Child Psychology, 98* (1), 46-68.

Raine, A. (2002). Biosocial studies of antisocial and violent behavior in children and adults: a review. *Journal of Abnormal Child Psychology, 30* (4), 311-326.

Ramus, F. (2004). Neurobiology of dyslexia: a reinterpretation of the data. *Trends in Neuroscience, 27* (12), 720-726.

Ramus, F. (2006a). Genes, brain, and cognition: a roadmap for the cognitive scientist. *Cognition, 101* (2), 247-269.

Ramus, F. (2006b). A neurological model of dyslexia and other domain-specific developmental disorders with an associated sensorimotor syndrome. In G. D. Rosen (Ed.), *The dyslexic brain: new pathways in neuroscience* (pp. 75-101). Mahwah: Lawrence Erlbaum Associates.

Ramus, F., Rosen, S., Dakin, S. C., Day, B. L., Castellote, J. M., White, S., et al. (2003). Theories of developmental dyslexia: insights from a multiple case study of dyslexic adults. *Brain, 126* (4), 841-865.

Ramus, F. & Szenkovits, G. (2008). What phonological deficit? *Quarterly Journal of Experimental Psychology, 61* (1), 129-141.

Ramus, F., White, S. & Frith, U. (2006). Weighing the evidence between competing theories of dyslexia. *Developmental Science, 9* (3), 265-269.

Rashid, F. L., Morris, R. & Sevcik, R. A. (2005). Relationship between home literacy environment and reading achievement in children with reading disabilities. *Journal of Learning Disabilities, 38* (1), 2-11.

Reis, A. & Castro-Caldas, A. (1997). Illiteracy: a cause for biased cognitive development. *Journal of the International Neuropsychological Society, 3* (5), 444-450.

Reis, A., Faísca, L., Mendonca, S., Ingvar, M. & Petersson, K. M. (2007). Semantic interference on a phonological task in illiterate subjects. *Scandinavian Journal of Psychology, 48* (1), 69-74.

Reis, A., Guerreiro, M. & Petersson, K. M. (2003). A sociodemographic and neuropsychological characterization of an illiterate population. *Applied Neuropsychology, 10* (4), 191-204.

Ricking, H. (2005). Prävention und frühe Intervention bei Schulabsentismus. *Zeitschrift für Heilpädagogik, 56* (5), 170-179.

Ricking, H. (2007). Bausteine der schulischen Prävention und frühen Intervention bei Schulabsentismus. *Zeitschrift für Heilpädagogik, 58* (2), 42-50.

Rindermann, H. (2006). Was messen internationale Schulleistungsstudien? Schulleistungen, Schülerfähigkeiten, kognitive Fähigkeiten, Wissen oder allgemeine Intelligenz? *Psychologische Rundschau, 57* (2), 69-86.

Rindermann, H. & Neubauer, A. C. (2000). Informationsverarbeitungsgeschwindigkeit und Schulerfolg: Weisen basale Maße der Intelligenz prädiktive Validität auf? *Diagnostica, 46* (1), 8-17.

Rindermann, H. & Neubauer, A. C. (2001). The influence of personality on three aspects of cognitive performance: processing speed, intelligence and school performance. *Personality and Individual Differences, 30* (5), 829-842.

Rindermann, H. & Neubauer, A. C. (2004). Processing speed, intelligence, creativity, and school performance: testing of causal hypotheses using structural equation models. *Intelligence, 32* (6), 573-589.

Rittmeyer, C. (1990). Zur Methodik und Didaktik der Alphabetisierung Erwachsener. *Sonderpädagogik, 20* (4), 161-171.

Roberts, G., Torgesen, J. K., Boardman, A. & Scammacca, N. (2008). Evidence-based strategies for reading instruction of older students with learning disabilities. *Learning Disabilities Research & Practice, 23* (2), 63-69.

Rost, D. H. (2005). *Interpretation und Bewertung pädagogisch-psychologischer Studien.* Weinheim: Beltz.

Rost, D. H. (Hrsg.). (2006). *Handwörterbuch Pädagogische Psychologie* (3. Aufl.). Weinheim: Beltz.

Rost, D. H. (2009). *Intelligenz - Fakten und Mythen.* Weinheim: Beltz.

Rost, D. H. & Hanses, P. (1993). Zur Brauchbarkeit des Zahlen-Verbindungs-Tests (ZVT) bei Kindern der 3. Jahrgangsstufe - psychometrische Überprüfung und Neustandardisierung. *Diagnostica, 39* (1), 80-95.

Rost, D. H. & Schilling, S. R. (2006). Leseverständnis. In D. H. Rost (Hrsg.), *Handwörterbuch Pädagogische Psychologie* (3. Aufl., S. 450-460). Weinheim: Beltz.

Rudolph, U., Roesch, S. C., Greitemeyer, T. & Weiner, B. (2004). A meta-analytic review of help giving and aggression from an attributional perspective: Contributions to a general theory of motivation. *Cognition and Emotion, 18* (6), 815-848.

Rupley, W. H., Blair, T. R. & Nichols, W. D. (2009). Effective reading instruction for struggling readers: The role of direct/explicit teaching. *Reading & Writing Quarterly, 25* (2-3), 125-138.

Rüsseler, J. (2006). Neurobiologische Grundlagen der Lese-Rechtschreib-Schwäche. Implikationen für Diagnostik und Therapie. *Zeitschrift für Neuropsychologie, 17* (2), 101-111.

Sabatini, J. P. (2002). Efficiency in word reading of adults: ability group comparisons. *Scientific Studies of Reading, 6* (3), 267-298.

Samuelsson, S. & Lundberg, I. (2003). The impact of environmental factors on components of reading and dyslexia. *Annals of Dyslexia, 53* (1), 201-217.

Sarris, V. & Reiß, S. (2005). *Kurzer Leitfaden der Experimentalpsychologie.* München: Pearson.

Saß, H., Wittchen, H., Zaudig, M. & Houben, I. (2003). *Diagnostisches und Statistisches Manual Psychischer Störungen - Textrevision (DSM-IV-TR)* (4. Aufl.). Göttingen: Hogrefe.

Sauer, J. (2006). Prognose von Schulerfolg. In D. H. Rost (Hrsg.), *Handwörterbuch Pädagogische Psychologie* (3. Aufl., S. 584-595). Weinheim: Beltz.

Savage, R., Frederickson, N., Goodwin, R., Patni, U., Smith, N. & Tuersley, L. (2005). Relationships among rapid digit naming, phonological processing, motor automaticity and speech perception in poor, average, and good readers and spellers. *Journal of Learning Disabilities, 38* (1), 12-28.

Savage, R., Lavers, N. & Pillay, V. (2007). Working memory and reading difficulties: what we know and what we don't know about the relationship. *Educational Psychology Review, 19* (2), 185-221.

Scanlon, D. & Lenz, B. K. (2002). Intervention practices in adult literacy education for adults with learning disabilities. *Journal of Postsecondary Education and Disability, 16* (1), 32-49.

Schabmann, A. & Kabicher, R. (2007). Auswirkungen früher Leseschwierigkeiten - Leseverständnis, Leseverhalten und Einstellungen zum Lesen am Ende der Grundschulzeit. *Heilpädagogische Forschung, 33* (3), 155-166.

Schaie, K. W. (1991). Intelligenz. In W. D. Oswald, W. M. Herrmann, U. M. Kanowski, U. M. Lehr & H. Thomae (Hrsg.), *Gerontologie* (S. 269-283). Stuttgart: Kohlhammer.

Schamberg, M. A. (2008). *The cost of living in poverty: long-term effects of allostatic load on working memory.* Cornell University. Abgerufen am 30. August 2010 von http://hdl.handle.net/1813/10814.

Schatschneider, C. & Torgesen, J. K. (2004). Using our current understanding of dyslexia to support early identification and intervention. *Journal of Child Neurology, 19* (10), 759-765.

Schladebach, A. (2007). Ein rotes Tuch: Formulare und Fragebögen! Auswertung der Teilnehmerbefragung im 2. Semester 2004 im Grundbildungszentrum der Hamburger Volkshochschule. In A. Grotlüschen & A. Linde (Hrsg.), *Literalität, Grundbildung oder Lesekompetenz?* (S. 140-146). Münster: Waxmann.

Schlutz, E. (2007). PISA für Erwachsene - Kompetenzerweiterung und zweite Chance? In A. Grotlüschen & A. Linde (Hrsg.), *Literalität, Grundbildung oder Lesekompetenz?* (S. 15-24). Münster: Waxmann.

Schneider, W. (2006). Lesenlernen. In D. H. Rost (Hrsg.), *Handwörterbuch Pädagogische Psychologie* (3. Aufl., S. 433-441). Weinheim: Beltz.

Schneider, W. & Büttner, G. (2008). Entwicklung des Gedächtnisses bei Kindern und Jugendlichen. In R. Oerter & L. Montada (Hrsg.), *Entwicklungspsychologie* (6. Aufl., S. 480-501). Weinheim: Beltz.

Schneider, W., Roth, E. & Ennemoser, M. (2000). Training phonological skills and letter knowledge in children at risk for dyslexia: a comparison of three kindergarten intervention programs. *Journal of Educational Psychology, 92* (2), 284-295.

Schrader, J. & Berzbach, F. (2005). Empirische Lernforschung in der Erwachsenenbildung/Weiterbildung. Deutsches Institut für Erwachsenenbildung. Abgerufen am 30. August 2010 von http://www.die-bonn.de/esprid/dokumente/doc-2005/ schrader05_01.pdf.

Schröder, U. (2005). *Lernbehindertenpädagogik.* Stuttgart: Kohlhammer.

Schuchardt, K., Kunze, J., Grube, D. & Hasselhorn, M. (2006). Arbeitsgedächtnisdefizite bei Kindern mit schwachen Rechen- und Schriftsprachleistungen. *Zeitschrift für Pädagogische Psychologie, 20* (4), 261-268.

Schulte-Körne, G., Warnke, A. & Remschmidt, H. (2006). Zur Genetik der Lese-Rechtschreibschwäche. *Zeitschrift für Kinder- und Jugendpsychiatrie und Psychotherapie, 34* (6), 435-444.

Sendlmeier, W. F. (1987). Die psychologische Realität von Einzellauten bei Analphabeten. *Sprache und Kognition, 6* (2), 64-71.

Senechal, M. (2006). *The effect of family literacy interventions on children's acquisition of reading from kindergarten to grade 3.* Portsmouth: National Institute for Literacy.

Senechal, M. & Young, L. (2008). The effect of family literacy interventions on children's acquisition of reading from kindergarten to grade 3: a meta-analytic review. *Review of Educational Research, 78* (4), 880-907.

Seymour, P. H. K. (1998). Beyond the phonological deficit hypothesis. *Child Psychology & Psychiatry Review, 3* (1), 22-23.

Seymour, P. H. K. (2005). Early reading development in European orthographies. In M. J. Snowling & C. Hulme (Eds.), *The science of reading* (pp. 296-315). Malden: Blackwell.

Seymour, P. H. K., Aro, M. & Erskine, J. M. (2003). Foundation literacy acquisition in European orthographies. *British Journal of Psychology, 94* (2), 143-174.

Share, D. L. (2008). On the anglocentricities of current reading research and practice: the perils of overreliance on an "outlier" orthography. *Psychological Bulletin, 134* (4), 584-615.

Shaw, P., Greenstein, D., Lerch, J., Clasen, L., Lenroot, R., Gogtay, N., et al. (2006). Intellectual ability and cortical development in children and adolescents. *Nature, 440* (30. März), 676-679.

Shaywitz, S. E., Morris, R. & Shaywitz, B. A. (2008). The education of dyslexic children from childhood to young adulthood. *Annual Review of Psychology, 59* (1), 451-475.

Shaywitz, S. E. & Shaywitz, B. A. (2005). Dyslexia (specific reading disability). *Biological Psychiatry, 57* (11), 1301-1309.

Shaywitz, S. E. & Shaywitz, B. A. (2008). Paying attention to reading: the neurobiology of reading and dyslexia. *Development and Psychopathology, 20* (4), 1329-1349.

Sheehan-Holt, J. K. & Smith, M. C. (2000). Does basic skills education affect adults' literacy proficiencies and reading practices? *Reading Research Quarterly, 35* (2), 226-243.

Shi, Y. & Tsang, M. C. (2008). Evaluation of adult literacy education in the United States: a review of methodological issues. *Educational Research Review, 3* (2), 187-217.

Siegel, L. S. (1994). Working memory and reading: a life-span perspective. *International Journal of Behavioral Development, 17* (1), 109-124.

Sirin, S. R. (2005). Socioeconomic status and academic achievement: a meta-analytic review of research. *Review of Educational Research, 75* (3), 417-453.

Smith-Spark, J. H. & Fisk, J. E. (2007). Working memory functioning in developmental dyslexia. *Memory, 15* (1), 34-56.

Snowling, M. J. (2001). From language to reading and dyslexia. *Dyslexia, 7* (1), 37-46.

Snowling, M. J. & Hulme, C. (Eds.). (2005). *The science of reading.* Malden: Blackwell.

Snowling, M. J., Moxham, P., Gallagher, A. & Frith, U. (1997). Phonological processing skills of dyslexic students in higher education: a preliminary report. *Journal of Research in Reading, 20* (1), 31-41.

Sodoro, J., Allinder, R. M. & Rankin-Erickson, J. L. (2002). Assessment of phonological awareness: review of methods and tools. *Educational Psychology Review, 14* (3), 223-260.

Spearitt, D. (1996). Carroll's model of cognitive abilities: educational implications. *International Journal of Educational Research, 25* (1), 109-197.

Speece, D. L. & Shekitka, L. (2002). How should reading disabilities be operationalized? A survey of experts. *Learning Disabilities Research & Practice, 17* (2), 118-123.

Stanovich, K. E. (1998). Refining the phonological core deficit model. *Child Psychology & Psychiatry Review, 3* (1), 17-21.

Stanovich, K. E. (2005). The future of a mistake: will discrepancy measurement continue to make the learning disabilities field a pseudoscience? *Learning Disability Quarterly, 28* (2), 103-106.

Stanovich, K. E. & Siegel, L. S. (1994). Phenotypic performance profile of children with reading disabilities: a regression-based test of the phonological-core variable-difference model. *Journal of Educational Psychology, 86* (1), 24-53.

Statistisches Bundesamt (2009). *Bildung und Kultur, Allgemeinbildende Schulen.* Fachserie 11/Reihe I. Destatis.

Stein, J. (2001). The magnocellular theory of developmental dyslexia. *Dyslexia, 7* (1), 12-36.

Stein, J. (2002). The neurobiology of reading difficulties. In E. Witruk, A. D. Friederici & T. Lachmann (Eds.), *Basic functions of language reading and reading disability* (pp. 199-211). Boston: Kluwer Academic Publishers.

Stock, C., Marx, P. & Schneider, W. (2003). *Basiskompetenzen für Lese-Rechtschreibleistungen (BAKO 1-4).* Göttingen: Hogrefe.

Stuebing, K. K., Fletcher, J. M., LeDoux, J. M., Lyon, G. R., Shaywitz, S. E. & Shaywitz, B. A. (2002). Validity of IQ-discrepancy classifications of reading disabilities: a meta-analysis. *American Educational Research Journal, 39* (2), 469-518.

von Suchodoletz, W. (2005). Früherkennung von Lese-Rechtschreibstörungen. In W. von Suchodoletz (Hrsg.), *Früherkennung von Entwicklungsstörungen* (S. 191-223). Göttingen: Hogrefe.

Süß, H. (2005). Experimentelle Methoden. In H. Weber & T. Rammsayer (Hrsg.), *Handbuch der Persönlichkeitspsychologie und Differentiellen Psychologie* (S. 166-180). Göttingen: Hogrefe.

Swanson, H. L. (1999a). Instructional components that predict treatment outcomes for students with learning disabilities: support for a combined strategy and direct instruction model. *Learning Disabilities Research & Practice, 14* (3), 129-140.

Swanson, H. L. (1999b). Reading research for students with LD: a meta-analysis of intervention outcomes. *Journal of Learning Disabilities, 32* (6), 504-532.

Swanson, H. L. (2009). Assessment of adults with learning disabilities. In National Institute for Literacy (Ed.), *Learning to achieve: a review of the research literature on serving adults with learning disabilities* (pp. 15-70). Washington, DC: National Institute for Literacy.

Swanson, H. L. & Deshler, D. D. (2003). Instructing adolescents with learning disabilities. *Journal of Learning Disabilities, 36* (2), 124-135.

Swanson, H. L., Trainin, G., Necoechea, D. M. & Hammill, D. D. (2003). Rapid naming, phonological awareness, and reading: a meta-analysis of the correlation evidence. *Review of Educational Research, 73* (4), 407-440.

Sweller, J., Kirschner, P. A. & Clark, R. E. (2007). Why minimally guided teaching techniques do not work: a reply to commentaries. *Educational Psychologist, 42* (2), 115-121.

Tabachnick, B. G. & Fidell, L. S. (2007). *Using multivariate statistics* (5th ed.). Boston: Pearson.

Tacke, G. (2007). Lesenlernen und Leseförderung. In J. Walter & F. B. Wember (Hrsg.), *Sonderpädagogik des Lernens* (S. 504-518). Göttingen: Hogrefe.

Thaler, V., Ebner, E. M., Wimmer, H. & Landerl, K. (2004). Training reading fluency in dysfluent readers with high reading accuracy: word specific effects but low transfer to untrained words. *Annals of Dyslexia, 54* (1), 89-113.

Therrien, W. J. (2004). Fluency and comprehension gains as a result of repeated reading. *Remedial and Special Education, 25* (4), 252-261.

Therrien, W. J., Gormley, S. & Kubina, R. M. (2006). Boosting fluency and comprehension to improve reading achievement. *Council for Exceptional Children, 38* (3), 22-26.

Therrien, W. J. & Kubina, R. M. (2006). Developing reading fluency with repeated reading. *Intervention in School and Clinic, 41* (3), 156-160.

Thompkins, A. C. & Binder, K. S. (2003). A comparison of the factors affecting reading performance of functionally illiterate adults and children matched by reading level. *Reading Research Quarterly, 38* (2), 236-258.

Thompson, T. & Massat, C. R. (2005). Experiences of violence, post-traumatic stress, academic achievement and behavior problems of urban african-american children. *Child and Adolescent Social Work Journal, 22* (5-6), 367-393.

Torgerson, C. J., Porthouse, J. & Brooks, G. (2003). A systematic review and meta-analysis of randomised controlled trials evaluating interventions in adult literacy and numeracy. *Journal of Research in Reading, 26* (3), 234-255.

Torgerson, C. J., Porthouse, J. & Brooks, G. (2005). A systematic review of controlled trials evaluating interventions in adult literacy and numeracy. *Journal of Research in Reading, 28* (2), 87-107.

Torgesen, J. K. (2000). Individual differences in response to early interventions in reading: the lingering problem of treatment resisters. *Learning Disabilities Research & Practice, 15* (1), 55-64.

Torgesen, J. K. (2002). Empirical and theoretical support for direct diagnosis of learning disabilities by assessment of intrinsic processing weaknesses. In R. Bradley, L. Danielson & D. P. Hallahan (Eds.), *Identification of learning disabilities: research to practice* (pp. 565-652). New Jersey: Lawrence Erlbaum Associates.

Torgesen, J. K. (2005). Recent discoveries on remedial interventions for children with dyslexia. In M. J. Snowling & C. Hulme (Eds.), *The science of reading* (pp. 521-537). Malden: Blackwell.

Treiman, D. J. & Ganzeboom, H. B. G. (2000). The fourth generation of comparative stratification research. In S. Quah & A. Sales (Eds.), *The international handbook of sociology* (pp. 123-150). Thousand Oaks, CA: Sage.

Tröster, M. (2005). *Alphabetisierung/Grundbildung: Deutschland.* Bonn: Deutsches Institut für Erwachsenenbildung. Abgerufen am 30. August 2010 von http://www. die-bonn.de/esprid/dokumente/doc-2005/troester05_03.pdf.

Truch, S. (1994). Stimulating basic reading processes using auditory discrimination in depth. *Annals of Dyslexia, 44* (1), 60-80.

Turkheimer, E., Haley, A., Waldron, M., D'Onofrio, B. & Gottesman, I. I. (2003). Socioeconomic status modifies heritability of IQ in young children. *Psychological Science, 14* (6), 623-628.

Turley-Ames, K. J. & Whitfield, M. M. (2003). Strategy training and working memory task performance. *Journal of Memory and Language, 49* (4), 446-468.

Undheim, A. M. (2003). Dyslexia and psychosocial factors. A follow-up study of young Norwegian adults with a history of dyslexia in childhood. *Nordic Journal of Psychiatry, 57* (3), 221-226.

Urban, D. & Mayerl, J. (2006). *Regressionsanalyse. Theorie, Technik und Anwendung* (2. Aufl.). Wiesbaden: Verlag für Sozialwissenschaften.

Vaessen, A., Gerretsen, P. & Blomert, L. (2009). Naming problems do not reflect a second independent core deficit in dyslexia: double deficit explored. *Journal of Experimental Child Psychology, 103* (2), 202-221.

Valentine, J. C., DuBois, D. L. & Cooper, H. (2004). The relation between self-beliefs and academic achievement: A meta-analytic review. *Educational Psychologist, 39* (2), 111-133.

Vandewater, E. A. & Bickham, D. S. (2004). The impact of educational television on young children's reading in the context of family stress. *Applied Developmental Psychology, 25* (6), 717-728.

Vellutino, F. R. & Fletcher, J. M. (2005). Developmental dyslexia. In M. J. Snowling & C. Hulme (Eds.), *The science of reading* (pp. 362-378). Malden: Blackwell.

Vellutino, F. R., Fletcher, J. M., Snowling, M. J. & Scanlon, D. M. (2004). Specific reading disability (dyslexia): what have we learned in the past four decades? *Journal of Child Psychology and Psychiatry, 45* (1), 2-40.

Vellutino, F. R. & Scanlon, D. M. (1989). Some prerequisites for interpreting results from reading level matched designs. *Journal of Reading Behavior, 21* (4), 361-385.

Vellutino, F. R., Scanlon, D. M., Sipay, E. R., Small, S. G., Pratt, A., Chen, R., et al. (1996). Cognitive profiles of difficult-to-remediate and readily remediated poor readers: early intervention as a vehicle for distinguishing between cognitive and experiential deficits as basic causes of specific reading disability. *Journal of Educational Psychology, 88* (4), 601-638.

Vellutino, F. R., Tunmer, W. E., Jaccard, J. J. & Chen, R. (2007). Components of reading ability: multivariate evidence for a convergent skills model of reading development. *Scientific Studies of Reading, 11* (1), 3-32.

Venezky, R. L. & Sabatini, J. P. (2002). Introduction to this special issue: reading development in adults. *Scientific Studies of Reading, 6* (3), 217-230.

Vukovic, R. K. & Siegel, L. S. (2006). The double-deficit hypothesis: a comprehensive analysis of the evidence. *Journal of Learning Disabilities, 39* (1), 25-47.

Wagner, H. (2007). Analphabetenzahlen - Mythos oder wissenschaftlich fundiert? In Bundesverband Alphabetisierung und Grundbildung & F. Knabe (Hrsg.), *Wissenschaft und Praxis in der Alphabetisierung und Grundbildung* (S. 96-107). Münster: Waxmann.

Wagner, H. (2008). Sozialstrukturelle Unterprivilegierung und Funktionaler Analphabetismus. In J. Schneider, U. Gintzel & H. Wagner (Hrsg.), *Sozialintegrative Alphabetisierungsarbeit. Bildungs- und sozialpolitische sowie fachliche Herausforderungen* (S. 23-29). Stuttgart: Klett.

Wagner, H. & Eulenberger, J. (2008). Analphabetenzahlen - Probleme, Forschungsstrategien und Ergebnisse. In J. Schneider, U. Gintzel & H. Wagner (Hrsg.), *Sozialintegrative Alphabetisierungsarbeit. Bildungs- und sozialpolitische sowie fachliche Herausforderungen* (S. 31-45). Münster: Waxmann.

Wagner, H. & Schneider, J. (2008). Charakteristika spezifischer Gruppen von Menschen mit unzureichender Schriftsprachkompetenz. In J. Schneider, U. Gintzel & H. Wagner (Hrsg.), *Sozialintegrative Alphabetisierungsarbeit. Bildungs- und sozialpolitische sowie fachliche Herausforderungen* (S. 47-62). Münster: Waxmann.

Wagner, M., Dunkake, I. & Weiß, B. (2004). Schulverweigerung. Empirische Analysen zum abweichenden Verhalten von Schülern. *Kölner Zeitschrift für Soziologie und Sozialpsychologie, 56* (3), 457-489.

Wagner, R. K. & Torgesen, J. K. (1987). The nature of phonological processing and its causal role in the acquisition of reading skills. *Psychological Bulletin, 101* (2), 192-212.

Walter, J. (2008). Curriculumbasiertes Messen (CBM) als lernprozessbegleitende Diagnostik: Erste deutschsprachige Ergebnisse zur Validität, Reliabilität und Veränderungssensibilität eines robusten Indikators zur Lernfortschrittsmessung beim Lesen. *Heilpädagogische Forschung, 34* (2), 162-170.

Walter, J. (2009). Theorie und Praxis Curriculumbasierten Messens (CBM) in Unterricht und Förderung. *Zeitschrift für Heilpädagogik, 60* (5), 162-170.

Walter, J. (2010). *Lernfortschrittsdiagnostik Lesen (LDL). Ein curriculumbasiertes Verfahren.* Göttingen: Hogrefe.

Warnke, A., Hemminger, U., Roth, E. & Schneck, S. (2002). *Legasthenie. Leitfaden für die Praxis.* Göttingen: Hogrefe.

Watkins, C. L. & Slocum, T. A. (2004). The components of direct instruction. *Journal of Direct Instruction, 3* (2), 75-110.

Weiler, M. D., Forbes, P., Kirkwood, M. & Waber, D. (2003). The developmental course of processing speed in children with and without learning disabilities. *Journal of Experimental Child Psychology, 85* (2), 178-194.

Weinert, F. E. & Mandl, H. (1997). *Psychologie der Erwachsenenbildung. Enzyklopädie der Psychologie.* Göttingen: Hogrefe.

Wember, F. B. (2007a). Direkter Unterricht. In U. Heimlich & F. B. Wember (Hrsg.), *Didaktik des Unterrichts im Förderschwerpunkt Lernen* (S. 163-175). Stuttgart: Kohlhammer.

Wember, F. B. (2007b). Direkter Unterricht. In J. Walter & F. B. Wember (Hrsg.), *Sonderpädagogik des Lernens* (S. 437-451). Göttingen: Hogrefe.

Wember, F. B. (2008). Direkte Förderung, gegen den Trend! *Vierteljahreszeitschrift für Heilpädagogik und ihre Nachbargebiete, 77* (2), 98-103.

Wexler, J., Vaughn, S., Edmonds, M. & Reutebuch, C. K. (2008). A synthesis of fluency interventions for secondary struggling readers. *Reading and Writing, 21* (4), 317-347.

White, S., Milne, E., Rosen, S., Hansen, P., Swettenham, J., Frith, U., et al. (2006). The role of sensorimotor impairments in dyslexia: a multiple case study of dyslexic children. *Developmental Science, 9* (3), 237-255.

Wimmer, H. (1993). Characteristics of developmental dyslexia in a regular writing system. *Applied Psycholinguistics, 14* (1), 1-33.

Wimmer, H. (1996). The nonword reading deficit in developmental dyslexia: evidence from children learning to read German. *Journal of Experimental Child Psychology, 61* (1), 80-90.

Wimmer, H. (2006). Don't neglect reading fluency! *Developmental Science, 9* (5), 447-448.

Wimmer, H., Mayringer, H. & Landerl, K. (2000). The double-deficit hypothesis and difficulties in learning to read a regular orthography. *Journal of Educational Psychology, 92* (4), 668-680.

Wirtz, M. & Caspar, F. (2002). *Beurteilerübereinstimmung und Be urteilerreliabilität.* Göttingen: Hogrefe.

Witruk, E. (2003). Training of working memory performance in dyslexics. *Psychology Science, 45* (Supplement I), 94-100.

Witruk, E., Ho, C. S. H. & Schuster, U. (2002). Working memory in dyslexic children - how general is the deficit? In E. Witruk, A. D. Friederici & T. Lachmann (Eds.), *Basic functions of language reading and reading disability* (pp. 281-297). Boston: Kluwer Academic Publishers.

Wocken, H. (2000). Leistung, Intelligenz und Soziallage von Schülern mit Lernbehinderungen. *Zeitschrift für Heilpädagogik, 51*, 492-503.

Wolf, M. (2007). Proust and the squid. The story and science of the reading brain. New York: HarperCollins.

Wolf, M., Barzillai, M., Gottwald, S., Miller, L., Spencer, K., Norton, E., et al. (2009). The RAVE-O intervention: connecting neuroscience to the classroom. *Mind, Brain, and Education, 3* (2), 84-93.

Wolf, M. & Bowers, P. G. (1999). The double-deficit hypothesis for the developmental dyslexias. *Journal of Educational Psychology, 91* (3), 415-438.

Wolf, M., Bowers, P. G. & Biddle, K. (2000). Naming-speed processes, timing, and reading. *Journal of Learning Disabilities, 33* (4), 387-407.

Wolf, M., Goldberg O'Rourke, A., Gidney, C., Lovett, M., Cirino, P. & Morris, R. (2002). The second deficit: an investigation of the independence of phonological and naming-speed deficits in developmental dyslexia. *Reading and Writing: An Interdisciplinary Journal, 15* (1), 43-72.

Wolf, M., Miller, L. & Donnelly, K. (2000). Retrieval, automaticity, vocabulary, elaboration, orthography (RAVE-O): a comprehensive, fluency-based reading intervention program. *Journal of Learning Disabilities, 33* (4), 375-386.

Wolff, U. & Lundberg, I. (2003). A technique for group screening of dyslexia among adults. *Annals of Dyslexia, 53* (1), 324-339.

Wuttke, J. (2008). Erhöhter Dokumentationsbedarf bei Imputation fehlender Daten. *Psychologische Rundschau, 59* (3), 187-179.

Ziegler, J. C., Castel, C., Pech-Georgel, C., George, F., Alario, F. & Perry, C. (2008). Developmental dyslexia and the dual route model of reading: simulating individual differences and subtypes. *Cognition*, *107* (1), 151-178.

Ziegler, J. C., Perry, C. & Coltheart, M. (2000). The DRC model of visual word recognition and reading aloud: an extension to German. *European Journal of Cognitive Psychology*, *12* (3), 413-430.

Ziegler, J. C., Perry, C., Ma-Wyatt, A., Ladner, D. & Schulte-Körne, G. (2003). Developmental dyslexia in different languages: language-specific or universal? *Journal of Experimental Child Psychology*, *86* (3), 169-193.

Anhang

Kapitel 6.1 (Deskriptive Statistiken): Ergebnisse der Kontraste bezüglich aller deskriptiver Statistiken zwischen den Gruppen

Tabelle 36: Deskriptive Statistiken und Signifikanzen der ungerichteten Kontraste

		Alter Jahre	WLLP Items/Min	SLS Items/Min	ZVT Sekunden	ZVT T-Wert	Ge- schlecht
1 Analphabeten		43.4 (10.3)	12.9 (6.5)	7.8 (5.3)	138.3 (57.3)	34.6 (10.0)	38.9
2 Erwachsene		43.0 (10.3)	34.5 (4.3)	28.6 (4.0)	63.5 (13.0)	58.7 (9.3)	53.7
3 Grundschüler		8.3 (1.2)	12.7 (5.3)	8.7 (4.4)	156.7 (51.2)[1]	58.7 (13.2)[2]	38.9
Kontrast 1 vs. 2	T	-0.242	20.577	23.444	-8.644	11.749	
	df	159	159	159	159	127	
	p	.809	<.001	<.001	<.001	<.001	
	d	0.04	-3.92	-4.43	1.80	-2.50	
Kontrast 1 vs. 3	T	-21.595	-0.194	1.063	2.125	9.569	
	df	159	159	159	159	127	
	p	<.001	.846	.290	.035	<.001	
	d	4.79	0.03	-0.18	-0.34	-2.06	
Kontrast 2 vs. 3	T	-21.353	-20.772	-22.381	10.770	0.006	
	df	159	159	159	159	127	
	p	<.001	<.001	<.001	<.001	.996	
	d	4.73	4.51	4.73	-2.50	0.00	

Anmerkungen. Angabe der deskriptiven Statistiken in Mittelwerten (Standardabweichungen in Klammern), das weibliche Geschlecht in Prozent und die Ergebnisse der Kontraste in Irrtumswahrscheinlichkeiten. WLLP = Würzburger Leise-Leseprobe, SLS = Salzburger Lesescreening, ZVT = Zahlenverbindungstest. [1]Die Reaktionszeiten im ZVT der Grundschüler wurden in Sekunden pro Matrize umgerechnet. [2]Die Angabe beruht lediglich auf 26 von 54 Grundschülern, da sie noch keine 8 Jahre alt waren und der ZVT erst ab diesem Alter normiert ist.

Kapitel 6.2 (Modellierung latenter phonologischer Variablen): Ergebnisse der Hauptachsenfaktorenanalyse in den einzelnen Substichproben

Tabelle 37: Faktorwerte und Kommunalitäten der Hauptachsenanalyse mit Oblimin-Rotation bei n = **54 Analphabeten**

Variable	Faktor 1 Lexikalischer Abruf	Faktor 2 Verbales Arbeitsgedächtnis	Faktor 3 Phonologische Bewusstheit	Kommunalität h^2
1 Vokalersetzung	.29	-.07	**.61**	.54
2 Lautkategorisierung	.24	.00	**.57**	.49
3 Vokallängenbestimmung	-.13	.03	**.65**	.39
4 Wortspanne einsilbig	.21	**.68**	-.12	.53
5 Wortspanne dreisilbig	-.14	**.76**	.15	.63
6 Pseudowortwiederholung	.05	.24	.35	.26
7 Farbflächenbenennen	**.63**	.04	.03	.43
8 Ziffernbenennen	**.98**	.04	-.05	.94
9 Buchstabenbenennen	**.88**	.02	.14	.88
Aufgeklärte Varianz	37.23 %	11.50 %	7.84 %	

Anmerkungen. KMO = .74; Bartlett $\chi^2(36)$ = 230.70; $p < .001$; Werte über .4 sind hervorgehoben.

Tabelle 38: Faktorwerte und Kommunalitäten der Hauptachsenanalyse mit Oblimin-Rotation bei n = **54 lesekundigen Erwachsenen**

Variable	Faktor 1 Lexikalischer Abruf	Faktor 2 Phonologische Bewusstheit	Faktor 3 Verbales Arbeitsgedächtnis	Kommunalität h^2
1 Vokalersetzung	.13	**.53**	-.05	.33
2 Lautkategorisierung	-.18	.39	.00	.16
3 Vokallängenbestimmung	.17	**.60**	-.10	.47
4 Wortspanne einsilbig	.03	.17	**-.62**	.49
5 Wortspanne dreisilbig	-.07	-.03	**-.72**	.48
6 Pseudowortwiederholung	.23	.35	-.14	.27
7 Farbflächenbenennen	**.53**	-.16	-.19	.36
8 Ziffernbenennen	**.94**	.02	.06	.86
9 Buchstabenbenennen	**.89**	.26	.12	.86
Aufgeklärte Varianz	29.03 %	11.94 %	6.44 %	

Anmerkungen. KMO = .69; Bartlett $\chi^2(36)$ = 138.81; $p < .001$; Werte über .4 sind hervorgehoben.

Tabelle 39: Faktorwerte und Kommunalitäten der Hauptachsenanalyse mit Oblimin-Rotation bei *n* = **54 Grundschülern**

Variable	Faktor 1 Lexikalischer Abruf	Faktor 2 Verbales Arbeitsgedächtnis	Faktor 3 Phonologische Bewusstheit	Kommunalität h^2
1 Vokalersetzung	.07	.12	**.65**	.52
2 Lautkategorisierung	**.44**	.27	.29	.51
3 Vokallängenbestimmung	.03	**.51**	.15	.34
4 Wortspanne einsilbig	.15	**.68**	-.20	.47
5 Wortspanne dreisilbig	-.06	**.71**	.03	.50
6 Pseudowortwiederholung	-.08	**.53**	.14	.34
7 Farbflächenbenennen	**.78**	.21	-.07	.71
8 Ziffernbenennen	**1.02**	-.03	-.12	.98
9 Buchstabenbenennen	**.79**	-.20	.23	.67
Aufgeklärte Varianz	34.78 %	15.57 %	5.61 %	

Anmerkungen. KMO = .70; Bartlett $\chi^2(36)$ = 195.93; *p* < .001; Werte über .4 sind hervorgehoben.

Kapitel 6.3 (Störungen in der phonologischen Informationsverarbeitung): Varianzhomogenität und Regressionsanalysen

Tabelle 40: Ergebnisse des Levene-Tests auf Varianzhomogenität

	F	p
1 Vokalersetzung	65.888	< .001
2 Lautkategorisierung	23.395	< .001
3 Vokallängenbestimmung	7.715	.001
4 Wortspanne einsilbig	0.964	.384
5 Wortspanne dreisilbig	4.147	.018
6 Pseudowortwiederholung	9.256	< .001
7 Farbflächenbenennen	1.995	.139
8 Ziffernbenennen	.007	.993
9 Buchstabenbenennen	2.880	.059

Anmerkung. Freiheitsgrade betragen 2 und 159.

Tabelle 41: Ergebnisse der Regressionsanalyse mit dem verbalen Arbeitsgedächtnis als abhängige Variable und den Grundschülern als Kontrollgruppe

	Schritt 1			Schritt 2		
	β	p	95%-CI	β	p	95%-CI
Kontrast	.299	.002	.075 bis .313	.267	.274	-.139 bis .486
Alter				-.034	.888	-.001 bis .001

Anmerkung. Im zweiten Schritt steigt das Konfidenzintervalle des Kontrastes zwischen Grundschülern und Analphabeten aufgrund von Kollinearität stark an.

Tabelle 42: Ergebnisse der Regressionsanalyse mit der Geschwindigkeit des lexikalischen Abrufs als Kriterium und den
Grundschülern als Kontrollgruppe

	Schritt 1		Schritt 2		Schritt 3	
	β	p	β	p	β	p
ZVT	-.119	.220	.055	.647	-.022	.847
WLLP			.285	.018	.244	.035
Kontrast					.307	.001
	$R^2 = .014$		$R^2 = .066$		$R^2 = .156$	
	$p = .220$		$p = .029$		$p < .001$	
	$\Delta R^2 = .014$		$\Delta R^2 = .051$		$\Delta R^2 = .091$	
	$p = .220$		$p = .018$		$p = .001$	

Anmerkungen. ZVT = Zahlenverbindungstest als Maß der Intelligenz; WLLP = Würzburger Leise-Leseprobe; Kontrast = Gruppenunterschied zwischen funktionalen Analphabeten und lesekundigen
Erwachsenen.

Pädagogische Psychologie und Entwicklungspsychologie

HERAUSGEGEBEN VON DETLEF H. ROST

BAND 60

Ulrike-Marie Krause
FEEDBACK UND KOOPERATIVES LERNEN
2007, 230 S., 25,50 €, ISBN 978-3-8309-1806-6

BAND 61

Maria Bannert
METAKOGNITION BEIM LERNEN MIT HYPERMEDIEN
Erfassung, Beschreibung und Vermittlung
wirksamer metakognitiver Strategien und
Regulationsaktivitäten
2007, 300 S., br., 25,50 €, ISBN 978-3-8309-1872-1

BAND 62

Uwe Heim-Dreger
IMPLIZITE ANGSTDIAGNOSTIK BEI GRUNDSCHULKINDERN
2007, 192 S., br., 25,50 €, ISBN 978-3-8309-1886-8

BAND 63

Erwin Beck, Matthias Baer, Titus Guldimann,
Sonja Bischoff, Christian Brühwiler, Peter
Müller, Ruth Niedermann, Marion Rogalla,
Franziska Vogt
ADAPTIVE LEHRKOMPETENZ
Analyse und Struktur, Veränderung und Wirkung
handlungssteuernden Lehrerwissens
2008, 214 S., br., 25,50 €, ISBN 978-3-8309-1936-0

BAND 64

Nele McElvany
FÖRDERUNG VON LESEKOMPETENZ IM KONTEXT DER FAMILIE
2008, 298 S., br., 25,50 €, ISBN 978-3-8309-1899-8

BAND 65

Katrin Rakoczy
MOTIVATIONSUNTERSTÜTZUNG IM MATHEMATIKUNTERRICHT
Unterricht aus der Perspektive von Lernenden
und Beobachtern
2008, 240 S., br., 25,50 €, ISBN 978-3-8309-1897-4

BAND 66

Katrin Lohrmann
LANGEWEILE IM UNTERRICHT
2008, 236 S., br., 25,50 €, ISBN 978-3-8309-1896-7

BAND 67

Tobias Ringeisen
EMOTIONS AND COPING DURING EXAMS
A dissection of cultural variability by means of
the tripartite self-construal model
2008, 300 p., pb., 25,50 €, ISBN 978-3-8309-1898-1

BAND 68

Isabelle Hugener
INSZENIERUNGSMUSTER IM UNTERRICHT UND LERNQUALITÄT
Sichtstrukturen schweizerischen und deutschen
Mathematikunterrichts in ihrer Beziehung zu
Schülerwahrnehmung und Lernleistung –
eine Videostudie
2008, 262 S., br., 25,50 €, ISBN 978-3-8309-2023-6

BAND 69

Zoe Daniels
ENTWICKLUNG SCHULISCHER INTERESSEN IM JUGENDALTER
2008, 426 S., br., 25,50 €, ISBN 978-3-8309-2022-9

BAND 70

Michel Knigge
HAUPTSCHÜLER ALS BILDUNGSVERLIERER?
Eine Studie zu Stigma und selbstbezogenem
Wissen bei einer gesellschaftlichen
Problemgruppe
2009, 276 S., br., 25,50 €, ISBN 978-3-8309-2089-2

BAND 71

Günter Ratschinski
SELBSTKONZEPT UND BERUFSWAHL
Eine Überprüfung der Berufswahltheorie von
Gottfredson an Sekundarschülern
2009, 235 S., br., 25,50 €, ISBN 978-3-8309-2101-1

BAND 72

Detlef H. Rost
HOCHBEGABTE UND HOCHLEISTENDE JUGENDLICHE
Befunde aus dem Marburger
Hochbegabtenprojekt
2009, 2. erweiterte Auflage, 508 S., br., 25,50 €,
ISBN 978-3-8309-1997-1

*Das von D.H. Rost geleitete Marburger
Hochbegabtenprojekt kann beanspruchen, mit
größter methodischer Sorgfalt und mit entsprechend großem Untersuchungsaufwand*

eine beispielhafte Längsschnittstudie (Fortsetzung der Marburger Grundschulstudie) über die kognitiven, persönlichkeitsbezogenen, motivationalen und sozialen Merkmale jener Jugendlichen vorzulegen, die unter klar definierten und zugleich soliden Kriterien (aktuelle Normen, keine Vorauswahl durch Lehrer etc.) als hochbegabt bezeichnet werden können. Zudem wird eine interessante Vergleichsgruppe untersucht: „hochleistende Schüler" [...].
Praxis der Kinderpsychologie und Kinderpsychiatrie, 4/2001

BAND 73

Anja Zwingenberger
WIRKSAMKEIT MULTIMEDIALER LERNMATERIALIEN
Kritische Bestandsaufnahme und Metaanalyse empirischer Evaluationsstudien
2009, 218 S., br., 25,50 €, ISBN 978-3-8309-2147-9

BAND 74

Silke Hertel
BERATUNGSKOMPETENZ VON LEHRERN
Kompetenzdiagnostik, Kompetenzförderung, Kompetenzmodellierung
2009, 290 S., br., 25,50 €, ISBN 978-3-8309-2190-5

BAND 75

Anne Levin
QUALITÄTSPROBLEME MATHEMATISCHER VERGLEICHSARBEITEN
Erfassung mathematischer Kompetenzen und psychometrische Modellierung einer landesweiten Prüfungsarbeit in Klassenstufe 10
2009, 218 S., br., 25,50 €, ISBN 978-3-8309-2191-2

BAND 76

Claudia Leopold
LERNSTRATEGIEN UND TEXTVERSTEHEN
Spontaner Einsatz und Förderung von Lernstrategien
2009, 350 S., br., 25,50 €, ISBN 978-3-8309-2196-7

BAND 77

Yvonne Gassmann
PFLEGEELTERN UND IHRE PFLEGEKINDER
Empirische Analysen von Entwicklungsverläufen und Ressourcen im Beziehungsgeflecht
2010, 350 S., br., 25,50 €, ISBN 978-3-8309-2246-9

BAND 78

Manuela Keller-Schneider
ENTWICKLUNGSAUFGABEN IM BERUFSEINSTIEG VON LEHRPERSONEN
Beanspruchung durch berufliche Herausforderungen im Zusammenhang mit Kontext- und Persönlichkeitsmerkmalen
2010, 336 S., br., 25,50 €, ISBN 978-3-8309-2247-6

BAND 79

Jan Hochweber
WAS ERFASSEN MATHEMATIKNOTEN?
Korrelate von Mathematik-Zeugniszensuren auf Schüler- und Schulklassenebene in Primar- und Sekundarstufe
2010, 398 S., br., 25,50 €, ISBN 978-3-8309-2414-2

Mittels Mehrebenenanalysen wird auf Basis umfangreicher Datensätze aus der Primar- und Sekundarstufe u.a. untersucht, inwieweit die Beziehung zwischen Mathematik-Zeugnisnoten und verschiedenen Schülermerkmalen über Schulklassen hinweg variiert und sich Unterschiede mithilfe von Merkmalen der Lehrkräfte und Schulklassen vorhersagen lassen. Die Befunde zeigen, dass eine pauschale Kritik an der schulischen Leistungsbeurteilung nicht unproblematisch ist. In Abhängigkeit von bestimmten Variablen – wie der „Schwierigkeit" einer Klasse oder der Klassenführung einer Lehrkraft – besteht jedoch ein potenzieller Handlungsbedarf. Für diesen Fall werden praxisbezogene Anregungen gegeben.

BAND 80

Gerda Hagenauer
LERNFREUDE IN DER SCHULE
2011, 384 S., br., 25,50 €, ISBN 978-3-8309-2480-7

Lernemotionen erweisen sich für das Lernen und Leisten der Schüler und Schülerinnen als bedeutsam. Empirische Befunde belegen jedoch, dass diese positiven Emotionen mit zunehmenden Schuljahren kontinuierlich zurückgehen. In diesem Buch steht die schulische Lernfreude im Vordergrund. Neben der Erarbeitung der theoretischen Grundlagen zum Konzept der Lernfreude wird eine empirische Längsschnittstudie zur Lernfreude von Jugendlichen vorgestellt. Die Schüler und Schülerinnen aus Hauptschulen wurden zwischen der 6. und 7. Schulstufe begleitet, um der Frage nach der Veränderung der Lernfreude und der sie beeinflussenden Faktoren nachzugehen. Dabei werden erstmals Ergebnisse vorgestellt, die zum einen längsschnittliche Aussagen in einer für den Rückgang der Lernfreude besonders sensiblen Phase ermöglichen, zum anderen wird eine Integration von Forschungsbefunden zur trait- aber auch zur state-Lernfreude realisiert.

BAND 81

Roumiana Nikolova
GRUNDSCHULEN ALS DIFFERENZIELLE ENTWICKLUNGSMILIEUS
Objektive und subjektive Kontextmerkmale der Schülerzusammensetzung und deren Auswirkung auf die Mathematik- und Leseleistungen
2011, 200 S., br., 25,50 €, ISBN 978-3-8309-2497-5

Schulkontexte stellen eine zentrale leistungsrelevante Determinante dar, die unabhängig von den individuellen Lernvoraussetzungen der Schülerinnen und Schüler Auswirkungen auf den Kompetenzerwerb haben kann. Neben den institutionellen Lernarrangements bietet auch die unterschiedliche Zusammensetzung der Schülerschaft einen spezifischen Erklärungsbeitrag zur Herausbildung differenzieller Lern- und Entwicklungsverläufe. Diese Arbeit setzt sich mit der Frage des Einflusses differenzieller Lernumwelten auf die Entwicklung der Lese- und Mathematikleistungen im Grundschulbereich auseinander. Anhand der längsschnittlichen Daten der ELEMENT-Studie wird analysiert, in welchem Ausmaß der Klassenkontext am Ende der 6-jährigen Grundschule in Berlin mit dem Lernerfolg der Schülerinnen und Schüler zusammenhängt.

BAND 82

Christof Wecker
VOM SOLLEN ZUM KÖNNEN
Fading instruktionaler Skripts zur Förderung von Argumentationskompetenz
2012, 256 S., br., 25,50 €, ISBN 978-3-8309-2592-7

Beim computerunterstützten kooperativen Lernen können Lernende mit Hilfe sogenannter instruktionaler Skripts bei der Anwendung fachübergreifender Kompetenzen wie beispielsweise Argumentationskompetenz unterstützt werden. In dieser Arbeit wird untersucht, wie Lernende durch die allmähliche Reduzierung von Unterstützung (Fading) von angeleiteter zu selbstständiger Anwendung geführt werden können. Im Rahmen einer empirischen Studie wird insbesondere die für den Lernerfolg bedeutsame Rolle von Rückmeldungen durch Lernpartner herausgearbeitet.

Waxmann
Münster / New York / München / Berlin
www.waxmann.com